Hartmut Bossel

Systemdynamik

Hartmut Bossel

Systemdynamik

**Grundwissen, Methoden und BASIC-Programme
zur Simulation dynamischer Systeme**

Mit 140 Bildern

Springer Fachmedien Wiesbaden GmbH

Vieweg ist ein Unternehmen der Verlagsgruppe Bertelsmann.

Alle Rechte vorbehalten
© Springer Fachmedien Wiesbaden 1987
Ursprünglich erschienen bei Friedr. Vieweg & Sohn Verlagsgesellschaft mbH, Braunshweig 1987

Umschlaggestaltung: Peter Lenz, Wiesbaden

ISBN 978-3-528-04566-1   ISBN 978-3-322-86306-5 (eBook)
DOI 10.1007/978-3-322-86306-5

Inhaltsverzeichnis

0. Überblick und Vorbemerkungen

Stetigkeit in allen Bereichen des täglichen Lebens, der Wirtschaft, der Technik, der natürlichen Ökosysteme verdanken wir bei näherem Hinsehen allein dem eingespielten Fließgleichgewicht und damit dem ständigen Fließen von Materie, Energie und Information. Wo dieses Fließgleichgewicht nicht gegeben ist, kommt es zu dynamischen Veränderungen. Mit wachsenden technischen Möglichkeiten beschleunigt sich mit der Stärke der Eingriffe in dynamische Systeme auch deren Dynamik. Die Erhaltung von Fließgleichgewichten oder auch nur die Beherrschung von Veränderungen und ihren Folgen werden zunehmend schwieriger. In allen Bereichen der Wissenschaft, Technik, Wirtschaft und Politik wächst damit der Bedarf nach kompetentem Umgang mit komplexen dynamischen Systemen.

Auch einfache dynamische Systeme können bereits Verhaltensreaktionen zeigen, die selbst mit viel Erfahrung nicht korrekt vorherzusagen sind, und die oft erst durch eine Systemanalyse und Computersimulation verstanden werden können.

In Bereichen der Technik bestand schon lange die Notwendigkeit, die Dynamik technischer Systeme beherrschen zu können: sie begann mit der Aufgabe, den Lauf von Dampfmaschinen bei schwankender Belastung zu stabilisieren. Inzwischen hat die Regeltechnik ein breites Arsenal von Methoden entwickelt, um die Dynamik technischer Systeme zu beherrschen und gewünschte Verhaltensweisen zu erzeugen. Diese Methoden sind vor allem an den Anforderungen technischer Systeme und an der Stabilisierungsaufgabe orientiert. Es dominieren analytische Methoden für lineare Systeme. Diese Analysen liefern allerdings z.T. allgemeingültige Aussagen von grundlegender Bedeutung für das Verständnis dynamischer Systeme.

Die dynamischen Systeme der nicht-technischen Umwelt haben selten die relative Einfachheit technischer Systeme, und noch seltener sind ihre Wirkungsbeziehungen einfach und linear. Sie lassen sich fast nie in 'saubere' mathematische Beziehungen fassen und entziehen sich so auch der eleganten mathematischen Analyse. Dagegen lassen sich auch die exotischsten funktionalen Zusammenhänge zumindest angenähert numerisch oder logisch darstellen und damit auch in ein Computermodell des dynamischen Systems einbringen, dessen Dynamik dann mit Rechnerhilfe über den ganzen interessierenden Bereich untersucht werden kann. Die Modellbildung und Computersimulation werden damit zum zentralen Werkzeug der Analyse realer komplexer dynamischer Systeme.

Die Untersuchung der Systemdynamik realer Systeme muß daher auf zwei Beinen stehen: auf den systemdynamischen theoretischen Erkenntnissen der Regeltechnik (oder allgemeiner: der Systemtheorie bzw. Kybernetik) einerseits, und auf der Modellbildung und Computersimulation andererseits.

Mit Ausnahme der Regeltechnik gibt es heute in anderen Wissenschaftsbereichen kaum eine Tradition des analytischen oder simulativen Umgangs mit dynamischen Systemen, obwohl die Bedeutung dieser Aufgabe wohl fast in jeder Disziplin zunehmend gesehen wird. Entsprechende Ausbildungsgänge und Lehrtexte fehlen - sonst hätte dieses Buch nicht geschrieben zu werden brauchen.

Dieses Schattendasein der Systemdynamik in vielen Wissenschaftsbereichen, die von ihr profitieren könnten, hängt sicher auch mit dem Geruch schwieriger höherer Mathematik zusammen, der ihr nun mal anhaftet, weil sich die Darstellung dynamischer Systeme als Systeme von Differentialgleichungen, die noch dazu integriert werden müssen, nicht verschweigen läßt. Hinzu kommt noch das Hindernis, diese mathematischen Operationen richtig und fehlerfrei zu programmieren und die Rechenergebnisse in geeigneter Weise darzustellen. Bis vor kurzem war hierfür Vertrautheit im Umgang mit Großrechnern Voraussetzung.

In diesem Buch werden alle diese Hürden soweit reduziert, daß der kompetente Umgang mit dynamischen Systemen auch denjenigen offenstehen sollte, die nicht über tiefere Fachkenntnisse der Regeltechnik und Systemtheorie, der Mathematik und der Programmierung verfügen. Das Buch wendet sich daher auch und besonders an diejenigen, die sich in ihrem Wissenschafts-, Forschungs- oder Arbeitsbereich mit dynamischen Systemen auseinandersetzen möchten, sich aber bisher nicht 'trauten'. Der hier vorgelegte Ansatz hat sich - das soll vielleicht hinzugefügt werden - seit Jahren in Ausbildung und Praxis bewährt.

Die traditionellen Hürden der Untersuchung beliebiger dynamischer Systeme - Modellbildung, mathematische Formulierung, Programmierung, theoretisches Verständnis - werden hier durch einige methodische Schritte wesentlich verkleinert, ohne daß allerdings bei der Stringenz der Analyse Kompromisse gemacht werden. Im Gegenteil: die Elimination nicht notwendigen Ballastes erleichtert jetzt erfahrungsgemäß die anspruchsvolle Untersuchung auch sehr komplexer Systeme, für die der Aufwand mit traditionellem Ansatz zu groß wäre.

Ein erster wichtiger Schritt ist die hier verwendete systemgraphische Methode der Modellbildung: Ausgehend von einer ausführlichen verbalen Beschreibung des Systems wird die Struktur des Systems entwickelt und im Wirkungsdiagramm festgelegt, das alle Systemelemente und ihre Verkopplungen miteinander und mit der Systemumwelt zeigt. Unter Beibehaltung dieser Struktur werden Elemente und Wirkungsbeziehungen dann quantifiziert, bis schließlich ein Simulationsdiagramm entstanden ist, das ohne mathematische Manipulationen direkt in ein Simulations-Bearbeitungsprogramm eingegeben werden kann. Das Simulationsdiagramm enthält alle für die Simulation notwendigen Informationen. Dieses Verfahren umgeht damit die mathematische Formulierung des Modells - die nur eine andere, schwieriger zu verstehende Darstellungsweise wäre, und es umgeht auch - bis auf das Abschreiben der Modellanweisungen aus dem Simulationsdiagramm - die umfangreiche Programmierung eines Simulationsprogramms. Bei alledem bleibt das Verfahren - im Hintergrund - auf dem soliden Boden der mathematischen Zustandsraumanalyse.

Der zweite wichtige Schritt ist die Verwendung des Mikrocomputers unter Benutzung eines relativ anspruchsvollen Simulations-Bearbeitungsprogramms (DYSAS) mit umfangreichen graphischen Darstellungsmöglichkeiten, das auch auf kleinen Mikrocomputern läuft. Die Modellanweisungen werden dabei in Minimal-BASIC aus dem Simulationsdiagramm 'abgeschrieben'. Die wenigen hierzu notwendigen BASIC-Kenntnisse werden anfangs mit einem kleinen Programm vermittelt. Damit steht die Simulation auch komplexer dynamischer Systeme allen offen, die Zugang zu einem Mikrocomputer haben. (Im Buch sind Programmfassungen für den IBM-PC-Standard angegeben).

Der dritte wichtige Schritt ist die Ableitung und Darstellung der wichtigsten systemtheoretischen Erkenntnisse, über die der Systemanalytiker und Modellbauer verfügen sollte, um die Verhaltensweisen der von ihm modellierten Systeme verstehen, beurteilen und einordnen zu können. Grundlage ist auch hier wieder die mathematische Zustandsraumanalyse. Diese Erkenntnisse werden durch das Arbeiten mit speziell für diesen Zweck entwickelten didaktischen Programmen (SYSANT und GLODYS) vertieft und erfahrbar gemacht.

Das Buch hat vier Teile. Im ersten Teil (Kap. 1) werden Begriffe und Verfahren der Systemanalyse und Modellbildung beschrieben, die demjenigen vertraut sein sollten, der sich mit der Untersuchung dynamischer Systeme befaßt.

Der zweite Teil (Kap. 2) entwickelt das unbedingt notwendige methodische Handwerkszeug der Modellbildung und Simulation an kleinen Programmen, mit denen der Benutzer unbedingt arbeiten sollte, um die entsprechenden Kenntnisse und Fertigkeiten zu entwickeln. Es führt abschließend in die Verwendung des Simulations-Bearbeitungsprogrammes DYSAS ein, das bei den größeren Simulationsmodellen des Buchs verwendet wird, und das der Benutzer für die Simulation seiner eigenen dynamischen Modelle verwenden kann.

Der dritte Teil (Kap. 3) verknüpft die Praxis der Modellbildung und Simulation mit der dahinterstehenden Systemtheorie - der Analyse im Zustandsraum. Er befaßt sich zunächst mit der Gleichwertigkeit der Zustandsgleichungen und der entsprechenden Simulationsdiagramme, die die Basis für die weitere Arbeit sind. Anhand von einfachen dynamischen Systemen werden dann die Grundmuster des Verhaltens und der Stabilität dynamischer Systeme besprochen. Diese Verhaltensweisen werden dann mit den Programmen SYSANT und GLODYS weiter untersucht.

Im vierten Teil (Kap. 4) werden fünf größere Simulationsmodelle aus sehr verschiedenen Anwendungsbereichen (Betriebswirtschaft, Regeltechnik, Ökologie, Pflanzenphysiologie, Physik) in Einzelheiten vorgestellt und mit ihren Simulationsergebnissen dokumentiert. Diese Modellbeispiele und ihre animierten Darstellungen des dynamischen Verhaltens werden es dem Benutzer erleichtern, durch das 'Fahren' am Bildschirm 'Erfahrungen' mit dem Verhalten komplexer Systeme zu gewinnen. Gleichzeitig sind sie Beispiele für die Modellbildung und Dokumentation und vermitteln einige praktische Hinweise für die eigene Modellerstellung.

Es wird vorausgesetzt, daß das Durcharbeiten dieses Buchs mit der parallelen Arbeit am Rechner einhergeht. Zu jedem vorgestellten Programm sind daher eine Reihe von Aufgaben angegeben, die durchgearbeitet werden sollten, um mit dem Stoff möglichst gut vertraut zu werden.

In einem parallelen Werk (Hartmut Bossel: Umweltdynamik - 30 Programme für kybernetische Umwelterfahrungen auf jedem Basic-Rechner, TeWi Verlag, München 1985) finden sich weitere 29 Simulationsprogramme, die ebenfalls mit dem hier vorgestellten Bearbeitungsprogramm DYSAS bearbeitet werden können.

Dieses Buch ist entstanden aus meinen Vorlesungen an der University of California in Santa Barbara, an der Technischen Universität Karlsruhe, an der Gesamthochschule Kassel und an der Chinesischen Akademie der Wissenschaften in Guangzhou. Es verdankt viel meinen Lehrern der Systemtheorie an der University of California in Berkeley, sowie meinen Kollegen Mihajlo Mesarovic, Eduard Pestel, Donella Meadows, Dennis Meadows und Karl Reinisch. Schließlich haben sich darin Teile meiner Forschungsarbeiten an der University of California in Santa Barbara, an der Akademie der Wissenschaften in Novosibirsk, am Institut für Systemtechnik und Innovationsforschung der Fraunhofer Gesellschaft in Karlsruhe, am Institut für Angewandte Systemforschung und Prognose in Hannover, am Systems Research Center der Case Western University in Cleveland, am Resource Policy Center des Dartmouth College, in der Balaton-Gruppe des International Network of Resource Information Centers, am South China Institute of Botany der Academia Sinica in Guangzhou und in der von mir geleiteten Forschungsgruppe Umweltsystemanalyse an der Gesamthochschule Kassel niedergeschlagen. Für ihre vielen Anregungen danke ich allen ungenannten Studenten, Kollegen und Mitarbeitern. Besonderer Dank für die Textverarbeitung gebührt Ursula Marquardt und Lothar Rausch, sowie Achim Manche für die Bilderstellung.

Bei meiner Familie - Rika, Derk, Karen und Kendrik - bedanke ich mich einmal mehr für Nachsicht während der Entstehung eines weiteren Buches.

Kassel und Guangzhou, im Sommer 1987   Hartmut Bossel

1.   Systemanalyse: Eine Einführung

1.0   Überblick

Unsere Wirklichkeit wird nicht so sehr geprägt durch die Einzelfunktionen ihrer vielen Bestandteile, sondern vielmehr durch deren Zusammenwirken. Manche Komponenten wirken stark aufeinander, andere nur schwach, weitere schließlich haben überhaupt nichts miteinander zu tun. Wir verwenden das Wort 'System', um damit eine Anzahl von Bestandteilen abzugrenzen, die untereinander relativ stark, mit ihrer gemeinsamen Systemumwelt aber nur relativ schwach interagieren und das so, daß man dem beobachteten Verhalten dieses Systems einen 'Zweck' zuordnen kann. Bei näherer Betrachtung ist unsere Realität voll solcher Systeme, und sogar voller Systeme von Systemen: Menschen, Tiere, Pflanzen, Ökosysteme, Maschinen, Fabriken, Städte, Staaten. Um die Rolle der Systemanalyse zu diskutieren, befassen wir uns hier beispielhaft mit den komplexesten dieser Systeme: mit natürlichen Systemen (Organismen und Ökosystemen).

Im Laufe der Evolution haben nur diejenigen natürlichen Systeme überleben können, denen es gelungen ist, Systemprozesse zu entwickeln, die ihre Erhaltung sichern, d.h., die die Fähigkeit erworben haben, auch unter schwierigen und unerwarteten Bedingungen zu überleben. Allerdings sind die meisten natürlichen Systeme nicht in der Lage, erfolgreich mit den schweren Störungen fertigzuwerden, die ihnen durch den hohen Ressourcenverbrauch und die Umweltbelastungen der modernen Gesellschaften aufgezwungen werden. Um die Zerstörung der ökologischen Basis und der natürlichen Ressourcen zu vermeiden, müssen wir lernen, diese Systeme in ihrem Verhalten besser zu verstehen und die Folgen unserer Handlungen zuverlässig abzuschätzen. Das Werkzeug für diese Aufgabe ist die **Systemanalyse**.

Die Systemeigenschaften ökologischer und biologischer Systeme sind bereits früh erkannt worden (Haeckel, von Bertalanffy). Aber erst seit kurzem, mit dem Aufkommen leistungsfähiger Computer, ist die Analyse komplexer ökologischer Systeme praktisch möglich geworden. Diese Entwicklung hat von Fortschritten in der Regeltechnik und der mathematischen Systemtheorie enorm profitiert. Insbesondere die zunächst mit der Simulationssprache DYNAMO verbundene systemdynamische Methode, die ursprünglich von Forrester entwickelt wurde, hat den Weg für die Analyse auch sehr komplexer Systeme geöffnet. Gleichzeitig hat die Systemanalyse eine solide theoretische Grundlage in den Fortschritten der **Systemtheorie** gefunden.

In der Systemtheorie wird die Tatsache verwendet, daß Systeme den gleichen Systemgesetzen folgen können, obwohl sie als reale Systeme physisch völlig verschieden sein können. Damit ergibt sich die Möglichkeit, diese Systeme mit äquivalenten mathematischen Beschreibungen oder Computersimulationen darzustellen. Ein Beispiel ist die Beschreibung von Schwingungen mechanischer, elektrischer, chemischer oder biologischer Systeme. In der Systemtheorie wird deshalb versucht, allgemeine Gesetze zu entwickeln, die das Verhalten von Systemen als Funktion ihrer Komponenten und ihrer strukturellen Verbindungen beschreiben (Luenberger, 1979, de-Russo/Roy/Close, 1965). Die Systemtheorie ist daher das theoretische Gerüst der Systemanalyse.

Als mathematische Disziplin kann die Systemtheorie analytische Lösungen für relativ einfache Aufgaben liefern, aber nicht für die meisten der komplexen Probleme, die sich in der Realität finden. Verläßliche Ergebnisse für Aufgaben aus der Wirklichkeit kann dagegen die **Computersimulation** durch numerische Lösungen liefern. Auch diese Verfahren beruhen letztlich auf den Ergebnissen der Systemtheorie.

In diesem Kapitel soll zunächst in allgemeine Konzepte der Systemtheorie eingeführt werden, die es uns erlauben, komplexe Systeme zu verstehen und zu beschreiben, unabhängig von ihrer physischen Gestalt. Danach werden die Werkzeuge der Systemanalyse eingeführt, die die systematische formale Beschreibung komplexer Systeme ermöglichen, um dann ihr Verhalten unter verschiedenen Umständen analysieren zu können. Das Systemverhalten wird dann durch die Computersimulation ermittelt, die im Detail in den folgenden Kapiteln beschrieben wird.

1.1 Allgemeine Systemkonzepte

Bevor wir einige allgemeine Konzepte entwickeln, die auf alle Systeme anwendbar sind, müssen wir zuerst definieren, was wir mit dem Wort 'System' meinen. Es zeigt sich, daß sich einige Kriterien finden lassen, die es erlauben, Objekte unabhängig von ihren physischen Eigenschaften als System zu klassifizieren.

Ein System besteht aus einem oder mehreren strukturell verbundenen Elementen, deren Zustände von anderen Elementen (oder sich selbst) abhängen und die die Zustände anderer Elemente (oder sich selbst) beeinflussen. Das bedeutet, daß ein System (a) **Elemente** und (b) **Struktur** enthält; beide sind notwendige Bestandteile eines Systems.

Beispiele: ein Tier, ein Baum, ein Teich-Ökosystem, ein Fahrrad sind Systeme. Wasser in einem See oder Sand oder windverwehte Blätter sind im allgemeinen keine Systeme.

Ein System hat einen Zweck (bzw. es ist möglich, ihm einen Zweck zuzuschreiben). Das bedeutet, daß wegen der Besonderheiten seiner Elemente und Struktur die Entwicklung gewisser Zustände wahrscheinlicher ist als die andere.

Beispiel: Ein Fahrrad läßt sich zum Transport von Menschen einsetzen (sein Zweck), aber es läßt sich nicht verwenden, um Tee zu kochen. Oder: Der 'Zweck' eines Tieres ist es, zu leben und sich zu vermehren.

Ein System hat eine Systemgrenze, die es von seiner Systemumwelt trennt. Diese Grenze ist nur in solchen Fällen eindeutig, wo kein Austausch von Stoffen, Energie oder Information mit der Umwelt besteht, oder wo das System eine zusammenhängende physische Einheit bildet. In vielen praktischen Fällen muß eine Systemgrenze definiert werden durch eine Oberfläche um das System, durch die nur schwache Interaktionen mit Komponenten der Umgebung stattfinden oder in dem die vom System nicht beeinflußbaren Umweltfaktoren als externe Systemgrößen definiert werden.

Beispiel: Die Systemgrenze eines Organismus ist seine äußere Oberfläche, über die der Austausch von Stoff, Energie und Information (Inputs und Outputs) stattfindet. Seine Systemumwelt zwingt dem Organismus gewisse äußere Faktoren auf (Temperatur, Einstrahlung, Feuchtigkeit, Nahrung usw.), auf die er keinen oder nur geringen Einfluß hat.

Diese Grundkonzepte sind auf alle Systeme anwendbar. Der allgemeine Fall ist in Abb. 1.1 wiedergegeben.

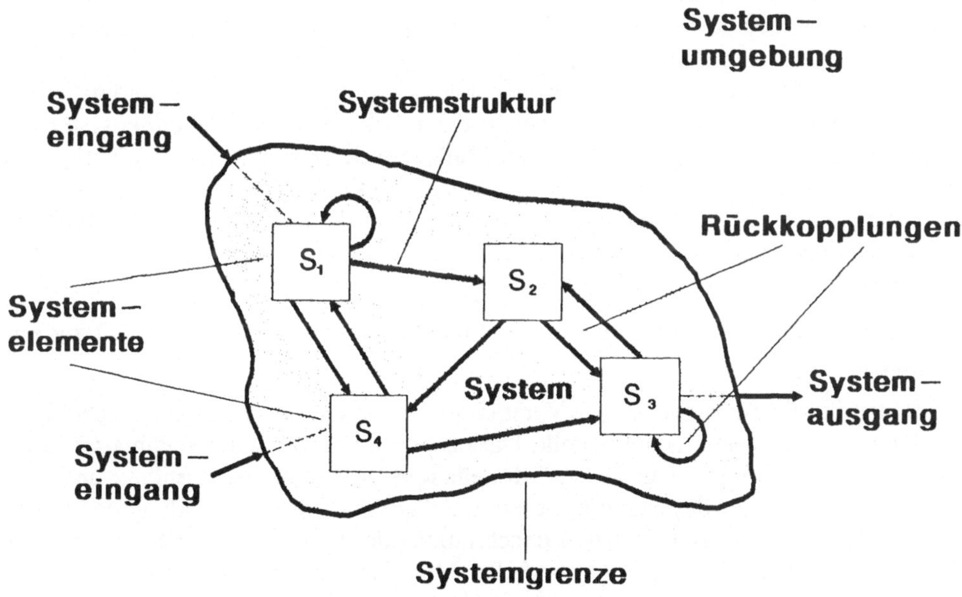

Abb. 1.1   Systemkonzepte: Elemente, Struktur, Systemgrenze, Systemumgebung.

1.2   Beschreibung eines Systems durch ein Modell

Der Zweck der Systemanalyse ist das bessere Verständnis des Verhaltens eines gegebenen Systems, oft mit dem Ziel, eine bessere Entscheidungsbasis für Eingriffe zu
haben. Das bedeutet, daß das System und seine Prozesse beschrieben werden müssen. Mit dieser Beschreibung sollen Antworten auf spezifische Fragen erzeugt werden
können, die das Verhalten des Systems unter verschiedenen Bedingungen betreffen.
Offensichtlich reicht eine statische Beschreibung des Systems hierfür normalerweise
nicht aus. Ziel der Systemanalyse ist es daher, ein Modell des realen Systems zu entwickeln, dessen Verhalten dem Verhalten des realen Systems sehr nahekommt. Es ist
klar, daß dieses Modell im allgemeinen nicht so komplex wie die Realität selbst sein
kann.

Dies bedeutet für den Systemanalytiker ein Dilemma am Anfang jeder Systemstudie:
Die Modellentwicklung ist notgedrungen ein selektives und daher teilweise subjekti-
ves Verfahren. Der Systemanalytiker muß sich auf Erfahrungen, empirische Ergebnisse, Einschätzungen und seine Intuition verlassen, um sein Modell zu entwickeln.
Die wichtigen Elemente und ihre strukturellen Verknüpfungen müssen erkannt werden, die Systemgrenze und die Systemumwelt müssen definiert werden, Variablen
müssen im allgemeinen aggregiert oder auch vernachlässigt werden. All dieses muß
mit dem Blick auf den Zweck der Untersuchung geschehen: Die Untersuchung eines
Waldes als ein Teil eines Wirtschaftsunternehmens etwa verlangt ein andersartiges
Modell als die Untersuchung der ökologischen Sukzession von Waldökosystemen.
Ein Systemmodell ist daher durch seinen **Modellzweck** bestimmt. Es ist wichtig, daß
dieser Modellzweck zu Anfang jeder Systemstudie niedergeschrieben wird, um (1)
die Bedingungen klar darzulegen, unter denen das Modell entwickelt wird und (2) zu
vermeiden, daß ein Modell entwickelt wird, das die Aufgabe nicht lösen kann, für die
es ursprünglich gedacht wurde.

Der Vorgang der Systemanalyse und der Modellentwicklung ist in Abb. 1.2 zusammengefaßt.

Anlaß der Studie ist zunächst ein Verständnis- oder ein Bewirtschaftungsproblem,
das sich bei einem realen System stellt. Daraus ergibt sich die Untersuchungsaufgabe
und damit der Modellzweck. Dieser Modellzweck bestimmt den Umfang und den
Detaillierungsgrad der Systemstudie. Der erste Schritt ist die Entwicklung des **Wortmodells**, d.h. einer präzisen verbalen Beschreibung des Systems, seiner Komponenten
und seines Verhaltens im Hinblick auf den Modellzweck. Dieses Wortmodell muß
sich auf eine gründliche Beobachtung und Untersuchung des realen Systems stützen,
und es wird normalerweise in erheblichem Maße auf dem Wissen und den Einschätzungen von Experten und Systemkennern beruhen, die mit den verschiedenen relevanten Aspekten des Systems vertraut sind. In Ergänzung dazu wird der Systemanalytiker Deduktion und Induktion anwenden, um fehlende Information zu ergänzen

und ein zusammenhängendes mentales und verbales Bild des Systems und seiner Prozesse zu erhalten.

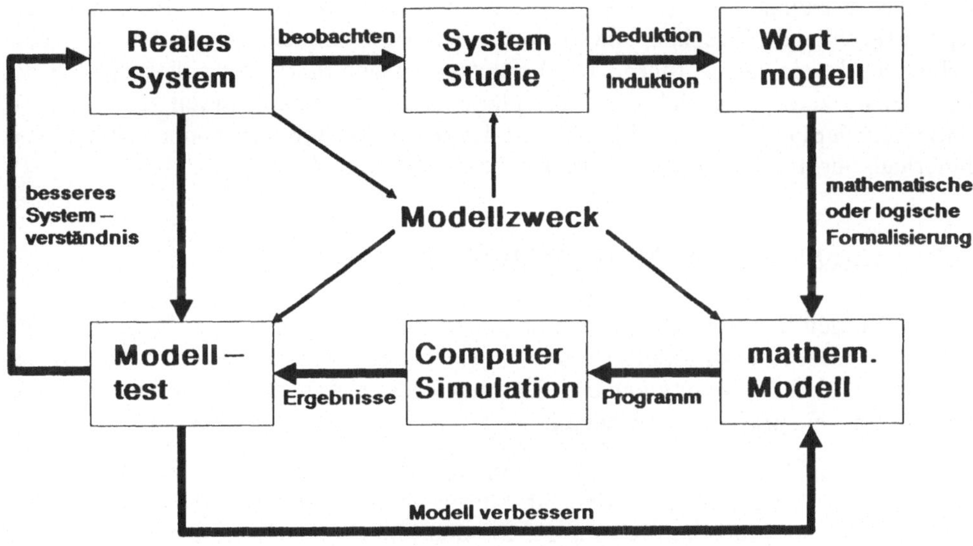

Abb. 1.2   Der Prozeß der Systemanalyse und Modellentwicklung.

Einige Systemstudien werden an dieser Stelle bereits enden, weil genügend neue Informationen gewonnen wurden, um das System besser als bisher zu verstehen oder zu führen. Allerdings kann das Verhalten der meisten komplexen Systeme nicht zuverlässig vorhergesagt werden auf der Basis der verbalen Studie allein. Der nächste Schritt ist daher die Übersetzung der verbalen Information in ein **formalisiertes (mathematisches oder logisches) Modell,** das die systematische Untersuchung seines Verhaltens unter unterschiedlichen Bedingungen entweder durch mathematische Analyse oder durch numerische oder logische Simulation ermöglicht.

Das formalisierte Modell wird in ein **Computersimulationsmodell** übersetzt, wobei eine Beschreibungsmethode verwendet werden muß, die dem Problem angemessen ist (z.B. ein System gewöhnlicher Differentialgleichungen oder von logischen Sätzen). Die Angabe der Parameter, der äußeren Einwirkungen aus der Systemumwelt, der Anfangsbedingungen und der Prämissen (im Falle eines wissensbasierten logischen Modells) ermöglicht dann die **Computersimulation** und die Ermittlung von Ergebnissen, die das Modellverhalten beschreiben.

Die Ergebnisse der anfänglichen Simulationsläufe mit einem neuentwickelten Modell werden zunächst oft keine zufriedenstellende Übereinstimmung mit dem Verhalten des realen Systems zeigen. Hieraus ergeben sich Hinweise auf Schwachstellen in der Modellformulierung. Daher ist eine gründliche **Testphase** ein notwendiger Teil jeder Modellentwicklung. Die Modellüberprüfung muß sich über die ganze Reichweite des Systemverhaltens erstrecken, soweit sie für den Modellzweck relevant ist. Die beobachteten Abweichungen führen zur Verbesserung der Modellformulierung und der Modellparameter. Das Ziel dieser Testphase ist es, das Modell soweit zu verbessern, daß es schließlich als ein gültiges Abbild des realen Systems verwendet werden kann, innerhalb der durch den Modellzweck gezogenen Grenzen.

1.3   Nachweis der Modellgültigkeit

Ob ein Modell 'richtig' ist, läßt sich im allgemeinen nicht beweisen. Bestenfalls läßt sich die Gültigkeit des Modells für den vorgegebenen Zweck nachweisen. Die Gültigkeit hat in diesem Zusammenhang vier verschiedene Aspekte, die jeweils verschiedene Gültigkeitsprüfungen verlangen.

Strukturgültigkeit: Um die Strukturgültigkeit nachzuweisen, muß gezeigt werden, daß die Struktur des Modells den Strukturbeziehungen des Realsystems entspricht und daß die Strukturbeziehungen, die für den Zweck der Systemstudie Bedeutung haben, tatsächlich auch im Modell vorhanden sind.

Verhaltensgültigkeit: Um Verhaltensgültigkeit nachzuweisen, muß gezeigt werden, daß für die gesamte Menge der möglichen Anfangsbedingungen und Umwelteinwirkungen, die im Realsystem anzutreffen sind, das Modellsystem das gleiche dynamische Verhalten wie das Realsystem erzeugt.

Empirische Gültigkeit: Um empirische Gültigkeit nachzuweisen, müssen die numerischen (oder logischen) Ergebnisse über das relevante Verhaltensspektrum des Modells mit den empirischen Daten des Realsystems verglichen werden und mit diesen weitgehend übereinstimmen. Wo empirische Daten nicht verfügbar sind, müssen die Modellergebnisse mindestens auf Plausibilität und Konsistenz geprüft werden.

Anwendungsgültigkeit: Um Anwendungsgültigkeit nachzuweisen, muß gezeigt werden, daß die Modelldarstellung dem Zweck der Systemstudie entspricht und daß das Modell die Art von Information erzeugen kann, die von ihm erwartet wird.

1.4 Zwei unterschiedliche Modellansätze: Statistische und strukturtreue Modelle

Es gibt zwei unterschiedliche Ansätze zur Modellierung von Systemen: statistische Modelle und strukturtreue Modelle. Trotz ihrer erheblichen Unterschiede werden sie oft sogar von 'Experten' verwechselt, die dann gegen die eine Methode argumentieren, indem sie unzulässigerweise die Einwände gegen die andere verwenden. Statistische Modelle werden oft auch als **beschreibende Modelle** bezeichnet, weil hier lediglich das beobachtete Verhalten beschrieben werden soll. Strukturtreue Modelle sollen hingegen über eine möglichst getreue Systemdarstellung das Verhalten auch erklären können; sie werden daher oft als **erklärende Modelle** bezeichnet.

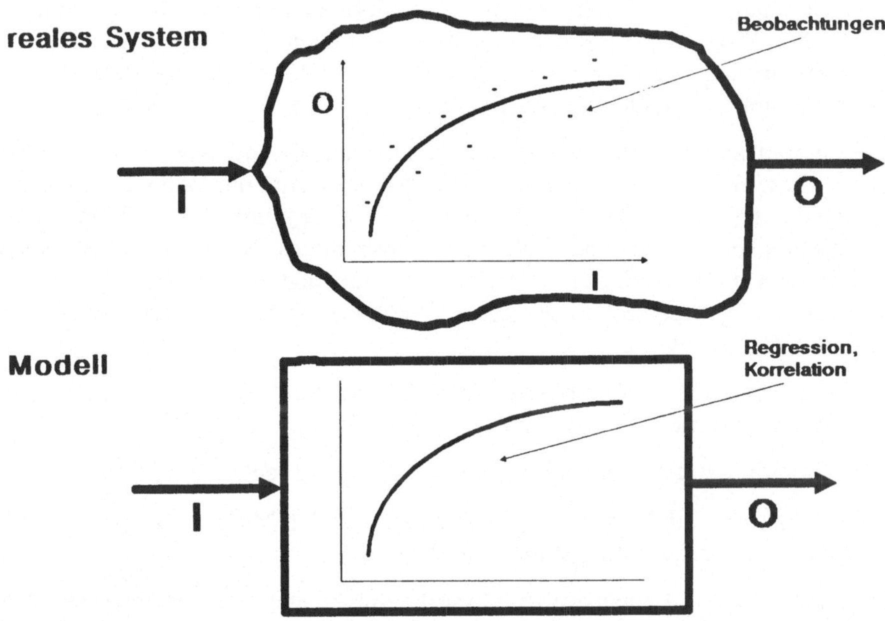

Abb. 1.4a   Statistische Modelle beschreiben den Zusammenhang zwischen Umwelteinwirkung (Input) und Verhalten (Output) eines Systems durch eine geeignete mathematische Beziehung, die aber meist keinen Bezug zur tatsächlichen Systemstruktur hat.

In **statistischen Modellen** wird ein Zusammenhang zwischen den beobachteten Verhaltensdaten (Output) und bekannten Umwelteinwirkungen (Input) hergestellt, indem eine allgemeine mathematische Beziehung zwischen diesen Größen postuliert wird und die Parameter dieser Beziehung geschätzt werden, so daß sich hieraus eine möglichst gute Anpassung an die empirischen Daten ergibt (Abb. 1.4a). Die Regressions- oder Korrelationsanalyse sind Beispiele dieser weitverbreiteten Methode. Während diese Methode ihre Verdienste in Fällen hat, wo über mögliche strukturelle Beziehungen zwischen den Größen kaum oder keine Kenntnisse vorliegen, so bestehen doch schwerwiegende Einwände gegen ihre Anwendung auf die Untersuchung komplexer Systeme:

- Verfügbares strukturelles Wissen über das System wird (im allgemeinen) nicht verwendet. Die statistische Beziehung ist oft beliebig, strukturell ungültig und basiert notwendigerweise auf historischen Daten, die mögliche strukturelle Veränderungen im System, die zu völlig anderen Verhaltensweisen führen können, nicht wiedergeben können.

- Die Parameter des statistischen Modells haben (im allgemeinen) keine sinnvolle Entsprechung im realen System. Weil die Modellergebnisse (im allgemeinen) in kritischer Weise von den Werten dieser Parameter abhängen, bekommt die Parameterschätzung eine herausragende Rolle in der Untersuchung, obwohl ihr Beitrag zum Verständnis des Systems gleich Null ist.

Aus diesen und anderen damit zusammenhängenden Gründen werden statistische Modelle in diesem Buch nicht behandelt. Wir konzentrieren uns vielmehr auf strukturelle Modelle, bei denen versucht wird, die Modellgültigkeit (Strukturgültigkeit, Verhaltensgültigkeit, empirische Gültigkeit, Anwendungsgültigkeit) dadurch zu gewährleisten, daß die Systemstruktur und die Systemelemente so vollständig wie möglich und notwendig beschrieben werden (Abb. 1.4b). **Strukturtreue Modelle** haben die folgenden Eigenschaften:

- Die Elemente der strukturtreuen Modelle entsprechen den realen Elementen der realen Systeme (oft in geeigneter Aggregation).

- Die Funktionen der Modellelemente sind denen im realen System nachgebildet.

- Die Strukturverbindungen zwischen Elementen des Modells entsprechen identifizierbaren Verknüpfungen im realen System.

- Parameterwerte, Anfangswerte, Umwelteinwirkungen usw. entsprechen identifizierbaren Größen des realen Systems.

- Falls die Struktur getreu dargestellt wurde, wird das Modell auch diejenigen 'stillen' Strukturteile des realen Systems enthalten, die unter bestimmten Bedingungen aktiviert werden können und dann zu unterschiedlichen Verhaltensweisen führen können, die in der Vergangenheit nicht beobachtet wurden.

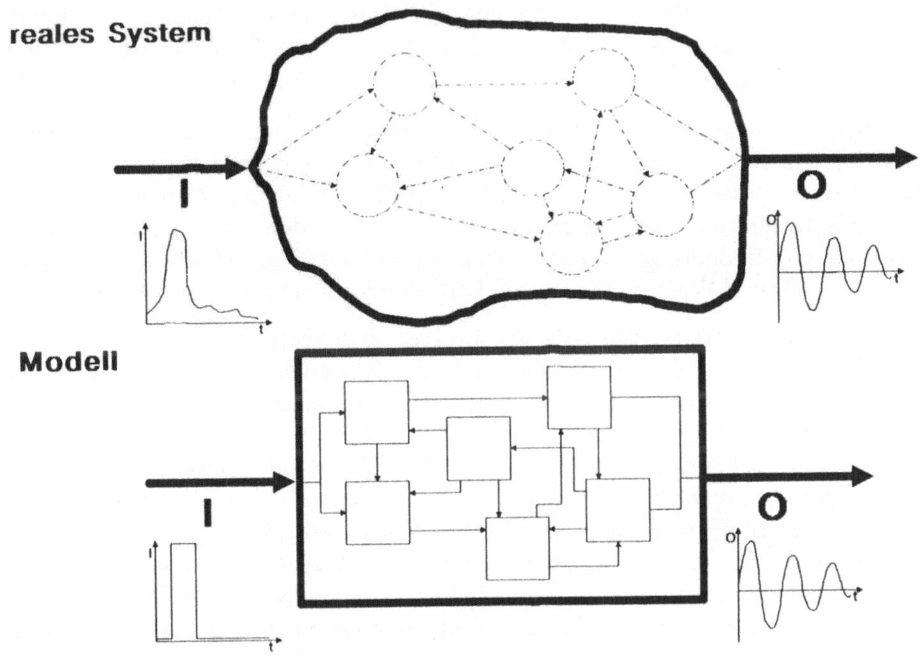

Abb. 1.4b   Bei strukturtreuen Modellen wird versucht, die verhaltensbestimmende Struktur des Systems richtig zu erfassen.

Strukturtreue Modelle haben daher mehrere wichtige Vorteile gegenüber statistischen Modellen:

-   Wegen der besseren Darstellung der Struktur sind ihre Verhaltensaussagen verläßlicher, selbst und besonders für Bedingungen, die in der Vergangenheit nicht beobachtet worden sind.

-   Es entfällt die genaue Schätzung abstrakter Systemparameter mit kritischem Einfluß auf das Modellverhalten, aber fehlender realer Bedeutung (wie bei statistischen Modellen). Sie spielt hier keine Rolle, weil (im allgemeinen) nur Parameter verwendet werden, die direkt im Realsystem oder in Experimenten oder Untersuchungen bestimmt werden können (z.B. Gravitationskonstante, Photosyntheseproduktion, usw.). In den meisten Fällen können gültige Modelle entwickelt werden durch Verwendung allgemeiner wissenschaftlicher oder spezieller experimenteller Parameterwerte, ohne daß die Notwendigkeit für statistische Parameterschätzungen überhaupt besteht.

- Wegen ihrer Betonung auf der Systemstruktur und dem entsprechenden Verhalten führen strukturtreue Modelle zu einem sehr viel besseren Verständnis des untersuchten Systems als statistische Modelle, die diese Systeme als 'Black-Box' betrachten.

Unter den strukturtreuen Modellen haben diejenigen besondere Bedeutung, die das System mit Hilfe von gewöhnlichen Differentialgleichungen oder partiellen Differentialgleichungen beschreiben. Wir werden uns in diesem Buch vor allem mit dem ersten Typ befassen und später aber auch noch kurz auf den zweiten zurückkommen. Er ist dann von Bedeutung, wenn räumlich verteilte Größen sich mit der Zeit verändern (z.B. Luft- und Wasserströmungen, Diffusionsvorgänge, Wärmeleitung usw.).

Deterministische Systeme: Wir befassen uns hier ausschließlich mit deterministischen Systemen, bei denen sich Veränderungsraten der Zustandsgrößen eindeutig aus dem jeweiligen Systemzustand und den Umwelteinwirkungen bestimmen lassen (die Umwelteinwirkungen können zufälliger Natur sein, z.B. Wettereinflüsse). Dies ist keine sehr weitreichende Einschränkung: die Modellbildung realer Systeme ist immer auf Aggregation angewiesen, um handhabbar zu bleiben. Durch Aggregation (etwa wie in der Thermodynamik über alle Moleküle eines Wärmeprozesses, in der Populationsdynamik über alle Individuen, in der Wachstumsdynamik über alle Pflanzen eines Feldes, usw.) werden aber die Zufälligkeiten der individuellen Schicksale durch statistische Mittelwerte ersetzt: das deterministische Modell nähert dann das (aggregierte) Verhalten des Realsystems gut an (vgl. Abschnitt 1.6).

Zeitabhängige deterministische Systeme: Deterministische Systeme, deren Entwicklung nur von der Zeit als unabhängiger Veränderlicher bestimmt wird, können meist durch gewöhnliche Differentialgleichungen (oder entsprechende Differenzengleichungen) beschrieben werden. In diesem Buch befassen wir uns fast ausschließlich mit Systemen dieser Art, die in allen Realitätsbereichen anzutreffen sind.

Zeit- und ortsabhängige deterministische Systeme: In der Realität zeigen viele Systeme zusätzlich zur Zeitabhängigkeit (Dynamik) ihrer Zustandsgrößen außerdem noch Ortsabhängigkeit der Zustandsgrößen (etwa das ortsabhängige Geschwindigkeitsfeld um einen Tragflügel, oder die räumliche Verteilung der zeitabhängigen Grundwasserströme in einem Wassereinzugsgebiet). Systeme dieser Ort müssen mit partiellen Differentialgleichungen beschrieben werden, in denen partielle Differentiale nach der Zeit und nach den Raumkoordinaten auftreten. Damit erhöht sich die Zahl der Zustandsgrößen enorm (Abb. 1.4c).

Die praktische Bearbeitung solcher Aufgaben etwa mit der Methode der finiten Differenzen oder der Methode der finiten Elemente erfordert meist relative große und schnelle Rechner. Der Aufgabe entsprechend muß dabei die räumliche Verteilung durch entsprechende Zustandsgrößen an Rasterpunkten oder Rasterelementen angenähert werden. (Diese Verfahren werden in anderen Texten erläutert). Gelegentlich läßt sich aber auch durch analytische Integration mit unbekannten Parametern

eine partielle Differentialgleichung in ein System von gewöhnlichen Differentialgleichungen überführen und entsprechend lösen. Wir werden diesen Ansatz später an
einem Simulationsbeispiel (INTREL) kennenlernen.

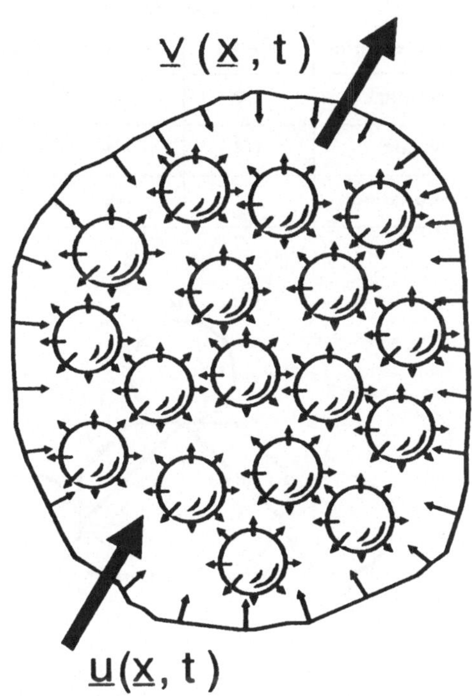

Abb. 1.4c   Zeit- und ortsabhängige Systeme müssen durch partielle Differentialgleichungen
beschrieben werden.

An dieser Stelle sollen auch noch zwei weitere Modelltypen erwähnt werden, die in
der Systemanalyse eine Rolle spielen, die aber in diesem Buch nicht behandelt werden können: Markov-Ketten und Folgerungsnetze.

Markov-Ketten: Gelegentlich sind die Übergänge von einem Systemzustand auf einen
anderen nicht deterministisch, sondern zufallsabhängig. Für die Wahrscheinlichkeit
des Übergangs von einem Zustand auf den anderen lassen sich Übergangswahrscheinlichkeiten angeben, mit denen wahrscheinliche neue Zustände berechnet werden können. Ein einfaches Beispiel zeigt die Tabelle in Abb. 1.4d, die die Übergangswahrscheinlichkeiten von einem Wettertypus auf einen anderen am nächsten Tag angibt.

Markov – Ketten

Übergangswahrscheinlichkeiten

	dann wird es morgen		
falls das Wetter heute	**sonnig**	**wolkig**	**regnerisch**
sonnig	1/2	1/2	0
wolkig	1/2	1/4	1/4
regnerisch	0	1/2	1/2

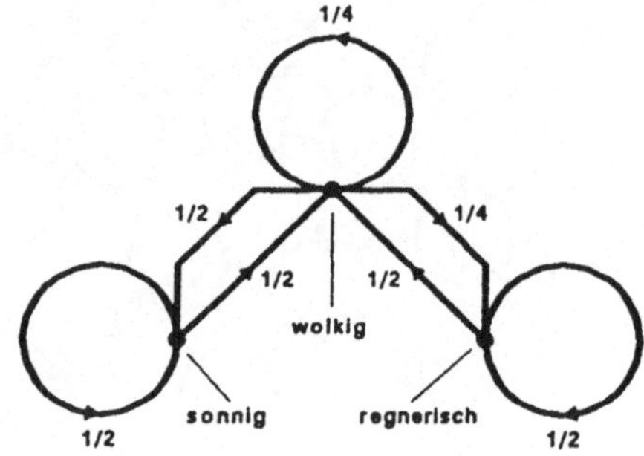

Abb. 1.4d   Markov-Modelle finden Verwendung, wenn lediglich Wahrscheinlichkeiten für die
Übergänge einzelner Systemzustände auf andere Zustände angegeben werden können.

Die hiermit möglichen Systementwicklungen lassen sich in Markov-Ketten als Graphen darstellen (Abb. 1.4d). In diesen Graphen stellen die Knoten die möglichen Systemzustände dar, die Kanten (Pfeile) die Übergangswahrscheinlichkeiten zwischen den verschiedenen Systemzuständen. Mit Hilfe dieser Systemdarstellungen läßt sich die Systementwicklung über die Zeit zwar nur stochastisch ermitteln, aber es läßt sich u.a. auch feststellen, wieviel Prozent der Zeit jeder der möglichen Systemzustände langfristig gesehen bestehen wird.

Folgerungsnetze: Vielfach können in Systemen gewisse Zustände nur eintreten, wenn ganz bestimmte Bedingungen erfüllt sind. Besondere Bedeutung haben Folgerungsprozesse bei der Wissensverarbeitung und bei Entscheidungsprozessen.

Ein Beispiel eines solchen Systems zeigt Abb. 1.4e. Die wesentlichen Elemente eines solchen Systems sind Prämissen (Sechsecke), Implikationen (Rhomben) und Konklusionen (Rechtecke). Der Folgerungsprozeß dieses Systems läßt sich anhand der Abbildung erläutern: Treffen die beiden Bedingungen P_1 und P_2 ein, so ist die Implikation I_1 erfüllt und es ergibt sich daraus als Folgerung die Konklusion K_1. Dies kann zum Beispiel einen neuen Systemzustand bedeuten. Mit K_1 ist jetzt auch eine der drei Bedingungen für I_2 erfüllt; weitere ergeben sich aus den Prämissen P_2 und P_3. Damit leiten sich die Folgerungen K_2 und K_3 ab, und der Folgerungsprozeß nimmt seinen Fortgang.

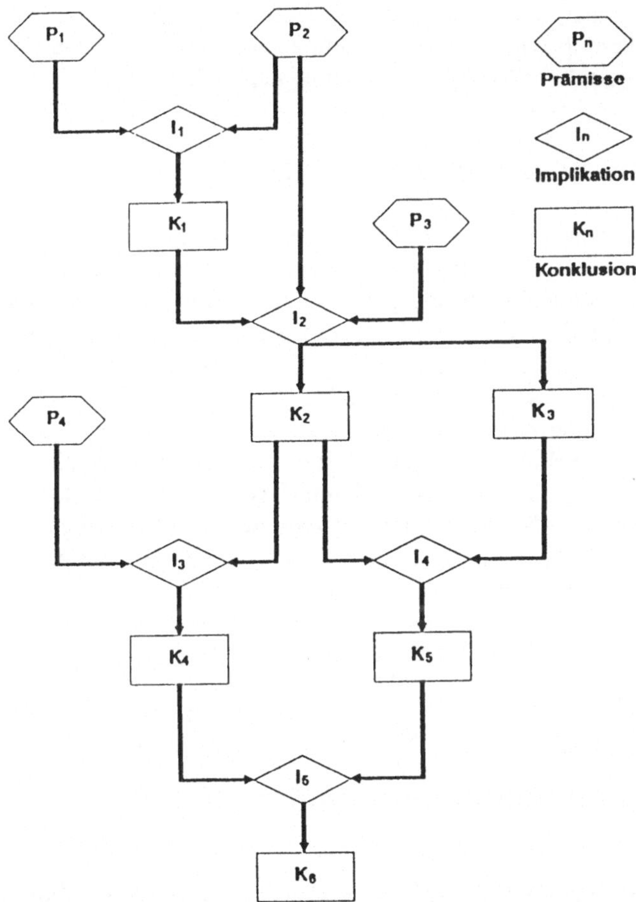

Abb. 1.4e   Folgerungsnetze beruhen auf logischer Deduktion und sind besonders für die qualitative Wissensverarbeitung und Simulation (Expertensysteme) geeignet.

Systemanalysen dieser Art sind meist nicht quantitativer, sondern qualitativer Art, d.h. es werden qualitative Aussagen über Zustände gemacht. Sie haben ihre praktische Bedeutung besonders bei der Darstellung von Entscheidungsverhalten, von

Schwellenwertverhalten und in der Wissensverarbeitung. Folgerungsprozesse dieser Art stellen auch den Kern der meisten Expertensysteme dar. Diese Art der Systemanalyse eignet sich besonders dann, wenn über Systembereiche vor allem qualitatives Erfahrungswissen vorliegt. So spielt diese Art der Systemdarstellungen besonders bei Wirkungsanalysen, bei Folgenabschätzungen, bei Umweltverträglichkeitsprüfungen, aber auch bei komplexen Bewertungsvorgängen, bei der Überprüfung wissenschaftlicher Hypothesengebäude usw. eine große Rolle. Prinzipiell lassen sich derartige Analysen zwar auch ohne Computer durchführen, doch wird bei mehr als fünf Implikationen die Schlußfolgerung bereits unübersichtlich und schwierig, so daß man hier auf computergestützte Wissensverarbeitung angewiesen ist.

1.5 Elemente dynamischer Systeme

Ein System besteht aus vielen (oft sehr vielen) Komponenten sehr unterschiedlicher Natur, die über eine Vielfalt von Wirkungsbeziehungen miteinander verbunden sein können. Der Beobachter erhält den Eindruck eines zusammenhängenden Ganzen, d.h. eines 'Systems' aus der Funktion des Systems, die nur durch die Interaktionen der verschiedenen Komponenten, aber nicht aus den Eigenschaften dieser Komponenten allein erklärt werden kann. Ein Baum ist etwas völlig anderes als seine Zellen oder als die Chemie seiner Photosynthese. Auf der anderen Seite sind diese beiden Komponenten natürlich wesentliche Bestandteile des Baums als System. Systeme und ihr Verhalten sind daher erstens bestimmt durch ihre Komponenten ('Elemente') und zweitens durch die Wirkungsbeziehung zwischen diesen Elementen ('Struktur'). Weder das eine noch das andere ist allein entscheidend; das Systemverhalten ergibt sich aus ihrem Zusammenwirken. Wenn man die möglichen Komponenten eines Systems betrachtet, so ergibt sich eine gewisse Einteilung, die tatsächlich für alle dynamischen Systeme charakteristisch ist. Man findet:

- Parameter
- Umwelteinwirkungen (exogene Größen)
- Zustandsgrößen
- Veränderungsraten der Zustandsgrößen
- Zwischengrößen.

Parameter sind Größen, die über den Zeitraum der Beobachtung des Systems konstant bleiben. Sehr oft sind dies Naturkonstanten wie etwa die Gravitationskonstante oder die Solarkonstante. Im Ökosystem beschreiben etwa Standortparameter die spezifischen konstanten Standortbedingungen wie Hangneigung, Exposition, geologische Parameter usw.

Umwelteinwirkungen (exogene Größen) sind Größen, die das System von außen beeinflussen, selbst aber nicht durch das System beeinflußt werden können. Beispiele sind: die Niederschläge auf ein Feld oder die Sonneneinstrahlung in einem Wald.

Zustandsgrößen werden oft auch als Speichergrößen bezeichnet. Ihre momentanen Werte - ihre Zustände - beschreiben den augenblicklichen Systemzustand vollständig. Sie sind deshalb von zentraler Bedeutung für die Entwicklung des Systems und für dessen Beschreibung und Simulation. Oft können diese Zustandsgrößen direkt bestimmt werden durch das Zählen oder Messen vorhandener Bestandsmengen, z.B. der Biomasse in einem Wald, des Wassers in einem Behälter, der Bevölkerung in einem Dorf oder der Menge der vorhandenen Ressourcen. Gelegentlich sind diese Zustandsgrößen nicht direkt beobachtbar (z.B. die kinetische Energie eines Fahrzeugs oder einer schwingenden Masse). Manchmal spielen Zustandsgrößen eine zentrale Rolle, die schwer oder unmöglich zu messen sind: ein Beispiel ist die Attraktivität einer Stadt, die von vielen Faktoren abhängt und die auf ihre Weiterentwicklung einen entscheidenden Einfluß haben kann.

Anfangswerte der Zustandsgrößen bestimmen daher die Weiterentwicklung des Systems auf kritische Weise und müssen daher bekannt sein. Offensichtlich macht es einen erheblichen Unterschied, ob ein Fischteich anfänglich nur 100 oder 10'000 Fische enthält, selbst wenn in beiden Fällen alle Systembeziehungen gleich sein sollten.

Veränderungsraten der Zustandsgrößen bestimmen, um wieviel die Zustandsgrößen pro Zeitschritt wachsen oder sich vermindern. Sie müssen daher bekannt sein, um die Weiterentwicklung des Systems zu bestimmen. Beispiele für Veränderungsraten (hier oft nur 'Raten' oder 'Zustandsraten' genannt) sind die Geburtenrate und die Sterberate einer Bevölkerung, der Zufluß und der Abfluß eines Sees, die Menge der pro Stunde in den Blättern eines Baums durch Photosynthese gebildeten Glukose oder die Energie, die von einem Tier pro Zeiteinheit verbraucht wird.

Zwischengrößen sind Größen, die sich ständig als Folge von Umwelteinwirkungen und/oder von Veränderungen des Systemzustands, d.h. der Zustandsvariablen verändern. Sie sind also aus diesen ermittelbar. Z.B. ist der Nahrungsmittelverbrauch einer Bevölkerung das Produkt aus der Bevölkerungszahl (einer Zustandsgröße) und dem spezifischen Nahrungsverbrauch pro Kopf (Parameter). In diesem Falle ist der Nahrungsverbrauch (d.h. hier die Zwischengröße) auch die Veränderungsrate einer Zustandsgröße, d.h. der verfügbaren Nahrungsmenge. Abhängig vom jeweiligen System können sich Zwischengrößen als Ergebnis verschiedener Kombinationen anderer Zwischengrößen oder der Zustandsgrößen ergeben. Die Systemmodelle in diesem Buch zeigen hierfür viele Beispiele.

Diese zunächst überraschende Einsicht der Systemwissenschaft - daß nämlich völlig verschiedene Systeme aus den gleichen Arten von Systemelementen bestehen - vereinfacht die weitere Analyse enorm. Wir können jetzt die gleichen Bezeichnungen, die gleichen Symbole, die gleiche mathematische Beschreibung und die gleichen Computerprogramme verwenden, um die Entwicklung völlig verschiedener dynamischer Systeme zu untersuchen. Das bedeutet allerdings nicht, daß Systeme in bezug auf ihre Elemente oder ihre Struktur gleich sind. Im Gegenteil: Jedes System hat seine ihm eigentümlichen Elemente und seine eigene charakteristische Struktur, aber wir können jetzt den gleichen mathematischen Apparat und die gleichen Bearbeitungsprogramme auf dem Rechner verwenden, um sehr unterschiedliche Systeme zu untersuchen.

In der Praxis bedeutet dies eine sehr nützliche Unterteilung der Untersuchungsaufgabe: Zuerst benötigen wir eine fallspezifische Beschreibung des untersuchten Systems, die der Realität so nahe wie nur möglich kommt, durch die Beschreibungsmethode aber nicht beschränkt ist. Zweitens benötigen wir ein Computerprogramm, das Simulationen für beliebige Systemmodelle erzeugen kann. Wir verwenden diese Aufteilung in den Modellen, die später in diesem Buch erläutert werden: Wir formulieren sehr unterschiedliche Systemmodelle für völlig verschiedene Anwendungen, aber wir wenden auf alle das gleiche Dienstleistungsprogramm DYSAS (bzw. DYSYS) für Mikrocomputer an. Die besonderen Eigenschaften eines Systems sind deshalb in der Auswahl seiner Parameter, der Umwelteinwirkungen, der Zustandsgrößen und Anfangsbedingungen, der Zwischengrößen, der Zustandsraten und der Strukturverbindungen zwischen diesen Größen eingefangen. Die Auswahl der Elemente und ihrer Verbindungen ist nur durch diejenigen Bedingungen begrenzt, die in der Realität aus physischen oder anderen Gründen ebenfalls bestehen.

1.6   Erfassung der wesentlichen Aspekte

Bei näherer Betrachtung ist die uns umgebende Wirklichkeit so komplex, daß es zweifelhaft ist, ob sie - außer in sehr einfachen Fällen - überhaupt in einem Computerprogramm erfaßt werden kann. Ein Baum z.B. besteht aus einer großen Menge von Blättern und Wurzeln, die mit vernünftigem Aufwand noch nicht einmal gezählt oder gemessen werden können, von ihrer genauen Orientierung in bezug auf die Sonne, ihrer Abschattung durch andere Blätter, der Funktion ihrer einzelnen Zellen usw. gar nicht erst zu sprechen. Im Prinzip gilt derselbe Einwand für alle Systeme und Modelle, vom Modell einer Hausheizung bis zu den sogenannten Weltmodellen.

Offensichtlich können diese Systeme mit einem vertretbaren Aufwand nur untersucht werden, wenn ihre vielen Einzelkomponenten so weit wie möglich zusammengefaßt und aggregiert werden. Anstatt die Einzelschicksale der Tausenden von Blättern an einem Baum oder der Millionen von Erwachsenen einer Bevölkerung zu beschreiben, verwendet man eine aggregierte Größe wie die gesamte Blattfläche oder die Gesamtzahl der Erwachsenen. Unter Verwendung empirischer (oft statistischer) Daten, die die Funktionen dieser aggregierten Größen beschreiben (z.B. die Photosyntheseproduktion pro Quadratmeter Blattfläche bei gegebener Solareinstrahlung oder die durchschnittliche Zahl von Kindern pro Frau in einem gewissen Alter) erhält man dann verläßliche Aussagen über das Gesamtsystem trotz enormer Vereinfachungen bei der Aggregation. (An dieser Stelle haben empirisch begründete statistische Zusammenhänge eine wichtige Bedeutung.)

Wir merken hier an, daß zufällige Einflüsse im allgemeinen nur eine Rolle für individuelle Komponenten oder Individuen spielen und daß aus diesem Grund jede Aussage über aggregierte Größen weniger unsicher ist. Im Prinzip führt diese Art der Beschreibung zu deterministischen Systemen, aber auch hier können Zufallsereignisse einen drastischen Einfluß auf das Systemverhalten haben (z.B. eine Dürreperiode in der Landwirtschaft oder die destabilisierenden Wirkungen von Zufallsstörungen in vielen Systemen).

Weil die genaue Darstellung eines realen Systems in allen seinen Einzelheiten zuviel vom Systemforscher und vom Computer verlangt, ist eine aggregierte Darstellung fast immer unvermeidbar. Davon abgesehen ist es im allgemeinen nicht möglich und vor allem auch nicht notwendig, ein Allzweckmodell zur Beantwortung jeder nur denkbaren Art von Fragen zu entwickeln. Deshalb erreicht man eine weitere Vereinfachung, indem das Modell auf einen oder wenige Modellzwecke zugeschnitten wird. In bezug auf diesen Modellzweck sollte es verläßliche Antworten abgeben können; es sollte jedoch nicht für Aufgaben verwendet werden, die außerhalb dieses Modellzwecks liegen. Für diese Fälle muß ein neues Modell entwickelt oder das alte wenigstens modifiziert werden.

Wenn wir etwa mit dem Computermodell eines Ökosystems arbeiten, müssen wir uns daran erinnern, daß wir es hier mit einer sehr einfachen Karikatur eines solchen Ökosystems zu tun haben. In der gleichen Weise wie eine gute Karikatur wichtige Einsichten mit einigen wenigen Federstrichen vermitteln kann, so kann auch ein Systemmodell wichtige Informationen vermitteln - im Rahmen der Grenzen, die ihm durch die Aggregation und den Modellzweck gezogen sind. Der Sinn eines solchen Modells ist es, die elementaren Verhaltensweisen eines solchen Systems zu zeigen: Es kann im allgemeinen nicht verwendet werden, um genaue Vorhersagen zum künftigen Verhalten zu erhalten, da dieses oft entscheidend von zukünftigen, bisher unbekannten Umwelteinwirkungen abhängt.

An diesem Punkt daher eine Warnung: Die Arbeit mit einem Simulationsmodell kann dazu verleiten, die Ergebnisse unkritisch auf andere Bereiche der Realität zu übertragen, die das Modell nur unvollständig oder gar nicht erfaßt. Die Gültigkeitsbedingungen des Modells und der daraus gewonnenen Schlußfolgerungen, die sich aus den notwendigen Vereinfachungen und Aggregationen und der (aus dem Modellzweck folgenden) Systemgrenze ergeben, müssen immer in die Überlegung einbezogen werden. Wenn sie korrekt berücksichtigt werden, wird der Modellbenutzer neue und gültige Einsichten gewinnen können. Bei vielen Anwendungen der Systemanalyse können die Einsichten, die bei der Modellentwicklung oder bei der Computersimulation gewonnen werden, unerwünschte und vielleicht sogar katastrophale Entwicklungen unserer realen Umwelt vermeiden helfen, die uns sonst wegen ihrer zunächst kaum erkennbaren Dynamik bis zuletzt verborgen bleiben würden.

1.7   Regelung in großen Systemen

Organismen, Ökosysteme, Betriebe und Organisationen usw. sind selbstregulierende und selbstorganisierende Systeme. Im Verlauf ihrer Entwicklung haben sie anpassungsfähige Regelmechanismen entwickelt, die es ihnen ermöglichen, mit den normalen Störungen ihrer Umwelt fertigzuwerden. In extremen oder ungewöhnlichen Situationen kann es sein, daß diese Mechanismen nicht ausreichen. Insbesondere belasten z.B. die Einwirkungen des Menschen auf seine Umwelt die Ökosysteme über die Grenzen hinaus, für die sie durch die Evolution vorbereitet wurden. Gelegentlich brechen Ökosysteme daher irreversibel zusammen, d.h. eine Rückführung auf den früheren Zustand ist dann nicht mehr möglich. Die Zerstörung von Ökosystemen bedeutet im allgemeinen den Verlust von Organismen und Arten, von genetischer Vielfalt, von Lebens- und Entfaltungsfähigkeit und von Ressourcen und Erneuerungspotentialen.

Die folgende Diskussion bezieht sich vor allem auf Ökosysteme; die Aussagen lassen sich auch auf viele andere Systeme übertragen.

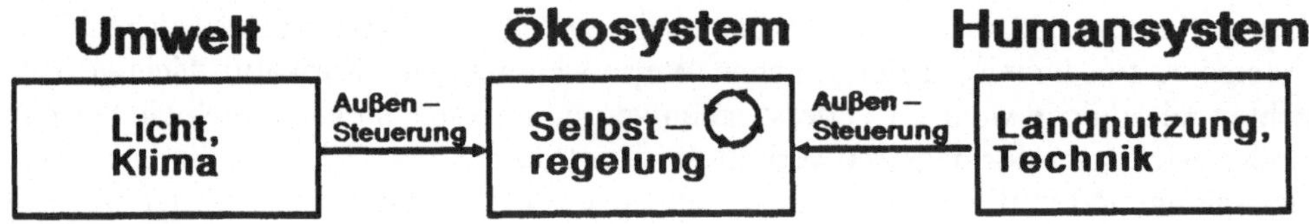

Abb. 1.7a   Außensteuerung und innere Regelung eines Ökosystems.

Die wichtigsten steuernden und regelnden Faktoren von Ökosystemen sind in Abb. 1.7a angedeutet. Umwelteinwirkungen (exogene Faktoren) wie etwa die Sonneneinstrahlung, Niederschläge oder die Temperatur beeinflussen das System von außen. Um mit diesen Störungen und ihren möglicherweise zerstörerischen Kräften fertigzuwerden, hat das Ökosystem seine eigenen internen Regelmechanismen auf unterschiedlichen hierarchischen Ebenen entwickelt. Schließlich können die Handlungen und die Einwirkungen des Menschen, der das Ökosystem als Ressourcenbasis und als Lagerplatz für seine Abfälle verwendet, einen wesentlichen und oft entscheidenden Einfluß auf das Ökosystem ausüben. Es ist u.a. die Aufgabe der Umweltsystemanalyse, Bewirtschaftungsstrategien zu entwerfen, die eine nachhaltige Nutzung des Ökosystems durch den Menschen ohne Ausbeutung und Zusammenbruch gestatten, d.h. ohne daß die Ökosysteme über ihre nachhaltige Tragfähigkeit hinaus belastet werden, und ohne daß es zum Verlust von Arten kommt.

Beim Umgang mit Ökosystemen (und Organismen, Organisationen usw.) ist es wichtig zu erkennen, daß die internen Regelmechanismen auf verschiedenen hierarchischen Ebenen arbeiten mit unterschiedlichen Wirkungen auf das System und mit entsprechend unterschiedlichen Antwortzeiten (Abb. 1.7b). Diese Unterschiede müssen in Systemstudien richtig berücksichtigt werden, obwohl die Darstellung der Regelprozesse auf den höheren Ebenen einige Probleme aufwirft.

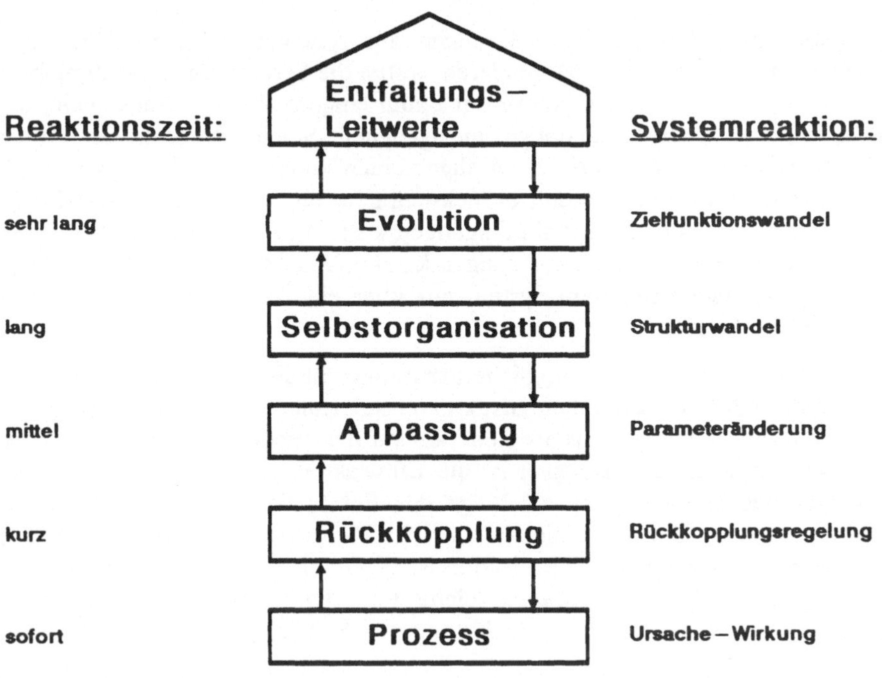

Abb. 1.7b   Steuerungs- und Leithierarchie in komplexen (selbstorganisierenden) Systemen.

Auf der niedrigsten Ebene der Systemprozesse haben wir es mit direkten **Ursache-Wirkungsbeziehungen** zu tun. Hier finden wir eine fast gleichzeitige Reaktion auf Einwirkungen, wobei diese Reaktion oft durch entsprechende physikalische Beziehungen oder andere Naturgesetze eindeutig vorgegeben ist. Wichtige Beziehungen dieser Art müssen selbstverständlich ein Teil der Modellformulierung sein.

Auf der nächsthöheren Ebene finden sich Regelvorgänge mit **Rückkopplungsprozessen**, wobei eine Zustandsgröße auf sich selbst oder auf andere Zustandsgrößen über entsprechende Rückkopplungen zurückwirken kann. Wichtige Rückkopplungsprozesse natürlicher Systeme sind Wachstumsschleifen (z.B.: je größer die Bevölkerung oder die Biomasse, um so mehr Bevölkerungs- oder Biomassewachstum ergibt sich) und wachstumsbegrenzende Schleifen (z.B.: je mehr Beute, um so mehr Räuber). Weil Rückkopplungsschleifen über Zustandsgrößen laufen, so ergibt sich immer eine Zeitverzögerung in dieser Reaktion. Diese Zeitverzögerung kann sogar zu Schwingungen und Instabilitäten führen. Daher bestimmen die Rückkopplungsschleifen eines Systems sein dynamisches Verhalten. In der Systemanalyse ist das richtige Erkennen der Rückkopplungsschleifen und ihrer Parameter eine notwendige Voraussetzung für den Erfolg der Modellbildung.

Ein System kann auf die Anforderungen aus seiner Systemumwelt durch **Parameteränderungen** (in Grenzen) reagieren, wobei die Systemstruktur sich nicht verändert. Z.B. wird in trockenen Jahren ein Baum längere Wurzeln entwickeln, um sich dem sinkenden Grundwasserspiegel anzugleichen. Solche Prozesse der Anpassung von Systemparametern benötigen im allgemeinen einige Zeit. Der Systemanalytiker muß sie in seinem Systemmodell berücksichtigen, um die Systementwicklung unter sich stark verändernden Umweltbedingungen korrekt zu beschreiben. Das Erkennen solcher möglicher Parameteranpassungen kann u.U. schwierig sein, besonders, wenn sich die Erfahrungen mit dem System nur über eine begrenzte Periode 'normaler' Bedingungen erstreckt.

Noch schwieriger lassen sich mögliche **Strukturveränderungen** im realen System erkennen und im Modell darstellen. Strukturveränderungen können sich als Folge einer Selbstorganisation des Systems als Reaktion auf drastische Veränderungen seiner Systemumwelt ergeben. Ein Beispiel ist die Entwicklung einer anderen Ökosystemzusammensetzung in einem See als Folge der Eutrophierung. Die Zeitskala solcher Veränderungen ist länger als die für einfache Parameterveränderungen. Die Fähigkeit eines Systems zur Selbstorganisation ist in Zeiten starker Belastung überlebensnotwendig. Falls die Systemstudie solche Perioden einschließen muß, muß der Systemanalytiker die Fähigkeit des Systems zur Selbstorganisation untersuchen, erkennen und verstehen können.

Meist außerhalb der Zeitskala von Systemstudien sind dagegen die Prozesses der **Evolution** und der Ko-Evolution von Organismen oder Ökosystemen. Mögliche Ausnahmen sind z.B. Systemstudien der Schädlingsbekämpfung, da bei kleinen Organismen die Generationenfolge so rasch ist, daß die Möglichkeit der Entwicklung resistenter Stämme durchaus besteht.

Alle Regel-, Steuer-, Leit- oder Führungsmechanismen erfordern ein entsprechendes Ziel; ein Regelsystem ohne ein Regelziel macht keinen Sinn. Für Ökosysteme, Organismen, Organisationen und andere komplexe Systeme muß dieses Leitziel die **Lebens- und Entfaltungsfähigkeit** (viability) des Systems (oder der Art) sein bzw. Leitwerte, die von diesem allgemeinen Systemziel abgeleitet werden können. Die Lebens- und Entfaltungsfähigkeit ist dann sichergestellt, wenn fünf verschiedene Leitwerte gleichzeitig und gleichwertig beachtet werden (Bossel 1977):

Sicherung der Existenzbedürfnisse,
Sicherheit,
Handlungsfreiheit,
Wirksamkeit,
Wandlungsfähigkeit.

Die Beachtung **jedes** dieser Leitwerte ist erforderlich, um die Lebens- und Entfaltungsfähigkeit des Systems auf Dauer zu sichern. Auf den niedrigeren Ebenen der Systemsteuerung und -regelung findet man natürlich Regelmechanismen, die mit sehr viel spezielleren Kriterien arbeiten, die aus diesem allgemeinen Leitwertsatz abgeleitet worden sind.

1.8   Schritte der Systemanalyse und der Systemmodellierung

Der Prozeß der Systemanalyse, der Modellentwicklung und der Simulation läuft immer mit der gleichen Folge von Schritten ab (Abb. 1.8; siehe auch die allgemeinere Darstellung in Abb. 1.2). Bei der Modellentwicklung in den folgenden Kapiteln werden wir uns immer an diese Abfolge halten.

Problembeschreibung: Die meisten Systemuntersuchungen beginnen damit, daß zunächst ein Problem erkannt wird, z.B. die Gefährdung eines Ökosystems oder die Frage nach nachhaltigen Wirtschaftsstrategien. Ein wichtiger Teil der Systemstudie ist die genaue Beschreibung dieses 'Problems'. Weil es normalerweise das Ziel der Systemuntersuchung ist, vernünftige Maßnahmen zu finden, mit denen das 'Problem' gelöst werden kann, sollte der Analytiker sicherstellen, daß sein Problemverständnis auch diejenigen Systemkomponenten enthält, die das Problem verursachen (könnten) oder die in anderer Weise darauf einwirken können.

Modellzweck: Es gibt viele Möglichkeiten, ein System durch ein Modell zu beschreiben. Der allgemeinste - und ineffizienteste Weg - wäre es, das Realsystem Element für Element zu duplizieren. In den meisten Fällen scheitert diese Möglichkeit an der Komplexität des Realsystems. Die Auswahl oder die Zusammenfassung von Größen muß daher immer im Hinblick auf den Problemzweck getroffen werden. Aus diesem Grunde ist es wichtig, den Modellzweck am Beginn der Systemstudie niederzuschreiben und sich diese Definition des Modellzwecks immer wieder vor Augen zu führen, um sich nicht von einer faszinierenden Modellentwicklung forttragen zu lassen, die für das ursprüngliche Problem keinen Lösungsbeitrag liefern kann.

Systemgrenze: Nachdem das Problem und der Modellzweck spezifiziert worden sind, kann die Systemgrenze definiert werden. D.h. es muß jetzt festgelegt werden, welche Größen als externe Umwelteinwirkungen betrachtet werden sollen und welche als

Teil des zu untersuchenden Systems angesehen und im Modell verwendet werden müssen.

Wortmodell: Der erste Schritt in der Modellentwicklung ist die Beschreibung des Systems und seiner Elemente, seiner Funktionen und ihrer strukturellen Verknüpfungen in der Umgangssprache. Hierfür gibt es gute Gründe: Wichtiges Systemwissen muß oft in einem langwierigen Prozeß der Diskussion, der Destillation, der Umformulierung, der Gültigkeitsprüfung, der Nachprüfung von Informationen und der Stimmigkeitsprüfung in Zusammenarbeit mit Menschen sehr unterschiedlicher Erfahrung und Ausbildung beschafft werden. Das Wortmodell, das sich allmählich aus diesem Prozeß entwickelt, kann Experten und Nichtexperten gleichermaßen mitgeteilt und mit ihnen diskutiert werden. Diese Vorgehensweise stellt sicher, daß das Systemwissen aller Beteiligten einbezogen werden kann und daß das Modellkonzept durch alle überprüft werden kann.

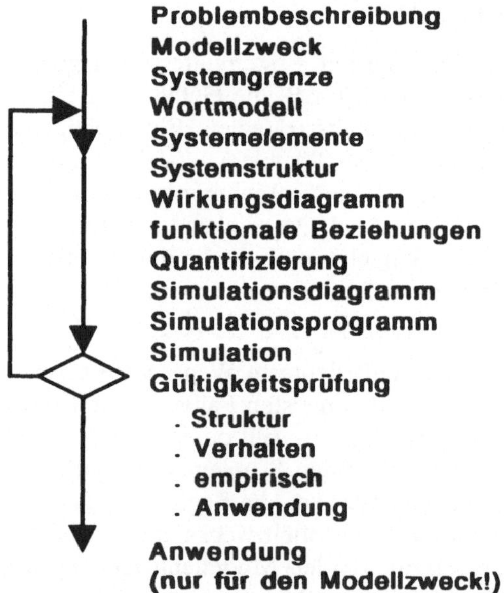

Abb. 1.8   Schritte bei der Systemanalyse und Modellentwicklung.

Systemelemente: Im Wortmodell lassen sich jetzt bereits die wichtigen Systemelemente feststellen und in die entsprechenden Kategorien einteilen (externe Umweltparameter, Systemparameter, zeitabhängige Umwelteinwirkungen, Zustandsgrößen, Anfangsbedingungen, Änderungsraten der Zustandsgrößen, Zwischengrößen). Diese Einteilung ist auch die Grundlage für die Systemdiagramme.

Strukturverknüpfungen: Die Strukturverbindungen zwischen den verschiedenen Systemelementen können auch bereits im Wortmodell identifiziert werden. Sobald diese Beziehungen vorliegen, können Systemdiagramme aufgezeichnet werden.

Wirkungsdiagramm: Das Wirkungsdiagramm ist ein Diagramm der Systemelemente und ihrer Verknüpfungen. Die Systemelemente werden hier zunächst durch ihre umgangssprachlichen Namen gekennzeichnet und mit Pfeilen verbunden, die in der Richtung der Wirkungen verlaufen, die in den vorhergehenden Modellierungsschritten ermittelt wurden. Die Wirkungsstruktur des Systems ist gleichzeitig auch die Grundlage für das ausführlichere Simulationsdiagramm, auf dem das Simulationsmodell und das Computerprogramm aufbauen. Daher ist die Entwicklung des Wirkungsdiagramms der wichtigste Schritt in der Modellentwicklung.

Funktionale Beziehungen: Im Wirkungsdiagramm werden nur die Verbindungen zwischen Systemelementen gezeigt, nicht aber deren jeweilige Funktion. Um das Simulationsprogramm zu entwickeln, müssen diese funktionalen Verknüpfungen bekannt sein. Der Systemanalytiker muß z.B. feststellen, ob zwei auf ein Element treffende Wirkungen (Pfeile) addiert, multipliziert oder anderweitig miteinander verrechnet werden müssen und ob z.B. eine komplizierte funktionale Verknüpfung analytisch oder durch eine Tabellenfunktion vorgeschrieben werden kann.

Quantifizierung: Die uns hier interessierenden dynamischen Systeme erfordern eine numerische Darstellung im Computerprogramm. Daher müssen alle Beziehungen auch quantifiziert werden. Das bedeutet, daß alle externen oder Systemparameter, die Anfangswerte der Zustandsgrößen und zusätzlich die Quantifizierungen aller funktionalen Verknüpfungen zwischen Systemelementen bestimmt werden müssen.

Simulationsdiagramm: Sobald die Elemente, ihre Funktionen, ihre Systemstruktur, alle Parameter sowie die funktionalen Verknüpfungen zwischen Systemelementen bestimmt worden sind, kann das Simulationsdiagramm aufgezeichnet werden. Dies ist im wesentlichen ein quantifiziertes Wirkungsdiagramm, das alle Informationen für das Simulationsprogramm enthält. Beispiele hierfür werden später entwickelt werden.

Programmierung: Simulationsmodelle können in einer Vielzahl von Computersprachen programmiert werden. Im Prinzip muß keine spezielle Simulationssprache verwendet werden. Da allerdings die Berechnung dynamischer Simulationsmodelle immer den gleichen grundsätzlichen Schritten folgt, kann eine entsprechende Programmschale ein für allemal entwickelt und dann für beliebige Simulationsmodelle immer wieder verwendet werden. Es gibt mehrere solcher Dienstleistungsprogramme; wir benutzen hier das DYSAS-Verfahren, um bei der Modellentwicklung die Befehle der BASIC-Computersprache zu verwenden, die auf allen Kleincomputern verfügbar ist. (Die Modelle laufen auch mit dem DYSYS-Verfahren (Bossel 1985) ohne jegliche Änderung.)

Simulation: Die Simulation bedeutet das Durchrechnen des Modells über eine vorgegebene Zeitperiode für einen vorgeschriebenen Satz von Umwelteinwirkungen, Parametern und Anfangsbedingungen. Der Modellzweck wird selten durch einen einzigen Simulationslauf erfüllt; normalerweise sind mehrere Läufe notwendig, um das System und sein Verhalten zu verstehen und um die richtigen Bewirtschaftungs- oder Eingriffsstrategien zu entwickeln. Allerdings sind solche Läufe wertlos ohne einen gründlichen Modelltest und damit die Gültigkeitsüberprüfung des Modells.

Modelltest und Gültigkeitsprüfung: Wenn das Modell 'läuft' und erste Simulationsläufe gemacht worden sind, muß zunächst eine Phase der Gültigkeitsprüfung eingeschoben werden, um die Strukturgültigkeit, die Verhaltensgültigkeit, die empirische und die Anwendungsgültigkeit zu überprüfen (siehe Abschnitt 1.3). Dieser Prozeß der Gültigkeitsprüfung wird im allgemeinen dazu führen, daß noch Fehler und unbefriedigende Formulierungen gefunden werden, die Verbesserungen und Umformulierungen von Teilen des Modells verlangen. Dieser Prozeß von Veränderungen und Verbesserungen muß meistens mehrfach wiederholt werden, bevor das Modell als gültig für den Modellzweck betrachtet werden kann.

Routineanwendung des Modells: Das Modell kann für Routineanwendungen nur nach einer gründlichen Gültigkeitsprüfung eingesetzt werden. Zusätzlich muß beachtet werden, daß sein Anwendungsbereich sich strikt innerhalb des vorher festgesetzten Modellzwecks und innerhalb des Gültigkeitsbereichs des Modells befinden muß.

1.9   Zustandsgrößen und ihre Berechnung

Die sogenannten Zustandsgrößen eines Systems (oder eines Modells) nehmen bei jeder Systemstudie eine zentrale Rolle ein. Das Verständnis dieser Rolle ist der Schlüssel für die erfolgreiche Systemmodellierung.

Die Zustandsgrößen stellen das 'Gedächtnis' des Systems dar. Zu jedem Zeitpunkt (der Messung oder Berechnung) tragen sie die volle Beschreibung des Zustands des Systems: Alle anderen Systemgrößen (einschließlich der Veränderungsraten) können aus ihnen durch algebraische (oder logische) Ausdrücke abgeleitet werden.

Die Zustandsgrößen spannen den Verhaltensraum des Systems auf (d.h., sie sind die Koordinaten des Verhaltensraums). Die Zeitbahn des Systems läßt sich als Ortskurve darstellen, wobei die Koordinaten die jeweiligen Werte der Zustandsgrößen sind. (Beim zweidimensionalen System ist dies das Phasenbild in der Phasenebene.)

Bei der mathematischen Darstellung des Systems (d.h. des Simulationsmodells) muß eine Differenzen- oder eine gewöhnliche Differentialgleichung für jede der Zustandsgrößen geschrieben werden. Die Zahl der Zustandsgrößen ist daher gleich der Zahl der zu lösenden Differenzen- oder Differentialgleichungen erster Ordnung. Diese Zahl der Zustandsgleichungen ist auch gleich der Zahl der Anfangsbedingungen, weil der Anfangszustand jeder Zustandsgröße bekannt sein muß, um die weiterführenden Rechnungen durchzuführen.

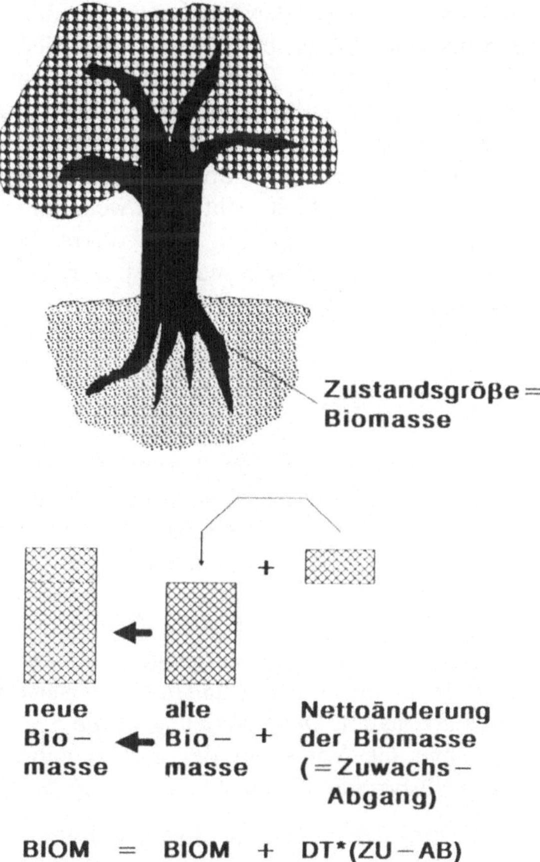

Abb. 1.9   Berechnung einer Zustandsgröße.

Bei systemdynamischen Modellen wird die Integration der Zustandsgleichungen numerisch ausgeführt, wobei sie durch Differenzengleichungen ersetzt und dann mit einem numerischen Verfahren innerhalb der erlaubten Fehlertoleranzen gelöst werden.

Die grundsätzliche Vorgehensweise dieser numerischen Lösungen der Zustandsgleichungen ist in Abb. 1.9 gezeigt: Der neue Wert der Zustandsgröße wird aus dem vorhergehenden Wert und der Veränderung der Zustandsgröße im dazwischenliegenden Zeitschritt berechnet. Die Veränderungsrate der Zustandsgrößen ergibt sich aus den entsprechenden (algebraischen oder logischen) Kombinationen der Umwelteinwirkungen und Parameter, der Zwischengrößen und der Zustandsgrößen des Modells.

Gewöhnlich hat der Anfänger einige Schwierigkeiten bei der Unterscheidung zwischen Zustandsgrößen und anderen Systemgrößen. Daher hier ein Hinweis: Die Zustandsgrößen sind diejenigen Größen, die registriert werden müssen, wenn die Systementwicklung plötzlich 'eingefroren' wird, um sie zu einem späteren Zeitpunkt von genau demselben Ausgangszustand aus wieder fortführen zu können. Zunächst denkt man hier an alle physischen Bestände oder Speicher des Systems, aber es gibt auch andere Zustandsgrößen, die gelegentlich nicht ohne weiteres ersichtlich sind (siehe oben). Umgekehrt sind die Zustandsgrößen dann offensichtlich auch diejenigen Größen, für die Anfangswerte bekannt sein müssen, bevor die dynamische Entwicklung des Systems berechnet werden kann.

1.10 Große Systemmodelle

Die meisten Probleme sind komplex, und ganz besonders gilt dies für solche, die mit Ökosystemen zu tun haben. Der Wunsch, alles zu berücksichtigen, das wichtig sein könnte, kann den unerfahrenen Systemanalytiker leicht dazu verleiten, sich in einem 'Spaghetti-Modell' zu verhaspeln, das viele Dutzende von Zustandsgrößen enthält, die jede wiederum mit fast jeder Modellgröße verbunden sind. Selbst wenn er schließlich ein lauffähiges Simulationsmodell geschaffen hat, so wird er doch möglicherweise nicht in der Lage sein, alle seine Vorgänge zu verstehen, geschweige denn, ihre Gültigkeit zu überprüfen. Aus diesen Gründen wenden sich viele gegen den Gebrauch 'großer' Modelle überhaupt. Diese Meinung würde aber bedeuten, daß komplexe Probleme völlig ohne die Verfahren der Systemanalyse bearbeitet werden müßten. Aber dies kann selbstverständlich nicht die Lösung des Dilemmas sein.

Die negative Erfahrung mit großen 'Spaghetti-Modellen' führt eher zu der Folgerung, daß große komplexe Modelle bausteinartig aus kleinen Untermodellen aufgebaut werden sollten, die jeweils einzeln für sich verstanden und auf ihr Gültigkeit überprüft werden können. Dieser Ansatz hat sich in der Anwendung immer bewährt. Ein Beispiel ist das Modell der ökologischen Sukzession in Waldökosystemen (Bossel 1985, siehe Abb. 1.10), das aus fünf verschiedenen Untermodellen für die Stickstoffmineralisierung, den Bodenbewuchs, die Buschvegetation, die Baumschichtvegetation und die Lichtkonkurrenz zwischen den verschiedenen Vegetationsschichten erstellt wurde. Jedes dieser Untermodelle wurde einzeln entwickelt, überprüft und auf Gültigkeit getestet, bevor es mit den anderen Modellen gekoppelt wurde. Es überrascht dann nicht, wenn das vollständige Modell keine unerwarteten Ergebnisse zeigt und wenn sein Verhalten aus dem Verhalten der einzelnen Untermodelle erklärt werden kann. Wir schließen hieraus, daß Modelle nicht unnötig groß gemacht werden sollten. Wo aber ein großes komplexes Modell notwendig ist, um die Komplexität der Realität einzufangen, sollte es aus einem Satz relativ kleiner Modelle bestehen, die jeweils einzeln entwickelt, getestet und auf Gültigkeit überprüft werden können.

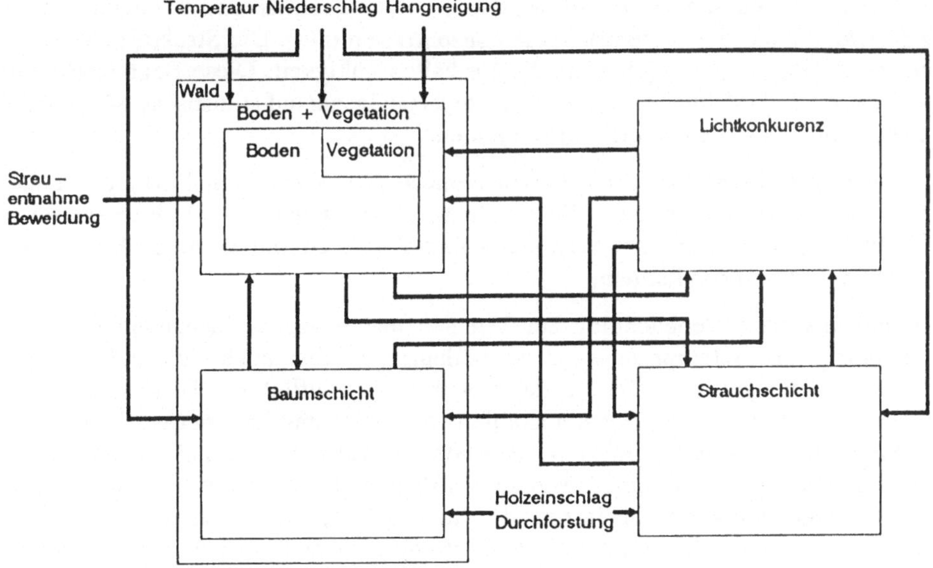

Abb. 1.10   Aufbau eines komplexen Gesamtmodells aus mehreren Teilmodellen.

1.11 Verhaltensweisen dynamischer Systeme

Dynamische Systeme können ein breites Spektrum von Verhalten zeigen: Abklingen (Konvergenz), Aufklingen (Divergenz), Schwingungen, Zusammenbrüche. Nur in einfachen Fällen ist es möglich, das Verhalten durch einen Blick auf die Systemstruktur oder die Gleichungen zuverlässig vorherzusagen. Die mathematische Analyse kann im allgemeinen nur auf lineare Systeme angewendet werden und kann deshalb zur Untersuchung der meisten realen Systeme (die normalerweise nichtlinear sind) nur in einem beschränkten Maße beitragen. Aus diesem Grunde muß die Systemanalyse und Simulation realer Systeme sich auf die numerische Lösung der Systemgleichungen verlassen. Zur Analyse des gesamten Verhaltensspektrums eines vorgegebenen Systems müssen viele Simulationsläufe, im allgemeinen für ein weites

Spektrum von Parametereinstellungen oder Szenarien gemacht und analysiert werden.

Aus den Erfahrungen solcher Analysen lassen sich einige allgemeine Schlußfolgerungen ziehen:

- **Die Systemstruktur bestimmt wesentlich die möglichen Verhaltensweisen.**

Dies wird klar, wenn man sich die entscheidende Rolle der Rückkopplungsschleifen vor Augen hält. Wir schließen hieraus, daß die Systemanalyse sich vor allem auf eine gültige Darstellung der Systemstruktur konzentrieren muß. Die Strukturgültigkeit ist daher auch eine Vorbedingung für die Verhaltensgültigkeit. Diese Beobachtung unterstreicht auch die früher ausgedrückte Skepsis in bezug auf statistische Modelle, die im allgemeinen keine Strukturgültigkeit haben.

- **Im allgemeinen sind die genauen numerischen Werte von Parametern nicht entscheidend, außer in den Bereichen, wo sie das Gleichgewicht interagierender Rückkopplungsschleifen verändern und damit zu unterschiedlichen Verhaltensweisen führen können.**

Während uns diese Beobachtung zur Vorsicht mahnt gegen Nachlässigkeit bei der Bestimmung von Systemparametern, so bedeutet sie aber auch gleichzeitig, daß in vielen Anwendungen die Präzision der Daten wenig Einfluß auf die Ergebnisse hat. Das bedeutet oft, daß gültige Systemstudien ohne teure und langwierige Bemühungen zur Datenerhebung durchgeführt werden können. Tatsache ist, daß sich durch eine gute Systemanalyse vor einer wissenschaftlichen Untersuchung diejenigen Systemgrößen gut identifizieren lassen, die für das Systemverhalten wichtig sind und deshalb gemessen werden müssen. Dies führt normalerweise zu sehr viel effizienteren Datenerhebungen und nützlicheren Untersuchungsergebnissen.

Im Gegensatz zu normalen wissenschaftlichen Ansätzen liegt die Betonung bei der Systemanalyse daher auf der **Systemstruktur und dem Systemverständnis** und weniger auf der **Datensammlung.** Diese Folgerungen werden aus vielen der in den folgenden Kapiteln besprochenen Modelle deutlich werden.

1.12 Verwendung von Systemmodellen

Die Modelle dynamischer Systeme (wie z.B. von Ökosystemen) können das Verständnis und die Bewirtschaftung dieser Systeme verbessern, wenn sie mit Vorsicht innerhalb der Reichweite ihrer Gültigkeit verwendet werden. Am Ende dieses Kapitels fassen wir einige Schlußfolgerungen in bezug auf die Verwendung solcher Modelle zusammen.

(1) **Der Modellzweck begrenzt den Anwendungsbereich!** Ein Modell sollte niemals verwendet werden, um Aufgaben zu bearbeiten, für die es nicht entwickelt wurde oder schlimmer noch: für die es noch nicht einmal die notwendigen Zustandsgrößen enthält. Bei der Dokumentierung des Modells muß der Systemanalytiker klar den Anwendungsbereich des Modells angeben.

(2) **Ein dynamisches Systemmodell kann keine Prognosen für die Zukunft liefern!** Seine Aufgabe ist es, eine gültige Beschreibung des möglichen Systemverhaltens für einen vorgegebenen Bereich von Bedingungen (Szenario) zu geben, insbesondere seine Reaktion (Systemantwort) auf verschiedene Eingriffe. Es kann daher verwendet werden, um z.B. vernünftige Bewirtschaftungsmaßnahmen ausfindig zu machen.

(3) **Ein Systemmodell läßt sich als Labor verwenden,** um die Entwicklung und Bewirtschaftung fragiler (leicht zerstörbarer) und unersetzbarer Systeme (wie z.B. Ökosysteme) zu untersuchen. Ist ein gültiges Modell vorhanden, so können diese Systeme für einen weiten Bereich angenommener Bedingungen untersucht werden, ohne daß damit der Verlust des realen Systems riskiert werden muß, und ohne daß man jahrelang auf Ergebnisse warten muß.

(4) **Die Entwicklung eines Systemmodells kann zu einem sehr viel besseren Systemverständnis führen.** Auch als Hilfe für die Theorieentwicklung ist ein Systemmodell bestens geeignet. Die Quantifizierung, Programmierung und Simulation ist nicht immer Voraussetzung für eine erfolgreiche Systemstudie.

(5) **Der Modellbildungsprozeß ist daher für ein besseres Systemverständnis oft wichtiger** als die Entwicklung eines quantifizierten Systemmodells und die Computersimulationen, die mit ihm durchgeführt werden. Es stellt sich in vielen Fällen heraus, daß Computersimulationen nicht mehr für die bessere Bewirtschaftung des Systems benötigt werden, sobald sich ein besseres Verständnis des Systems durch die Modellbildung eingestellt hat.

(6) **Um ein besseres Verständnis und eine bessere Einschätzung des Verhaltens komplexer realer (nichtlinearer) Systeme zu erhalten, gibt es keine Alternative zur Entwicklung von Computersimulationsmodellen.**

2. Grundwissen der Modellbildung und Simulation

2.0 Überblick

Die Modellierung dynamischer Systeme erfordert die Kenntnis einiger grundlegender Fakten und Techniken, die in diesem Kapitel entwickelt werden.

Die Modellgleichungen müssen für den Computer programmiert werden. Obwohl wir später vorhandene (in BASIC geschriebene) Dienstleistungsprogramme verwenden werden, um die Routineaufgaben zur dynamischen Simulation eines Modells zu erledigen, sind doch elementare Programmierkenntnisse notwendig, um die Simulationsmodelle schreiben zu können. Im **Abschnitt 1** wird daher ein Programm erklärt, daß alle **BASIC-Anweisungen** enthält, die wir für den Aufbau von Simulationsmodellen und für die Erzeugung graphischer Ausgaben am Bildschirm benötigen.

Im Kapitel 1 wurde die Bedeutung der Systemstruktur für die grundlegenden Verhaltensweisen eines Systems betont. In vielen Fällen bestimmt der genaue Wert eines Parameters in einer kritischen Rückkopplungsschleife darüber, ob das System sich stabil oder instabil verhält, ob es aperiodisch sich verändert oder schwingt. Diese Punkte werden durch ein einfaches Modell im **Abschnitt 2** illustriert, der auch in das Konzept der Regelung von Systemen einführt. Die Entwicklung des Wirkungsdiagramms und des Simulationsdiagramms und ihr Bezug zum Simulationsprogramm werden an diesem Beispiel eines **Pulsprozesses** erläutert.

Reale dynamische Systeme enthalten immer Zustandsgrößen, die sich nur allmählich verändern, wobei die Änderungsraten endlich bleiben. Der Begriff der Zustandsgröße und ihrer numerischen und analytischen Berechnung aus den Anfangsbedingungen und aus den Veränderungsraten der Zustandsgröße werden im **Abschnitt 3** eingeführt, wobei ein einfaches **Bevölkerungsmodell** als Beispiel verwendet wird. Dieses Modell erzeugt exponentielles Wachstum oder exponentiellen Zerfall in Abhängigkeit von der relativen Größe der Geburten- und Sterberaten. Die Ergebnisse der exakten und der numerischen Rechnungen werden verglichen, um hieraus den Einfluß des Simulationszeitschritts auf den Simulationsfehler zu bestimmen.

Die Systemsimulation wird meist verwendet, um Fragen der Art: "Was wäre, wenn ...?" zu beantworten, d.h. die wahrscheinliche Systemantwort auf bestimmte angenommene Bedingungen zu ermitteln, wobei sich diese Bedingungen meist als Funktion der Zeit verändern. Ein Satz solcher Bedingungen wird im allgemeinen als 'Szenario' bezeichnet. **Abschnitt 4** führt in den **Szenarioansatz** ein, in dem ein vom Modellbenutzer formuliertes Szenario der Geburtenrate dem Bevölkerungsmodell hinzugefügt wird. Auf diese Weise läßt sich eine große Vielfalt von Bevölkerungsentwicklungen erzeugen.

Falls zwei oder mehr Zustandsgrößen über eine Rückkopplungsstruktur verkoppelt werden, kann das System schwingen, wobei Frequenz und Dämpfung durch die Parameter des Systems bestimmt werden. Im **Abschnitt 5** wird das Simulationsmodell eines **Masse-Feder-Dämpfungs-Systems** entwickelt. Die numerische Lösung wird mit der exakten Lösung verglichen, woraus sich wieder eine Abschätzung des numerischen Fehlers als Funktion der Zeitschrittweite ergibt. Die Systemparameter können interaktiv eingestellt werden, um ihren Einfluß auf das Systemverhalten untersuchen zu können.

Reale Systeme haben fast immer nichtlineare Komponenten, die die analytische Lösung praktisch unmöglich machen und damit die Verwendung numerischer Lösungen erfordern. Die nichtlinearen Eigenschaften eines typischen ökologischen Systems werden im **Abschnitt 6** anhand eines einfachen Modells eines **Räuber-Beute-Systems** dargestellt. Die Ergebnisse werden hier als Zustandsbahnen im Zustandsraum (Phasenbild) dargestellt. Diese Art der Darstellung ist besonders gut geeignet zur Untersuchung des Systemverhaltens und der Systemstabilität.

In Modellen realer Systeme müssen sehr oft funktionale Zusammenhänge dargestellt werden, die sich nicht auf einfache Weise durch analytische Funktionen ausdrücken lassen. Im **Abschnitt 7** führen wir zur Behandlung dieses Problems zwei verschiedene Ansätze ein. Der eine ist die Verwendung von **Tabellenfunktionen**, mit denen sich praktisch beliebige numerische Zusammenhänge als Funktionen darstellen lassen. Im anderen Ansatz wird strukturelles Wissen über mögliche Zusammenhänge verwendet. Dieser Ansatz ist weniger datenintensiv und eleganter als die erste Methode, aber er ist nicht immer anwendbar. Die zwei Ansätze werden verglichen, indem die sich daraus ergebenden Approximationen für die Wachstumskurve von Gerste verglichen werden.

In einem Simulationsprozeß müssen die jeweiligen Werte der Systemgrößen in der richtigen Reihenfolge berechnet werden, um Fehler zu vermeiden. In einfachen Modellen ist es leicht, die richtige Reihenfolge durch Betrachtung des Simulationsdiagramms zu erreichen. In komplexeren Modellen oder in Fällen, wo die Modellgleichungen ohne ein Strukturdiagramm entwickelt wurden, ist es schwieriger, die richtige **Berechnungsfolge** zu ermitteln. Im **Abschnitt 8** wird daher ein einfaches Programm dargestellt, mit dem sich die richtige Reihenfolge, in der die Anweisungen für ein beliebiges Systemmodell im Programm aufgeführt werden müssen, berechnen läßt. Dieses Programm prüft auch auf mögliche algebraische Schleifen, die wiederum auf Fehler in der Modellformulierung hinweisen.

Der Ablauf der dynamischen Simulation, einschließlich der Parametereingaben, der Berechnung und der graphischen, tabellarischen oder anderweitigen Darstellung von Ergebnissen ist unabhängig von der Art des Modells immer wieder gleich. Daher können die notwendigen Bearbeitungsroutinen ein für allemal programmiert werden. Um ein lauffähiges Simulationsmodell zu erhalten, müssen diese dann zu den Modellgleichungen gekoppelt werden. Im **Abschnitt 9** führen wir das **DYSAS (bzw.**

DYSYS)-Verfahren ein, das die gesamten Routinearbeiten der dynamischen System-simulation übernimmt und das selbst auf sehr kleinen Mikrocomputern verwendet werden kann. Es wird für die Simulationen komplexerer Modelle in den späteren Kapiteln dieses Buchs verwendet.

Die Anwendung des DYSAS-Verfahrens wird im **Abschnitt 10** dargestellt. Wir entwickeln hier das Wortmodell, das Wirkungsdiagramm, das Simulationsprogramm und schließlich die Modellanweisungen für ein **Bevölkerungsmodell** mit vier Altersklassen. Dieses Modell wird für die nächsten 50 Jahre mit dem DYSAS-Verfahren durchgerechnet. Das Modell ergibt (mit den Daten für die Bundesrepublik Deutschland) eine relativ genaue Beschreibung der Zeitentwicklung der Altersgruppen der Kinder, Eltern, älteren Erwachsenen und alten Menschen.

Alle in diesem Buch dargestellten Computerprogramme wurden in BASIC für den IBM Personal Computer oder kompatible Geräte geschrieben.

2.1 Einführung in die Programmierung und die Programmiersprache BASIC

BASIC ist eine weitverbreitete Programmiersprache, die selbst auf den kleinsten Mikrocomputern verfügbar ist. Sie läßt sich leicht erlernen und verwenden, und ihre Möglichkeiten sind völlig ausreichend für die Entwicklung selbst sehr komplexer Simulationsmodelle. Aus diesem Grunde verwenden wir BASIC zur Programmierung aller Simulationsmodelle dieses Buchs. Bei den komplexeren Modellen verwenden wir das DYSAS (bzw. das DYSYS)-Verfahren, um die Routine-Prozesse der Simulation durchzuführen. Diese Prozeduren selbst sind auch in BASIC geschrieben und erfordern wiederum Modellanweisungen ebenfalls in BASIC.

Die auf Mikrocomputern vorhandenen BASIC-Interpreter verfügen über etwa 150 verschiedene Anweisungen, aber hiervon werden für den Aufbau von Simulationsmodellen, zur Eingabe von Daten und zur Erzeugung graphischer oder alphanumerischer Ergebnisse nur eine kleine Anzahl benötigt. Um die Modelldarstellungen in diesem Buch zu verstehen und um seine eigenen Modelle entwickeln zu können, sollte der Benutzer mit diesen Anweisungen vertraut sein. Aus diesem Grunde wird in diesem Abschnitt ein Programm entwickelt und erläutert, das alle für uns wichtigen BASIC-Befehle enthält.

Das Programm ist in Abb. 2.1a aufgeführt. In der Abb. 2.1b wird es noch einmal gelistet, wobei hier noch erklärende Kommentare zu jeder Anweisung hinzugefügt worden sind. Die von diesem Programm erzeugte graphische Darstellung ist in Abb. 2.1c dargestellt. Das Programm führt die folgenden Arbeitsschritte aus:

```
1 '***BASICDEM***  Programm zur Demonstration der wichtigsten BASIC-Befehle.
10 SCREEN 1: KEY OFF: CLS
20 DATA "BASIC-DEMONSTRATION",1988
30 READ WORT$,JAHR
40 PRINT WORT$;JAHR
50 INPUT "Laenge";L
60 INPUT "Breite";B
70 FLAECHE=L*B
80 PRINT "Flaeche =";FLAECHE
90 FOR X=0 TO 30 STEP 5
100 Y=X+40
110 PSET (X,Y)
120 LINE - (X+L,Y)
130 LINE - (X+L,Y+B)
140 LINE - (X,Y+B)
150 LINE - (X,Y)
160 NEXT X
170 INPUT "weiter (j/n)";ANTWORT$
180 IF ANTWORT$="J" OR ANTWORT$="j" THEN CLS: GOTO 50
190 IF ANTWORT$="N" OR ANTWORT$="n" THEN END
200 END
```

Abb. 2.1a   Programm zur Demonstration der wichtigsten BASIC-Befehle.

```
1 '***BASICTEX***  Demonstration der wichtigsten BASIC-Befehle, mit Erlaeuterungen.
2 '
4 REM - REM oder ' kennzeichnet Anmerkungen. Sie werden bei der Ausfuehrung
uebersprungen und koennen daher ohne Einfluss auf den Programmablauf fortgelassen
werden.
8 '
10 SCREEN 1: KEY OFF: CLS
12 'Graphik mit 40 Zeichen/Zeile; Tastenbelegungsanzeige am unteren Bildrand
ausschalten; Schirm loeschen.
18 '
20 DATA "BASIC-DEMONSTRATION",1988
22 'Datenanweisung fuer (a) Text (in "...") und (b) Zahlen.
28 '
30 READ WORT$,JAHR
32 'Zeichenkette WORT$ und Zahl JAHR einlesen.
38 '
40 PRINT WORT$;JAHR
42 'Zeichenkette WORT$ und Zahl JAHR hintereinander drucken.
48 '
50 INPUT "Laenge";L
52 'Nach "Laenge" fragen, auf Antwort warten, Antwort als "L" speichern.
58 '
60 INPUT "Breite";B
62 'Nach "Breite" fragen, auf Antwort warten, Antwort als "B" speichern.
68 '
70 FLAECHE=L*B
```

```
72 'Zahl "L*B" berechnen, Ergebnis als "FLAECHE" speichern.
78 '
80 PRINT "Flaeche =";FLAECHE
82 'Zeichenkette "Flaeche =" schreiben, gleich dahinter die Zahl FLAECHE.
88 '
90 FOR X=0 TO 30 STEP 5
92 'Beginne eine Rechenschleife mit Schleifenindex X anfangs bei 0. Fuehre die
Anweisungen zwischen "FOR...TO..." und "NEXT" aus. Erhoehe den Schleifenindex um
einen Schritt von 5 und wiederhole die Schleife bis X gleich oder groesser als 30.
98 '
100 Y=X+40
102 'Berechne die Y-Position der oberen linken Ecke des Rechtecks.
108 '
110 PSET (X,Y)
112 'Setze einen Punkt an der Position (X,Y). (0,0) ist die obere linke Ecke des
Bildschirms, (320,200) die untere rechte Ecke bei SCREEN 1, (640,200) bei SCREEN 2.
118 '
120 LINE - (X+L,Y)
122 'Zeichne eine Linie von der letzten Position (X,Y) nach (X+L,Y).
128 '
130 LINE - (X+L,Y+B)
132 'Zeichne eine Linie von (X+L,Y) nach (X+L,Y+B).
138 '
140 LINE - (X,Y+B)
142 'Zeichne eine Linie von (X+L,Y+B) nach (X,Y+B).
148 '
150 LINE - (X,Y)
152 'Zeichne eine Linie zurueck zum Anfangspunkt, um das Rechteck zu schliessen.
158 '
160 NEXT X
162 'Ende der Schleife. Pruefe die Schleifenbedingung in der "FOR...NEXT..."
Anweisung und fahre mit den Schleifenberechnungen fort oder gehe weiter.
168 '
170 INPUT "weiter (j/n)";ANTWORT$
172 'Frage den Benutzer, ob er weitermachen will und teile ihm gleichzeitig mit,
dass er/sie mit "j" (fuer "ja") oder "n" (fuer "nein") antworten kann. Speichere
die Antwort als Zeichenkette "ANTWORT$".
178 '
180 IF ANTWORT$="J" OR ANTWORT$="j" THEN CLS: GOTO 50
182 'Falls die Antwort "J" oder "j" gegeben wurde, loesche den Bildschirm und
springe auf Anweisung Nr. 50.
188 '
190 IF ANTWORT$="N" OR ANTWORT$="n" THEN END
192 'Falls die Antwort "N" oder "n" gegeben wurde, beende die Programmausfuehrung.
198 '
200 END
202 'Falls die Antwort nicht "J", "j", "N" oder "n" war, das Programm ebenfalls
beenden.
```

Abb. 2.1b   Programm zur Demonstration der wichtigsten BASIC-Befehle mit Erläuterungen der einzelnen Befehle.

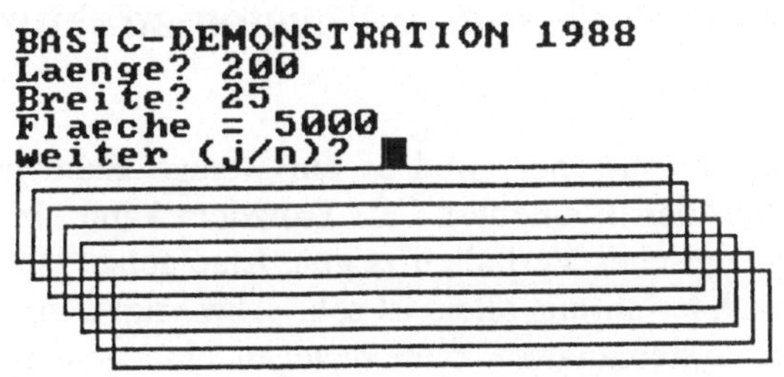

Abb. 2.1c   Bildschirmausgabe des BASIC-Demonstrationsprogramms.

Es liest zunächst eine Bezeichnung und eine Zahl (aus einer DATA-Anweisung) und zeigt diese dann am Bildschirm (Anweisung No. 20, 30, 40). Es fragt dann den Benutzer nach zwei Zahlen (No. 50, 60), multipliziert diese (No. 70) und druckt das Ergebnis (No. 80). Danach geht es in eine Schleife (No. 90, No. 160), in der ein Rechteck entsprechend den eingegebenen zwei Dimensionen siebenmal gezeichnet wird (No. 110-150), wobei jedes Mal die obere linke Ecke um fünf Punkte nach rechts und unten verschoben wird (No. 90, 100). (Achtung: Bei der IBM-PC-Graphik ist der Koordinatenursprung (X = 0, Y = 0) in der linken oberen Ecke des Bildschirms; X zählt nach rechts, Y nach unten.) Nach der Beendigung dieser Schleife wird der Benutzer gefragt, ob er fortfahren möchte (No. 170). Wenn die Antwort 'j' oder 'J' ist (für 'ja') (No. 180), wird der Programmablauf von der Anweisung No. 50 an wiederholt. Falls die Antwort 'n' oder 'N' (für 'nein') ist, wird der Ablauf beendet (No. 190). Falls vom Benutzer eine andere Antwort eingegeben ist, endet das Programm ebenfalls (No. 200).

Aufgaben

1.   Tippen Sie das Programm BASICDEM ein (Abb. 2.1a) und lassen Sie es für verschiedene Kombinationen von 'Länge' und 'Breite' ablaufen. Vergewissern Sie sich, daß am Bildschirm das in Abb. 2.1c gezeigte Bild erscheint.

2.   Verändern Sie das Programm, um andere graphische Darstellungen zu erhalten. Vorschläge: 'Blickwinkel' verändern; die aufeinander folgenden Rechtecke kleiner werden lassen; andere Grundfiguren verwenden (Dreiecke, Kreise mit CIRCLE (X0,Y0),R).

3.   Schreiben Sie ein Programm, das das Bild eines 'Mischwalds' erzeugt. Verwenden Sie hierzu Kreise ('Laubbäume') und Dreiecke ('Nadelbäume'), sowie Rechtecke für die 'Stämme' (LINE (X1,Y1)-(X1+D,Y1+L),1,BF (oder B). Füllen Sie die 'Kronen' mit PAINT (X0+1,Y0). Verwenden Sie RND und RANDOMIZE, um eine Zufallsverteilung der Bäume zu erzeugen.

2.2 Pulsdynamik: Einflüsse von Systemstruktur und System-
parametern

Ein System mag 'einfach' aussehen, weil es nur wenige Elemente und nur wenige Verbindungen zwischen den Elementen hat. Trotzdem kann ein solches System oft sehr unerwartetes dynamisches Verhalten zeigen. Eine genaue intuitive Abschätzung dieses Verhaltens durch Erfahrung allein ist sehr schwierig, wenn nicht sogar unmöglich. Die dynamische Systemanalyse kann dagegen eine genaue Beschreibung des Verhaltens liefern.

Dies soll hier anhand eines kleinen dynamischen Modells wichtiger Zusammenhänge der sozio-ökonomischen Entwicklung gezeigt werden. Das Modell selbst gibt keine realistische Beschreibung der Zusammenhänge ab; sein **Zweck** ist es lediglich a) das Verfahren darzustellen, mit dem ein formalisiertes, computerisiertes Modell aus recht qualitativen Aussagen entwickelt werden kann und b) das komplexe dynamische Verhalten zu zeigen, das selbst ein einfaches System entwickeln kann. Beim Aufbau dieses Modells folgen wir den Schritten, die im Kapitel 1.8 besprochen wurden.

Wortmodell: Wir betrachten die vermutlichen Zusammenhänge zwischen der Bevölkerung, der Umweltbelastung (einschließlich des Ressourcenabbaus), dem spezifischen Verbrauch (d.h. dem Ressourcenverbrauch pro Einheit des Dienstleistungsnutzens für den Verbraucher) und staatlichem Handeln. Wenn wir die Situation einer Nation an der Schwelle zur industriellen Entwicklung betrachten, so können wir etwa die folgenden Aussagen treffen (jede Aussage gilt nur unter ceteris-paribus-Bedingungen, d.h. die anderen Beziehungen werden dabei jeweils als konstant betrachtet):

- Eine wachsende Bevölkerung führt zu wachsender Umweltbelastung.

- Ein wachsender Prokopf-Verbrauch führt ebenfalls zu wachsender Umweltbelastung.

- Eine wachsende Umweltbelastung erfordert größere Anstrengungen, um die notwendigen Rohstoffe zu beschaffen und Umweltbelastungen oder ihre Auswirkungen zu verhindern oder zu verringern; sie führt daher (unter sonst gleichen Bedingungen) zu größerem Prokopf-Verbrauch.

- Wachsende Umweltbelastung führt zu wachsenden Gesundheitsrisiken und hat deshalb abträgliche Wirkungen auf die Bevölkerungszahl.

- Wachsender Prokopf-Verbrauch führt tendenziell zu steigender industrieller Tätigkeit, höheren Einkommen, besserer Gesundheitsfürsorge und daher einer höheren Zahl überlebender Kinder, womit die Bevölkerung ansteigt.

- Bemühungen zur Beschränkung der Geburtenrate stellen eine erste Möglichkeit staatlichen Handelns als Reaktion auf wachsende Umweltbelastungen dar.

-       Bemühungen zur Forschung und Entwicklung zur Verringerung des spezifi-
        schen Verbrauchs von Ressourcen stellen eine weitere Möglichkeit staatlichen
        Handelns als Reaktion auf wachsende Umweltbelastungen dar.

Wirkungsdiagramm: Dieses Wortmodell kann leicht in ein Wirkungsdiagramm
überführt werden (Abb. 2.2a). Die Verknüpfungen zwischen den verschiedenen Systemgrößen sind durch Pfeile angedeutet. Ein Pluszeichen an einem Pfeil von A nach
B bedeutet, daß B sich gleichsinnig mit A verändert, während ein Minuszeichen eine
umgekehrte Reaktion andeutet (d.h., B verringert sich, wenn A ansteigt, bzw. B steigt
an, wenn sich A verringert). Das Wirkungsdiagramm zeigt mehrere interagierende
Rückkopplungsschleifen, deren Gesamteffekt auf das Systemverhalten ohne eine
quantitative Berechnung nicht angegeben werden kann. Daher muß der nächste
Schritt der Systemanalyse die Quantifizierung der Systemgrößen und ihrer Beziehungen sein. Bevor wir uns damit befassen, müssen wir uns überlegen, wie wir aussage-
kräftige Ergebnisse mit einem minimalen Datenaufwand bekommen können.

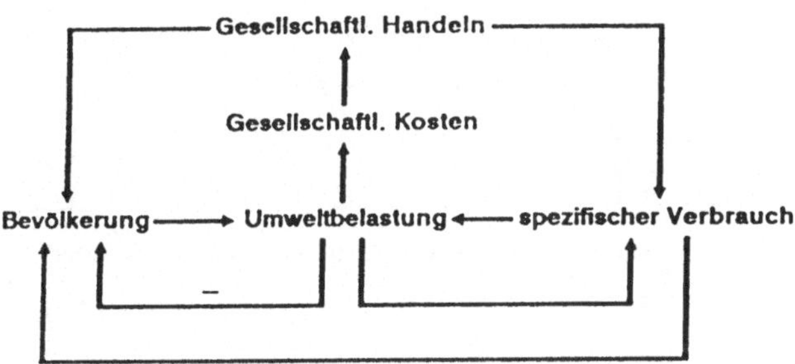

Abb. 2.2a   Wirkungsdiagramm des Pulsdynamik-Modells.

Uns interessiert hier das dynamische Verhalten des Systems und insbesondere seine
Stabilität. Wird eine Störung des Systems ausgedämpft werden, oder wird sie anwachsen und damit die Situation ständig verschlimmern? Oder wird es zu Schwingungen
kommen, die selbst wieder abklingen oder anwachsen können? Um diese Fragen zu
untersuchen, reicht es aus, die **Störung** einer Systemgröße von ihrem ursprünglichen
Zustand zu betrachten; d.h. wir müssen uns nicht mit den Absolutwerten der Größen
befassen. Die anfängliche Störung einer Systemgröße wird über die Beziehungen im
Wirkungsdiagramm die Nachbargrößen beeinflussen, die ihrerseits die Störung an ihren Nachbarn weitergeben. Beim Durchlaufen der Rückkopplungsschleifen wird die
anfängliche Störung daher im System für einige Zeit 'widerhallen', wobei sie sich entweder verstärkt oder allmählich ausdämpft. Die Dynamik dieses Prozesses hängt von
der Struktur und den Zahlenwerten des Systems ab.

Quantifizierung: Wir müssen jetzt ermitteln, wie eine Störung von einem Systemelement an das nächste weitergegeben wird. Falls sie ohne Veränderung weitergegeben wird, muß der Faktor (das Gewicht) der Verbindung '1' sein. Falls sie verstärkt wird, wird der Faktor größer als 1 sein; falls sie gedämpft wird, wird der Faktor kleiner als 1 sein. Zusätzlich gilt das Plus- oder Minuszeichen des Wirkungsdiagramms.

Simulationsdiagramm: Die für die Gewichte der Verbindungen zwischen den Systemelementen gewählten Zahlenwerte sind im Simulationsdiagramm der Abb. 2.2b angegeben. In diesem Bild werden die Elemente durch die Variablennamen gekennzeichnet, die im Computerprogramm verwendet werden. Die Bezeichnung 'add' bei jedem dieser Elemente deutet an, daß die gesamte Störung an diesem Block als Summe aller hier eintreffenden Störungen der Nachbarelemente berechnet werden soll. In diesem Diagramm wird ein Faktor PTUN (die Gewichtung an der Verbindung von LAST nach TUN) zunächst offengelassen, um seinen Einfluß auf die Stabilität des Systems untersuchen zu können.

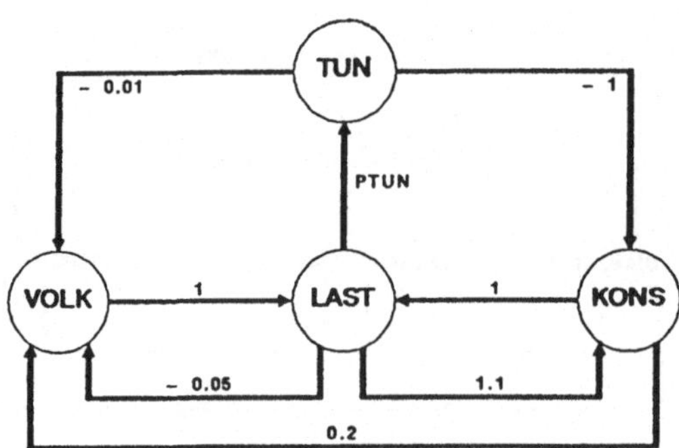

Abb. 2.2b   Simulationsdiagramm des Pulsdynamik-Modells.

Modellprogramm: Die Modellanweisungen, mit denen die Störungen an jedem Systemelement als Funktion der Zeit berechnet werden sollen, lassen sich vom Simulationsdiagramm ablesen:

```
VOLK  =  -0.05*LAST + 0.2*KONS - 0.01*TUN
LAST  =   VOLK + KONS
KONS  =   1.1*LAST - TUN
TUN   =   PTUN*LAST
```

Diese Größen müssen in der Zeitschleife des Simulationsmodells wiederholt berechnet werden, um der Entwicklung der Störungen über die Zeit zu folgen. Man beachte, daß die neuberechneten Werte weiterverwendet werden, sobald sie verfügbar sind, und daß die Größen sequentiell ermittelt werden, **nicht** gleichzeitig (simultan). Dies ist gleichbedeutend mit einer verzögerten Fortpflanzung der Störungen. Es bedeutet außerdem, daß die Reihenfolge der Modellanweisungen normalerweise einen Einfluß auf die Ergebnisse haben wird; diese Reihenfolge muß daher so gewählt werden, daß sie die Weitergabe der Störungen korrekt wiedergibt.

Das vollständige Modellprogramm ist in Abb. 2.2c aufgeführt. Die Anfangsbedingungen der vier Systemgrößen werden zuerst angegeben (No. 40). Es wird angenommen, daß die Anfangsstörung bei LAST einwirkt; alle anderen Elemente haben anfangs keine Störungen. Der Benutzer wird nach dem Wert für den wichtigen PTUN-Parameter gefragt, der im wesentlichen die Stärke des staatlichen Handelns als Reaktion auf die Umweltbelastungen angibt (No. 60). In der Zeitschleife (No. 90 - 160) folgt auf die Berechnung der Störungen VOLK, LAST, KONS, TUN (No. 100 - 130) die graphische Darstellung der LAST-Störung durch eine senkrechte Linie (No. 150). (In No. 140 wird diese Störung für die graphische Darstellung umskaliert.)

```
1 '***PULSDEM***  Programm zur Demonstration von Pulsdynamik. H.Bossel 1986.
5 SCREEN 1: KEY OFF: CLS
10 PRINT "PULSDYNAMIK"
20 'Das Programm demonstriert die Verstaerkung oder Abschwaechung einer Stoerung in
einem Pulsgraphen in Abhaengigkeit von der Parameterwahl.
30 'Anfangsbedingungen; Anfangsstoerung bei LAST:
40 VOLK=0: LAST=1: KONS=0: TUN=0
50 DT=.2:  'Zeitschritt
55 YO=150: 'Lage der Null-Linie
60 INPUT "Eingriff (0 bis 100 %)";PTUN: PTUN=PTUN/100
70 PRINT "Eingriff =";INT(PTUN*100)
80 'Fortpflanzung der Stoerung in 25 Zeiteinheiten:
90 FOR T=0 TO 25 STEP DT
100 VOLK=-.05*LAST+.2*KONS-.01*TUN
110 LAST=VOLK+KONS
120 KONS=1.1*LAST-TUN
130 TUN=PTUN*LAST
140 Y=LAST*1000
150 LINE (10*T,YO)-(10*T,YO+Y)
160 NEXT T
170 END
```

Abb. 2.2c   Simulationsprogramm des Pulsdynamik-Modells.

Simulationsergebnisse: Ein Beispielergebnis ist in Abb. 2.2d gezeigt. In diesem Falle führt der Aktionsparameter (hier 75%) zu einer gedämpften Schwingung des Systems. Bei niedrigeren Aktionswerten (PTUN kleiner 22%) divergiert das System (aperiodisch, instabil). Bei größeren Werten (PTUN zwischen 22 und 36%) werden die Störungen exponentiell ausgedämpft. Wenn der Aktionsparameter weiter vergrößert wird (PTUN größer 36%), treten Schwingungen auf, die mit ansteigendem

PTUN zunehmend weniger gedämpft sind. Bei einem PTUN größer als 85% werden
sie instabil.

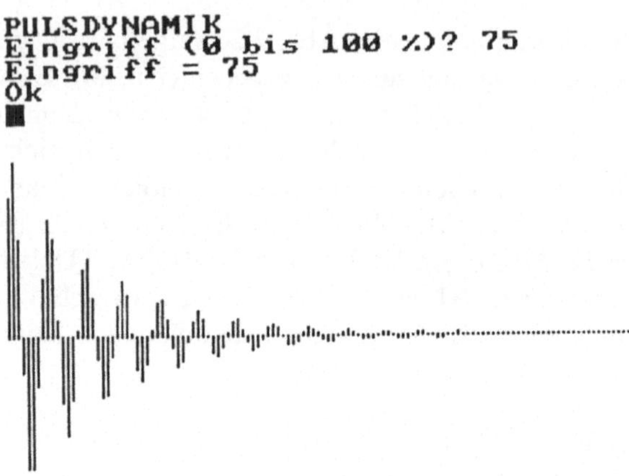

Abb. 2.2d   Simulationsergebnis des Pulsdynamik-Modells.

Die Ergebnisse dieses einfachen Modells sollten nicht allzu ernst genommen werden,
aber es lassen sich doch einige allgemeine Schlüsse ziehen: Es gibt bei diesem einfachen System einen optimalen Regeleingriff (der Aktionsparameter PTUN), der die
Störungen in diesem sonst instabilen System rasch ausdämpft. Falls die Stärke des
Regeleingriffs zu klein ist, bleibt das System instabil und divergiert. Falls die Stärke
des Eingriffs zu groß ist, so kann dies zu wachsenden Schwingungen und zur Instabilität führen ('Überreaktion').

Aufgaben

1.   Tippen Sie das Programm PULSDEM ein (Abb. 2.2c) und überprüfen Sie es
      durch Vergleich mit der Abb. 2.2d.

2.   Verändern Sie den abgefragten Handlungsparameter 'Eingriff' im Bereich von
      0 bis 100 % und skizzieren Sie die entsprechenden Kurvenverläufe in Abhän-
      gigkeit davon. Stellen Sie die Stabilitätsgrenzen fest: Wo ergibt sich der Um-
      schlag vom divergenten (instabilen) aperiodischen Verhalten zu aperiodischem
      Abklingen (stabil)? Wo beginnen Schwingungen? Wo schlägt die abklingende
      Schwingung (stabil) in sich aufschaukelnde Schwingungen (instabil) um? Dis-
      kutieren Sie die allgemeine Bedeutung dieser Ergebnisse.

3.	Verändern Sie die Gewichtung der Verbindung von KONS nach VOLK (jetzt 0.2). (Dieser Parameter entspricht etwa dem Einfluß des Haushaltseinkommens auf die Geburtenrate - er kann positiv oder auch negativ sein!). Beobachten Sie die Wirkung auf das dynamische Verhalten und die Stabilitätsgrenzen des Systems. Beschreiben und diskutieren Sie Ihre Beobachtungen.

4.	Verändern Sie die Reihenfolge der Rechenanweisungen für VOLK, LAST, KONS und TUN. Wie verändern sich die Rechenergebnisse, und wie können Sie das erklären? Welche Schlußfolgerungen ziehen Sie bezüglich der Reihenfolge der Modellgleichungen?

2.3 Zustandsgrößen und ihre Veränderungsraten: Wachstum einer Bevölkerung

Die physischen Größen eines realen Systems sind immer mit Stoff-Flüssen, Energieflüssen oder Informationsflüssen verbunden. Diese Flüsse verändern die 'Bestände' der Zustandsgrößen, indem sie zu Zuwächsen oder Verlusten des jeweiligen Bestands führen. Die Beträge, die während eines kurzen Zeitintervalls ('Zeitschritt') hinzugefügt oder abgezogen werden müssen, sind gleich der jeweiligen Flußrate (mit der Dimension Zustandsgröße pro Zeiteinheit) mal dem Zeitschritt. Die Dynamik des Systems wird daher implizit beschrieben durch die jeweiligen Flußraten aller Zustandsgrößen zusammen mit den jeweiligen Werten aller Zustandsgrößen sowie zusätzlich den evtl. vorhandenen Einwirkungen aus der Systemumwelt (exogene Einflüsse). Wenn wir ein deterministisches System annehmen, und weiter annehmen, daß die Flußraten während des kleinen Zeitschritts konstant bleiben, können wir den neuen Wert für alle Zustandsgrößen aus ihrem vorhergehenden Wert und ihren Veränderungsraten berechnen. Zum nächsten Zeitpunkt wird das gleiche Verfahren wiederholt, bis die Systementwicklung über die interessierende Zeitperiode berechnet worden ist.

Mathematisch bedeutet dieses Verfahren die Integration der Differentialgleichungen für die Zustandsgrößen. Diese Differentialgleichungen sind tatsächlich nichts anderes als Ausdrücke für die Veränderungsraten der Zustandsgrößen, d.h. Gleichungen für die Flußraten. In einfachen Fällen können diese Gleichungen analytisch integriert werden. Allerdings ist bei den meisten Modellen realer Systeme die Berechnung dieser Raten nicht einfach genug, um eine analytische Integration zuzulassen, und sie müssen daher numerisch integriert werden.

Die numerische Integration bedeutet eine Annäherung an das exakte Ergebnis. Mit einer kleinen Schrittweite und einer guten Integrationsmethode kann der Fehler sehr klein werden. Bei der Systemanalyse realer Systeme, wo viele Parameter sowieso nicht exakt bestimmt werden können, können kleine numerische Fehler normalerweise toleriert werden - solange sie jedenfalls die Verhaltensaussage nicht wesentlich verfälschen. Wo möglich, sollte man auf jeden Fall eine Abschätzung des Fehlers machen, der durch die numerische Integration entsteht. In diesem Abschnitt werden wir das Simulationsmodell für eine einzelne Zustandsgröße entwickeln - eine homogene Bevölkerung - und wir werden die numerischen mit den exakten Ergebnissen vergleichen.

Wortmodell: Wir betrachten die Bevölkerung eines Landes. Wenn wir die Wanderungsbewegungen über die Landesgrenzen vernachlässigen, so wird die Bevölkerung durch Geburten anwachsen und sich durch Sterbefälle verringern. (In den Begriffen der Systemanalyse ist die Bevölkerung eine Zustandsgröße bzw. ein Bestand und die Geburten und Sterbefälle sind positive bzw. negative Zustands- oder Flußraten.) Die tatsächliche Zahl der Geburten pro Jahr bestimmt sich aus der Zahl der potentiellen Eltern, d.h. der Größe der Bevölkerung und aus der spezifischen Geburtenrate der Bevölkerung, d.h. die Zahl der Kinder, die auf 1.000 Menschen pro Jahr geboren werden. Entsprechend ist die Zahl der Sterbefälle pro Jahr eine Funktion der Bevölkerungsgröße und ihrer spezifischen Sterberate. Die Geburten und Sterbefälle eines Jahres müssen zu der ursprünglichen Bevölkerungszahl am Jahresanfang addiert bzw. subtrahiert werden, um die Bevölkerungszahl am Jahresende zu erhalten. Diese Vorgehensweise entspricht der einfachsten Art der numerischen Integration (Euler-Cauchy-Integration), die wir in allen Modellen dieses Buchs verwenden werden.

Wirkungsdiagramm: Die gerade erwähnten Beziehungen des Wortmodells lassen sich in das Wirkungsdiagramm der Abb. 2.3a übersetzen. Wir finden hier zwei Rückkopplungsschleifen, die eine mit einem positiven Vorzeichen (die Geburtenschleife); die andere mit einem negativen Vorzeichen (die Sterbeschleife). Offensichtlich hängt die Systementwicklung davon ab, welche dieser Schleifen dominiert: Falls es mehr Geburten als Sterbefälle gibt, so wird die Bevölkerung (exponentiell) anwachsen; falls es mehr Sterbefälle als Geburten gibt, so wird sie (exponentiell) schwinden; und falls es genausoviele Geburten wie Sterbefälle gibt, so ist die Bevölkerung im dynamischen Gleichgewicht und wird daher konstant bleiben.

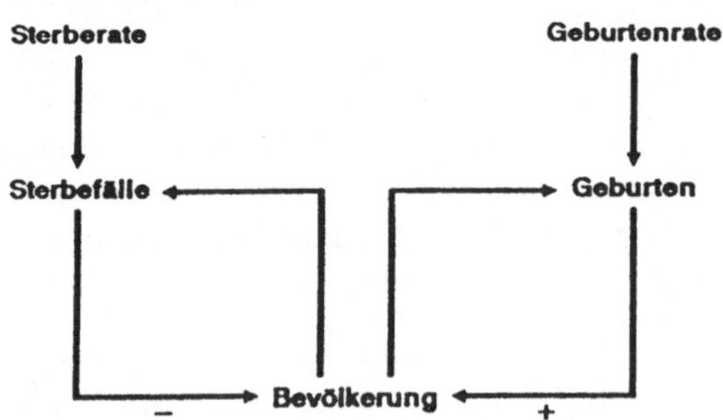

Abb. 2.3a   Wirkungsdiagramm eines einfachen Bevölkerungsmodells.

Simulationsdiagramm: Auf der Grundlage des Wirkungsdiagramms läßt sich jetzt das Simulationsdiagramm der Abb. 2.3b entwickeln. Durch entsprechende Symbole werden hier die einzige Zustandsgröße (VOLK = Bevölkerung; als Kasten), die zwei Zustandsraten (GEBURT = Geburtenanzahl pro Jahr und STERB = Sterbefälle pro Jahr, als Kreise) und die zwei Parameter (GBUR = spezifische Geburtenrate, STER = spezifische Sterberate, als Sechsecke) gekennzeichnet. Die Blocktypen sind neben jedem dieser Symbole vermerkt: VOLK ist ein Integrator (int), GEBURT und STER sind Multiplizierer (mul), und GBUR und STER sind externe Parameter (xp). Einige häufig verwendete Blocktypen sind in der Abb. 2.3c erläutert.

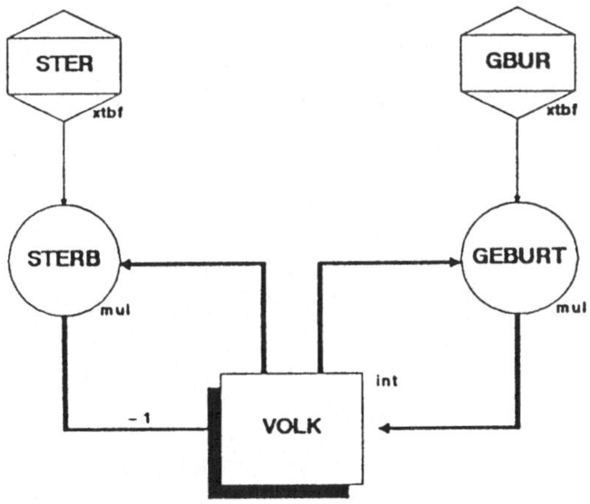

Abb. 2.3b   Simulationsdiagramm eines einfachen Bevölkerungsmodells.

Modellprogramm: Die Modellanweisungen lassen sich aus dem Simulationsdiagramm ablesen. In der richtigen Reihenfolge ihrer Berechnung:

```
GEBURT  =   GBUR * VOLK
STERB   =   STER * VOLK
VOLK    =   VOLK + DT * (GEBURT - STERB)
```

Diese Berechnungen müssen innerhalb der Zeitschleife ständig wiederholt werden. Die letzte Anweisung ist die Euler-Cauchy-Integration der Zustandsgröße Bevölkerung. Sie verwendet den vorhergehenden VOLK-Wert und die gerade neuberechneten Werte für die zwei Zustandsraten GEBURT und STERB. (Im ersten Rechenschritt ist der 'vorhergehende Wert' der Zustandsgröße ihr Anfangswert.)

In diesem besonderen Fall kann die exakte Lösung leicht analytisch beschafft werden. Die Differentialgleichung

```
dVOLK/dT   =   (GBUR-STER)*VOLK
```

mit den Anfangsbedingungen VOLK = VOLKAN hat die analytische Lösung zur
Zeit T

```
VOLK   =   VOLKAN* EXP((GBUR-STER)*T)
```

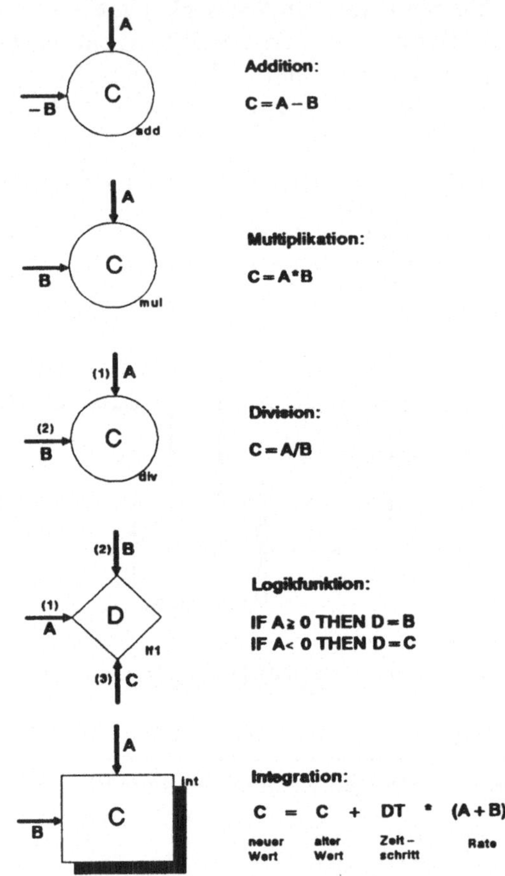

Abb. 2.3c   Blocktypen, die in Simulationsdiagrammen häufig verwendet werden.

Wir können diese exakte Lösung zu jedem Zeitpunkt berechnen und sie mit der nu-
merischen Lösung vergleichen. Das vollständige Modellprogramm ist in der Abb.
2.3d aufgeführt. Der anfängliche Bevölkerungswert VOLKAN und die Sterberate
STER werden zuerst definiert (No. 50). Die Anfangszeit START und die Endzeit
FINAL der Simulationsperiode, wie auch die Null-Linie für die graphische Ausgabe
Y0 werden als nächstes definiert (No. 60). Der anfängliche Bevölkerungswert wird

auf dem Bildschirm als kleiner Kreis gezeichnet (No. 70). Der Benutzer wird dann nach der Rechenschrittweite DT (No. 80) und der spezifischen Geburtenrate GBUR (No. 100) gefragt. Die gerade besprochenen Modellanweisungen werden in der Zeitschleife berechnet (No. 120 - 190). Die numerische Lösung wird als eine senkrechte Linie gezeichnet (No. 160); die genaue Lösung als ein kleiner Kreis (No. 180).

```
1 '***POPDEM*** Programm zur Demonstration exponentiellen Wachstums. H.Bossel 1986.
10 SCREEN 1: KEY OFF: CLS
20 PRINT "EXPONENTIELLES WACHSTUM"
30 PRINT "Bevoelkerungswachstum ueber 125 Jahre"
40 'o = exakte Loesung, -- = numerische Loesung
50 VOLKAN=1000: STER=.012
60 START=0: FINAL=125: YO=200
70 VOLK=VOLKAN: CIRCLE (0,YO-VOLKAN/20),2
80 INPUT "Rechenschritt (Jahre)";DT
100 INPUT "Geburtenrate (0.016)";GBUR
120 FOR T=START+DT TO FINAL STEP DT
130 GEBURT=GBUR*VOLK
140 STERB=STER*VOLK
150 VOLK=VOLK+DT*(GEBURT-STERB): 'numerische Integration
160 LINE (2*T,YO)-(2*T,YO-VOLK/20)
170 VOLKX=VOLKAN*EXP(T*(GBUR-STER)): 'exakte Loesung
180 CIRCLE (2*T,YO-VOLKX/20),2
190 NEXT T
200 END
```

Abb. 2.3d		Simulationsprogramm für das einfache Bevölkerungsmodell.

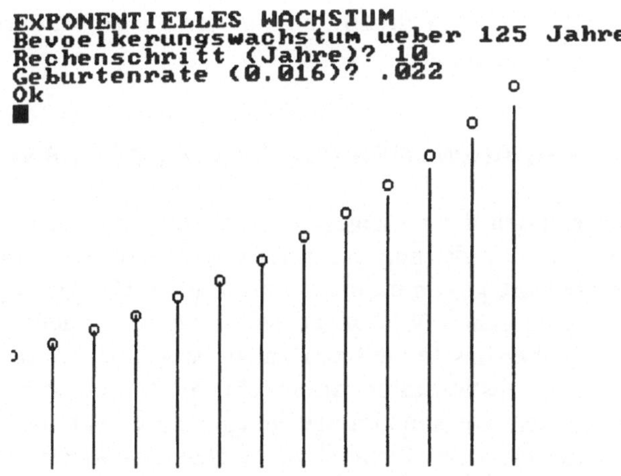

Abb. 2.3e		Simulationsergebnis des einfachen Bevölkerungsmodells.

Simulationsergebnisse: Ein Beispielergebnis ist in Abb. 2.3e gezeigt. In diesem Falle war der Rechenschritt zu groß gewählt worden: Es ergibt sich daher ein deutlicher Rechenfehler (Unterschied zwischen der genauen und der numerischen Lösung) am Ende der Rechenperiode.

Aufgaben

1. Tippen Sie das Programm POPDEM ein (Abb. 2.3d). Überprüfen Sie das Programm durch Vergleich mit dem Verlauf in Abb. 2.3e.

2. Geben sie jeweils eine Geburtenrate von 0.02 ein, und lassen Sie das Programm für verschiedene Rechenschrittweiten laufen (von 1 bis 25 Jahre). Beobachten Sie den sich jeweils einstellenden Rechenfehler am Ende der Rechnung. Empfehlen Sie eine möglichst große Schrittweite (kurze Rechenzeit), bei der der Rechenfehler aber immer noch klein bleibt (die Spitze der senkrechten Linie soll noch den kleinen Kreis berühren). Verwenden Sie diese Schrittweite in den folgenden Übungen.

3. Lassen Sie das Programm für verschiedene Geburtenraten ablaufen und beobachten Sie die Ergebnisse. Bei welcher Geburtenrate bleibt die Bevölkerung konstant? In welchem Verhältnis steht dieser Wert zur Sterberate? Erläutern Sie den Begriff 'dynamisches Gleichgewicht'?

4. Verändern Sie den Maßstab der (horizontalen) Zeitskala und der (vertikalen) Ergebnisskala: Verwenden Sie T/10 und VOLK/1000, bzw. VOLKX/1000 in Nr. 160 und 180, sowie VOLKAN/1000 in der CIRCLE-Anweisung in Nr. 70. Lassen Sie das Programm über 2500 Jahre mit unterschiedlichen Geburtenraten laufen (FINAL = 2500 in Nr. 60). Diskutieren Sie die sich ergebenden exponentiellen Wachstumskurven.

2.4   Szenarien: Antworten auf die Frage 'Was wäre, wenn...'

Das Bevölkerungsmodell des vorangegangenen Abschnitts berechnet das Wachstum oder Schwinden der Bevölkerung mit einer gleichbleibenden konstanten Geburten- und Sterberate über die gesamte Simulationsperiode. Hieraus ergibt sich ein deutliches Bild der dramatischen Wirkungen selbst kleiner Wachstumsraten über eine lange Zeitperiode, aber das Modell kann nicht verwendet werden, um die Einflüsse sich verändernder Wachstumsraten zu berechnen, etwa einer Veränderung der Geburtenrate mit der Zeit. Gerade Untersuchungen dieser Art aber gilt gewöhnlich das praktische Interesse etwa des Planers. Er möchte z.B. wissen "wie schnell und wie stark muß ich die gegenwärtigen hohen Geburtenraten verringern, um eine konstante Bevölkerung von x Millionen im Jahre 2030 zu erreichen". Fragen wie diese können durch eine Reihe von Simulationen beantwortet werden, in denen die Maßnahmenparameter als Funktion der Zeit verändert werden, bis eine befriedigende Lösung erreicht ist. Das Simulationsmodell wird dann also benutzt, um die Frage zu beantworten "Was geschieht, wenn ich bestimmte Parameter in einer bestimmten Weise über einen vorgegebenen Zeitraum verändere?" Sätze zusammengehöriger Parameter werden 'Szenarien' genannt.

Simulationsmodelle sollten es ermöglichen, daß Szenarien, die den Planer interessieren könnten, auf einfache Weise vorgegeben werden können. Das bedeutet, daß die Szenarioparameter normalerweise im interaktiven Teil des Simulationsmodells abgefragt werden (Dialogteil). In diesem Abschnitt verändern wir das einfache Bevölkerungsmodell des vorangegangenen Abschnittes, indem wir ein zeitabhängiges Szenario für die Geburtenrate vorlegen, das vom Benutzer angegeben werden kann.

Wir verwenden eine lineare Veränderung der anfänglichen Geburtenrate GBURAN auf einen Endwert GBUREN, der nach TF Jahren erreicht wird. Danach bleibt die Geburtenrate GBUR konstant (Abb. 2.4a). Die vom Benutzer eingegebenen Parameter sind GBURAN, GBUREN und TF.

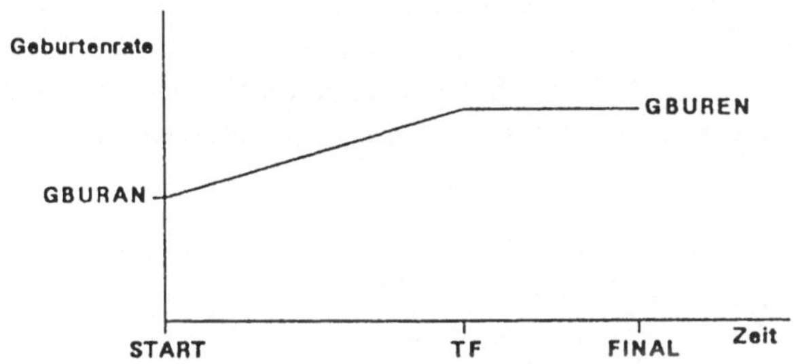

Abb. 2.4a   Parameter zur Definition des Szenarios für die Geburtenrate.

Modellprogramm: Das Programm ist in Abb. 2.4b aufgeführt. Es ist im wesentlichen das Bevölkerungsmodell der Abb. 2.3d, allerdings mit den folgenden Veränderungen: Die Szenarioparameter werden in No. 100, 110 und 112 abgefragt. Am Beginn der Zeitschleife wird der gegenwärtige Wert der Geburtenrate GBUR durch eine lineare Interpolation unter Verwendung der Szenarioparameter (No. 122, 124) berechnet. Der restliche Teil des Programms bleibt unverändert. (Die genaue Lösung wird hier nicht berechnet).

```
1 '***SCENDEM*** Programm zur Demonstration des Szenarienansatzes. H.Bossel 1986.
10 SCREEN 1: KEY OFF: CLS
20 PRINT "BEVOELKERUNGS-SZENARIO"
30 PRINT "Bevoelkerungswachstum ueber 125 Jahre"
```

```
50 VOLKAN=1000: STER=.012
60 START=0: FINAL=125: YO=200
70 VOLK=VOLKAN: CIRCLE (0,YO-VOLKAN/10),2
80 INPUT "Rechenschritt (Jahre)";DT
100 INPUT "Geburtenrate anfangs (0.016)";GBURAN
110 INPUT "endgueltige Geburtenrate";GBUREN
112 INPUT "wird nach wieviel Jahren erreicht";TF
120 FOR T=START+DT TO FINAL STEP DT
122 GBUR=GBURAN+((GBUREN-GBURAN)/TF)*T
124 IF T>=TF THEN GBUR=GBUREN
130 GEBURT=GBUR*VOLK
140 STERB=STER*VOLK
150 VOLK=VOLK+DT*(GEBURT-STERB): 'numerische Integration
160 LINE (2*T,YO)-(2*T,YO-VOLK/10)
190 NEXT T
200 END
```

Abb. 2.4b   Simulationsprogramm für das Szenario-Modell für die Bevölkerungsentwicklung.

Simulationsergebnisse: Ein Beispielergebnis ist in Abb. 2.4c gezeigt. In diesem Falle
wird eine anfänglich hohe Geburtenrate über einen Zeitraum von 60 Jahren auf einen
Wert reduziert, der kleiner ist als die Sterberate. Dies führt nach einem anfänglichen
Anwachsen der Bevölkerung schließlich zu einem späteren Abklingen.

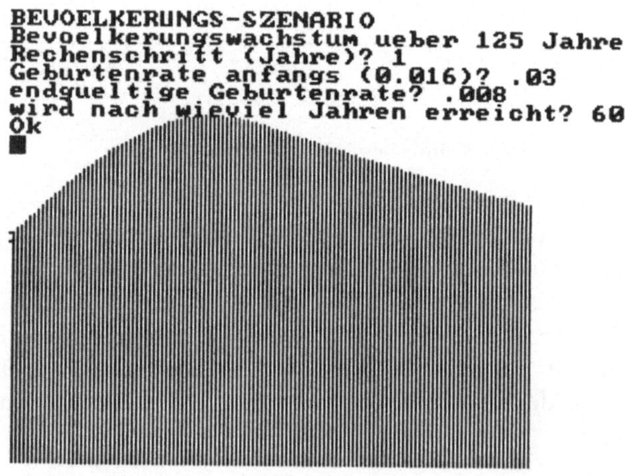

Abb. 2.4c   Simulationsergebnis des Szenario-Modells für die Bevölkerungsentwicklung.

Aufgaben

1. Ändern Sie das ursprüngliche Bevölkerungsmodell POPDEM (Abb. 2.3d) in ein Szenarienmodell SCENDEM (Abb. 2.4b). Überprüfen Sie es durch Vergleich mit Abb. 2.4c.

2. Rechnen Sie eine Reihe von Szenarien für die Entwicklung der Geburtenrate durch, zunächst für Länder mit einem anfänglichen Bevölkerungswachstum (Geburtenrate höher als die Sterberate von 0.012), dann für Länder mit einem anfänglichen Bevölkerungsschwund (Geburtenrate kleiner als 0.012). Versuchen Sie, innerhalb von 50 Jahren eine gleichbleibende Bevölkerungszahl zu erreichen.

2.5 Mehr als eine Zustandsgröße: Die Möglichkeit von Schwingungen

Das dynamische Verhalten eines Systems mit einer Zustandsgröße ist relativ einfach, aber die meisten realen Systeme haben mehr als eine Zustandsgröße. Ihr Verhalten ist deshalb komplexer. Insbesondere können Systeme mit mehr als einer Zustandsgröße schwingen, selbst wenn keine schwingende Anregung von außen auf das System wirkt. Wir werden uns mit diesen Vorgängen vertraut machen, indem wir ein Simulationsmodell für ein Masse-Feder-Dämpfungssystem entwickeln.

Wortmodell: Wir betrachten eine Masse m, die auf einer glatten Oberfläche gleiten kann (Abb. 2.5a). Die Masse ist über eine Feder mit einem festen Punkt verbunden. Falls sie aus ihrer Ruheposition ausgelenkt und dann freigelassen wird, wird die Feder die Masse zurückziehen (oder drücken). In Abhängigkeit von der Größe der Gleitreibung wird die Masse über den Ruhepunkt hinausschießen, sich verlangsamen, die Richtung ändern und in dieser Weise mehrfach hin- und herschwingen, bis alle kinetische Energie durch die Gleitreibung absorbiert worden ist. In diesem System stellen wir die folgenden Elemente und Beziehungen fest:

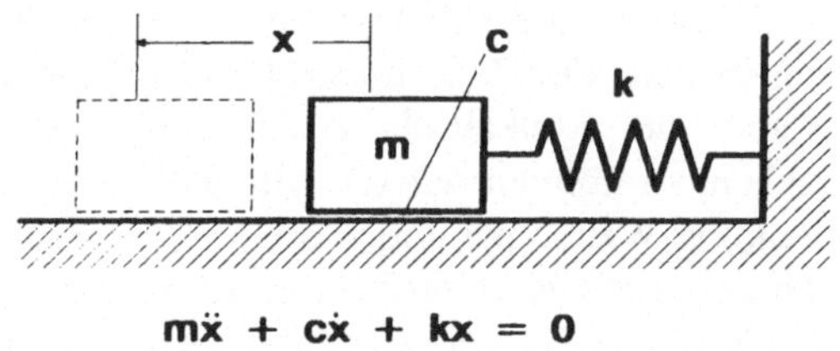

$$m\ddot{x} + c\dot{x} + kx = 0$$

Abb. 2.5a   Mechanisches Schwingersystem mit Masse, Feder und Dämpfung.

Wenn die Feder durch eine Anfangsauslenkung gestreckt wird, entsteht eine Federkraft, die dieser Auslenkung entgegenwirkt. Die Federkraft hängt von der Federkonstante ab, d.h. der Kraft pro Auslenkung. Die Bewegung der Masse bewirkt außerdem eine Reibungskraft, die der Bewegung entgegenwirkt. Wenn wir laminare Reibung für diesen Gleitvorgang annehmen, so hängt die Dämpfungskraft vom Dämpfungsparameter, d.h. der Dämpferkraft pro Geschwindigkeit ab. Die auf die Masse einwirkende Verzögerungskraft ist die Summe der beiden Kräfte. Die Verzögerung der Masse ist geringer, wenn die Masse selbst größer ist. Je größer die Beschleunigung, um so höher wird die daraus resultierende Geschwindigkeit der Masse sein. Je größer außerdem die Geschwindigkeit der Masse ist, um so größer wird wiederum die daraus resultierende Auslenkung. Diese verursacht wiederum eine Federkraft, während die Geschwindigkeit eine entsprechende Dämpfungskraft verursacht.

Wirkungsdiagramm: Das Wirkungsdiagramm, das dieser verbalen Beschreibung entspricht, ist in Abb. 2.5b gezeigt. Wir stellen fest, daß das Masse-Feder-Dämpfungssystem ein Rückkopplungssystem mit zwei Rückkopplungsschleifen ist. Die Masse, die Federkonstante und die Dämpferkonstante sind dabei Parameter des Systems.

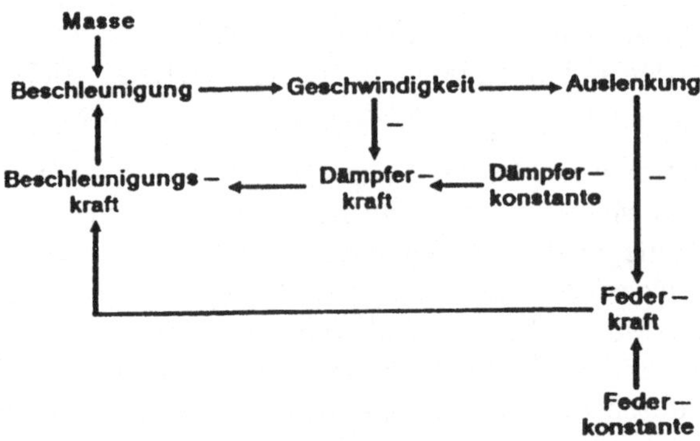

Abb. 2.5b   Wirkungsdiagramm des Schwingersystems.

Simulationsdiagramm: Wenn wir die Blocksymbole und entsprechende Programmnamen für die Zustandsgrößen, die Zwischengrößen und die Parameter einführen und einige Annahmen über die physikalische Art ihrer Beziehungen (lineare Feder, lineare Dämpfung) machen, so können wir das Simulationsdiagramm der Abb. 2.5c aufzeichnen. Die Auslenkung WEG (m) und die Geschwindigkeit VEL (m/s) lassen sich als Zustandsgrößen des Systems identifizieren. (An ihrer Stelle hätten wir auch die potentielle und die kinetische Energie des Systems verwenden können - das System würde aber immer zwei Zustandsgrößen haben und deshalb 'zweidimensional' sein). Die Parameter sind die Masse MASS (kg), die Federkonstante KFDR (N/m) und die Dämpferkonstante CDAM (Ns/m). Die Zwischengrößen sind die Federkraft FFDR (N), die Dämpferkraft FDAM (N), die Beschleunigungskraft FACC (N) und die Beschleunigung ACC (m/s^2).

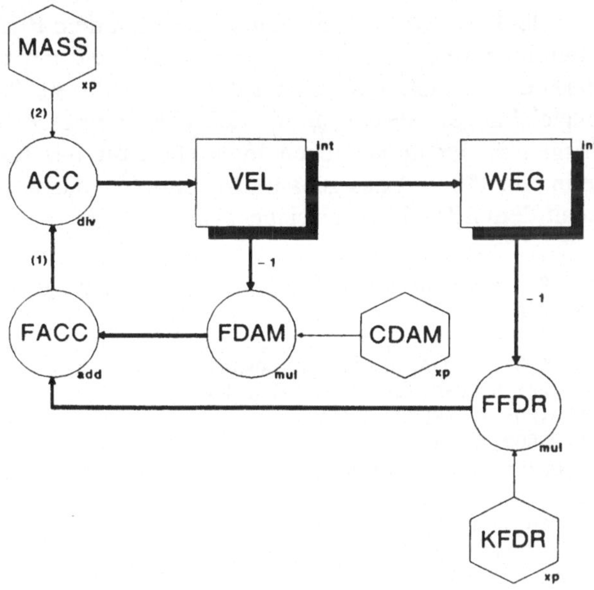

Abb. 2.5c   Simulationsdiagramm des Schwingermodells.

Modellprogramm: Die Modellgleichungen können jetzt aus dem Simulationsdiagramm abgelesen werden:

```
FFDR  =   -KFDR * WEG
FDAM  =   -CDAM * VEL
FACC  =    FFDR + FDAM
ACC   =    FACC / MASS
VEL   =    VEL  + DT * ACC
WEG   =    WEG  + DT * VEL
```

In diesem Falle des (linearen harmonischen) Schwingers läßt sich eine analytische Lösung angeben. Wir werden die exakte Lösung für den ungedämpften Fall verwenden, um wiederum eine Abschätzung des Fehlers der numerischen Integration als Funktion der Rechenschrittweite zu erhalten. Die genaue Lösung für die Auslenkung ergibt sich aus

```
WEGX   =   WEGO * COS(SQR(KFDR/MASS)*T)
```

wobei WEGO der Wert der anfänglichen Auslenkung ist.

Das vollständige Simulationsprogramm ist in Abb. 2.5d aufgeführt. Die Masse MASS und die Anfangswerte für die Auslenkung WEG0 und die Geschwindigkeit VEL0 wie auch die Zeitangaben für START und FINAL werden zuerst angegeben (No. 50). Die anfängliche Auslenkung wird als ein kleiner Kreis auf dem Bildschirm gezeichnet (No. 60). Vom Benutzer wird dann der Zeitschritt DT, die Federkonstante KFDR und die Dämpferkonstante CDAM abgefragt (in No. 70, 80, 90). Die oben entwickelten Modellgleichungen werden in der Zeitschleife eingesetzt (von No. 100 bis No. 200). Das Ergebnis der numerischen Integration für die Auslenkung wird als senkrechte Linie in No. 180 und das genaue Ergebnis (für das ungedämpfte System) als kleiner Kreis auf dem Bildschirm gezeichnet (in No. 190).

```
1 '***SWINGDEM*** Programm zur Demonstration eines Schwingungssystems.
10  CLS:KEY OFF:SCREEN 1
20 PRINT "SCHWINGER"
30 PRINT "gedaempfte Schwingung ueber 250 Sekunden"
40 MASS=100: WEGO=.25: VELO=0: START=0: FINAL=250
50 SKALA=200: NULL=120: WEG=WEGO: VEL=VELO
60 CIRCLE (0,NULL-WEGO*SKALA),2
70 INPUT "Rechenschritt (Sekunden)";DT
80 INPUT "Federkonstante (N/m)";KFDR
90 INPUT "Daempferkonstante (N/(m/s))";CDAM
100 FOR T=START+DT TO FINAL STEP DT
110 FFDR=-KFDR*WEG:   'Federkraft
120 FDAM=-CDAM*VEL:   'Daempferkraft
130 FACC=FFDR+FDAM:   'Beschleunigungskraft
140 ACC=FACC/MASS:    'Beschleunigung
150 VEL=VEL+DT*ACC:   'Geschwindigkeit
160 WEG=WEG+DT*VEL:   'Auslenkung
170 WEGX=WEGO*COS(SQR(KFDR/MASS)*T):   'exakt, ungedaempft
180 LINE (T,NULL)-(T,NULL-WEG*SKALA):  'senkrechte Linie
190 CIRCLE (T,NULL-WEGX*SKALA),2:      'kleiner Kreis
200 NEXT T
```

Abb. 2.5d   Simulationsprogramm des Schwingermodells.

Simulationsergebnisse: Ein Ergebnisbeispiel ist in Abb. 2.5e gezeigt. In diesem Falle erhalten wir bei einer Federkonstanten von 0.8 (N/m), einer Dämpferkonstanten von 3 (N/(m/s)) und für eine Masse von 100 kg 3.6 Schwingungen während der Simulationsperiode von 250 Sekunden, d.h. eine Frequenz von 3.6/250 = 0.0144 (1/s). Der genaue Wert für die **Frequenz der ungedämpften Schwingung** ergibt sich aus

```
FREQN   =   SQR(KFDR/MASS)/(2*π)
        =   SQR(0.8/100)/(2*3.14159)
        =   0.01424
```

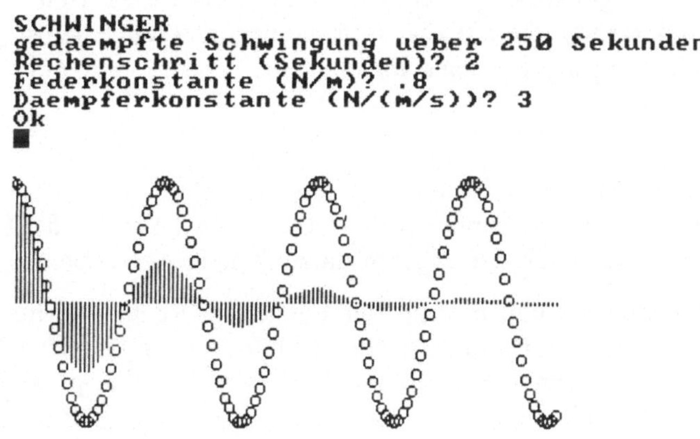

Abb. 2.5e   Simulationsergebnis des Schwingermodells.

Die Frequenz der gedämpften Schwingung ist abhängig von der Dämpfung: Für hohe Dämpfungswerte verringert sich die Frequenz erheblich, bis ein Punkt erreicht wird, an dem die Schwingung völlig verschwindet, d.h., die Frequenz wird jetzt 0 (aperiodische Bewegung). Der genaue Wert der **Frequenz der gedämpften Schwingung** ist

$$\text{FREQD} = (\text{SQR}(\text{KFDR}/\text{MASS})/(2*\pi)) * \text{SQR}(1-\text{ZETA}^2)$$

wobei

$$\text{ZETA} = \text{CDAM}^2/(4*\text{MASS}*\text{KFDR}).$$

Im Beispiel ergibt sich

$$\text{ZETA} = 3^2/(4*100*0.8) = 0.028125$$

und die ungedämpfte Frequenz wird daher durch den folgenden Faktor modifiziert

$$\text{SQR}(1-\text{ZETA}^2) = \text{SQR}(1-0.028125^2) = 0.9996$$

d.h., es ergibt sich nur eine geringfügige Änderung. Die Bedingung für **aperiodische Bewegung** ist $\text{ZETA}^2 = 1$. Damit folgt für die **kritische Dämpfung**

$$\text{CDAMC} = \text{SQR}(4*\text{MASS}*\text{KFDR})$$

Mit den gegebenen Parametern erhalten wir eine kritische Dämpfung von

$$\text{CDAMC} = \text{SQR}(4*100*0.8) = \text{SQR}(320) = 17.8885$$

Bei diesem Wert der Dämpferkonstante verschwinden die Schwingungen, und die Bewegung wird aperiodisch. Setzt man entweder die Federkonstante oder die Dämpferkonstante auf Null und schneidet so die entsprechende Rückkopplungsschleife auf, so läßt sich der Grund für die Schwingung des Systems isolieren: es ist die Rückkopplungsschleife durch **beide** Zustandsgrößen (d.h. die Rückkopplung durch die Federkraft), die die Eigenschwingungen erzeugt, selbst wenn es keine periodische Anregungskraft geben sollte.

Aufgaben

1. Tippen Sie das Programm SWINGDEM ein (Abb. 2.5d). Überprüfen Sie es durch Vergleich mit der Ergebnisdarstellung in Abb. 2.5e.

2. Untersuchen Sie den Einfluß der Länge des Rechenschritts (DT = 0.1 bis 50) auf die Genauigkeit der Ergebnisse für den ungedämpften Fall (KFDR = 0.2, CDAM = 0). Formulieren Sie eine Faustregel, die (für praktische Rechnungen) die Mindestzahl von Rechenschritten pro Schwingungsperiode angibt.

3. Ermitteln Sie mit der Faustregel (aus Aufgabe 2) den Rechenschritt DT. Berechnen Sie hiermit Ergebnisse für verschiedene Feder- und Dämpferkonstanten. Untersuchen sie deren Einfluß auf das Systemverhalten.

4. Verwenden Sie eine Federkonstante von 0.8, und finden Sie (durch Experimentieren) den Wert der Dämpferkonstante, bei dem die Schwingung verschwindet. Vergleichen Sie das Ergebnis mit der exakten Lösung.

5. Setzen Sie die Anfangsbedingungen für Auslenkung und Geschwindigkeit auf Null (in Nr. 40), und führen Sie eine Impulskraft FIMP = 1 ein, die nur beim ersten Durchgang durch die Zeitschleife wirkt. Verwenden Sie die Parameter aus Aufgabe 4, und vergleichen Sie die Auswirkungen verschiedener Feder- und Dämpferkonstanten auf das Systemverhalten in beiden Fällen. Diskutieren Sie die Ergebnisse.

6. Führen Sie eine periodische Anregungskraft ein (in Nr. 130), deren Frequenz durch eine Abfrage (INPUT Anweisung) verändert werden kann. Welche Auswirkungen hat diese periodische Anregung auf das dynamische Verhalten des Systems? Was geschieht, wenn die Anregungsfrequenz nahe der natürlichen Frequenz des Systems liegt? Welchen Einfluß hat die Dämpfung?

7. Programmieren Sie die Ergebnisdarstellung für die gedämpfte numerische Lösung als Phasenbild (s. Abschnitt 2.6): Ersetzen Sie die Zeit T durch die Geschwindigkeit VEL. Verwenden Sie PSET (in Nr. 60), um den Anfangspunkt zu setzen. Verwenden Sie LINE-..., um die Phasenkurve zu zeichnen (in Nr. 180). (Nr. 190 löschen). Lassen Sie das Programm wieder mit verschiedenen Werten für Feder- und Dämpferkonstante ablaufen. Skizzieren und diskutieren Sie die Ergebnisse.

8. Zeigen Sie, daß das Simulationsdiagramm bzw. die Modellgleichungen der in Abb. 2.5a angegebenen Standardform der Differentialgleichung zweiter Ordnung für das Masse-Feder-Dämpfungssystem entsprechen.

2.6 Nichtlineare Systeme: Überraschendes Verhalten bei einfachen Strukturen

Das im vorhergehenden Abschnitt besprochene Masse-Feder-Dämpfungssystem ist ein Beispiel für ein **lineares System**. In einem linearen System sind die Veränderungsraten lineare Funktionen der Zustandsgrößen. Solche Systeme haben die Eigenschaft, daß wichtige Verhaltensgrößen wie z.B. die Frequenz, der Dämpfungsfaktor, die Stabilität unabhängig von den Anfangsbedingungen sind und daß die Amplitude der Bewegung linear mit der Stärke der Anfangsstörung oder der Anregungsfunktion wächst. Als Konsequenz hieraus können exakte Lösungen auch für recht komplexe Anfangsbedingungen oder Umwelteinwirkungen konstruiert werden, indem elementare analytische Lösungen entsprechend skaliert und aufaddiert werden (Überlagerungsprinzip).

Reale Systeme sind im besten Falle in gewissen begrenzten Arbeitsbereichen linear. Federn in technischen Systemen z.B. sind normalerweise 'progressiv', d.h. nichtlinear: ihre Federkonstante wächst mit wachsender Belastung, um die Auslenkung auch dann klein zu halten, wenn die Belastung zeitweilig recht hoch wird. Auf der anderen Seite wird damit unter normaler Belastung ein weicher Abfederungseffekt erreicht. Das bedeutet, daß die Veränderungsrate der Geschwindigkeit (also die Beschleunigung) eine nichtlineare Funktion des Zustands (der Auslenkung) ist (z.B. eine quadratische Funktion). Ein anderes Beispiel für eine **Nichtlinearität** ist ein nichtadditiver Einfluß der Zustandsgrößen auf die Zustandsraten (z.B. Multiplikation, Division, Exponentation, usw.). Für diesen Fall soll jetzt ein Beispiel entwickelt werden. Nichtlineare Probleme können nicht durch Überlagerung elementarer analytischer Lösungen gelöst werden, und numerische Lösungen werden deshalb selbst bei kleinen Aufgaben notwendig.

Wortmodell: Wir betrachten die Beziehung zwischen einer Population von Hasen (Beute) und Füchsen (Räuber) in einem isolierten Weidegebiet. Ohne Füchse würde die Hasenpopulation allmählich bis auf eine Größe anwachsen, die der Tragfähigkeit des Weidegebietes entspricht; danach würde sie konstant bleiben. Ohne Hasen würden die Füchse keine Nahrung haben, würden ständig Energie für ihre Lebensvorgänge (Respiration) verbrauchen und würden schließlich verhungern. Leben die beiden Populationen zusammen, so werden die Füchse sich von den Hasen ernähren, wobei der Hasenpopulation Energie entnommen und der Fuchspopulation zugeführt wird. Die Hasen können diesen Verlust zu einem gewissen Grade ersetzen, weil die Verringerung ihrer Anzahl bedeutet, daß Weidekapazität 'frei' geworden ist und die Population damit wieder anwachsen kann. Obwohl die grundsätzlichen Beziehungen in diesem System leicht verstanden werden können, ist die resultierende Dynamik schwer vorherzusagen. In der Natur beobachten wir sowohl stetige Gleichgewichtslösungen wie auch periodische Schwingungen in solchen Fällen. Wir haben es hier mit einem nichtlinearen System zu tun, weil die Zahl der von Füchsen gefressenen Hasen (d.h. die Rate der Hasenverluste bzw. der Fuchsgewinne) sowohl der Zahl der Hasen wie auch der Zahl der Füchse proportional ist. Sie ist daher das Produkt (eine nicht-lineare Funktion) beider Zustandsgrößen.

Wirkungsdiagramm: Diese verbale Beschreibung des Problems läßt sich in das Wirkungsdiagramm der Abb. 2.6a übersetzen. Wir sehen an der Struktur, daß das Modell mehrere interagierende Rückkopplungsschleifen hat, die wegen ihrer unterschiedlichen Vorzeichen die Tendenz haben, sich gegenseitig die Waage zu halten. Außerdem finden wir einen Rückkopplungspfad zwischen den zwei Zustandsgrößen (über die Zahl der Treffen zwischen den Hasen und Füchsen), der auf die Möglichkeit von Schwingungen des Systems hindeutet.

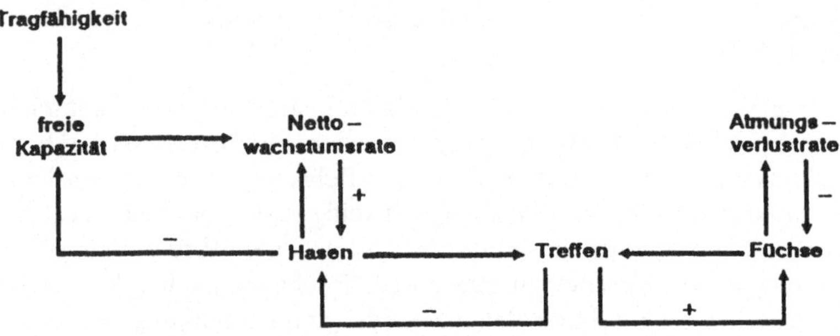

Abb. 2.6a   Wirkungsdiagramm des Räuber-Beute-Modells.

Simulationsdiagramm: Um das Wirkungsdiagramm in das Simulationsdiagramm zu übersetzen (Abb. 2.6b), müssen wir einige quantitative Überlegungen anstellen. Wir wählen 'Wochen' als die Zeiteinheit der Betrachtungen.

Wir nehmen an, daß die Respirationsverluste der Füchse FUXAB 20% ihrer Biomasse pro Woche betragen, d.h., die Wichtung an der Verbindung von FUX nach FUXAB wird 0.2. Die Respirationsverluste (Atmungsverluste) müssen von der jeweiligen Fuchsbiomasse abgezogen werden. Dies bedeutet, daß wir einen Faktor -1 an der Verbindung von FUXAB nach FUX verwenden müssen.

Die Nettowachstumsrate der Hasen unter optimalen Bedingungen (keine Einschränkungen durch die begrenzte Tragfähigkeit der Weide) wird zu 8% pro Woche angenommen; daher eine Wichtung von 0.08 an der Verbindung von HAS nach HASZU. Diese maximale Wachstumsrate gilt nur, wenn die Hasenpopulation im Verhältnis zur Tragfähigkeit der Weide sehr klein ist, und sie muß auf Null zurückgehen, wenn die Hasenpopulation sich der maximalen Tragfähigkeit der Weide nähert. Der richtige Faktor ergibt sich aus der verbleibenden freien Kapazität FREI, geteilt durch die (normale) Tragfähigkeit WKAP (d.h. Wichtung 1/WKAP an der Verbindung von FREI nach HASZU).

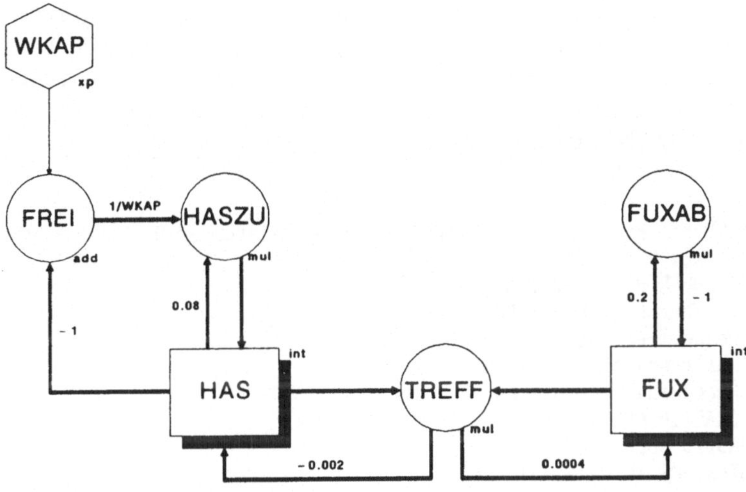

Abb. 2.6b   Simulationsdiagramm des Räuber-Beute-Modells.

Die richtige Wichtung der Verluste der Hasen und der Gewinne der Füchse durch
das Schlagen von Beute bestimmt sich hier aus der Annahme, daß bei einer Normal-
population von 500 Hasen und 10 Füchsen die Füchse gerade in der Lage sein sollten
ihre Respirationsverluste von 0.2 * 10 = 2 Fuchseinheiten auszugleichen. Weil die
Größe TREFF als Maß für die Zahl der Treffen zwischen Hasen und Füchsen dann
500 * 10 = 5000 ist, so ergibt sich die Wichtung an der Verbindung von TREFF nach
FUX als 2/5000 = 0.0004. Wenn wir annehmen, daß eine Fuchseinheit fünf Hasen-
einheiten entspricht, so ergibt sich die entsprechende Wichtung an der Verbindung
von TREFF nach HAS zu -2 * 5/5000 = -0.002.

Modellprogramm: Die Modellanweisungen können vom Simulationsdiagramm (Abb.
2.6b) abgelesen werden. In der richtigen Reihenfolge für die Berechnung:

```
FREI    =    WKAP - HAS
HASZU   =    (1/WKAP) * FREI * 0.08 * HAS
FUXAB   =    0.2 * FUX
TREFF   =    HAS* FUX
HAS     =    HAS + DT * (HASZU - 0.002 * TREFF)
FUX     =    FUX + DT * (0.004 * TREFF - FUXAB)
```

Das Modellprogramm ist in Abb. 2.6c aufgeführt. Laufzeitinformation (START, FI-
NAL, DT) und die Position der Referenzlinie für die Graphik NULL werden
zunächst in No. 30 angegeben. Der Benutzer muß dann die Tragfähigkeit WKAP, die

anfängliche Hasenzahl HAS und die anfängliche Fuchszahl FUX angeben (No. 40, 50, 60). Der Anfangspunkt (HAS, FUX) wird dann am Bildschirm gesetzt und mit einem kleinen Kreis markiert (No. 70, 80). In der Zeitschleife (von No. 90 bis No. 170) werden die Modellgleichungen berechnet und die zwei Zustandsgrößen numerisch integriert. Die zwei Zustandsgrößen werden zusammen im Phasenbild auf dem Bildschirm dargestellt (No. 160).

```
1 '***NLINDEM***  Programm zur Demonstration nichtlinearer Dynamik. H.Bossel 1986.
10 SCREEN 1: KEY OFF: CLS
20 PRINT "RAEUBER-BEUTE-SYSTEM"
30 START=0: FINAL=500: DT=1: NULL=200
40 INPUT "Weide fuer wieviele Hasen";WKAP
50 INPUT "Hasenzahl anfangs";HAS
60 INPUT "Fuchszahl anfangs";FUX
70 CIRCLE (HAS/10,NULL-FUX),2:       'Anfangspunkt
80 PSET (HAS/10,NULL-FUX)
90 FOR T=START+DT TO FINAL STEP DT
100 FREI=WKAP-HAS                    'noch freie Weide
110 HASZU=(1/WKAP)*FREI*.08*HAS:     'Hasenwachstum
120 FUXAB=.2*FUX:                    'Atmungsverluste, Fuechse
130 TREFF=HAS*FUX:                   'Treffhaeufigkeit
140 HAS=HAS+DT*(HASZU-.002*TREFF):   'Hasenpopulation
150 FUX=FUX+DT*(.0004*TREFF-FUXAB):  'Fuchspopulation
160 LINE -(HAS/10,NULL-FUX):         'Zustandsbahn
170 NEXT T
```

Abb. 2.6c   Simulationsprogramm des Räuber-Beute-Modells.

Simulationsergebnisse: Ein Simulationsbeispiel ist in Abb. 2.6d gezeigt. In diesem Fall war die Anfangszahl der Hasen (2500) sehr viel höher als die Tragfähigkeit (1500). Das hat zwei Folgen: (1) Die Zahl der Hasen (horizontale Achse) geht anfangs durch Verhungern sehr stark zurück, und (2) die Füchse (senkrechte Achse) finden zunächst ausgezeichnete Wachstumsbedingungen vor. Die schnell anwachsende Fuchspopulation vermindert die Hasenpopulation drastisch, bricht aber dann fast zusammen, weil sie ihren eigenen Nahrungsvorrat selbst zu stark reduziert hat. Während es für eine Weile nur einige wenige Füchse gibt, wächst die Hasenpopulation schnell wieder an, bis die Fuchspopulation aufholt und der Zyklus von neuem beginnt. Die Schwingungsamplituden in der Hasen- und Fuchspopulation nehmen ständig ab, bis das System einen Gleichgewichtspunkt bei 500 Hasen und 40 Füchsen erreicht. Wenn dieser Zustand erreicht ist, schwingt das System nicht mehr.

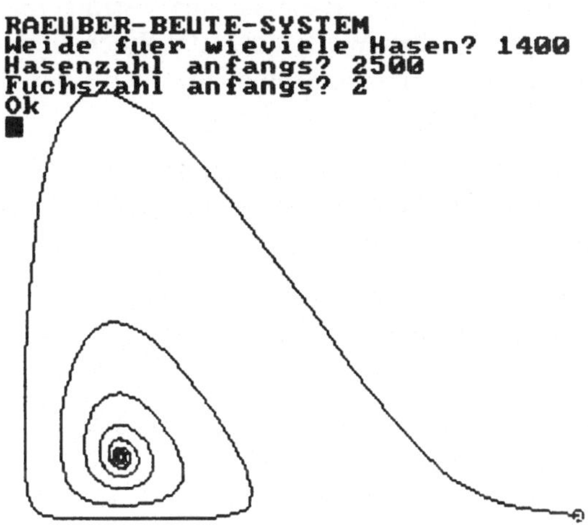

Abb. 2.6d   Simulationsergebnis des Räuber-Beute-Modells. (Phasendiagramm: Hasen horizontal, Füchse vertikal).

Aufgaben

1. Tippen Sie das Program NLINDEM ein (Abb. 2.6c) und überprüfen Sie es durch Vergleich mit der Abb. 2.6d.

2. Was geschieht, wenn entweder nur Hasen oder nur Füchse im System sind? Sind die Ergebnisse vernünftig? Hinweis: In einem Zeitbild läßt sich die Entwicklung besser verfolgen; hierzu das Programm entsprechend verändern.

3. Lassen Sie das Programm für unterschiedliche Kombinationen der Weidekapazität und der Anfangswerte für Hasen und Füchse ablaufen. Beobachten, skizzieren und diskutieren Sie die Ergebnisse.

4. Finden Sie die Gleichgewichtsbedingungen (Hasenzahl, Fuchszahl) für verschiedene Werte der Weidekapazität. Hängen sie von den Anfangswerten für Hasen und Füchse ab? Tragen Sie die Gleichgewichtswerte für Hasen und Füchse über der Weidekapazität auf und diskutieren Sie das Ergebnis. Welche Schlüsse lassen sich hieraus auf die Überlebenschancen einer Räuberpopulation ziehen, falls die Weidekapazität (Weidefläche) ihrer Beute unter eine bestimmte Größe verringert wird?

5. Ermitteln Sie die Schwingungsperiode für verschiedene Weide- und Anfangsbedingungen (am einfachsten in einem Zeitbild). Finden Sie heraus, welche Parameter die Periode bestimmen.

6.   Verändern Sie das Programm, indem Sie eine Verringerung der Weidekapazität auf 50 % des ursprünglichen Werts nach 100 Wochen einführen. Welche Konsequenzen ergeben sich für unterschiedliche Werte der Weidekapazität? Skizzieren und diskutieren Sie die Beobachtungen.

7.   Führen Sie eine jahreszeitliche Veränderung des Nahrungsangebots ein (SIN Funktion). Untersuchen, skizzieren und diskutieren Sie das sich daraus ergebende Systemverhalten.

8.   Führen Sie zufällige Veränderungen der Weidekapazität um 20 % ein. Beobachten, skizzieren und diskutieren Sie das sich daraus ergebende Systemverhalten.

9.   Sind die Schwingungen (des deterministischen Systems) immer gedämpft? Können Sie einen stabilen Schwingungszyklus und Bedingungen für instabile Zyklen finden? (Da die Gradienten sehr groß werden, muß die Schrittweite verringert werden, um numerische Instabilitäten zu vermeiden).

2.7   Darstellung beliebiger Beziehungen: Tabellenfunktionen

Bei der Modellierung realer Systeme müssen sehr oft Beziehungen verwendet werden, die auf experimentellen Daten beruhen oder sich aus anderen Gründen nicht leicht als mathematischen Funktionen ausdrücken lassen. Für diese Fälle müssen wir über eine Methode verfügen, die es uns ermöglicht, beliebige Datenpunkte darzustellen und zwischen diesen Punkten zu interpolieren, falls Zwischenwerte benötigt werden. Weil das Verfahren unabhängig von den Daten ist, können wir ein entsprechendes Unterprogramm entwickeln, das unterschiedliche Tabellenfunktionen eines Modells berechnen kann, nachdem die entsprechenden Tabellendaten angegeben worden sind.

Die numerischen Werte solcher Beziehungen sind normalerweise als Datenpaare in Tabellenform verfügbar. Wenn die Funktion selbst in graphischer Form vorhanden ist, lassen sich entsprechende Datenpaare von der Darstellung ablesen. Die Wachstumsdaten für Sommergerste als Funktion der Jahreszeit sind z.B. durch die folgenden Datenpaare gegeben:

```
Tag                        105   131   147   166   176   198   214   215
------------------------------------------------------------------------
org. Trocken-
substanz (kg/ha)           162   500  1700  4200  6400  8100  8100     0
```

Diese Tabelle hat 8 Datenpaare. Die Eingangsgröße ist die Zeit (Tage), die Ausgangsgröße die organische Trockensubstanz der Gerste (Gesamtpflanze) als Funktion der Zeit. Der erste Eingangswert entspricht der Saatmenge; der vorletzte Wert der gesamten Biomasse zur Erntezeit.

Tabellenfunktion - der Ansatz: Die hier entwickelte Tabellenfunktion hat die folgenden Eigenschaften:

- Die Wertepaare müssen nach ansteigenden Werten für die Eingangsvariable (hier die Zeit) geordnet sein.

- Ist der Eingangswert kleiner als der des ersten Wertepaares, so entspricht der Ausgangswert dem des ersten Wertepaares.

- Ist der Eingangswert größer als der des letzten Wertepaares, so entspricht der Ausgangswert dem des letzten Wertepaares.

- Liegt der Eingangswert zwischen zwei Tabellenpunkten, so wird der Ausgangswert durch lineare Interpolation der benachbarten Tabellenwerte berechnet.

- Der Abstand der Eingangswerte für die Tabellenpunkte kann beliebig sein. (Im Unterschied zu häufig verwendeten anderen Tabellenfunktionsverfahren).

Tabellenfunktion - das Programm: Das Unterprogramm für die Tabellenfunktion ist in den Anweisungen No. 1000 bis 1090 in Abb. 2.7a aufgeführt. Es wird hier verwendet, um das Wachstum der Gerste mit Hilfe der Tabellendaten in den Anweisungen No. 140 bis 160 zu berechnen.

Im Unterprogramm für die Tabellenfunktion hat die Eingangsgröße die allgemeine Bezeichnung X, die Ausgangsgröße Y. Bevor die Tabellenfunktion aufgerufen wird (durch GOSUB 1000), erhält X den Wert der Eingangsgröße (hier T), für die der entsprechende Wert der Tabellenfunktion (hier die Gerste-Biomasse A) gesucht wird (X = T). Wenn das Programm aus dem Unterprogramm zurückspringt, wird das Ergebnis Y der Tabellenfunktion nach A übertragen (A = Y in No. 140). Die Zahl der Datenpaare wird in der DATA-Anweisung (8 in No. 150) angegeben. Dementsprechend liest das Unterprogramm für die Tabellenfunktion die nächsten 8*2 = 16 Daten (in No. 160) für die Tabellenfunktion ein.

Im Unterprogramm für die Tabellenfunktion wird der DATA-Zeiger zunächst auf die erste verfügbare DATA-Anweisung gesetzt (RESTORE in No. 1010). Danach wird die Zahl der Datenpunkte NN gelesen (No. 1010). Als nächstes werden die 2*NN-Tabellendaten eingelesen und als Z(N) in der Reihenfolge XT1, YT1, XT2, YT2, XT3... eingelesen (No. 1020). Das Programm prüft dann den Eingangswert X (in No. 1030 und 1040): Falls er links vom ersten XT-Eingangswert liegt, so verwendet das Programm den ersten YT-Tabellenwert (siehe Abb. 2.7b). Falls er rechts vom letzten XT-Wert liegt, so verwendet das Programm den letzten YT-Tabellenwert (waagerechte Extrapolation an beiden Enden der Tabellenfunktion). Wenn keine dieser Bedingungen gilt, so muß der Eingang X im Intervall zwischen dem ersten und dem letzten XT-Wert der Tabelle liegen. Das Unterprogramm geht nun nacheinander die Tabellenpunkte durch und vergleicht ihre XT-Werte mit dem X-Eingangswert. Sobald es einen Tabellenwert XT erreicht, der größer (oder gleich) dem Eingang X ist (No. 1050, 1060), so wird der entsprechende Y-Wert durch Interpolation zwischen den linken und rechten Datenpaaren (No. 1070) berechnet. Das Unterprogramm springt dann wieder zurück zum Hauptprogramm.

```
1 '***TBFDEM***  Programm zur Demonstration der Tabellenfunktion. H.Bossel 1986.
10 SCREEN 1: KEY OFF: CLS
20 PRINT "APPROXIMATION"
30 PRINT "Approximation einer Wachstumskurve fuer Gerste durch
40 PRINT "   (a) Tabellenfunktion (Linien)"
50 PRINT "   (b) logistische Funktion (Kreise)"
60 '-------------------------------------------------------------
70 DIM Z(100): 'Dimension des Datenvektors
80 START=0: FINAL=300: DT=4: NULL=180: RAND=40: XSKALA=1: YSKALA=(NULL-RAND)/10000
90 INPUT "Wachstumskonstante c";C: 'c mit bester Anpassung finden
100 C=C/365
110 '------------------------------------------------------------
120 FOR T=START TO FINAL STEP DT:   'Beginn der Zeitschleife
130 'Berechnung des Gerste-Wachstums mit Tabellenfunktion
140 X=T: GOSUB 1000: A=Y: 'Tabellenfunktion in Unterprogramm 1000
150 DATA 8:                'Zahl der Tabellenpaare
160 DATA 105,162, 131,500, 147,1700, 166,4200, 176,6400, 198,8100, 214,8100,
215,0: 'Datenpaare (Tage, kg/ha organische Trockensubstanz)
170 LINE (T*XSKALA,NULL)-(T*XSKALA,NULL-A*YSKALA): 'Linien fuer die
Tabellenfunktion
190 '------------------------------------------------------------
200 'Berechnung des Gerste-Wachstums mit logistischer Funktion:
210 IF T<105 THEN B=162: R=0: GOTO 250: 'Saatmenge = 162 kg/ha
220 IF T>214 THEN B=0:   R=0: GOTO 250: 'Ernte am Tag 214
230 R=C*B*(1-(B/8100)^2):            'logistische Funktion fuer die Gerste-
Wachstumsrate
240 B=B+DT*R:                        'numerische Integration der Gerste-Biomasse
250 CIRCLE (T*XSKALA,NULL-B*YSKALA),2: 'Kreise fuer die logistische Funktion
300 NEXT T
310 END
990 '------------------------------------------------------------
1000 'Unterprogramm fuer Tabellenfunktion
1010 RESTORE: READ NN:                'Zahl der Datenpaare
1020 FOR N=1 TO 2*NN: READ Z(N): NEXT N:    'Datenpaare einlesen
1030 IF X<=Z(1) THEN Y=Z(2): RETURN:        'linke Seite
1040 IF X>Z(2*NN-1) THEN Y=Z(2*NN): RETURN: 'rechte Seite
1050 FOR N=3 TO (2*NN-1) STEP 2
1060 IF X>Z(N) THEN NEXT N
1070 Y=Z(N-1)+(Z(N+1)-Z(N-1))*(X-Z(N-2))/(Z(N)-Z(N-2)): 'Interpolation
1080 RETURN
1090 '------------------------------------------------------------
```

Abb. 2.7a　　　Programm für die Approximation einer Wachstumskurve durch (a) eine Tabellenfunktion
　　　　　　　　und (b) eine logistische Kurve.

Im Programm der Abb. 2.7a wird der Ausgang der Berechnung der Wachstumskurve für Gerste mit der Tabellenfunktion als senkrechte Linie am Bildschirm gezeichnet (No. 170).

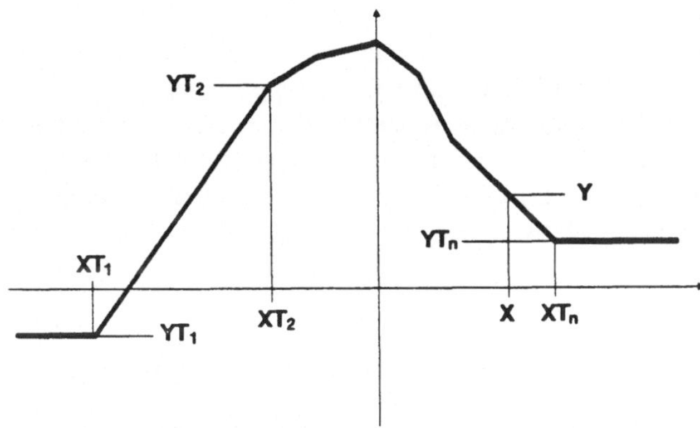

Abb. 2.7b   Definition der Parameter der Tabellenfunktion.

Die Verwendung strukturellen Wissens für die Approximation: Die Tabellenfunktion ist eine einfache und zuverlässige Methode, um beliebige funktionale Beziehungen darzustellen, aber sie kann sehr datenintensiv werden, wenn eine genaue Darstellung komplexer Kurven benötigt wird. Gelegentlich kann strukturelles Wissen über die Beziehungen in einem System verwendet werden, um mathematische Funktionen zu definieren, die mit nur wenigen Parametern an die Daten angepaßt werden können. Im Fall der Wachstumskurve von Gerste können wir eine logistische Wachstumskurve vermuten vom Typ

$$dx/dt \;\; = \;\; x * (1-x^n)$$

wobei x der Biomasse entspricht. Durch Umformulierung passen wir sie der maximalen Biomasse von 8100 an und erhalten für die Wachstumsrate der Biomasse R dann

$$R \;\; = \;\; C * B * (1 - (B/8100)^N$$

wobei C die Wachstumskonstante, B die jeweilige Biomasse der Gerste (kg/ha OTS; OTS = organische Trockensubstanz)) und N ein Exponent sind. Die Biomasse selbst läßt sich durch Integration der Wachstumsrate finden:

$$B \;\; = \;\; B + DT * R$$

Bei dieser Darstellung müssen C und N durch Anpassung der Biomasseergebnisse an die Tabellendaten gefunden werden.

Im Programm der Abb. 2.7a wird die Wachstumskurve wie folgt ermittelt: Zunächst wird die Wachstumsrate berechnet (in No. 210 bis 230). Damit wird danach die Biomasse aufintegriert (in No. 240). Die Ergebnisse werden durch kleine Kreise am Bildschirm angezeigt (No. 250). Die beste Approximation ergab sich mit einem Exponenten von $N = 2$ und mit einer Wachstumskonstanten C von 23/365 = 0.063 (1/Tag).

Simulationsergebnisse: Die Ergebnisse der zwei Approximationen mit (a) der Tabellenfunktion (senkrechte Linien) und (b) der logistischen Darstellung (Kreise) sind in Abb. 2.7c gezeigt. Der logistische Ansatz stellt die experimentellen Daten sehr gut dar und verwendet dabei nur vier Parameter (Wachstumskonstante, Sättigungswert, Aussaatzeit und Erntezeit). Im Gegensatz dazu braucht die Tabellenfunktion 16 Daten für eine immer noch relativ eckige Darstellung.

Abb. 2.7c   Ergebnis der Approximation der Wachstumskurve durch (a) eine Tabellenfunktion (senkrechte Striche) und (b) eine logistische Funktion (Kreispunkte).

Aufgaben

1.   Tippen Sie das Programm TBFDEM ein (Abb. 2.7a), wobei Sie alle REM Anweisungen (bis auf 1000 REM!) auslassen können. Überprüfen Sie das Programm anhand Abb. 2.7c.

2.   Lassen Sie das Programm zunächst mit der Wachstumskonstante C=0 ablaufen, um die Qualität der Darstellung des Wachstums von Gerste durch die Tabellenfunktion überprüfen zu können.

3. Verändern Sie die Wachstumkonstante C der logistischen Approximation, bis Sie eine gute Anpassung der logistischen Kurve (kleine Kreise) an die Tabellenfunktion (senkrechte Linien) gefunden haben. Welchen Wert für C empfehlen Sie?

4. Verändern Sie drei beliebige Datenpaare in der Datentabelle (Nr. 160) und beobachten Sie das Ergebnis am Bildschirm.

5. Verändern Sie den Exponenten in der Berechnung der logistischen Wachstumsfunktion (Nr. 230; jetzt $N = 2$). Welchen Wert empfehlen Sie? Können Sie physikalische oder biologische Gründe angeben, warum $N = 2$ das Wachstum des Getreides besonders gut beschreibt?

2.8 Reihenfolge der Modellanweisungen

Bei der Untersuchung dynamischer Systeme muß unterschieden werden zwischen Systemgrößen, die den Zustand des Systems beschreiben (Zustandsgrößen, Bestände) und Größen, die berechnet werden können, wenn der Systemzustand zu einem bestimmten Zeitpunkt bekannt ist (Zwischengrößen). Beide Arten von Systemgrößen sind endogen, d.h., sie sind eine Funktion anderer Systemgrößen. Falls ein System ausschließlich endogene Größen hat, wird es als autonom bezeichnet. In vielen Fällen allerdings ergeben sich durch exogene Größen (feste Parameter oder Funktionen der Zeit) zusätzliche Anregungen oder Einwirkungen auf das System.

Wenn die exogenen Anregungsfunktionen (Zeitfunktionen) vorgegeben sind, kann die Entwicklung eines (deterministischen) Systems als Funktion der Zeit berechnet werden, falls die Differential- oder Differenzengleichungen für die Zustandsgrößen bekannt sind. Die Zahl der Zustandsgleichungen entspricht der Zahl der Zustandsgrößen; sie wird auch als 'Dimension' oder 'Ordnung' des Systems bezeichnet. Bei der Entwicklung des Modells eines dynamischen Systems ist es entscheidend, daß die Zustandsgrößen richtig identifiziert werden. Sie sind nicht eindeutig - ein System kann durch eine unterschiedliche Auswahl von Zustandsgrößen richtig dargestellt werden. Ein gegebenes System kann aber nur eine bestimmte Zahl n von Zustandsgrößen und damit Zustandsgleichungen haben. Bei der Suche nach den Zustandsgrößen eines Systems hilft der Blick auf die Systemspeicher bzw. 'Gedächtnisse' wie Bestände, Trägheiten, Verzögerungen usw., d.h. Systemgrößen, die frühere Systemwerte speichern oder festhalten und sie für zukünftige Verwendungen verfügbar halten.

Bei der Berechnung dynamischer Systeme müssen wir deshalb die folgenden Arten von Ausdrücken erwarten:

C - Ausdrücke, die Konstanten und Parameter vorgeben, die sich während des Simulationszeitraums nicht verändern.

N - Ausdrücke, die die Anfangswerte der Zustandsgrößen vorgeben.

F - Ausdrücke, die die zeitabhängigen exogenen Anregungsfunktionen (Umwelteinwirkungen) beschreiben.

A - Ausdrücke zur Berechnung der Zwischengrößen aus den Konstanten (C), den Anfangsbedingungen (N), den exogenen Funktionen (F) und den jeweiligen Werten für die Zustandsgrößen (L). (Dieser Satz von Gleichungen darf keine algebraischen Schleifen enthalten, siehe unten.)

R - Ausdrücke für die Berechnung der Veränderungsraten der Zustandsgrößen aus den Zwischengrößen (A) und/oder den exogenen Funktionen (F). (In der Praxis erscheinen A und R oft in Kombination).

L - Ausdrücke zur Berechnung der neuen Werte der Zustandsgrößen aus den vorhergehenden Werten (bzw. den Anfangsbedingungen) und den Veränderungsraten (R).

(Die Abkürzungen ergeben sich aus den englischen Bezeichnungen: C = constants, N = initial conditions, F = forcing functions, A = auxiliaries, R = rates, L = levels. Sie werden in der Simulationssprache DYNAMO zur Kennzeichnung der verschiedenen Gleichungstypen verwendet.)

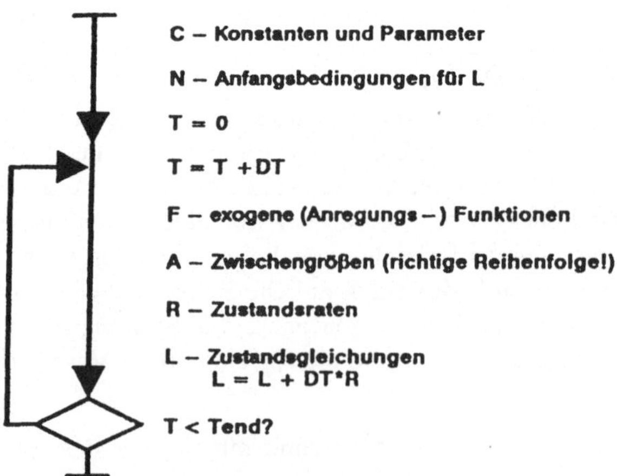

Abb. 2.8a   Berechnungsabfolge bei einer dynamischen Simulation.

Es ist klar, daß diese Ausdrücke in der richtigen Reihenfolge berechnet werden müssen. Diese Reihenfolge (C, N, F, A, R, L) ist in dieser Auflistung und in Abb. 2.8a dargestellt. Das Bild deutet auch die ständige Wiederholung dieser Berechnungen an: Sobald die Zustandsgrößen (L) für einen Zeitpunkt T berechnet worden sind, werden sie wiederum verwendet, um die neuen Werte der Zwischengrößen (A) und der Veränderungsraten (R) zu berechnen. Diese wiederum werden dann verwendet, um den neuesten Stand der Zustandsgrößen zum Zeitpunkt (T + DT) zu ermitteln, wobei DT der Zeitschritt der Berechnung ist.

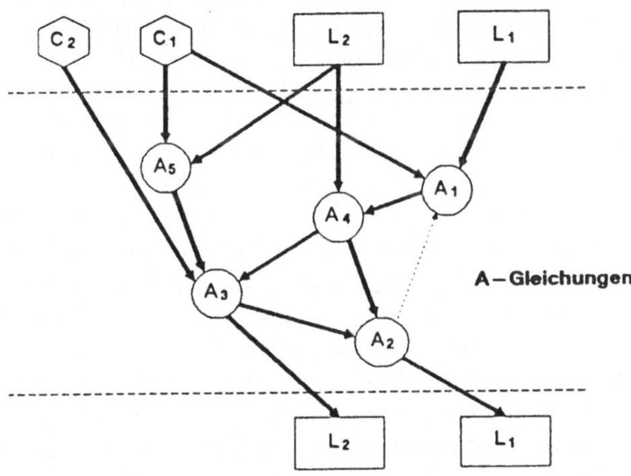

Abb. 2.8b   Ein Beispielsystem: C sind Parameter, L sind Zustandsgrößen, A sind Zwischengrößen, die in der richtigen Reihenfolge aus algebraischen Gleichungen bestimmt werden müssen.

Während diese verschiedenen Sätze von Ausdrücken in der angegebenen Reihenfolge berechnet werden müssen, ist die Reihenfolge der einzelnen Anweisungen innerhalb jedes dieser Sätze ohne Bedeutung - mit Ausnahme der Reihenfolge bei der Berechnung der Zwischengrößen (A). Wir betrachten hierzu ein Beispiel (Abb.2.8b).

```
A1   =   f(L1,C1)
A2   =   f(A4,A3)
A3   =   f(A4,A5,C2)
A4   =   f(A1,L2)
A5   =   f(L2,C1)
```

Würden die Zwischengrößen in dieser Reihenfolge berechnet, so ergäben sich keine Ergebnisse für A2 und A3, weil A3 und A4, bzw. A4 und A5 noch nicht berechnet wurden. Werden die Gleichungen dagegen in der Reihenfolge A1, A4, A5, A3, A2 aufgeführt, so ist die Berechnung aller Zwischengrößen nacheinander möglich. Falls die A-Gleichungen eine Schleife enthalten (z.B. A1 = f(L1,C1,A2), dann ist die Berechnung offensichtlich unmöglich, weil Werte benötigt werden, die noch nicht berechnet werden konnten. Aus mathematischen und physikalischen Gründen (unendlich große Geschwindigkeit der Informationsübertragung) sind solche algebraische Schleifen in den A-Gleichungen daher nicht gestattet: Schleifen müssen immer wenigstens eine Zustandsgröße (Integrator oder Verzögerung) enthalten.

Die Einordnung der A-Gleichungen in der richtigen Reihenfolge kann in vielen Fällen durch Betrachtung der Gleichungen oder des Simulationsdiagramms oder Wirkungsdiagramms vorgenommen werden. Bei mehr als einem halben Dutzend Zwischengrößen pro Integrator wird dieses Verfahren allerdings unübersichtlich und unzuverlässig. Weil die korrekte Reihung der Zwischengrößen für die Simulation absolut notwendig ist, sei hier ein Computerprogramm erläutert, mit dem wir die richtige Reihenfolge für die Programmierung des Simulationsmodells erhalten können.

Computerprogramm zur Ermittlung der Reihenfolge der Zwischengrößen: Wir stellten oben fest, daß wir beim ersten Durchlauf der Gleichungen in Abb. 2.8b in der Reihenfolge A1, A2, A3, A4, A5 lediglich A1, A4 und A5 berechnen können. Wenn wir mit diesen Werten einen zweiten Durchlauf berechnen, so können wir außerdem A3 ermitteln. Beim dritten Durchlauf ergibt sich A2. Hieraus folgt, daß die richtige Reihung daher A1, A4, A5, A3, A2 sein muß, wie es sich vorher auch durch Betrachtung der Gleichungen bzw. des Simulationsdiagramms ergab. Falls es keine isolierten A-Zwischengrößen gibt (dies würde in unserer Simulation keinen Sinn machen und würde auf einen Formulierungsfehler hindeuten), können alle n Zwischengrößen daher in höchstens n Durchläufen ermittelt werden. (Dies würde dem ungünstigsten Fall entsprechen, bei dem alle Größen in einer einfachen Folge verbunden sind (A -> B -> C -> D) und die entsprechenden Anweisungen zunächst in der umgekehrten Reihenfolge aufgeführt wären (D, C, B, A).

Weil wir hier zunächst nur daran interessiert sind, die richtige Reihenfolge der Anweisungen festzustellen, können wir durch die Verwendung von Boole'scher Algebra die Bestimmung der Reihenfolge sehr vereinfachen. Wir verwenden die folgende Vorgehensweise:

(1) Setze alle bekannten Größen, d.h. alle Konstanten oder Parameter (C), alle Anfangsbedingungen (N), die Zustandsgrößen (L) und die exogenen Funktionen (F) auf 1. Setze zunächst unbekannte Größen, also alle Zwischengrößen (A) und alle Raten (R), anfangs auf 0.

(2) Schreibe die A-Gleichungen in beliebiger Reihenfolge, wobei alle Funktionen durch ihr Argument ersetzt werden und alle funktionalen Beziehungen zwischen Größen als Multiplikation (*) ausgedrückt werden.

Beispiel: Schreibe $A = B^3 * SIN(C)/SQR(D) - 0.23*E$ als $A = B*C*D*E$

(3) Berechne diesen Satz von Gleichungen n mal (n = Zahl der A-Gleichungen). Drucke den Namen jeder Größe aus, sobald ihr Wert von 0 auf 1 springt.

(4) Die Reihenfolge, in der jede Größe von 0 auf 1 springt entspricht der richtigen Reihenfolge der Gleichungen im Simulationsmodell.

(5) Falls nach n Durchläufen noch Variablen auf dem Wert 0 verbleiben, deutet dies auf eine Schleife im Systemgraphen des A-Teils: Die entsprechenden Größen können nicht berechnet werden, weil sie Voraussetzungen wiederum für ihre eigene Berechnung sind.

```
1 '***FOLGDEM*** Programm zur Demonstration der Berechnung der Reihenfolge fuer
Zwischengroessen. H. Bossel 1986.
10 SCREEN 1: KEY OFF: CLS
20 PRINT "PROGRAMM ZUM ORDNEN VON ZWISCHENGROESSEN": PRINT
30 PRINT "Beispiel:
32 PRINT "A4 = f(L2,A1)"
34 PRINT "A2 = f(A4,A3)"
36 PRINT "A3 = f(A4,A5,C2)"
38 PRINT "A5 = f(C1,L2)"
40 PRINT "A1 = f(C1,L1)      (Fall 1)
42 PRINT "A1 = f(C1,L1,A2)  (Fall 2)
44 PRINT: INPUT "welcher Fall "; FALL
50 PRINT: PRINT "Die richtige Reihenfolge ist:"
100 '
110 ZAHL=5:      'Zahl der Zwischengroessen
120 C2=1:C1=1: 'exogene Variable und Parameter
130 L1=1:L2=1: 'Anfangsbedingungen der Zustandsgroessen
140 A5=0:A3=0:A1=0:A2=0:A4=0: 'alle Zwischengroessen anfangs unbekannt
150 FOR N=1 TO ZAHL: 'Schleife ZAHL-mal durchlaufen. Namen der Zwischengroessen
drucken sobald sie "1" werden. Zwischengroessen im Modell in dieser Reihenfolge
berechnen.
160 IF A4<1 AND (L2*A1)>0      THEN A4=1:PRINT "A4"
170 IF A2<1 AND (A4*A3)>0      THEN A2=1:PRINT "A2"
180 IF A3<1 AND (A4*A5*C2)>0 THEN A3=1:PRINT "A3"
190 IF A5<1 AND (C1*L2)>0      THEN A5=1:PRINT "A5"
200 ON FALL GOTO 210,220
210 IF A1<1 AND (C1*L1)>0      THEN A1=1:PRINT "A1": GOTO 230
220 IF A1<1 AND (C1*L1*A2)>0 THEN A1=1:PRINT "A1"
230 NEXT N
240 IF (A5*A3*A4*A2*A1)<1 THEN PRINT "Algebraische Schleife! Modell pruefen!"
250 'Falls in ZAHL Durchlaeufen einige Zwischengroessen nicht berechnet werden
koennen, so liegt eine algebraische Schleife vor - Modellformulierung pruefen!
260 END
```

Abb. 2.8c   Programm zur Ermittlung der richtigen Reihenfolge der Gleichungen für die Zwischengrößen für das Beispielsystem.

Programm: Das Programm für das hier besprochene Beispiel ist in Abb. 2.8c aufgeführt. Die bekannten exogenen Funktionen und Parameter werden anfangs auf '1' gesetzt, während die A-Größen auf '0' gesetzt werden (No. 120 bis 140). Boole'sche

Ausdrücke für die fünf Beziehungen der Zwischengrößen werden dann in einer
Schleife berechnet, die - entsprechend den fünf Zwischengrößen - fünf mal wiederholt wird (No. 150 bis 210). Jeder dieser Ausdrücke wird nur solange berechnet, solange die Größe noch auf '0' steht. Sobald sie '1' wird, wird der Name der Größe ausgedruckt. Nach den fünf Durchgängen durch die Schleife wird geprüft, ob alle
Größen berechnet worden sind (No. 220). Wenn dies nicht der Fall ist, muß das System eine algebraische Schleife enthalten; eine entsprechende Warnung wird dann
ausgedruckt.

Das Programm ermittelt die richtige Reihenfolge für die Rechnung (Abb. 2.8d). Falls
eine zusätzliche Verbindung zwischen A2 und A1 eingeführt wird, warnt das Programm vor einer 'algebraischen Schleife'.

```
PROGRAMM ZUM ORDNEN VON ZWISCHENGROESSEN

Beispiel:
A4 = f(L2,A1)
A2 = f(A4,A3)
A3 = f(A4,A5,C2)
A5 = f(C1,L2)
A1 = f(C1,L1)        (Fall 1)
A1 = f(C1,L1,A2)     (Fall 2)

welcher Fall ? 1

Die richtige Reihenfolge ist:
A5
A1
A4
A3
A2
Ok
█


welcher Fall ? 2

Die richtige Reihenfolge ist:
A5
Algebraische Schleife! Modell pruefen!

Ok
█
```

Abb. 2.8d   Programmergebnis für das Beispielsystem. Falls eine Verbindung zwischen A2 und A1 ein-
             geführt wird, so stellt das Programm eine algebraische Schleife fest.

Aufgaben

1.   Tippen Sie das Programm FOLGDEM ein (Abb. 2.8c) und überprüfen Sie es
     durch Vergleich mit dem Ausdruck in Abb. 2.8d.

2.   Verändern Sie die Reihenfolge der Anweisungen Nr. 160 bis Nr. 200 auf be-
     liebige Weise und bestimmen Sie jedesmal durch einen Programmlauf die für

ein Simulationsmodell richtige Reihenfolge der Anweisungen für die Modellgrößen A1 bis A5.

3. Führen Sie eine Verbindung ein (a) von A4 nach A5, (b) von A3 nach A1. Was meldet das Programm in beiden Fällen? Zeichnen Sie jeweils ein Signalflußdiagramm (Wirkungsdiagramm) und erläutern Sie das Ergebnis.

4. Wenden Sie das Verfahren an, um für ein kleines Modell (H. Bossel: Umweltdynamik 1985, S. 405) die richtige Reihenfolge der Berechnung der Zwischengrößen zu ermitteln. Es ist folgendes bekannt:

- V, K und P sind Zustandsgrößen

- F, R, D, A, W, G, E, C, B, H und M sind Zwischengrößen

- D ist abhängig von V, C und K: D(V,C,K)

- für die anderen Größen gilt entsprechend: W(K), G(V,A,B), H(M), R(P), E(V,F), C(H), A(K), B(H), F(P), M(P), V(E,G), P(D,R), K(W)

5. Ermitteln Sie die richtige Reihenfolge mit dem Programm und zeichnen Sie das Wirkungsdiagramm des Modells.

2.9 Das DYSAS-Verfahren zur Simulation dynamischer Systeme

DYSAS ist ein Computerprogramm zur Erstellung von Simulationsmodellen für dynamische Systeme. Es enthält alle Routine-Prozeduren, um solche Modelle laufen zu lassen: Die Eingabe von Modellparametern (interaktiv im Dialog oder durch Modellanweisungen), die Zeitschleife für die Simulation, die numerische Integration, die Ausgabe von Ergebnissen und ihre Darstellung in unterschiedlichen Graphiken (Laufbild mit zwei Systemgrößen in Abhängigkeit von der Zeit, Zeitbilder für einzelne Systemgrößen, Phasendiagramm, Mehrfachdarstellung von Systemgrößen, animierte Balkendarstellung, Maßstabsveränderung). Auch andere Ausgaben sind möglich (Tabellen, animierte Darstellungen usw.); der Benutzer muß dann entsprechende Unterprogramme einfügen. Eine Darstellung der Tabellenfunktionen hilft bei der Modellüberprüfung durch graphische und tabellarische Ausgabe der Tabellenfunktion. In Abb. 2.9a sind Beispiele für die verschiedenen Ausgabemöglichkeiten dargestellt. DYSAS ist in BASIC geschrieben und kann daher (mit geringfügigen Änderungen) auf allen BASIC-Rechnern verwendet werden.

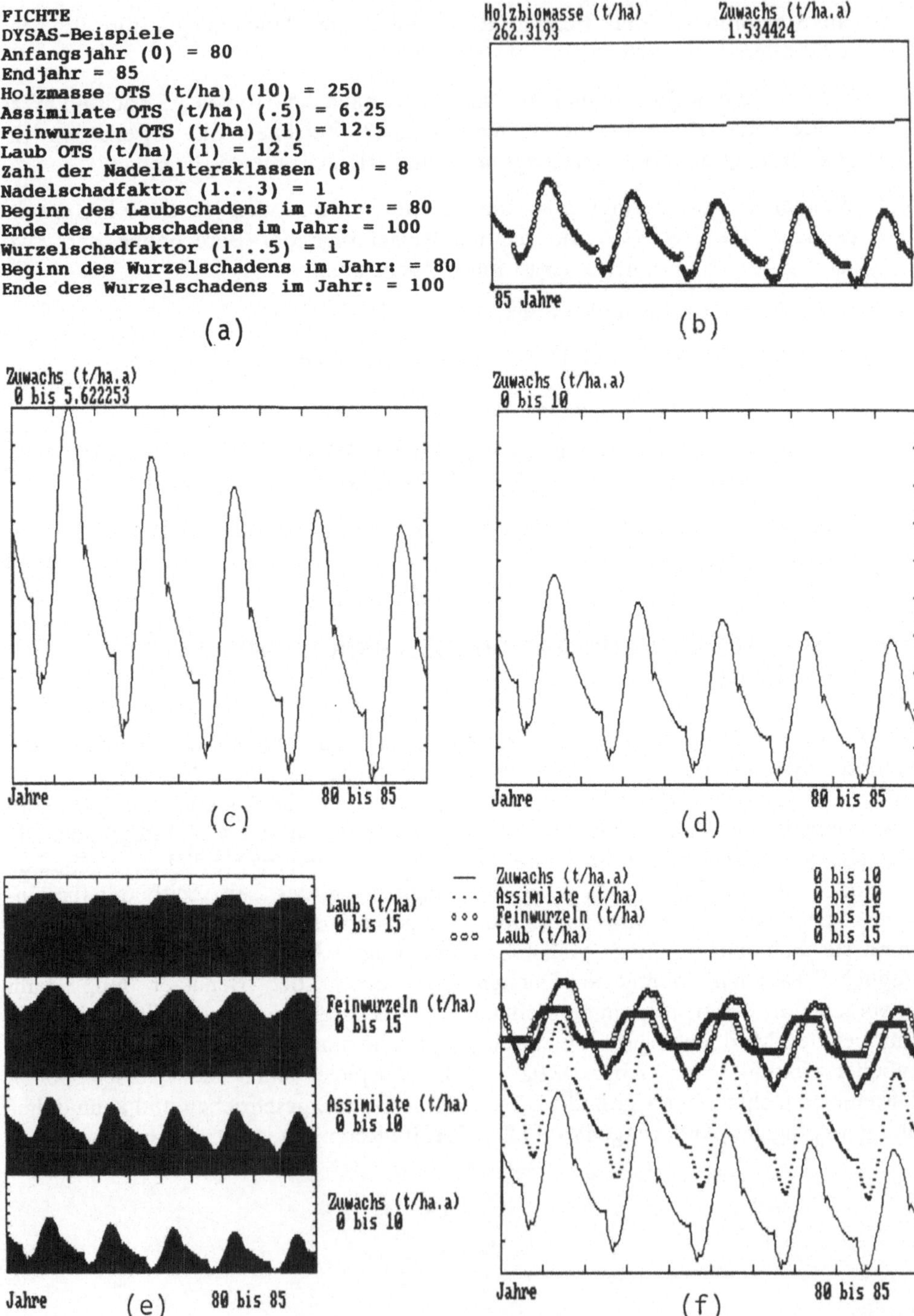

FICHTE
DYSAS-Beispiele
Anfangsjahr (0) = 80
Endjahr = 85
Holzmasse OTS (t/ha) (10) = 250
Assimilate OTS (t/ha) (.5) = 6.25
Feinwurzeln OTS (t/ha) (1) = 12.5
Laub OTS (t/ha) (1) = 12.5
Zahl der Nadelaltersklassen (8) = 8
Nadelschadfaktor (1...3) = 1
Beginn des Laubschadens im Jahr: = 80
Ende des Laubschadens im Jahr: = 100
Wurzelschadfaktor (1...5) = 1
Beginn des Wurzelschadens im Jahr: = 80
Ende des Wurzelschadens im Jahr: = 100
(a)
Holzbiomasse (t/ha)
262.3193
Zuwachs (t/ha.a)
1.534424
85 Jahre
(b)
Zuwachs (t/ha.a)
0 bis 5.622253
Jahre
80 bis 85
(c)
Zuwachs (t/ha.a)
0 bis 10
Jahre
80 bis 85
(d)
Laub (t/ha)
0 bis 15
Feinwurzeln (t/ha)
0 bis 15
Assimilate (t/ha)
0 bis 10
Zuwachs (t/ha.a)
0 bis 10
Jahre
80 bis 85
(e)
Zuwachs (t/ha.a)   0 bis 10
Assimilate (t/ha)   0 bis 10
Feinwurzeln (t/ha)   0 bis 15
Laub (t/ha)   0 bis 15
Jahre
80 bis 85
(f)

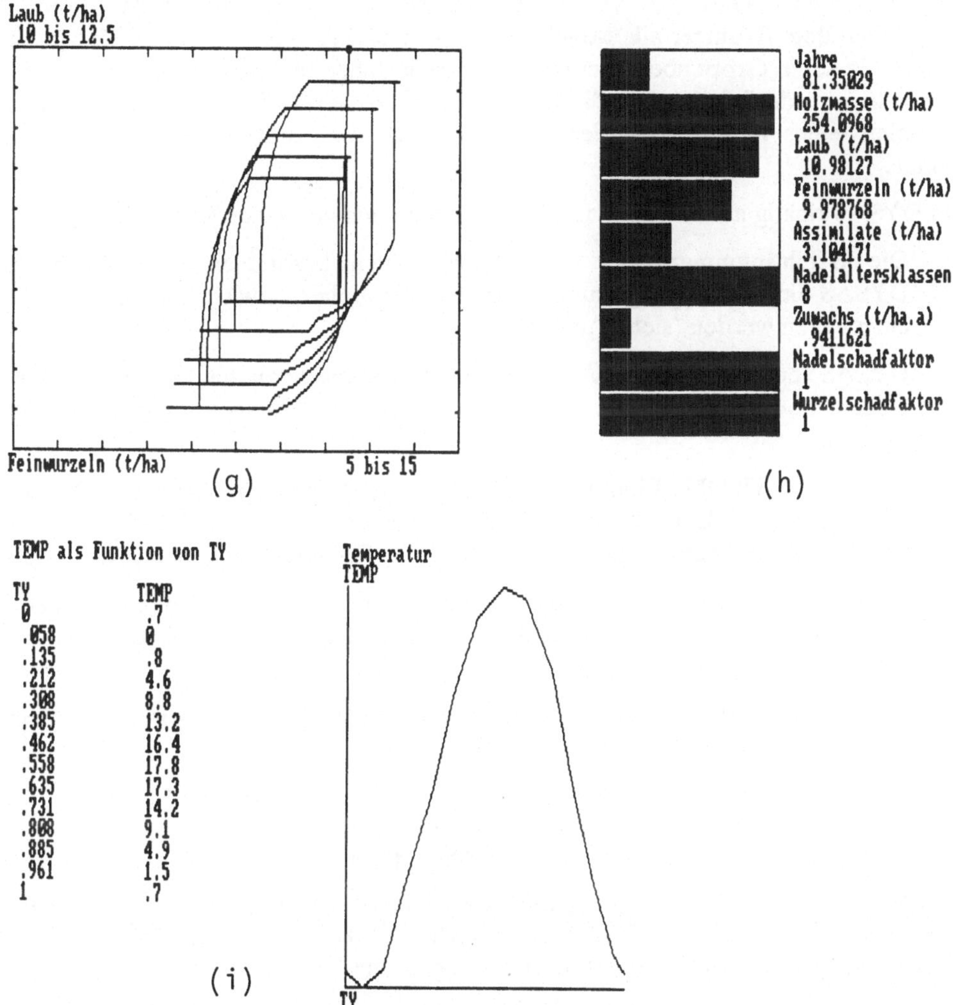

Abb.2.9a   Beispiele für die verschiedenen Bearbeitungs- und Ausgabemöglichkeiten von DYSAS (Modell: FICHTE)
(a) Parameterdokumentation, (b) Laufbild (zwei Größen), (c) Zeitbild unskaliert, (d) Zeitbild skaliert, (e) Mehrfachdarstellung in Einzelbildern, (f) Mehrfachdarstellung in einem Bild, (g) Phasenbild, (h) animiertes Balkenbild, (i) Tabellenfunktion.

Um ein lauffähiges Simulationsprogramm zu erhalten, müssen die Modellanweisungen in BASIC geschrieben und als ASCII-Dateien gespeichert werden (SAVE "MODEL",A). Dieses Modellprogramm muß dann mit dem DYSAS-Programm ver-

koppelt werden (LOAD "DYSAS", MERGE "MODEL"). Bei der Modellformulierung stehen dem Benutzer alle Möglichkeiten von BASIC offen. Bei DYSAS-Modellen gibt es keine Größenbegrenzung; sie können daher bei Bedarf auch sehr groß
sein. Falls erforderlich, können die Dimensionen der Arrays für die dimensionierten
Variablen leicht verändert werden, um z.B. mehr Ausgangsgrößen bearbeiten zu
können.

Um DYSAS richtig anzuwenden, muß der Benutzer einige wenige Regeln beachten:

-    Die Befehlsnummern der Modellanweisungen bestimmen ihren Platz im
     DYSAS-Simulationsprogramm. Hier müssen daher gewisse Zahlenbereiche
     eingehalten werden (siehe Abb. 2.9b).

-    DYSAS verwendet eigene Variablen mit zwei Buchstaben, die mit J oder Q beginnen. Solche Namen dürfen daher in Modellanweisungen nicht verwendet
     werden.

-    Die Namen START, FINAL, DT, T, XPHAS, YPHAS, X und Y sind für die
     Anfangszeit, die Endzeit, den Zeitschritt, die Zeit, die X- und Y-Achsen des
     Phasenbilds und den Eingang und Ausgang der Tabellenfunktionen reserviert.

-    DYSAS verwendet die Namen L$ bis Z$ (d.h. die zweite Hälfte des Alphabets)
     für Zeichenketten. Diese Namen dürfen in Modellanweisungen nicht verwendet
     werden.

-    Tabellenfunktionen müssen in einem bestimmten Format entsprechend dem
     folgenden Beispiel vorgegeben werden:

```
1001 X=T: GOSUB 8500: KAP=Y
1002 DATA "rel. Weidekapazitaet","T","KAP",6
1003 DATA 0,1,99,1,100,0.5,199,0.5,200,1,400,1
```

In diesem Beispiel ist T die Eingangsgröße, KAP die Ausgangsgröße. Die letzte Zahl
in No. 1002 gibt die Zahl der Datenpaare an (hier 6). Die Datenpaare (in No. 1003)
sind nach steigenden Eingangswerten (hier: T) geordnet.

Dem Benutzer sei geraten, sich bei der Formulierung seines ersten DYSAS-Modells
an ein Beispiel-Modell zu halten (z.B. das Bevölkerungsmodell des Abschnitts 2.10)
und die Liste der Anweisungsnummern (Abb. 2.9b) zu beachten.

Der Ablauf von DYSAS ist selbsterklärend. Ein Standarddurchlauf ergibt sich, wenn
jeweils eine "0" an allen Verzweigungspunkten eingegeben wird. (Bei vielen Rechnern
genügt die Eingabe von "Return" bzw. "Enter".) Um die verschiedenen vorgesehenen
Verzweigungsmöglichkeiten zu verwenden, wie z.B. die unterschiedlichen Darstellungen, die Dokumentation der Tabellenfunktionen oder den Ausdruck der graphischen
Darstellungen auf einem angeschlossenen Drucker (PrtSc), müssen die entsprechenden Wahlzahlen eingegeben werden. Im Ergebnisteil sind Rücksprünge möglich
durch Eingabe von "-1" (bzw. "-n", wobei n die Zahl der Zeitbilder ist, über die zu-

rückgesprungen werden soll). Der Simulationslauf kann durch Eingabe von "x" oder "X" abgebrochen werden.

DYSAS-Programmbereiche

Beim Programmieren von DYSAS-Modellen müssen die Zeilennummern und Programmbereiche eingehalten werden!

Zeilen(bereiche) und Form der Modellanweisungen:

```
10          DATA "MODELLNAME", "Zeiteinheit"
12          DATA "Modellbeschreibung (weniger als 255 Zeichen)"
20-29       BASIC-Anweisungen für Anfangswerte, Parameter usw.
30          START=0:FINAL=100:DT=1
            (Anfangszeit, Endzeit, Zeitschritt)
40          DATA 3, "Variable A", "Variable B", "Variable C"
            (Zahl und Bezeichnungen der Variablen in den Zeitbildern)
4000        Q1=VA:Q2=VB:Q3=VC
            (Programmbezeichnungen der in 40 gelisteten Variablen)
46          XPHAS=1:YPHAS=3
            (Angabe, welche Variablen aus 40 bzw. 4000 im Phasenbild als x-Achse
            bzw. y-Achse erscheinen sollen)
48          DATA "Variable B",0,1000,"Variable C",0,100
            (Bezeichnungen, Ober- und Untergrenze der im Laufbild zu zeichnenden Va-
            riablen. Die erste wird durchgezogen, die zweite gestrichelt.)
4800        QX=VB:QY=VC
            (Programmbezeichnungen der in 48 verwendeten Variablen)
100         DATA 4, "Frage 1", "Frage 2", "Frage 3", "Frage 4"
            (Anzahl und Texte der Abfrage für die Festparameter)
105         PA=QF(1):PB=QF(2):PC=QF(3):PD=QF(4)
            (Programmbezeichnungen der in 100 abgefragten Parameter)
110         DATA 2, "Frage 5", "Frage 6"
            (Anzahl und Texte der Abfrage für die Szenarioparameter)
115         PE=QG(1):PF=QG(2)
            (Programmbezeichnungen der in 110 abgefragten Parameter)
1000-3899   Hilfsgleichungen und Rategleichungen als beliebige BASIC-Anweisungen,
            in der Reihenfolge der gewünschten Abarbeitung
5000-6899   Zustandsgleichungen in der Form Z=Z+DT*RATE
8000-8490   BASIC-Anweisungen zur Ausgabe der Endergebnisse
            (nur falls gewünscht)
```

Abb. 2.9b   DYSAS-Programmbereiche und entsprechende Zeilennummern.

Das vollständige DYSAS-Programm für den IBM Personal Computer oder kompatible Computersysteme ist im Anhang aufgeführt. Um die Ausführungsgeschwindigkeit der Rechnungen zu verkürzen, empfiehlt es sich, lauffähige Programme mit einem BASIC-Compiler zu kompilieren; hiermit kann die Rechenzeit auf etwa 1/5 reduziert werden.

Die DYSAS-Konventionen entsprechen genau den DYSYS-Konventionen (H. Bossel, Umweltdynamik, München 1985), so daß DYSYS-Modelle auch mit DYSAS lauffähig sind (und umgekehrt.)

2.10 Verwendung von DYSAS: Ein Bevölkerungsmodell mit vier Altersgruppen

Wir erläutern jetzt die Verwendung von DYSAS, indem wir ein Bevölkerungsmodell mit vier Altersgruppen entwickeln und für die Simulation DYSAS verwenden. Gleichzeitig führen wir eine Standardform für die Modelldokumentation ein. Sie enthält alle wichtigen Informationen über das Modell:

- Kurzbeschreibung des Modellzwecks und der Modelleigenschaften
- Problembeschreibung
- Modellbeschreibung
- Wirkungsdiagramm
- Simulationsdiagramm
- Modellprogramm
- Liste der Modellgrößen
- Simulationsergebnisse.

Problembeschreibung

Das anfangs beschriebene Bevölkerungsmodell (Abschnitte 2.3 und 2.4) kann zwar für Grobabschätzungen der zukünftigen Bevölkerungsentwicklung verwendet werden, ist aber für die meisten Zwecke nicht genau genug. Grobe Fehler entstehen vor allem dadurch, daß wir von einer völlig homogenen Bevölkerung ausgegangen sind, deren Geburtenzuwachs lediglich von der Bevölkerungszahl abhängt.

Diese Vereinfachung mag für Insektenpopulationen zulässig sein, bei der menschlichen Bevölkerung macht es dagegen offensichtlich einen Unterschied, ob die Bevölkerung vorwiegend aus Kindern, Erwachsenen im reproduktionsfähigen Alter, Älteren oder Alten besteht. Ältere und Alte tragen zur Reproduktion nicht mehr, Kinder noch nicht bei. Zur Berechnung der Geburtenzahlen muß daher die Zahl der Mütter im gebärfähigen Alter und deren Fertilität bekannt sein. Ähnliche Überlegungen sprechen dafür, auch die Zahl der Sterbefälle über altersspezifische Mortalitäten zu berechnen. Um die Zahl der Arbeitsfähigen zu berechnen, muß zwischen Erwachsenen im Erwerbsalter und alten Menschen unterschieden werden, die im Pensionsalter sind.

Erst mit einem Modell, das die wichtigsten Altersgruppen enthält, können auch einigermaßen zuverlässige Aussagen über zukünftige Zahlen von Menschen in den verschiedenen Altersklassen gemacht werden. Diese Information ist notwendig, um zuverlässige Aussagen über den zukünftigen Bedarf an infrastrukturellen Einrichtungen (Kindergärten, Schulen, Universitäten, Krankenhäuser, Altenheime usw.), über private und öffentliche Dienstleistungen (Ausbildung, Verwaltung, Gesundheit usw.), über Staatsausgaben (Sozialausgaben, Beihilfen, Renten usw.), über wirtschaftliche Entwicklungen (Arbeitskräfte, Verbraucher usw.) und über vieles andere mehr zu machen.

VOLK4D

Simulationsmodell einer Bevölkerung mit vier Altersklassen

Modellzweck: Relativ genaue Darstellungen der Bevölkerungsdynamik und ihrer Trägheitseffekte als Funktion altersklassenspezifischer Fertilität und Mortalität.

Systemgrenze: Region oder Nation; keine Wanderungsbewegungen über die Grenzen.

Zeitraum: Jahrzehnte.

Zustandsgrößen: Vier Altersklassen: Kinder, Eltern, Ältere, alte Menschen.

Beschreibung: Jedes Jahr verliert eine Altersklasse einen Teil ihrer Mitglieder durch altersspezifische Todesfälle wie auch durch Übergänge an die nächsthöhere Altersklasse. Entsprechend der Zahl der Frauen in der Altersklasse der Eltern und ihrer Fertilität werden Kinder geboren und der Altersklasse der Kinder hinzugefügt. Die Zahl der Arbeitsfähigen ergibt sich aus der Summe der Eltern und der Älteren; die Gesamtbevölkerung ist die Summe aller Altersklassen.

Abfrageparameter: 4 (Szenario für die Geburtenrate); 8 weitere Parameter in Anweisung No. 20, 22 (Anfangszahlen und Sterblichkeiten der vier Altersklassen).

Variable: 12, einschließlich 4 Zustandsgrößen.

Tabellenfunktionen: 1 (Szenario für die Geburtenrate).

Bemerkungen: Geeignet zur Darstellung von Verzögerungseffekten bei der Bevölkerungsentwicklung und zur Abschätzung zukünftiger Anforderungen an Infrastruktur und Dienstleistungen (Schulen, Arbeitsplätze, Wohnungen, Krankenhäuser und Pflegestätten, Renten). Erweiterbar auf beliebig viele (z.B. 100) Altersklassen unter Verwendung altersspezifischer Fertilitäts- und Mortalitätsdaten. Bei Ergänzung durch Zu- und Abwanderungsdaten entsteht so ein genaues Bevölkerungsmodell.

Aufruf: LOAD "DYSAS", MERGE "VOLK4D".

Weil die gegenwärtigen Bevölkerungszahlen in den verschiedenen Altersgruppen normalerweise in etwa bekannt sind, und weil die altersspezifischen Sterblichkeiten in den meisten Ländern sich kaum noch dramatisch mit der Zeit verändern, wird die Fertilität der Altersgruppe der Erwachsenen (d.h. die Zahl der Kinder pro Frau) zum entscheidenden Faktor für die Weiterentwicklung der Bevölkerung. Weil die Fertilität wesentlich von kulturellen, ökonomischen und politischen Entwicklungen abhängt, müssen Annahmen über ihre Entwicklung in entsprechenden Szenarien getroffen werden, um die möglichen Entwicklungspfade der Bevölkerungsentwicklung zu untersuchen.

Modellbeschreibung

Das Modell verwendet vier Altersklassen: Kinder (im Alter von 0 bis 16 Jahren), Eltern (im Alter von 17 bis 45 Jahren), Ältere (im Alter von 46 bis 65 Jahren) und alte Menschen (älter als 65 Jahre). Diese Einteilung geschieht vor allem im Hinblick auf eine genaue Berechnung der Geburtenzahlen, der Kinderzahlen, der Zahl der Arbeitsfähigen und der Zahl der Alten; jede dieser Gruppen hat ihre eigenen infrastrukturellen Anforderungen.

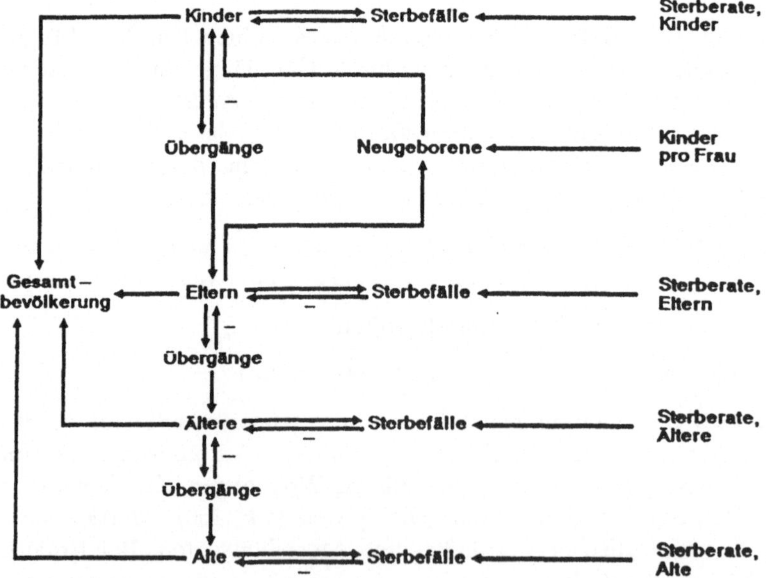

Abb. 2.10a   Wirkungsdiagramm für das Bevölkerungsmodell mit vier Altersklassen.

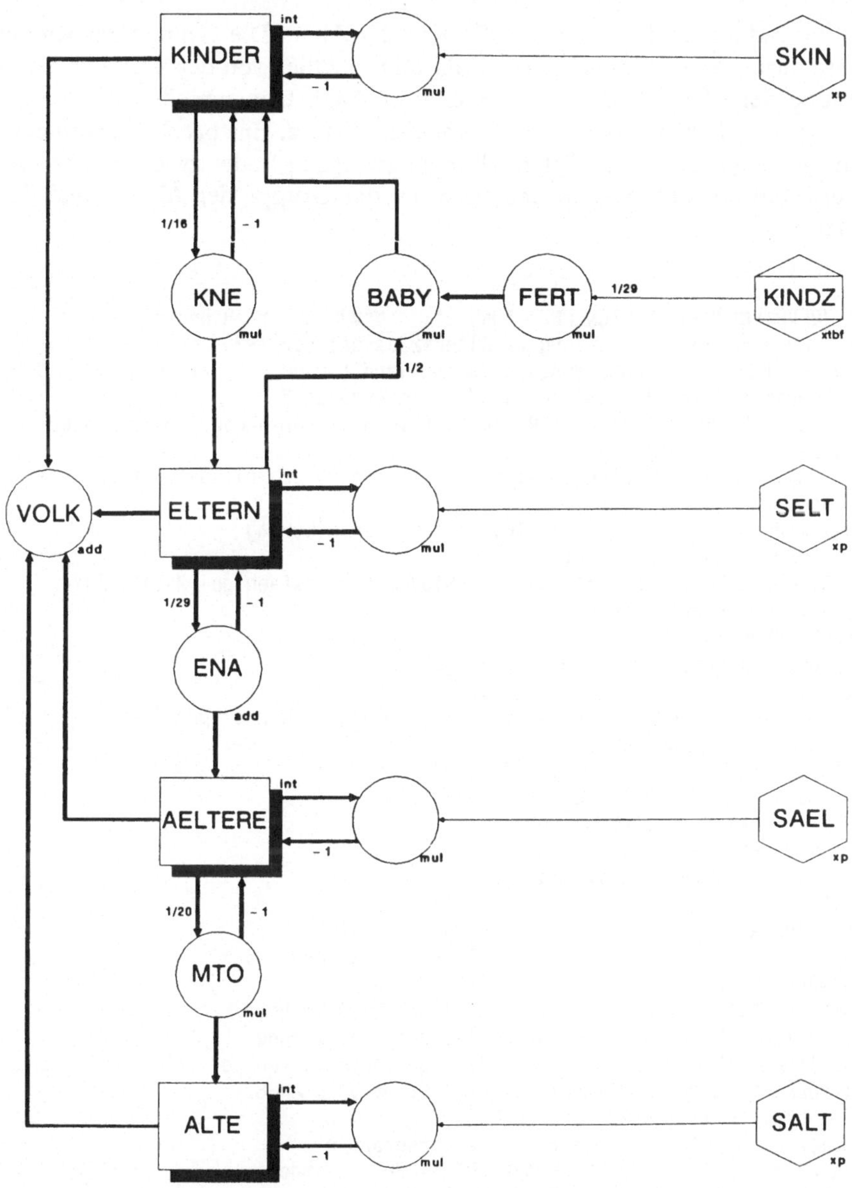

Abb. 2.10b   Simulationsdiagramm für das Bevölkerungsmodell mit vier Altersklassen.

Das **Wirkungsdiagramm** ist in Abb. 2.10a gezeigt. Die Gesamtbevölkerung ist die Summe der vier Altersgruppen, die jede wiederum eine Zustandsgröße (Bestand) darstellen. Jede dieser vier Bevölkerungsgruppen hat jährliche Verluste durch Sterbefälle; sie sind am höchsten bei der Gruppe der Alten. Die Gruppe der Kinder hat Zuwächse durch Neugeborene, deren Zahl offensichtlich von der Zahl der Mütter in der Gruppe der Eltern und deren Fertilität abhängt. Überschreiten Kinder das 16. Lebensjahr, so gehen sie über in die Gruppe der Eltern. Entsprechend veringert sich die Zahl der Kinder. Ein ähnlicher Übergangsvorgang findet zwischen der Gruppe der Eltern und der der Älteren und zwischen der Gruppe der Älteren und der der Alten statt.

```
10 DATA "BEVOELKERUNGSENTWICKLUNG","Jahre": '***VOLK4D***  H.Bossel 1986
12 DATA "Bevoelkerungsentwicklung (4 Altersklassen) von 1980 bis 2030 mit
Anfangsdaten fuer die Bundesrepublik Deutschland (in No. 20, 22 aendern).  Geben
Sie ein Szenario fuer die Zahl der Kinder pro Frau an."
20 KINDER=8.5: ELTERN=25.1: AELTERE=14.8: ALTE=8.6: 'Anfangswerte fuer jede
Altersklasse (Millionen)
22 SKIN=.004: SELT=.005: SAEL=.006: SALT=.05: 'Sterblichkeitsdaten fuer jede
Altersklasse
24 VOLKAN=KINDER+ELTERN+AELTERE+ALTE: 'Anfangsbevoelkerung
30 START=1980: FINAL=2030: DT=1
40 DATA 5,"Bevoelkerung (Mio)","Kinder (Mio)","Arbeitsfaehige (Mio)","Alte
(Mio)","Unterhaltsverhaeltnis"
46 XPHAS=3: YPHAS=4
48 DATA "Bevoelkerung",0,2,"Arbeitsfaehige",0,2
100 DATA 0
110 DATA 4, "Kinder pro Frau anfangs","bis zum Jahr","Kinder pro Frau
schliesslich","nach dem Jahr"
115 P1=QG(1): T1=QG(2): P2=QG(3): T2=QG(4)
1000 'Szenario fuer Kinder pro Frau berechnen
1010 IF T<T1 THEN PP=P1: GOTO 1100
1020 IF T>T2 THEN PP=P2: GOTO 1100
1030 PP=P1+(T-T1)*(P2-P1)/(T2-T1)
1100 KINDZ=PP: FERT=KINDZ/29      : 'Fertilitaet
1110 KNE=KINDER/16                : 'Kinder -> Eltern
1120 ENA=ELTERN/29                : 'Eltern -> Aeltere
1125 ANA=AELTERE/20               : 'Aeltere -> Alte
1130 BABY=FERT*.5*ELTERN          : 'Zahl der Neugeborenen
1140 VOLK=KINDER+ELTERN+AELTERE+ALTE: 'Gesamtbevoelkerung
1150 ARBEIT=ELTERN+AELTERE        : 'Zahl der Arbeitsfaehigen
4000 Q1=VOLK: Q2=KINDER: Q3=ARBEIT: Q4=ALTE: Q5=VOLK/ARBEIT
4800 QX=VOLK/VOLKAN: QY=ARBEIT/VOLKAN
5000 'numerische Integration der vier Altersgruppen
5010 KINDER =KINDER +DT*(BABY-SKIN*KINDER -KNE): 'Kinder
5020 ELTERN =ELTERN +DT*(KNE -SELT*ELTERN -ENA): 'Eltern
5030 AELTERE=AELTERE+DT*(ENA -SAEL*AELTERE-ANA): 'Aeltere
5040 ALTE   =ALTE   +DT*(ANA -SALT*ALTE)       : 'Alte
```

Abb. 2.10c   Modellanweisungen für das Bevölkerungsmodell mit vier Altersklassen.

```
VOLK4D

Bevölkerungsmodell mit vier Altersklassen


AELTERE    - Zahl der Älteren (46 - 65 Jahre) (Anzahl)
ALTE       - Zahl der Alten (>65 Jahre) (Anzahl)
ANA        - Übergänge von Älteren auf Alte (Anzahl/Jahr)
ARBEIT     - Anzahl im arbeitsfähigen Alter (17 - 65 Jahre)
BABY       - Zahl der Neugeborenen (Anzahl/Jahr)
ELTERN     - Zahl der (potentiellen) Eltern (17 - 45 Jahre) (Anzahl)
ENA        - Übergänge von Eltern auf Ältere (Anzahl/Jahr)
FERT       - durchschnittliche Fertilität ((Geburten/Jahr)/Frau)
KINDER     - Zahl der Kinder (0 - 16 Jahre) (Anzahl)
KINDZ      - durchschnittliche Zahl von Kindern pro Frau (Anzahl)
KNE        - Übergänge von Kinder auf Eltern (Anzahl/Jahr)
P1, P2     - Kinder pro Frau am Anfang und Ende des Szenarios
PP         - Zahl der Kinder pro Frau (Szenariowert)
SAEL       - Mortalität der Älteren (1/Jahr)
SALT       - Mortalität der Alten (1/Jahr)
SELT       - Mortalität der Eltern (1/Jahr)
SKIN       - Mortalität der Kinder (1/Jahr)
T1, T2     - Anfangs- und Endzeitpunkte des Szenarios (Jahre)
VOLK       - Gesamtbevölkerung (Anzahl)
VOLKAN     - Anfangswert der Gesamtbevölkerung (Anzahl)


T          - Zeit (Jahre)

(Bevölkerungszahlen in Millionen)
```

Abb. 2.10d   Modellgrößen des Bevölkerungsmodells mit vier Altersklassen.

Das quantifizierte **Simulationsdiagramm** ist in Abb. 2.10b gezeigt. Das entsprechende Modellprogramm, zur Anwendung mit DYSAS geschrieben, ist in Abb. 2.10c aufgeführt. Die Systemgrößen werden in Abb. 2.10d erläutert. Die Anfangswerte der vier Zustandsgrößen (Kinder, Eltern, Ältere und Alte) wie auch die Sterblichkeiten der vier Altersgruppen entsprechen den heutigen Daten für die Bundesrepublik Deutschland. Die anderen Parameter sind nicht fallspezifisch und müssen bei Anwendung des Modells auf andere Regionen nicht verändert werden.

Da in jeder Altersklasse nicht weiter nach dem tatsächlichen Alter differenziert wird, ergeben sich die Übergänge zwischen den Altersklassen aus der Zahl der Jahrgänge in der jüngeren Altersklasse. Bei 16 Altersjahrgängen der Kinder verläßt dementsprechend jedes Jahr 1/16 diese Klasse durch den Übergang auf die nächste Altersgruppe (der Eltern). In ähnlicher Weise geht 1/29 der Altersgruppe der Eltern jährlich auf die Altersgruppe der Älteren über, während 1/20 der Älteren-Gruppe auf die

Gruppe der Alten übergeht. Die Mortalität der Altersklasse der Alten folgt aus der Tatsache, daß sie eine mittlere Lebenserwartung von (etwa) 85 Jahren haben. Entsprechend wird die Mortalität dieser Altersgruppe dann 1/20 = 0.05.

Die Zahl der neugeborenen Kinder ist proportional zur Zahl der Frauen in der Eltern-Gruppe, entspricht also der Hälfte dieser Gruppe, wenn man von einem Verhältnis von Männern und Frauen von 1:1 ausgeht. Falls jede dieser Frauen während der Zeitspanne von 29 Jahren in der Altersklasse der Eltern n Kinder hat, so ergibt sich hieraus die jährliche Zahl von Geburten durch Multiplikation der Zahl der potentiellen Mütter mit n/29.

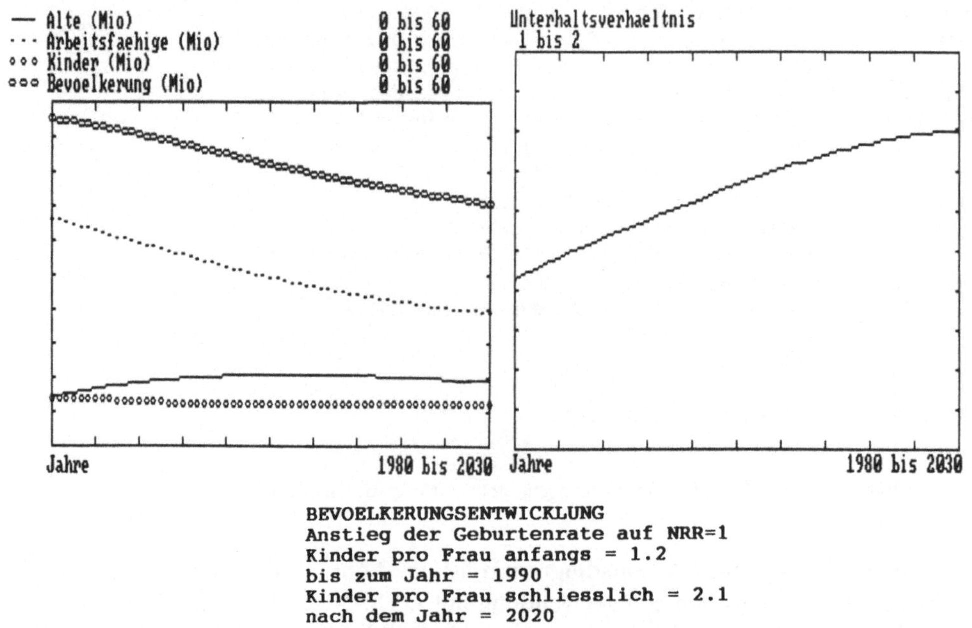

Abb. 2.10e   Simulationsergebnisse des Bevölkerungsmodells für die Bundesrepublik Deutschland.

Simulationsergebnisse

Simulationsergebnisse für die Bundesrepublik Deutschland sind in Abb. 2.10e für den Zeitraum von 1980 bis 2030 gezeigt. In diesem Falle wurde angenommen, daß die gegenwärtige Fertilität von 1.2 Kindern pro Frau allmählich auf 2.1 Kinder ansteigt. Trotzdem nimmt die Zahl der Arbeitsfähigen ständig ab, während die Zahl der Alten zunimmt und schließlich um das Jahr 2010 herum ein Maximum erreicht. Als Ergebnis der gegenwärtigen Altersstruktur und dieses Geburtenszenarios verändern sich die Verhältnisse zwischen den Altersgruppen erheblich.

Viele andere Szenarien können mit diesem Modell untersucht werden. Wenn die Bevölkerungs- und Sterblichkeitsdaten für andere Regionen oder Nationen im Modell eingefügt werden (No. 20, 22), kann ihre Bevölkerungsentwicklung berechnet werden. Aus diesen Simulationen - besonders für Entwicklungsländer - wird sehr klar, daß selbst sehr drastische Veränderungen der Fertilitäten (Geburtenkontrolle) die Bevölkerungszahlen erst nach einigen Jahrzehnten stärker beeinflussen. Die Simulationen für Industrienationen (mit niedrigen Geburtenraten) wie auch für Entwicklungsländer (mit hohen Geburtenraten) zeigen außerdem, daß in beiden Fällen ein deutlicher Anstieg der Zahl der alten Menschen zu erwarten ist.

Aufgaben

1. Tippen Sie die in Abb. 2.10c für das Modell VOLK4D angegebenen Modellanweisungen ein und speichern Sie das Modell mit SAVE"VOLK4D",A als ASCII-Datei auf Diskette. Laden Sie DYSAS mit LOAD"DYSAS" und koppeln Sie das Modell VOLK4D mit MERGE"VOLK4D" an. Starten Sie den Simulationslauf mit RUN, geben Sie die Szenariodaten aus Abb. 2.10e ein und überprüfen Sie das Modell an den dort gezeigten Ergebnissen.

2. Führen Sie Simulationen mit verschiedenen Fertilitätsszenarien (Kinder pro Frau) durch. Welche Bevölkerungsentwicklung ergibt sich? Welche Entwicklungen zeigen sich bei den vier Altersgruppen? Wie verändert sich die Alterszusammensetzung der Bevölkerung mit der Zeit? Welche Veränderung ergibt sich beim Unterhaltsverhältnis (Personen, die von einer Person im Beschäftigungsalter unterhalten werden müssen)?

3. Wieviele Kinder muß eine Frau während ihres Lebens haben, damit sich bei einer Bevölkerung im Laufe der Zeit eine gleichbleibende Bevölkerungszahl einstellt? Wie verhält sich diese Zahl zur heutigen Kinderzahl pro Frau in verschiedenen Ländern? (Extreme: Kenia 7.5, BRD 1.2). Warum fördert China die Ein-Kind-Familie? Kann dies eine Dauerlösung sein?

4. Verwenden Sie Daten für Entwicklungsländer (z.B. aus Global 2000, Frankfurt 1980) und berechnen Sie die voraussichtliche Bevölkerungsentwicklung über die nächsten Jahrzehnte für unterschiedliche Szenarien für die Geburtenentwicklung. Entwickeln Sie ein durchführbares Szenario für eine kontrollierte Geburtenentwicklung, das möglichst rasch zu einer Stabilisierung der Bevölkerungsentwicklung führt. Wie schnell kann diese Stabilisierung erreicht werden? Wie verhält sich der Gleichgewichtswert zum heutigen Wert? Wie verändert sich die Alterszusammensetzung der Bevölkerung während des Übergangs? Welche Alterszusammensetzung ergibt sich im Gleichgewichtszustand?

3.   Verhalten und Stabilität dynamischer Systeme

3.0   Überblick

Im Kapitel 2 haben wir uns anhand einiger einfacher Modelle mit dem Verfahren der Modellbildung und Computersimulation vertraut gemacht. Bei diesen kleinen Modellen begegnet uns bereits eine Vielfalt von Verhaltensweisen: exponentielles Wachstum und Zerfall, Wachstum mit Sättigung, Schwingungen, Stabilität oder Instabilität als Folge von Rückkopplungen, erzwungenes Verhalten durch aufgeprägte Umwelteinwirkungen, sowie bestimmte Besonderheiten bei nichtlinearen Systemen.

Selbst bei diesen einfachen Modellen ist es kaum möglich, die Systemreaktion ohne genauere mathematische Analyse oder Computersimulation zuverlässig abzuschätzen. Und doch zeigt sich, daß das Verhalten des Systems nicht beliebig ist, sondern daß es wesentlich von der Struktur seiner Wirkungsbeziehungen und der Art seiner Elemente abhängt: Werden bestimmte Elemente auf bestimmte Art miteinander verknüpft, so sind auch ganz bestimmte Verhaltensweisen zu erwarten.

In diesem Kapitel werden wir die Verhaltensweisen kleiner Systeme mit ein oder zwei Zustandsgrößen (Integratoren, bzw. Differentialgleichungen erster Ordnung) etwas systematischer untersuchen. Uns werden dabei elementare Systemstrukturen begegnen, die ganz bestimmte Verhaltensweisen verursachen: Struktur und Verhalten lassen sich also in einen Zusammenhang bringen.

Auch in den komplexen Systemen, denen wir in der Praxis begegnen, finden sich diese verhaltensbestimmenden Elementarstrukturen. Für das Verständnis dieser Systeme ist es ganz entscheidend, daß wir diese Strukturen und ihre mögliche Funktion im Gesamtsystem erkennen können. Allerdings wird es selten möglich sein, allein aufgrund dieser Kenntnisse das Verhalten eines komplexen Systems richtig abzuschätzen - hier bleibt man meist auf die Simulation angewiesen.

Die Untersuchung dieser ein- und zweidimensionalen Systeme zeigt, daß ihre Verhaltensweisen 'fundamental' sind: auch wesentlich komplexere dynamische Systeme zeigen qualitativ gleiche Verhaltensweisen (solange gewisse Stetigkeitsbedingungen gelten). Die Untersuchung dieser kleinen Systeme bringt also grundsätzliche Erkenntnisse, die für große und komplexe Systeme gleichermaßen gelten.

In Kapitel 2 wurde gezeigt, daß sich dynamische Systeme auf verschiedene Arten beschreiben lassen, die aber völlig gleichwertig sind: Differentialgleichung n-ter Ordnung, n Differentialgleichungen 1. Ordnung, Integralgleichung(en), Simulationsdiagramm (Blockdiagramm), Simulationsprogramm. Für die Systemanalyse und Simulation dynamischer Systeme von grundlegender Bedeutung sind hiervon zwei Darstellungsweisen: das System von n Differentialgleichungen 1. Ordnung (**Zustandsgleichungen**) und die Darstellung des Systems im **Blockdiagramm**. Das eine ist aus dem anderen ableitbar. Beide Darstellungsformen werden gebraucht, und wir werden uns daher in **Teil I** mit beiden Darstellungen, der Überführung der einen in die andere Darstellung, den wichtigsten Systemelementen (Blöcken) und den Regeln der Umformung von Blockdiagrammen befassen. Die weitere Untersuchung von Systemen baut dann ausschließlich auf der **Zustandsraummethode** auf, für die die Zustandsgleichungen die Basis liefern.

Bei den Zustandsgleichungen stehen auf der linken Seite die Veränderungsraten der Zustände, auf der rechten die Funktionen der Systemzustände und der Zeit, aus denen sich die Veränderungsraten errechnen. Alle Zustandsgleichungen eines Systems - gleich, ob linear oder nichtlinear - lassen sich in einer Vektor-Zustandsgleichung zusammenfassen und in einem einheitlichen Vektor-Blockdiagramm darstellen.

Wir benutzen diese Darstellungsart in **Teil II**, um die möglichen Verhaltensweisen zunächst allgemein zu untersuchen. Es zeigt sich, daß ein dynamisches System einen (bei linearen Systemen) oder mehrere (bei nichtlinearen Systemen) **Gleichgewichtspunkt(e)** - bestimmte Kombinationen der Zustandswerte - haben kann. An diesen Punkten kann ein stabiles oder instabiles Gleichgewicht herrschen.

Für das Systemverhalten ist die Frage nach der **Stabilität** eines Gleichgewichtspunkts von zentraler praktischer Bedeutung. Bei linearen Systemen läßt sich die Frage relativ einfach analytisch beantworten. Aber auch bei nichtlinearen Systemen lassen sich durch **Linearisierung** in der Nähe der Gleichgewichtspunkte Aussagen über das lokale Stabilitätsverhalten machen: über das globale Systemverhalten ist aber damit oft nur wenig ausgesagt.

Auch bei komplexen Systemen mit vielen Zustandsgrößen (n > 2) führt die lineare (bzw. linearisierte) Analyse grundsätzlich auf lediglich zwei Lösungstypen: **exponentielles Wachstum oder Zerfall** (reelle Wurzeln der charakteristischen Gleichung) oder **Sinus-Schwingungen** (komplexe Wurzeln). Anhand dieser Möglichkeiten lassen sich (beispielhaft für ein zwei-dimensionalen System) die Verhaltensmöglichkeiten in der Nähe eines Gleichgewichtspunkts gut diskutieren: **Quelle, Senke, Knoten, Wirbel, Strudel, Sattel** usw. Im **Zustandsraum (Phasenraum)** sind diese Verhaltensweisen geometrisch gut darstellbar. Auch nichtlineare Systeme können lokal nur diese Verhaltensweisen zeigen. Darüber hinaus zeigen sich bei nichtlinearen Systemen aber weitere interessante Phänomene, etwa **Grenzzyklen** und **Attraktoren** - Kurven oder Flächen im Zustandsraum, auf denen ein System schwingt - und durch **Trennflächen** getrennte Bereiche des Zustandsraums, in denen unterschiedliche Verhaltensweisen existieren. Hat ein System einen **chaotischen Attraktor,** so ist sein Verhalten nicht mehr vorhersagbar.

Um das Verhalten ein- und zweidimensionaler, linearer und nichtlinearer Systeme ausführlich untersuchen zu können, werden im **Teil III** zwei Programme **SYSANT** und **GLODYS** eingeführt. Beide Programme sind interaktiv und arbeiten mit Bildschirmgraphik, die gleichzeitig die jeweilige Systemstruktur und verschiedene Aspekte der Zeit- und Zustandsdynamik darstellt.

Der Einfluß von Systemstruktur und Eingangssignal auf das Verhalten und die Stabilität einfacher (linearer) Systeme wird mit dem Programm **SYSANT** untersucht. Mit diesem Programm lassen sich kleine Systeme mit oder ohne Rückkopplung mit einem oder zwei Integratoren 'aufbauen', um dann die **Systemantwort** bei vorgegebenen Anfangswerten der Integratoren und vorgegebener Umwelteinwirkung (Anregungsfunktion) zu untersuchen. Die Anregung kann periodisch oder aperiodisch sein. Es sind sowohl die üblichen Standard-Testfunktionen (Impuls-, Sprung-, Sinusfunktion) wie auch beliebige Funktionen (Tabellenfunktionen) verwendbar. Die Rückkopplung kann linear oder nichtlinear sein (frei definierbare Rückkopplungsfunktion). Das Programm demonstriert die Vielfalt der Verhaltensmöglichkeiten selbst einfacher Systeme, den Einfluß von Rückkopplung, Systemparametern und Anregungsfunktionen. Es zeigt u.a., daß auch nicht-angeregte (autonome) Systeme ins Schwingen geraten können: eine Beobachtung von großer praktischer Bedeutung. Aus der Arbeit mit diesem Programm entwickelt sich ein Verständnis der Verhaltensweisen der verschiedenen Elementarsysteme und ihrer strukturellen Ursachen. Dieses Wissen ist Voraussetzung für das Verständnis auch komplexer Systeme.

Während bei linearen Systemen nur ein Gleichgewichtspunkt das globale Verhalten bestimmt, können bei nichtlinearen Systemen die verschiedenen Gleichgewichtspunkte mit ihren unterschiedlichen lokalen Stabilitäten zu komplexen Verhaltensweisen führen, die jetzt durch ihre jeweiligen Anfangsbedingungen bestimmt sind. In diesem Falle muß die **globale Verhaltensdynamik** im gesamten interessierenden Zustandsbereich untersucht werden. Zu diesem Zweck wird das Programm **GLODYS** eingeführt. Es gestattet (a) die Konstruktion beliebiger linearer Systeme mit zwei Zustandsgrößen und die Untersuchung ihres globalen Verhaltens, und (b) die Untersuchung einiger wichtiger nichtlinearer dynamischer Systeme (nichtlineares Pendel, van der Pol Schwinger, Relaxationsschwingkreis, Räuber-Beute-System), wiederum im Hinblick auf ihr globales Verhalten. Diese Systeme werden nach Spezifizierung der Parameter durch den Benutzer für ein ganzes Feld von Anfangsbedingungen durchgerechnet. Die Zustandsbahnen der verschiedenen Fälle ergeben ein anschauliches Bild der globalen Dynamik im Zustandsraum. Gleichzeitig werden die dazugehörigen Zeitverläufe gezeigt, so daß Gleichgewichtspunkte, Stabilität, Instabilität, Schwingungen usw. deutlich erkennbar werden. Mit GLODYS lassen sich die Wirkungen von Dämpfungen, Rückkopplungen, Nichtlinearitäten usw. anschaulich machen.

Im weiteren Text sind mit dem Begriff 'Differentialgleichung' gewöhnliche Differentialgleichungen mit der Zeit als unabhängiger Veränderlicher gemeint.

In diesem Kapitel werden wir als 'Kurzschrift' immer wieder die Vektorschreibweise (fette Buchstaben) verwenden. Der hierin nicht geübte Leser sollte sich dadurch nicht abschrecken lassen, da alle für die Anwendung wichtigen Ausdrücke auch in 'Langschrift', d.h. als 'normale' Gleichungen angegeben werden.

I. SYSTEMGLEICHUNGEN UND BLOCKDIAGRAMM

3.1 Gleichwertige Darstellungsweisen

Bei der Untersuchung des Schwingers in Kap. 2.5 zeigte sich, daß sich ein solches dynamisches System auf verschiedene Weisen gleichwertig beschreiben läßt (Abb. 3.1):

(1) durch **eine gewöhnliche Differentialgleichung n-ter Ordnung** für eine Zustandsgröße, zusammen mit den Anfangswerten für diese Größe und für ihre (n-1) ersten Ableitungen (n entspricht dem höchsten vorkommenden Differentialquotienten; beim Schwinger im Kap. 2.5 ist n = 2);

(2) durch **n gewöhnliche Differentialgleichungen erster Ordnung** für n Zustandsgrößen, zusammen mit n Anfangswerten für diese Zustandsgrößen;

(3) durch **n Integralgleichungen** für die n Zustandsgrößen;

(4) durch ein **Simulationsdiagramm** bzw. **Blockdiagramm**, das die Elemente des Systems mit ihren Funktionen und Verbindungen und insbesondere die Zustandsgrößen zeigt, die hier als Integratoren (oder als andere Blöcke mit Speicherfunktion, z.B. Verzögerungs- oder Halteglied) erscheinen;

(5) durch ein **Simulationsprogramm**, das ebenfalls alle Systemgrößen, ihre Funktionen und Verbindungen, sowie die Anfangswerte der Zustandsgrößen enthält.

In jedem Falle muß die Information das System mit seinen Elementen, Verbindungen und seinem Anfangszustand vollständig beschreiben. Jede dieser Darstellungsformen hat einen anderen Zweck, jedoch ist eine Form in die andere übersetzbar. Bei der Modellbildung und Simulation sind wir ständig darauf angewiesen, die eine in die andere Darstellungsform zuverlässig übersetzen zu können. Wir wollen uns daher zunächst mit diesen Darstellungsformen und ihrer Übersetzung befassen.

Die **'klassische' Darstellungsform** (1) begegnet uns in den Lehrbüchern der Physik, Mechanik, Elektrotechnik und Mathematik. Sie kann besonders zweckmäßig bei solchen Systemen verwendet werden, bei denen eine Zustandsgröße sich als Zeitintegral (oder als Veränderungsrate) einer anderen ergibt. So etwa ist die Geschwindigkeit das Zeitintegral der Beschleunigung, der Weg das Zeitintegral der Geschwindigkeit. Oder umgekehrt: die Geschwindigkeit ist die Veränderungsrate des Wegs, die Beschleunigung die Veränderungsrate der Geschwindigkeit. Eine Bewegungsgleichung, in der Beschleunigung, Geschwindigkeit und Weg gleichzeitig auftauchen, läßt sich demnach als Differentialgleichung zweiter Ordnung für den Weg und seine erste Ableitung (Geschwindigkeit) schreiben.

GLEICHWERTIGE DARSTELLUNGEN

Beispiel: Schwinger

$$(1) \quad m\,\ddot{x} + c\,\dot{x} + k\,x = 0$$

$$(2) \quad \dot{x}_1 = x_2$$
$$\dot{x}_2 = -(k/m)\,x_1 - (c/m)\,x_2$$

$$(3) \quad x_1 = \int_0^t x_2\,dt$$
$$x_2 = -(k/m)\int_0^t x_1\,dt - (c/m)\int_0^t x_2\,dt$$

(4)

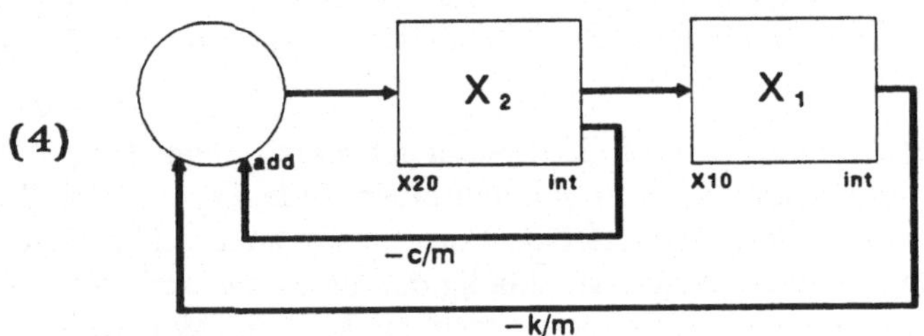

$$(5) \quad ACC = (-\;KFDR \; * \; WEG - CDAM \; * \; VEL) \; / \; MASS$$
$$VEL = VEL + DT \; * \; ACC$$
$$WEG = WEG + DT \; * \; VEL$$

Abb. 3.1   Gleichwertige Darstellungsweisen des Schwingersystems mit Masse, Feder und Dämpfung.

Bei den meisten Realsystemen ist aber ein solcher einfacher Zusammenhang zwischen Zustandsgrößen (Integrationskette) nicht gegeben; sie sind daher normalerweise nicht als eine Differentialgleichung n-ter Ordnung aufschreibbar.

Die **Zustandsgleichungen** (2) stellen dagegen eine allgemeingültige Beschreibungsform dar, auf die sich darüberhinaus der elegante Apparat der Zustandsraum-Methode der mathematischen Systemtheorie anwenden läßt. Gleichzeitig entspricht diese Art der Darstellung eines dynamischen Systems durch n Differentialgleichungen erster Ordnung auch direkt der Darstellung im Blockdiagram, bzw. den Programmierungsanforderungen für die numerische Simulation. Aus diesem Grund bevorzugen wir hier diese Art der mathematischen Darstellung und befassen uns im folgenden vor allem mit der Übersetzung der Form (1) in die Form (2), und den Übersetzungen zwischen den für uns besonders wichtigen Darstellungen (2), (3), (4) und (5).

Die **Integralgleichungen** (3) entstehen durch formelle Integration der Zustandsgleichungen (2) über die Zeit. Sie sind die Grundlage für die Simulation, bei der die Integrale numerisch angenähert berechnet (approximiert) werden müssen.

Im **Blockdiagramm** bzw. **Simulationsdiagramm** (4) sind die Elemente des Systems und ihre Beziehungen zueinander graphisch dargestellt. Das Blockdiagramm kann aus den Differential- bzw. Integralgleichungen (1), (2) oder (3) abgeleitet werden (s.u.). In der Praxis der Modellbildung und Simulation entsteht es aber fast immer direkt, ohne den 'Umweg' über die mathematische Formulierung. Die entsprechenden Schritte wurden bereits im Kapitel 2 gezeigt: aus dem Wortmodell entsteht das Wirkungsdiagramm, aus diesem das Simulationsdiagramm. Bei Bedarf - etwa für eine mathematische Analyse - läßt sich das Simulationsdiagramm in die entsprechenden Zustandsgleichungen (1), (2) oder (3) überführen. Wir werden im folgenden die Bezeichnung 'Simulationsdiagramm' für ein Blockdiagramm verwenden, das alle für die Simulation notwendigen Angaben enthält.

Das **Simulationsprogramm** (5) entsteht durch Übersetzung entweder der Zustandsgleichungen ((2), (3)) oder des Simulationsdiagramms (4) in eine geeignete Programmiersprache. (Je nach Programmiersprache wird die Formulierung etwas anders aussehen. Wir verwenden hier BASIC). Liegt nur das Programm vor, so lassen sich auch hieraus die Zustandsgleichungen bzw. das Simulationsdiagramm ableiten. In der Simulationspraxis wird das Simulationsprogramm meist direkt vom Simulationsdiagramm 'abgeschrieben'.

3.2 Umformung in ein System von Zustandsgleichungen 1. Ordnung

Für unsere weitere Arbeit ist die Systemdarstellung als ein System von Differentialgleichungen erster Ordnung (Zustandsgleichungen) von grundlegender Bedeutung. Bei der Systementwicklung über Wirkungsdiagramm und Blockdiagramm ergibt sich diese Formulierung von selbst. Gelegentlich müssen wir allerdings mit mathematischen Formulierungen arbeiten, in denen höhere Ableitungen (bis n-ter Ordnung)

einer abhängigen Veränderlichen (dies ist immer auch eine Zustandsgröße!) nach
der Zeit zu finden sind (etwa d^2y/dt^2 usw.). Wie gelangen wir hier zu einem System
erster Ordnung? (Im folgenden verwenden wir für Ableitungen nach der Zeit das
Apostroph ('Strich') hinter der Veränderlichen: $d/dt =$ ').

Das Verfahren ist einfach: Wir führen N neue Zustandsgrößen z_n ein, deren erste der
ursprünglichen Größe y entspricht. Die weiteren (N-1) Zustandsgrößen entsprechen
den Ableitungen der Größe y bis zur N-ten Ordnung. Die ursprüngliche Differentialgleichung wird nach der höchsten Ableitung aufgelöst, für die sich jetzt ein Ausdruck
ergibt, der nur noch die Ableitungen niedrigerer Ordnung, bzw. die z_n enthält. Damit
erhalten wir jetzt ein System von N Differentialgleichungen erster Ordnung. Das folgende Schema verdeutlicht die Vorgehensweise.

$$
\begin{array}{lll}
y & = & z_1 \\[2mm]
dy/dt & = & \boxed{\begin{array}{l} z'_1 = z_2 \\[1mm] z'_2 = z_3 \qquad \text{System der Zustandsgleichungen} \\[1mm] z'_3 = z_4 \\[1mm] \cdots \\[1mm] z'_N = f(z_1, z_2, \cdots z_n, \cdots z_N, t) \end{array}} \\
d^2y/dt^2 & = & \\
d^3y/dt^3 & = & \\
\\
d^Ny/dt^N & = &
\end{array}
$$

Die Menge der Zustandsgrößen ist die kleinste Anzahl zeitabhängiger Systemgrößen,
die die vollständige Beschreibung des jeweiligen Systemzustands ermöglichen. Keine
der Zustandsgrößen läßt sich also zu einem Zeitpunkt aus einer Kombination anderer gleichzeitiger Zustandsgrößen berechnen. Dies gilt insbesondere auch für die hier
als neue Zustandsgrößen verwendeten Ableitungen einer Größe: Sie lassen sich nicht
aus dem augenblicklichen Zustand dieser Größe ermitteln und sind daher echte Zustandsgrößen. Die Wahl der Zustandsgrößen ist allerdings nicht eindeutig: Meist lassen sich unterschiedliche Zustandsgrößen auswählen und damit auch verschiedene
Zustandsgleichungen für ein und dasselbe System schreiben. Allerdings bleibt es immer bei der gleichen Anzahl n von Zustandsgrößen. Die unterschiedlichen Beschrei-
bungsansätze ändern nichts am Ergebnis: trotz unterschiedlicher Zustandsgrößen
bleibt es bei den gleichen Ausgangsgrößen (Verhaltensgrößen v_j, die das Systemverhalten beobachten lassen, etwa der Ausschlag eines Pendels oder die Biomasse einer
Pflanze zur Zeit t).

An einem Beispiel wird das Vorgehen noch einmal gezeigt. An diesem nichtlinearen
Beispiel wird deutlich, daß die Vorgehensweise allgemein gilt, d.h. nicht etwa nur auf
lineare Differentialgleichungen beschränkt ist (u kennzeichnet hier eine Umwelteinwirkung (Anregung), im allgemeinen eine Funktion der Zeit t).

Beispiel: ursprüngliches System

$$y'' + y^2 y' + ky = u$$

Auflösung nach der höchsten Ableitung:

$$y'' = u - y^2 y' - ky$$

Umbenennungen:

$$y = z_1$$
$$y' = \boxed{z'_1 = z_2}$$
$$y'' = z'_2 = u - z_1^2 z_2 - kz_1 \qquad \text{Zustandsgleichungen}$$

Die Integralform der Zustandsgleichungen entsteht durch Integration über die Zeitspanne t_o bis t, ausgehend von einem Anfangswert für jede Zustandsgröße z_{no} zur Zeit t_o:

$$z_1(t) = z_{1o} + \int_{to}^{t} z'_1 \, dt$$

$$z_2(t) = z_{2o} + \int_{to}^{t} z'_2 \, dt$$

$$\cdots$$

$$z_N(t) = z_{No} + \int_{to}^{t} z'_N \, dt$$

3.3 Elementares Blockdiagramm eines dynamischen Systems

Wenn wir ein System als 'schwarzen Kasten' von außen betrachten (Abb. 3.3a), so sind für uns nur zwei Arten von Größen erkennbar: diejenigen, die als Eingangsgrößen aus der Systemumwelt in das System hineinwirken (**Umwelteinwirkungen** u_i) und diejenigen, die als Ausgangsgrößen außerhalb des Systems feststellbar sind und an denen sich das Verhalten des Systems beobachten läßt (**Verhaltensgrößen** v_j). Die verschiedenen Eingangs- und Ausgangsgrößen lassen sich in einem Umweltvektor **u** und einem Verhaltensvektor **v** zusammenfassen. Zunächst stellt sich also das System als ein Transformator dar, der Umwelteinwirkungen **u** in Verhalten **v** umformt. Sowohl Umwelteinwirkungen wie auch Verhalten sind im allgemeinen Funktionen der Zeit, also **u**(t) und **v**(t).

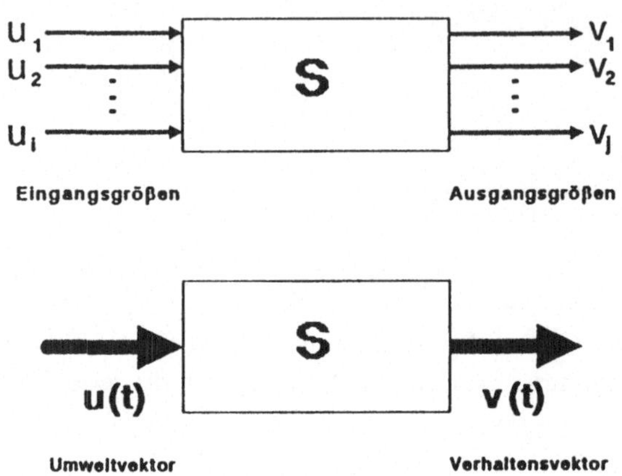

Abb. 3.3a   System als 'Schwarzer Kasten' mit Umwelteinwirkungen u (Eingangsgrößen, Inputs) und Verhaltensgrößen v (Ausgangsgrößen, Outputs).

In vielen Wissenschaftsbereichen und Anwendungen gibt man sich mit der Systembeschreibung auf dieser Ebene zufrieden, postuliert einen einfachen mathematischen Zusammenhang zwischen Eingangs- und Ausgangsgröße, schätzt die Parameter so, daß das Modell die beobachteten Reaktionen möglichst gut wiedergibt (Regression, Korrelation u.a.) und verwendet es dann etwa für Wirtschafts- oder Ertragsprognosen. Wir haben uns mit dieser Art von 'Modellen' bereits in Kap. 1 kritisch befaßt. Da ihnen die Strukturgültigkeit fehlt, ist auch ihre Verhaltensgültigkeit nur 'vorgetäuscht'. Unter leicht veränderten Bedingungen sind bereits keine zuverlässigen Ergebnisse mehr zu erwarten.

Bei systemdynamischen Modellen begnügen wir uns nicht mit einer Beschreibung des Verhaltens des schwarzen Kastens, sondern versuchen, die wesentlichen verhaltensprägenden Elemente und Zusammenhänge im System selbst zu ermitteln und das Realsystem möglichst strukturgetreu im Systemmodell nachzubilden. Wir müssen uns also darum bemühen, den Inhalt des schwarzen Kastens zu ermitteln und seine Funktionsweise zu ergründen.

Bei dieser Analyse des Systems und seines Verhaltens spielen, wie uns jetzt mehrfach deutlich geworden ist, die **Zustandsgrößen** z_n eine zentrale Rolle. Auch diese

Größen können wir wieder in einem Vektor z zusammenfassen, der sich mit der Zeit verändert: $z(t)$.

Das, was wir als Verhalten des Systems beobachten (Verhaltensvektor $v(t)$), wird vor allem eine Funktion der Zustandsgrößen $z(t)$ des Systems sein. Es kann sich aber auch, wenigstens zum Teil um eine einfache 'Durchleitung' und Verstärkung oder Abminderung von Eingangssignalen $u(t)$ handeln. Die Zusammensetzung des Verhaltensvektors aus diesen Komponenten wird sich im allgemeinen Falle auch mit der Zeit verändern (z.B. durch Verschleiß oder Alterung von Übertragungskomponenten), so daß wir generell als **Ausgangsgleichung** ansetzen müssen (Abb. 3.3b):

$$v(t) \quad = \quad g(z(t), u(t), t)$$

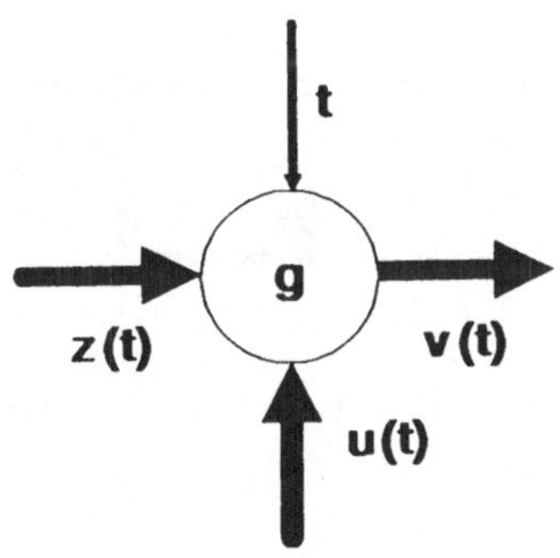

$$v(t) = g\ (z(t), u(t), t)$$

Abb. 3.3b   Verhaltensgrößen v können Funktionen der Umwelteinwirkungen u und der Zustandsgrößen z sein. Hieraus folgt die allgemeine Form der Ausgangsgleichungen für v, deren Parameter auch zeitabhängig sein können.

Diese Vektorgleichung stellt je eine skalare Gleichung für die $v_j(t)$ dar, eine für jedes Ausgangssignal:

$$v_1 = g_1\ (z_1, z_2, \ldots z_N;\ u_1, u_2 \ldots u_I;\ t)$$
$$v_2 = g_2\ (z_1, z_2, \ldots z_N;\ u_1, u_2 \ldots u_I;\ t)$$
$$\ldots$$
$$v_J = g_J\ (z_1, z_2, \ldots z_N;\ u_1, u_2 \ldots u_I;\ t)$$

In ähnlicher Weise müssen wir ansetzen, daß sich der Zustand z(t) sowohl aus den
Umwelteinwirkungen u(t) wie auch - über Rückkopplungen - aus dem Zustand selbst
ergibt. Auch diese Zustandsermittlung kann wiederum zeitabhängig sein, weil sich
etwa gewisse Parameter mit der Zeit ändern. Generell müssen wir also zunächst ansetzen (Abb. 3.3c):

$$z(t) \quad = \quad F(z(t),u(t),t)$$

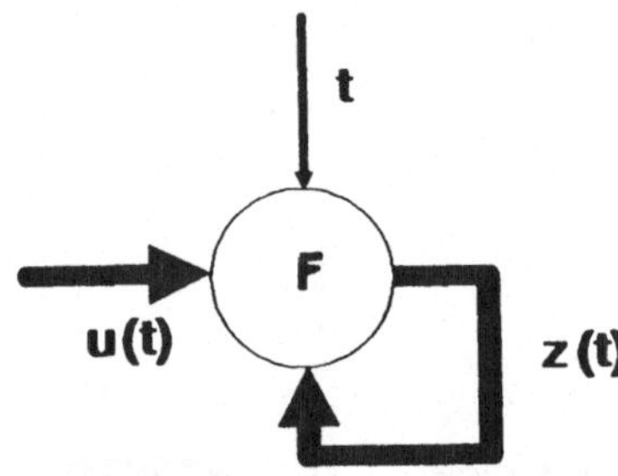

Abb. 3.3c   Die Zustandsgrößen z sind allgemein Funktionen der Umwelteinwirkungen u und der Zustandsgrößen z selbst.

Diese Formulierung verlangt die Erfüllung einer simultanen Bedingung für z, u und t:
d.h. der Zustand zur Zeit t ergibt sich nicht nur aus dem Eingangssignal, sondern
auch aus der gleichzeitigen Rückkopplung des noch zu ermittelnden Zustands. Die
Aufgabe ist zwar durch Iteration lösbar, doch kann ein reales System wegen endlicher
Übertragungsgeschwindigkeiten, Systemträgheiten usw. sich normalerweise nicht in
dieser Weise verhalten. Der neue Zustand zur Zeit t + Dt wird sich also eher aus den
Bedingungen zu einem kurz vorherliegenden Zeitpunk t ergeben (der kleine Zeitschritt zwischen den zwei Zeitpunkten ist mit Dt bezeichnet). Damit ergibt sich die
Zustandsgleichung:

$$z(t+Dt) \quad = \quad F(z(t),u(t),t)$$

Der neue Zustand kann bei dieser Formulierung sofort berechnet werden. Voraussetzung ist, daß der vorhergehende Zustand noch gespeichert ist und für die Berechnung verwendet werden kann: Für diese Systemdarstellung wird also ein Speicher für
jede Zustandsgröße benötigt. Als Blockdiagramm für diese Zustandsberechnung ergibt sich die Abb. 3.3d. Man beachte, daß sich hier zwangsläufig eine strukturelle
Übereinstimmung mit den Zustandsgrößen realer Systeme ergibt: Auch diese sind

immer Speichergrößen! Weiter entspricht dieses Bild generell dem in diskreten dynamischen Systemen ablaufenden Prozeß, und besonders der numerischen Rechnung auf Digitalrechnern, auf die wir bei unseren Simulationen angewiesen sind.

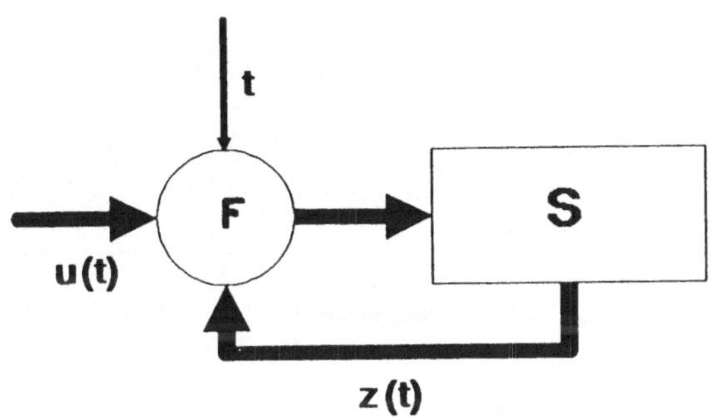

Abb. 3.3d   Die Berechnung der Zustandsgrößen erfordert einen Speicher für jede Zustandsgröße.

Bei einem kontinuierlichen System sind z und u ständig verfügbar, nicht nur zu Zeitpunkten im Abstand Dt. Ist F stetig und differenzierbar, so läßt sich der Zustand zum Zeitpunkt $t + Dt$ auch angenähert darstellen als

$$z(t+Dt) \quad = \quad z(t) + (dF/dt) \cdot Dt, \qquad bzw.$$

$$z(t+Dt) - z(t) \quad = \quad (dF/dt) \cdot Dt \quad = \quad f \cdot Dt$$

wobei jetzt f als (dF/dt) definiert ist.

Division durch Dt und der Übergang $Dt \rightarrow dt \rightarrow 0$ ergeben die **Zustandsgleichung**:

$$dz/dt \quad = \quad f(z(t), u(t), t)$$

Diese Vektorgleichung entspricht N skalaren Gleichungen für die Zustandsgrößen $z_n(t)$:

$$z'_1 \quad = \quad f_1(z_1, z_2, \dots z_N; u_1, u_2, \dots u_I; t)$$

$$z'_2 \quad = \quad f_2(z_1, z_2, \dots z_N; u_1, u_2, \dots u_I; t)$$

$$\dots$$

$$z'_N \quad = \quad f_N(z_1, z_2, \dots z_N; u_1, u_2, \dots u_I; t)$$

Die entsprechende Darstellung der Zustandsberechnung zeigt Abb. 3.3e. Die Berechnung besteht aus zwei Schritten: 1. Berechnung der Veränderungsraten $dz/dt = z'$ der Zustandsgrößen aus den aktuellen Zustandswerten z und Umwelteinwirkungen u sowie möglichen Zeitabhängigkeiten der Funktion f, und 2. Integration dieser Veränderungsraten über die Zeit, unter Berücksichtigung der vorgegebenen Anfangsbedingungen.

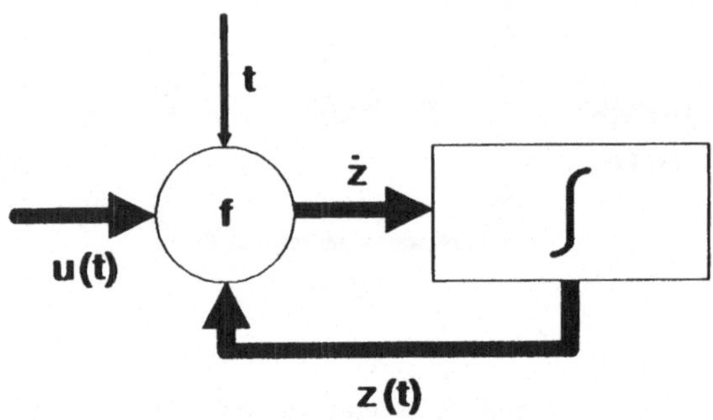

Abb. 3.3e   Berechnung der Zustandsgrößen in zwei Schritten: (1) Berechnung der Veränderungsraten dz/dt als Funktion der aktuellen Umwelteinwirkungen u und Zustandsgrößen z (u.U. mit zeitabhängigen Parametern), (2) Integration über die Zeit.

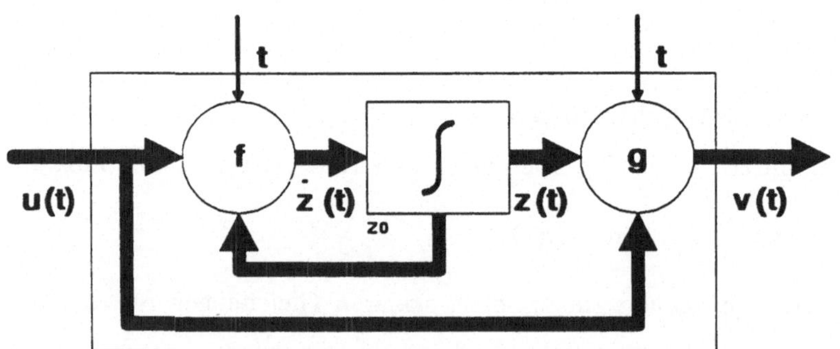

Abb. 3.3f   Allgemeines Blockdiagramm für beliebige dynamische Systeme (Vektorgrößen). Rechenschritte: (1) Ermittlung der Zustandsraten mit den Zustandsgleichungen (gewöhnliche Differentialgleichungen), (2) Integration der Zustandsgleichungen, (3) Ermittlung der Verhaltensgrößen mit den Ausgangsgleichungen.

Mit diesen Überlegungen können wir jetzt das allgemeine Blockdiagramm für beliebige kontinuierliche dynamische Systeme aufzeichnen, die auch nichtlinear sein und zeitabhängige Parameter haben können (Abb. 3.3f). Auch beliebig komplexe Modelle der Systemdynamik entsprechen diesem Schema.

Die entsprechenden Rechenschritte, die auch in einer Computersimulation durchgeführt werden müssen, fassen wir hier noch einmal zusammen:

(1)   Vorgabe der Anfangswerte der Zustandsgrößen $z_n(t_0)$ und aller festen Parameter.

Für jeden Zeitpunkt t des Simulationszeitraums (Zeitschleife):

(2)   Ermittlung der aktuellen Eingangsgrößen (Umweltwirkungen) $\mathbf{u}$ (t).
(3)   Ermittlung etwaiger zeitabhängiger Parameter.
(4)   Berechnung der Veränderungsraten der Zustandsgrößen:

$$dz/dt \quad = \quad \mathbf{f}(\mathbf{z}(t), \mathbf{u}(t), t)$$

(5)   Integration, um die Zustandsgrößen zu erhalten:

$$\mathbf{z}(t) \quad = \quad \mathbf{z}_0 + \int_{t_0}^{t} (dz/dt)\, dt$$

(6)   Berechnung der Ausgangsgrößen (Verhaltensgrößen) $\mathbf{v}(t)$:

$$\mathbf{v}(t) = \mathbf{g}(\mathbf{z}(t), \mathbf{u}(t), t)$$

Wir stellen bei dieser Analyse fest, daß die verhaltensbestimmenden Eigenheiten eines Systems **alle** in der (generell nichtlinearen) Vektorfunktion **f**, d.h. in den Veränderungsraten der Zustandsgrößen enthalten sind. Die Ausgangsfunktion **g** hat dagegen keine Wirkungen auf die Systementwicklung; sie stellt lediglich die internen Vorgänge nach außen dar.

Die entscheidende Rolle der Zustandsgrößen wird auch aus Abb. 3.3f und den zugehörigen Gleichungen wieder deutlich: Bei Vorgabe der zeitabhängigen Parameter, der Umweltfunktionen $\mathbf{u}(t)$ und der Anfangswerte der Zustandsgrößen $\mathbf{z}$ läßt sich die weitere Entwicklung des (deterministischen) Systems berechnen: Weitere Größen müssen nicht bekannt sein. Insbesondere folgen alle **f** und **g** aus diesen Größen. Umgekehrt genügt es, bei einer Unterbrechung (z.B. Betriebsstörung oder Simulationsunterbrechung) lediglich die Zustandsgrößen zu speichern.

Wir haben hier bewußt nicht ständig zwischen dem realen dynamischen System und dem entsprechenden dynamischen Simulationsmodell unterschieden. Die Analyse gilt für beide: Beide sind dynamische Systeme.

Bei unseren Überlegungen sind wir auf das Begriffspaar Zustandsgröße - Veränderungsrate gestoßen, das hinter allen dynamischen Prozessen steckt, und das uns in vielerlei Form in der Realität begegnet:

Zustand	-	Veränderungsrate
Speicher	-	Ab/Zufluß
Vorräte	-	Verbrauch
Produkt	-	Prozess
Energie	-	Leistung
Besitz	-	Erleben
Haben	-	Sein.

Beide Aspekte gehören offensichtlich zusammen - Dynamik kann es nur in ihrem Zusammenspiel geben.

3.4 Systemblöcke und Simulationsdiagramm

Wir haben gerade gesehen, daß sich bei der Berechnung der Dynamik von Systemen verschiedene Aufgaben stellen: 1. die Vorgabe der entweder konstanten oder nur von der Zeit abhängigen **Umwelteinwirkungen** (exogenen Größen) **u** und konstanter oder zeitabhängiger **Systemparameter**, 2. die algebraische Berechnung der **Zustandsraten f** und der **Ausgangsgleichungen g** und 3. die Feststellung und Speicherung der neuen **Systemzustände z**. Um diese drei Gruppen von Systemgrößen deutlich zu unterscheiden, führen wir für sie unterschiedliche Symbole ein: **Sechsecke** für exogene Größen und Parameter, **Kreise** für Größen der algebraischen Berechnung von **f** und **g**, sowie **Rechtecke** für Zustandsgrößen. Logische Funktionen, die gelegentlich bei der Berechnung von **f** oder **g** notwendig sind, werden durch **Rhomben** gekennzeichnet (vgl. Kap. 2.3 und Abb. 3.4a). Mit diesen Symbolen stellt sich das elementare Blockdiagramm für dynamische Systeme nun wie in Abb. 3.4b dar.

In den Simulations- bzw. Blockdiagrammen zeigen **Pfeile** an, daß eine Größe auf einen anderen Block wirkt. Oft muß diese Wirkung durch einen Faktor oder ein Vorzeichen modifiziert werden. Diese **Gewichtung** wird neben den Pfeil geschrieben und ist bei der Aufstellung der Gleichungen oder Rechenanweisungen zu berücksichtigen. (Steht also z.B. an der Verbindung von A nach B ein -1.23, so gilt als Eingang von B nicht A, sondern (-1.23 * A); s.a. Abb. 3.4a).

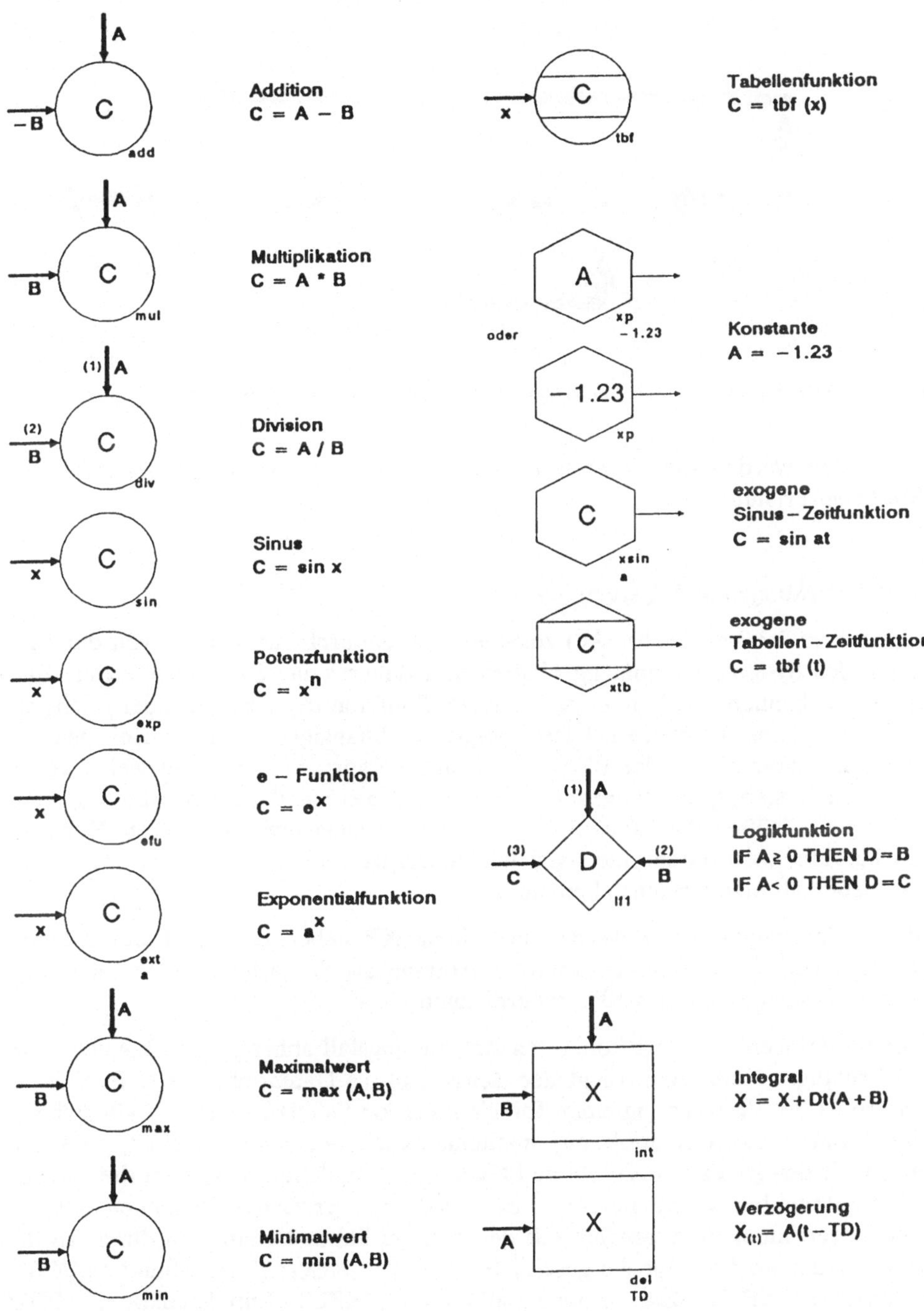

Abb. 3.4a   Zusammenstellung häufig verwendeter Systemblöcke und ihrer Funktionen.

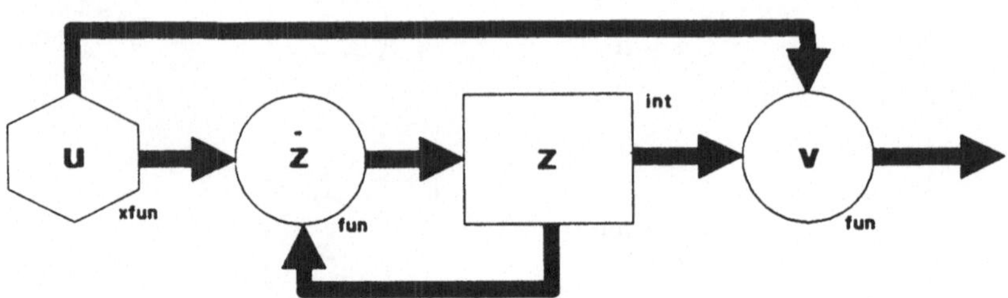

Abb. 3.4b   Das allgemeine Simulationsdiagramm für beliebige dynamische Systeme.

Im folgenden werden die Besonderheiten der drei Kategorien von Systemgrößen ausführlicher erläutert.

Umwelteinwirkungen und Systemparameter

Die exogenen Größen (Sechsecke) zeichnen sich dadurch aus, daß sie von der Entwicklung des Systems unabhängig bleiben und daher keine Systemgrößen als Eingänge haben können. Sie können sich **nur** als Funktion der Zeit verändern, falls sie nicht sowieso konstant bleiben. Diese mögliche Abhängigkeit von der Zeit geht im Simulationsdiagramm aus der Blocktyp-Angabe hervor; sie wird nicht weiter (etwa durch einen Eingangspfeil "t") gekennzeichnet. Für das Simulationsdiagramm gilt daher: Exogene Größen (Sechsecke) dürfen keine Eingangspfeile aufweisen. Der exogene Charakter wird durch eine spezielle Blocktypkennzeichnung betont: Alle diese Blöcke haben als ersten Buchstaben ein X.

Konstante Systemparameter werden mit einem XP neben dem Sechseck gekennzeichnet. Sollen sie in einer interaktiven Abfrage als Szenarioparameter abgefragt werden, so können wir sie als XPS kennzeichnen.

Die Zeitfunktionen sind vom konkreten Anwendungsfall abhängig und können prinzipiell beliebiger Natur sein. Liegt der Zeitverlauf als Datenreihe vor (z.B. Wetterdaten), so ist die Verwendung einer Tabellenfunktion (XTBF) sinnvoll. Läßt sich die Funktion durch einen (komplexen) mathematischen Ausdruck angeben, so kennzeichnen wir den Block mit XFUN und fügen dem Simulationsdiagramm die Angabe der Zeitfunktion bei. Werden einfache Zeitfunktionen verwendet, so können entsprechende Bezeichnungen zusammen mit den erforderlichen Parametern direkt an die entsprechenden Sechseckblöcke geschrieben werden: XCOS Kosinusfunktion, XSIN Sinusfunktion, XEXT Zeit-Exponentialfunktion, XPLS Impulsfunktion, XSTP Sprungfunktion.

Gelegentlich muß die Zeit t selbst in Berechnungen eingeführt werden. Wir kennzeichnen sie als einen Sechseckblock mit der Bezeichnung TIM.

Muß ein exogener Systemeingang erst aus einem komplexen mathematischen Ausdruck berechnet werden, so kann auch hierfür ein Simulationsdiagramm mit dem im folgenden für die Berechnung der Zustandsraten und Ausgangsgrößen beschriebenen Verfahren entwickelt werden. Auch hier werden nur die direkten Vorgaben (Zeitfunktionen und Parameter) durch Sechsecke gekennzeichnet.

Zustandsraten und Ausgangsgrößen

Die Veränderungsraten der Zustandsgrößen wie auch die extern beobachtbaren Ausgangsgrößen müssen im allgemeinsten Fall, wie gezeigt, als algebraische Funktionen der Eingangsgrößen u, der Zustandsgrößen z und der Zeit t berechnet werden, wobei gelegentlich auch logische Funktionen verwendet und Zusammenhänge als Tabellenfunktionen vorgegeben werden müssen.

Bei einer mathematischen Formulierung der Zustandsfunktion f und der Ausgangsfunktion g würde man versuchen, durch Umformung und Zusammenfassung zu möglichst kompakten Ausdrücken zu gelangen. Diese Vorgehensweise hat bei der Modellbildung wesentliche Nachteile und selten Vorteile und ist daher normalerweise nicht zu empfehlen. Der Rechen- und Speicheraufwand wird durch die Zusammenfassung praktisch nicht reduziert, dagegen geht die Überschaubarkeit der Systemdarstellung verloren und das Systemverständnis wird meist erheblich erschwert. Es empfiehlt sich daher meist, im Simulationsdiagramm die im Wortmodell und im Wirkungsdiagramm identifizierten Elemente und Verbindungen zu belassen, selbst wenn sich ihre Zusammenfassung zu komplexeren Ausdrücken und entsprechenden Systemblöcken anbietet.

Von dieser Regel kann abgewichen werden, wenn (a) sich bei sehr komplexen Systemen die Notwendigkeit ergibt, durch Zusammenfassung von Teilprozessen die Übersichtlichkeit zu erhöhen, oder wenn (b) der gleiche Teilprozeß mehrfach im System erscheint und dann zweckmäßigerweise durch einen eigenen Systemblock beschrieben wird, oder wenn (c) ein Teilprozeß aus relativ trivialen und gut bekannten Schritten besteht, deren vollständige Darstellung zum Systemverständnis nichts beitragen würde. In diesen Fällen kann der Teilprozeß durch einen eigenen Systemblock (Kreis) mit den entsprechenden Eingängen und Ausgangsverbindungen dargestellt werden. Dieser Block wird dann in einem entsprechenden Unterprogramm berechnet. Für jede erforderliche Ausgangsgröße muß ein eigener Systemblock definiert werden.

Wie bereits früher erläutert (Kap. 2.8), dürfen die Berechnungen der Zustandsraten und Ausgangsgrößen keine algebraischen Schleifen enthalten: falls Rückkopplungsschleifen auftreten, müssen sie über eine Zustandsgröße (bzw. einen Haltespeicher) führen. Weitere Beschränkungen gibt es nicht: Die Wahl der Elemente oder Verknüpfungen richtet sich allein nach den im abzubildenden Realsystem festgestellten Wirkungsbeziehungen. Dies bedeutet auch ausdrücklich die Verwendung nichtlinearer Beziehungen.

Würden wir uns nur auf lineare Systeme beschränken (wie der größte Teil der Lehrbücher über dynamische Systeme), so dürften wir (außer dem Zustandsblock) nur einen algebraischen Block - den Addierer - verwenden. Im Gegensatz zur mathematischen Analyse besteht aber bei der Computersimulation nicht die Notwendigkeit dieser Einschränkung, die uns die Bearbeitung des weitaus größten Teils praktisch interessierender Systeme verschließen würde. Wenn aber - neben den Zustandsgrößen - ausschließlich Addierer in einem Systemdiagramm erscheinen, so haben wir es mit einem linearen System zu tun und können uns überlegen, ob wir sein Verhalten nicht besser durch mathematische Analyse untersuchen sollten.

Für die Funktionsblöcke der **algebraischen Rechnung** (Kreise) gilt grundsätzlich, daß sie 1. jeder mindestens einen Eingang (in den Kreis zeigender Pfeil) haben müssen, daß 2. die Funktionsspezifikation (neben dem Kreissymbol) anzeigt, welche Operation mit diesen **Eingangsgrößen** durchzuführen ist (es ist also ohne Belang, in welchen weiteren Blöcken die Ausgangsgröße verwendet wird, d.h. wohin die aus dem Kreis zeigenden Pfeile führen) und daß 3. jeder Block nur eine einzige Ausgangsgröße haben kann (diese kann natürlich in verschiedene Blöcke gemeldet werden).

Am häufigsten finden die Blöcke der Grundrechenarten Verwendung: Addierer ADD, Multiplizierer MUL und Divisor DIV. Diese und weitere wichtige Blöcke sind in Abb. 3.4a gezeigt. Man beachte, daß die Rechenregel in einigen Fällen eine bestimmte Reihenfolge voraussetzt, die an den Eingangspfeilen vermerkt sein muß (DIV, LF1) und nur bei einigen Blöcken (ADD, MUL, INT) die Zahl der Eingänge beliebig ist. In Abb. 3.4a werden auch die Blöcke für Parameter oder exogene Zeitfunktionen gezeigt, die keine Blockeingänge haben.

Weitere Blöcke lassen sich bei Bedarf definieren. Es kann sich dabei, wie bereits erwähnt, auch um die Darstellung ganzer Teilprozesse handeln, wobei allerdings für jede Ausgangsgröße ein eigener Systemblock definiert werden muß.

Systemzustände

Zustandsgrößen sind immer auch Speichergrößen. Im Systemdiagramm werden sie daher durch einen rechteckigen Kasten ('Behälter') dargestellt, mit dem sich aber noch eine Rechenvorschrift verbinden muß. Zwei Arten von Speichergrößen sind von Bedeutung: Haltespeicher und Integratoren.

Der **Haltespeicher** (Abb. 3.4c) hat die Aufgabe, einen ihm zur Zeit t gemeldeten Zustand erst zu einem späteren Zeitpunkt $t+TD$ weiterzugeben, wobei TD die Verzögerungszeit ist. Anders formuliert: er gibt erst zum Zeitpunkt t den ihm zum

Zeitpunkt (t-TD) gemeldeten Zustand weiter. Offensichtlich bedeutet dies, daß er auch die zwischenzeitlich gemeldeten Zustände behalten muß, um sie später richtig weiterzugeben. Der Haltespeicher ist z.B. zur Darstellung von Transportverzögerungen wichtig (Transportband, Bahntransport, Nährstofftransport usw.), bei denen das Gut selbst keine Zustandsveränderung erfährt.

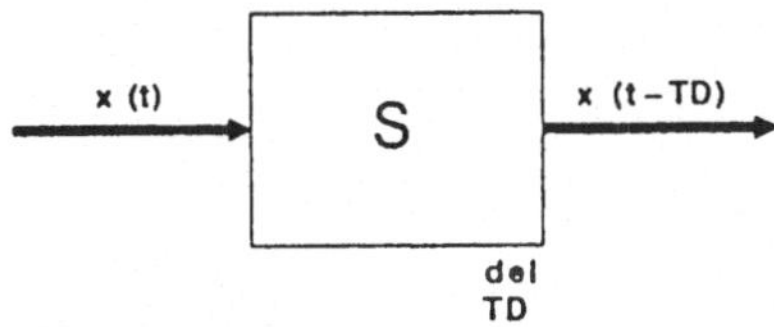

Abb. 3.4c   Haltespeicher zur Verzögerung von Signalen um einen Zeitschritt ohne Signalveränderung.

Die rechentechnische Realisierung ist am einfachsten, wenn die Verzögerungsperiode mit dem Zeitschritt der Simulation übereinstimmt (z.B. 1 Tag) (Abb. 3.4c). Dann genügt eine Zustandsgröße, um den Haltevorgang korrekt darzustellen. Beträgt die Verzögerungsperiode dagegen das n-fache des Rechenschritts, so müssen n Haltespeicher verwendet werden (Abb. 3.4d). (Diese Darstellung findet sich z.B. im Simulationsmodell LAGER). Im Blockdiagramm wird der Haltespeicher mit dem Rechteck als Zustandsgröße und der Abkürzung DEL (delay) als Transportverzögerung gekennzeichnet. Für jeden Haltespeicher muß der Anfangszustand definiert sein!

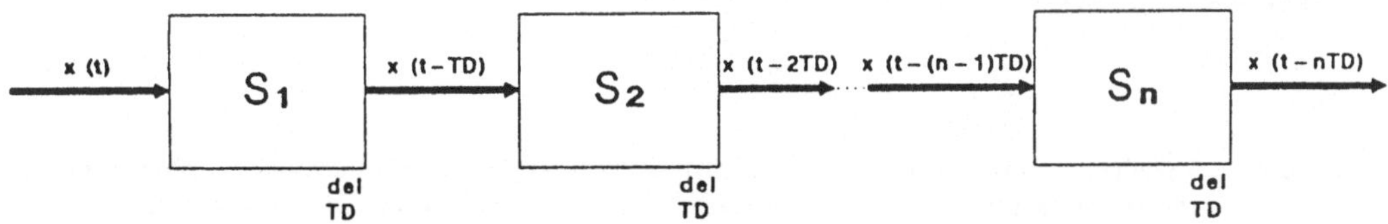

Abb. 3.4d   Haltespeicherkette zur Verzögerung von Signalen um n Zeitschritte ohne Signalveränderung.

Ein Verzögerungseffekt entsteht auch durch einen Integrator mit einer negativen Rückkopplung (Abb. 3.4e) (s. hierzu die Untersuchungen mit dem SYSANT-Programm in Abschnitt 3.15). Die Verzögerungszeit entspricht dabei dem Kehrwert des Rückkopplungsfaktors: Eine geringe Rückkopplung ergibt z.B. eine relativ lange Ver-

zögerung. Allerdings unterscheidet sich diese **'exponentielle Verzögerung'** grundsätzlich von der Verzögerung durch den Haltespeicher: Die Verzögerungszeit ist nur ein
mittlerer Verzögerungswert; tatsächlich läßt die exponentielle Verzögerung bereits
vom ersten Moment an Information über den neuen Zustand durch. Ein sprungarti-
ger Übergang (wie beim Haltespeicher) läßt sich nur durch eine sehr hohe Zahl von
Integratoren erreichen (theoretisch: unendlich viele) (Abb. 3.4f). Um eine Verzögerung T zu erreichen, müssen bei n Integratoren die Rückkopplungsfaktoren
jeweils (-1/nT) betragen.

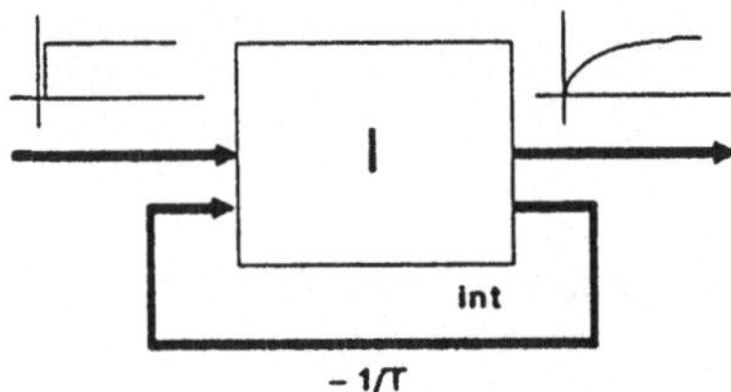

Abb. 3.4e   Verzögerungseffekt eines rückgekoppelten Integrators. Das Ausgangssignal entspricht nicht
mehr dem Eingangssignal.

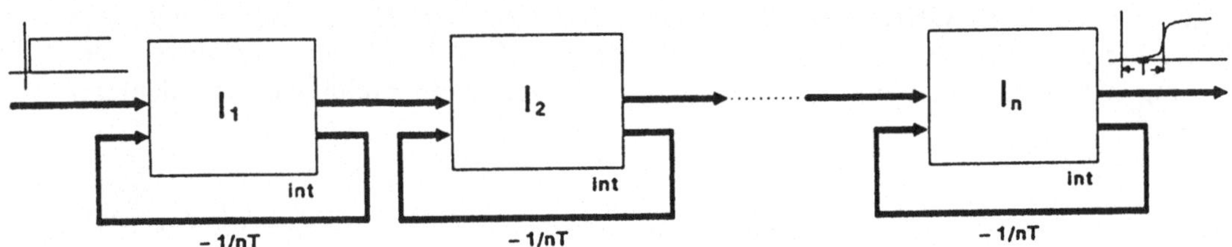

Abb. 3.4f   Verzögerungseffekt einer Kette rückgekoppelter Integratoren. Mit wachsender Zahl von Integratoren nähert sich das Ausgangssignal dem Eingangssignal an. Die Verzögerung ergibt
sich aus den Rückkopplungsfaktoren.

Der **Integrator** begegnet uns zur Darstellung von Systemzuständen weitaus am häufigsten. Er wird im Systemdiagramm durch ein Rechteck mit der Abkürzung INT
(Integrator) gekennzeichnet. Der Integrator hat die Aufgabe, ausgehend von einem
vorgegebenen Anfangszustand aus den laufenden Veränderungen einer Zustandsgröße (Zugänge und Abgänge des Bestandes) ständig den aktuellen Zustand zu ermitteln. Ein einfaches Beispiel zur Funktion eines Integrators ist ein Behälter mit re-
gulierbarem Zufluß und Abfluß (z.B. Badewanne).

Wir können die Rechenvorschrift für einen Integrator aus diesem Beispiel ermitteln, wenn wir uns zunächst vorstellen, daß sich die Einstellungen der Ventile nur zu diskreten Zeitpunkten im Zeitabstand Dt ändern lassen. Dann folgt der neue Systemzustand zum Zeitpunkt t + Dt aus dem alten Systemzustand zum Zeitpunkt t und dem Nettozufluß in der Zeit zwischen t und t + Dt, der sich aus der Ventileinstellung zur Zeit t (Zu- bzw. Abflußrate) und der Zeitdauer Dt ergibt:

```
neuer Zustand = alter Zustand + Zustandsveränderungsrate * Zeitschritt

z(t+Dt)  =  z(t) + (dz/dt)(t) * Dt                          (1)
```

Bei kontinuierlichen Systemen, bei denen sich die Zustandsraten in jedem Augenblick ändern können, ergibt sich durch den Übergang Dt -> dt -> 0 hieraus der neue Zustand als Integration:

$$z(t) \;=\; z(t_0) + \int_{t_0}^{t} (dz/dt)\, dt$$

Die jeweilige Zustandsrate (dz/dt) folgt hierbei aus der Zustandsgleichung **f**. Sie wird getrennt ermittelt und bildet den Eingang des Integrators. In der Systemdarstellung werden daher alle in den Integratorblock mündenden Pfeile als Zustandsraten aufgefaßt. Die Anfangswerte des Integrators werden daher symbolisch anders dargestellt (oft Angabe neben dem INT Block).

Bei der Simulation sind wir auf numerische Integration angewiesen. Hierfür existieren bewährte Verfahren, die sich hinsichtlich ihrer numerischen Genauigkeit und Stabilität unterscheiden. Für die Mehrzahl der Anwendungen der Systemdynamik ist dabei das einfachste Verfahren, die Euler-Cauchy-Integration, völlig ausreichend. Sie entspricht der Gl. (1). Bei ihr wird vorausgesetzt, daß die Zustandsraten während des Rechenschritts (der Zeitperiode von t bis t + Dt) konstant auf dem Wert zu Beginn der Periode (Zeit t) verbleiben. Hieraus ergibt sich ein numerischer Fehler, da in der Realität sich die Zustandsraten zwischenzeitlich verändern können. Der Fehler wird kleiner, wenn die Rechenschrittweite verringert wird. Allerdings stellen sich bei zu kleiner Schrittweite lange Rechenzeiten und Rundungsfehler ein, die das Ergebnis wieder verfälschen können. Hier ist also ein sinnvoller Kompromiß zu finden. Als Faustregel hat sich bewährt, die Rechenschrittweite auf etwa 1/20 der kleinsten Zeitkonstanten bzw. 1/100 der kleinsten Schwingungsperiode im System zu setzen (vgl. Kap. 2.5).

Die Rechenvorschrift für den Integratorblock lautet daher:

```
z(t+Dt)   =   z(t) + (dz/dt)(t) * Dt
```

oder, als Programmanweisung:

```
Z   =   Z + RATE * DT
```

Gelegentlich müssen Systeme simuliert werden, bei denen gleichzeitig sehr schnell ablaufende Vorgänge (kleine Zeitkonstante) und sehr langsam ablaufende Vorgänge (große Zeitkonstante) eine Rolle spielen (Beispiel Baumwachstum: Stomataregulation in Minuten, Biomassezuwachs in Jahren). Hier muß man entweder (mit dem Euler-Cauchy-Verfahren) sehr lange Rechenzeiten und Ungenauigkeiten in Kauf nehmen, oder man verwendet effizientere und genauere Verfahren, die selbständig eine optimale Schrittweitenanpassung vornehmen, oder man zerlegt das System in 'schnelle' und 'langsame' Bestandteile und berechnet nur die schnellen Prozesse mit kleiner Schrittweite, oder man ermittelt aus getrennten Simulationen der schnellen Prozesse aggregierte Verhaltensfunktionen, die man dann anstelle dieser Prozesse in das Gesamtmodell einfügt.

3.5 Anwendungen: Simulationsdiagramme und Zustandsgleichungen für einige lineare und nichtlineare dynamische Systeme

Wir entwickeln im folgenden die Zustandsgleichungen und die Simulationsdiagramme für mehrere lineare und nichtlineare dynamische Systeme, die später mit den Programmen SYSANT und GLODYS noch genauer untersucht werden sollten.

(1) Integration einer Zeitfunktion u(t)

Integralgleichung:

$$z = z_0 + \int_{t_0}^{t} u(t)\, dt$$

Differentialgleichung (Zustandsgleichung):

$$dz/dt = \boxed{z' = u(t)} \qquad z(t_0) = z_0$$

Simulationsdiagramm: s. Abb. 3.5a

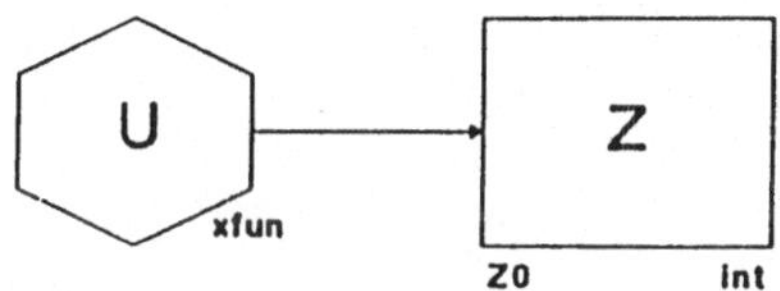

Abb. 3.5a   Simulationsdiagramm zur Integration einer Zeitfunktion.

(2) Integration mit Rückkopplung

Differentialgleichung (Zustandsgleichung):

$$dz/dt \quad = \quad \boxed{z' \quad = \quad u(t) + az} \qquad z(t_0) \quad = \quad z_0$$

Simulationsdiagramm: s. Abb. 3.5b

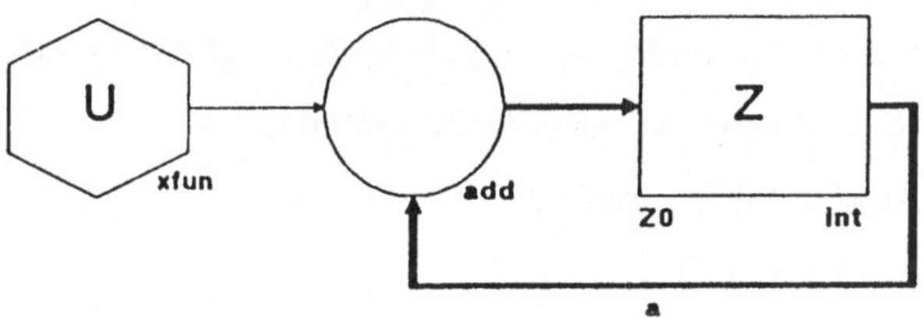

Abb. 3.5b   Simulationsdiagramm für einen Integrator mit Rückkopplung.

(3) Zweifache Integration einer Zeitfunktion u(t)

Integralgleichungen:

$$z_1 \quad = \quad z_{1o} + \int_{t_o}^{t} u(t)\, dt$$

$$z_2 \quad = \quad z_{2o} + \int_{t_o}^{t} z_1(t)\, dt$$

Zustandsgleichungen:

$$z'_1 = u(t) \qquad z_1(t_0) = z_{1o}$$
$$z'_2 = z_1 \qquad z_2(t_0) = z_{2o}$$

Simulationsdiagramm: s. Abb. 3.5c

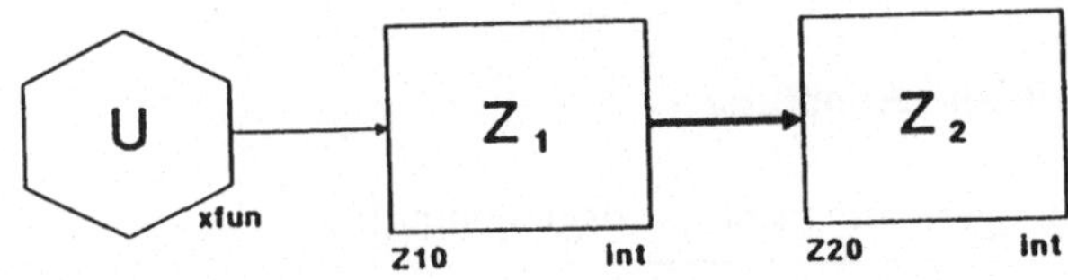

Abb. 3.5c   Simulationsdiagramm zur zweifachen Integration einer Zeitfunktion.

(4) Zwei linear verkoppelte Zustandsgrößen

Zwischen zwei Zustandsgrößen gibt es vier mögliche lineare Verkopplungen:

- jede Größe mit sich selbst (Eigenkopplung)

- jede Größe mit der anderen

Simulationsdiagramm: s. Abb. 3.5d

Zustandsgleichungen:

$$z'_1 = az_1 + bz_2 \qquad z_1(t_0) = z_{1o} \tag{1}$$
$$z'_2 = cz_1 + dz_2 \qquad z_2(t_0) = z_{2o}$$

Dieses System ist autonom, d.h. ohne Umwelteinwirkung u(t). Überführung in eine Differentialgleichung zweiter Ordnung:

Löse 1. Gl. nach z_2:

$$z_2 = (z'_1 - az_1)/b \; ,$$

differenziert:

$$z'_2 = (z''_1 - az'_1)/b$$

Ersetze z_2 und z'_2 in der 2. Gleichung und fasse zusammen:

$$z'_2 = c\,z_1 + (d/b)\,(z'_1 - az_1)$$

$$(z''_1 - az'_1)/b - c\,z_1 - (d/b)\,(z'_1 - az_1) = 0$$

$$z''_1 - (a + d)\,z'_1 + (ad - bc)\,z_1 = 0$$

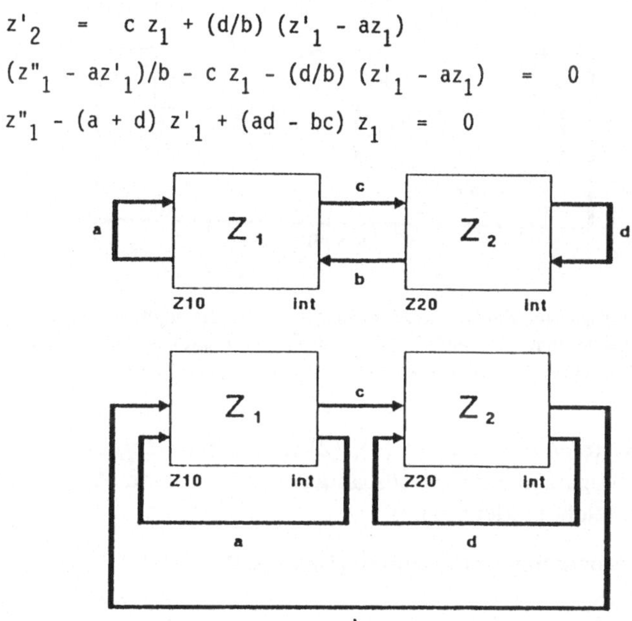

Abb. 3.5d   Simulationsdiagramm für zwei linear verkoppelte Zustandsgrößen; autonomes System. (Die untere Darstellungsweise ist die in der Regeltechnik üblichere).

Mit $z_1 = x$ ergibt sich somit eine zu (1) äquivalente Beschreibung durch **eine** Differentialgleichung zweiter Ordnung:

$$x'' - (a + d)\,x' + (ad - bc)\,x = 0 \qquad (2)$$

Rückführung in ein gleichwertiges System durch Einführung neuer Zustandsgrößen:

$$x = x_1$$

$$x' = x'_1 = x_2$$

$$x'' = x'_2 \quad \text{damit:}$$

$$x'_1 = x_2$$

$$x'_2 = (a + d)\,x_2 - (ad - bc)\,x_1 \qquad (3)$$

Simulationsdiagramm: s. Abb. 3.5e

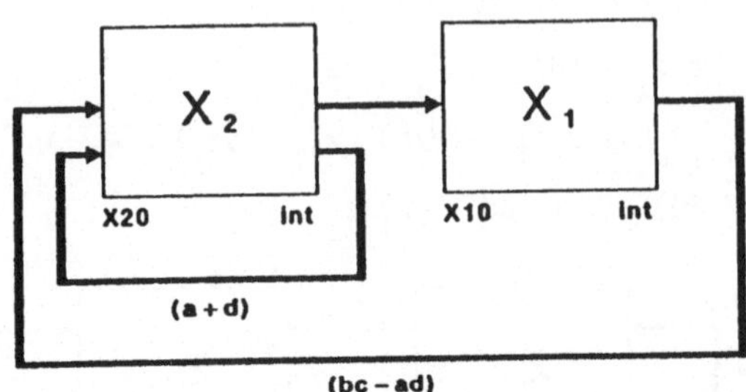

Abb. 3.5e   Durch Wahl anderer Zustandsgrößen (hier $x_2 = dx_1/dt$) ergibt sich eine andere Systemdarstellung des Systems der Abb. 3.5d. Beide Systeme sind in ihrem Verhalten (Dynamik, Stabilität) äquivalent; die Ergebnisse für die Zustandsgrößen sind anders.

Die drei Systemdarstellungen (1), (2) und (3) beschreiben das gleiche System, allerdings für eine jeweils andere Auswahl von Zustandsgrößen (die Auswahl ist nicht eindeutig!).

Für die Umrechnung der Zustandsgrößen gilt:

$$z_1 = x = x_1$$
$$z_2 = (x' - ax)/b = (x_2 - ax_1)/b$$

Aus dem System (3) läßt sich also mit dem Simulationsdiagramm in Abb. 3.5f das gleiche Ergebnis für z_1, z_2 erhalten.

Dieses System hat also die Zustandsgleichungen:

$$x'_1 = x_2$$
$$x'_2 = (a+d)\, x_2 + (bc - ad)\, x_1$$

und die Verhaltensgleichungen:

$$z_1 = x_1$$
$$z_2 = (1/b)\,(x_2 - a\, x_1)$$

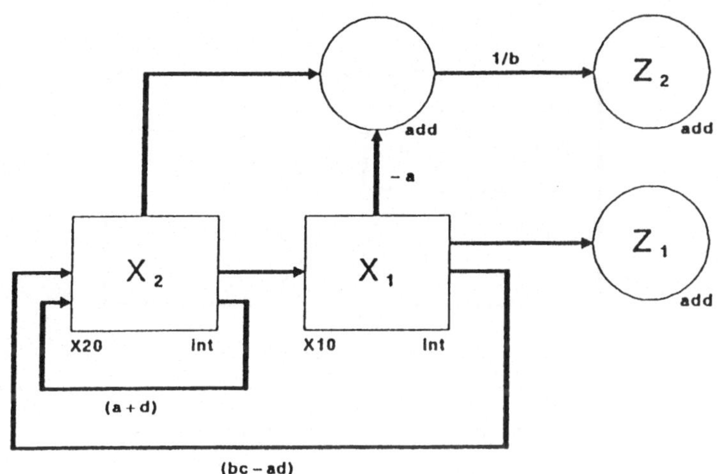

Abb. 3.5f　　Unter Berücksichtigung der Beziehungen zwischen den Zustandsgrößen z_1, z_2 und x_1, x_2 lassen sich die Ergebnisse für die Zustandsgrößen x_1, x_2 (System der Abb. 3.5e) über entsprechende Ausgangsgleichungen auf die ursprünglichen Zustandsgrößen (des Systems der Abb. 3.5d) umrechnen.

(5) Nichtlineares Pendel

Differentialgleichung (Referenzwert d = -0.1):

$$x'' - dx' + \sin x \quad = \quad 0$$

Einführung neuer Zustandsgrößen:

$$x \quad = \quad x_1$$
$$x' \quad = \quad x'_1 \quad = \quad x_2$$
$$x'' \quad = \quad x'_2 \quad = \quad dx' - \sin x$$

Zustandsgleichungen:

$$\boxed{\begin{aligned} x'_1 \quad &= \quad x_2 \\ x'_2 \quad &= \quad dx_2 - \sin x_1 \end{aligned}}$$

Simulationsdiagramm: (s. Abb. 3.5g)

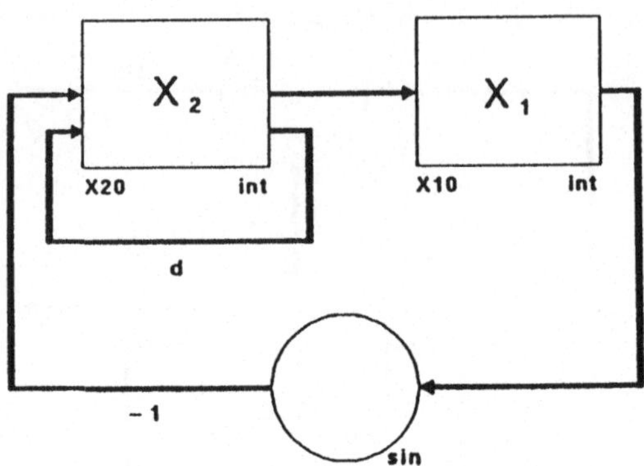

Abb. 3.5g   Simulationsdiagramm für ein (nichtlineares) Kreispendel.

(6) Van der Pol Oszillator:

Differentialgleichung· (Referenzwert $c = -1$):

$$x'' - (1 - x^2)\, x' - cx = 0$$

Einführung neuer Zustandsgrößen:

$$
\begin{aligned}
x   &= x_1 \\
x' &= x'_1 = x_2 \\
x'' &= x'_2 = (1 - x^2)\, x' + cx
\end{aligned}
$$

Zustandsgleichungen:

$$
\begin{aligned}
x'_1 &= x_2 \\
x'_2 &= (1 - x_1^2)\, x_2 + cx_1 = cx_1 + x_2 - x_1^2 x_2
\end{aligned}
$$

Simulationsdiagramm: (s. Abb. 3.5h)

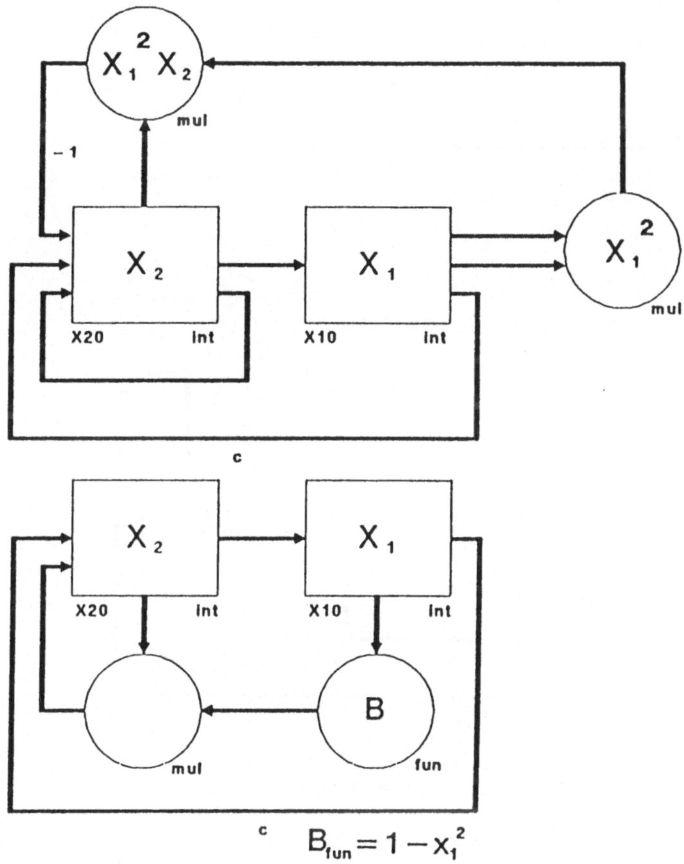

Abb. 3.5h   Gleichwertige Simulationsdiagramme für den van der Pol Oszillator.

(7) Relaxationsoszillator

Differentialgleichung (Referenzwerte: c = 1, d = -1):

$$x'' - dx' - cx + x^3 = 0$$

Einführung neuer Zustandsgrößen:

$$x = x_1$$
$$x' = x'_1 = x_2$$
$$x'' = x'_2 = dx' + cx - x^3$$

Zustandsgleichungen:

$$\begin{aligned} x'_1 &= x_2 \\ x'_2 &= cx_1 + dx_2 - x_1^3 \end{aligned}$$

Simulationsdiagramm: (s. Abb. 3.5i)

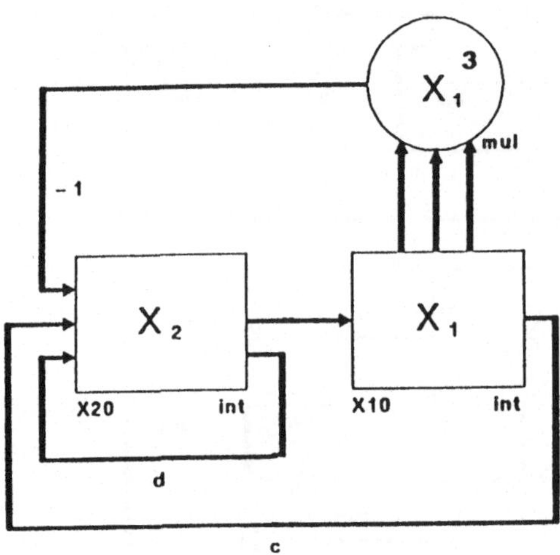

Abb. 3.5i   Simulationsdiagramm für den Relaxationsoszillator.

(8) Räuber-Beute-System

Das in Kap. 2.6 entwickelte Räuber-Beute-System läßt sich nach Einführung neuer Zustandseinheiten (eine x_1-Einheit entspricht 1000 Hasen, eine x_2-Einheit entspricht 100 Füchsen) schreiben als folgende Zustandsgleichungen:

$$\begin{aligned} x'_1 &= 0.08\,(1 - x_1)\,x_1 - 0.2\,x_1\,x_2 \\ x'_2 &= +\,0.4\,x_1\,x_2 - 0.2\,x_2 \end{aligned}$$

bzw. allgemeiner (Referenzwerte $a = 0.08$, $d = -0.2$):

$$\begin{aligned} x'_1 &= ax_1 - ax_1^2 - 0.2\,x_1\,x_2 \\ x'_2 &= dx_2 + 0.4 * x_1\,x_2 \end{aligned}$$

Simulationsdiagramm: (s. Abb. 3.5j)

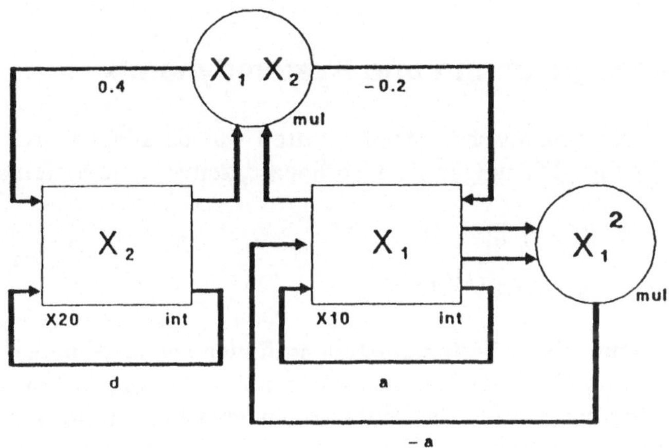

Abb. 3.5j   Simulationsdiagramm für ein Räuber-Beute-System.

II.   GRUNDMUSTER DES VERHALTENS DYNAMISCHER SYSTEME

3.6   Zustandsgleichung und Systemdynamik

Für kontinuierliche dynamische Systeme hatten wir als allgemeinste Form der Zu-
stands- und Ausgangsgleichungen für nichtlineare, zeitvariante Systeme gefunden:

$$z'(t) \quad = \quad f(z(t), u(t), t)$$

$$v(t) \quad = \quad g(z(t), u(t), t)$$

Das Blockdiagramm dieser Systemdarstellung finden wir in Abb. 3.3f. In den vorangegangenen linearen und nichtlinearen Systemdarstellungen haben wir diese Form
der Systembeschreibung durch die Zustandsgleichungen und durch ein entsprechendes Blockdiagramm verwendet.

Da die Ausgangsgleichungen lediglich eine Umrechnung der Zustands- und Umwelt-
variablen darstellen, steckt die gesamte Systemdynamik letztlich in den Zustandsgleichungen, in denen ja die Veränderungsraten z' der Zustandsgrößen berechnet werden. Wir werden daher im folgenden die Zustandsgleichungen genauer betrachten,
um hieraus Hinweise auf das Systemverhalten zu gewinnen.

Die Zustandsgleichung zeigt, daß sich bei entsprechender Wahl der Umwelteinwirkungen $u(t)$ auch beliebige Zustandsraten und damit Zustände erzeugen lassen. Das
deutet bereits daraufhin, daß durch entsprechende Wahl von $u(t)$ das Systemverhalten gesteuert werden kann. Die Lösung dieser Aufgabe wird aber offensichtlich erst
dann interessant, wenn zunächst das ungesteuerte Verhalten des Systems ermittelt
und als unbefriedigend befunden worden ist.

Bei einer solchen Untersuchung des autonomen Systems ($u = 0$) wird man zweckmäßigerweise davon ausgehen, daß das System wenigstens zeitweilig zeitinvariant ist,
daß seine Systemparameter also konstant bleiben, oder im interessierenden Untersu-
chungszeitraum als konstant angenommen werden können. Damit vereinfacht sich die
Zustandsgleichung zu:

$$z'(t) \quad = \quad f(z(t))$$

Für ein System N-ter Ordnung lauten damit die Zustandsgleichungen:

$$z'_1 = f_1(z_1, z_2, \ldots, z_N)$$
$$z'_2 = f_2(z_1, z_2, \ldots, z_N)$$
$$\ldots$$
$$z'_N = f_N(z_1, z_2, \ldots, z_N)$$

Jede Zustandsrate kann also eine beliebige Funktion jeder Zustandsgröße sein.

3.7 Gleichgewichtspunkte

Von besonderer Bedeutung für die Dynamik des autonomen, zeitinvarianten Systems sind die Bedingungen, unter denen es sich im (Fließ-)Gleichgewicht befindet, wo sich die Systemzustände also nicht verändern. Offensichtlich ist das dann der Fall, wenn alle Zustandsraten gleich Null sind. Setzt man also in den obigen Gleichungen die linke Seite gleich Null, so ergibt sich ein algebraisches Gleichungssystem, aus dem sich die Zustandswerte der Gleichgewichtspunkte ermitteln lassen. Am einfachsten ist dies bei linearen Systemen, bei denen **f** nur linear (in der 1. Potenz) von den Systemzuständen **z** abhängen kann:

$$\mathbf{z'} = \mathbf{A} \mathbf{z}$$

Die Matrix **A** wird als Systemmatrix bezeichnet. Für die Gleichgewichtspunkte ergibt sich also die Bedingung:

$$\mathbf{A} \mathbf{z} = 0$$

Hieraus folgt, daß der Koordinatenursprung (des Zustandsraums) $\mathbf{z} = 0$ bei linearen autonomen Systemen der **einzige** Gleichgewichtspunkt ist, wenn die Matrix **A** nicht-singulär ist. Dies ist der Normalfall. Bei singulärer Matrix (det $\mathbf{A} = 0$) existieren weitere Gleichgewichtspunkte.

Das oben behandelte lineare System zweiter Ordnung

$$x' = a x + b y$$
$$y' = c x + d y$$

hat also den einzigen Gleichgewichtspunkt bei (x = 0, y = 0), solange die Bedingung erfüllt ist:

$$\det \mathbf{A} \; = \; (a\,d - b\,c) \; \neq \; 0$$

Für a = b = c = d = 1 etwa wird die Systemmatrix singulär, und das System hat weitere Gleichgewichtspunkte. (Dieser Fall kann mit dem Programm SYSANT untersucht werden).

Von diesem Sonderfall abgesehen, bedeutet das Ergebnis, daß ein autonomes lineares System nicht in einen beliebigen Zustand versetzt werden kann, um dann dort im Gleichgewicht zu verharren: Einen Gleichgewichtszustand kann es nur am Nullpunkt geben. (Ist das System nicht autonom, wird also z.B. eine konstante Umweltwirkung **u** aufgebracht, so läßt sich ein anderer Gleichgewichtspunkt erreichen).

Beim nichtlinearen System ergibt die Gleichgewichtsbedingung (z' = 0) am Gleichgewichtspunkt $\mathbf{z}^*$:

$$\mathbf{f}(\mathbf{z}^*) \; = \; \mathbf{0}$$

Dies ist ein nichtlineares algebraisches Gleichungssystem, das mindestens eine Lösung z* hat, aber auch mehrere Lösungen haben kann (sie werden im allgemeinen nicht bei z = 0 liegen). Bei nichtlinearen Systemen müssen wir also mit mehreren Gleichgewichtspunkten rechnen (vgl. die Untersuchungen mit dem Programm GLODYS).

Beispiel: Die Gleichgewichtsbedingung für das **nichtlineare Pendel** (Kreispendel) (Abschnitt 3.5 (5)) ergibt sich durch Nullsetzen der Zustandsgleichungen:

$$0 \; = \; x_2$$
$$0 \; = \; d\,x_2 - \sin x_1$$

Diese Bedingung ist erfüllt für $x_2 = 0$, $x_1 = \pm\, n \cdot \pi$, n = 0,1,2,... Diese Gleichgewichtsbedingungen sind hier unmittelbar einsichtig, da x_1 = Winkelausschlag des Pendels und x_2 = Winkelgeschwindigkeit. Gleichgewichtspunkte sind daher der untere Ruhepunkt und der obere Totpunkt des Pendels.

Am Beispiel des Kreispendels zeigt sich, daß zwischen verschiedenen Gleichgewichtspunkten ein qualitativer Unterschied bestehen kann: Es macht einen Unterschied, ob das Pendel in der Nähe seines oberen Totpunkts oder seines unteren Ruhepunkts losgelassen wird. Bei einer kleinen Auslenkung vom unteren Ruhepunkt wird es zu diesem zurückschwingen. Wird es dagegen nur geringfügig aus seinem oberen Totpunkt bewegt, so entfernt sich das Pendel immer weiter von diesem Punkt, schwingt um den unteren Ruhepunkt herum und kommt schließlich dort nach einiger

Zeit zur Ruhe. Der obere Totpunkt ist also ein **instabiler**, der untere Ruhepunkt ein **stabiler** Gleichgewichtspunkt. Mit der Stabilität von Gleichgewichtspunkten wollen wir uns als nächstes befassen.

3.8 Verhalten und Stabilität linearer Systeme erster und zweiter Ordnung

Bei kontinuierlichen zeitinvarianten autonomen Systemen ist das Verhalten, wie wir gesehen haben, ausschließlich durch die Zustandsgleichungen bestimmt. Für nichtlineare Systeme lauten sie allgemein

$$z' = f(z)$$

bzw.

$$z'_1 = f_1(z_1, z_2, \ldots z_N)$$
$$z'_2 = f_2(z_1, z_2, \ldots z_N) \tag{1}$$
$$\ldots$$
$$z'_N = f_n(z_1, z_2, \ldots z_N)$$

Für lineare Systeme gilt

$$z' = A z$$

bzw.

$$z'_1 = a_{11} z_1 + a_{12} z_2 + \ldots + a_{1N} z_N$$
$$z'_2 = a_{21} z_1 + a_{22} z_2 + \ldots + a_{2N} z_N \tag{2}$$
$$\ldots$$
$$z'_N = a_{N1} z_1 + a_{N2} z_2 + \ldots + a_{NN} z_N$$

(Die Systemmatrix hat reelle Koeffizienten a_{ij}).

In diesem Abschnitt soll untersucht werden, welche Verhaltensmöglichkeiten sich daraus ergeben. Wir befassen uns zuerst mit linearen Systemen, um später einen Teil der Erkenntnisse auch auf nichtlineare Systeme anzuwenden.

Einzelne Zustandsgröße

Bei einer einzigen Zustandsgröße reduziert sich die Zustandsgleichung (2) auf

$$z' \ = \ az \tag{3}$$

Abb. 3.8a zeigt das Blockbild dieses Systems. Die Zustandsgröße hat einen Anfangswert z_0. Pro Zeiteinheit T wird ein bestimmter Teil a der Zustandsgröße als Veränderungsrate der Zustandsgröße zurückgekoppelt; a ist also eine reale Zahl und hat die Dimension (1/T).

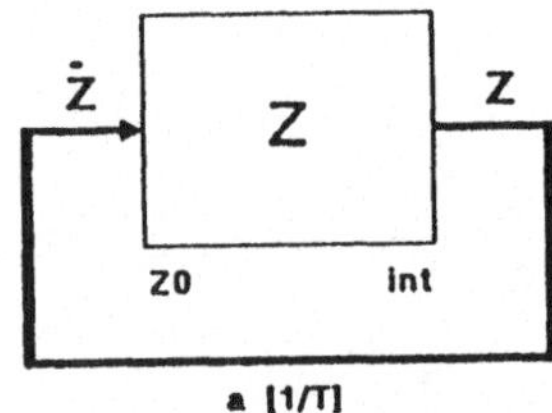

Abb. 3.8a   Simulationsdiagramm für eine einzelne Zustandsgröße mit Rückkopplung.

Das stetige Hinzufügen (oder Abziehen) eines konstanten Anteils einer Zustandsgröße führt zu exponentiellem Wachstum (oder Zerfall). Die Exponentialfunktion e^{at} hat die Ableitung

$$de^{at}/dt \ = \ ae^{at}$$

und damit ist bereits die Bedingung der Gleichung (3) erfüllt. Zum Anfangszeitpunkt $t = 0$ muß aber außerdem noch gelten

$$z \ (t{=}0) \ = \ z_0$$

und dies führt zu der Lösung der Gleichung (3)

$$z(t) \ = \ z_0 \, e^{at}.$$

Für den Rückkopplungsfaktor a gibt es prinzipiell drei Möglichkeiten:

$$a > 0 \qquad \text{positive Rückkopplung}$$

$$a = 0 \qquad \text{keine Rückkopplung}$$

$$a < 0 \qquad \text{negative Rückkopplung.}$$

Bei $a = 0$ existiert **keine Rückkopplung**, und der anfängliche Systemzustand z_0 bleibt daher unverändert. Die Lösung ist dann, wie zu erwarten, (Abb. 3.8b):

$$z = z_0 \, e^0 = z_0$$

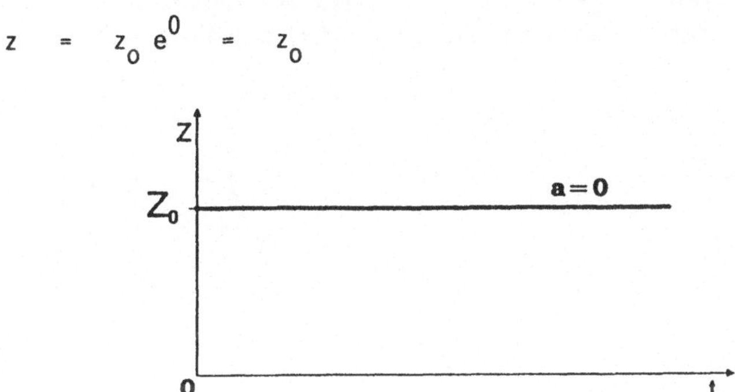

Abb. 3.8b   Autonome Systemantwort bei fehlender Rückkopplung.

Bei $a < 0$ (**negative Rückkopplung**) verringert sich die Zustandsgröße ständig. Da pro Zeiteinheit nur immer ein gewisser relativer Anteil a der Zustandsgröße abgezogen wird, so wird dieser Abzug auch ständig kleiner. Für $t \to \infty$ geht nicht nur z, sondern auch z' gegen 0 (Abb. 3.8c). Das System strebt in diesem Falle dem Gleichgewichtspunkt $z = 0$ zu: es ist **stabil**.

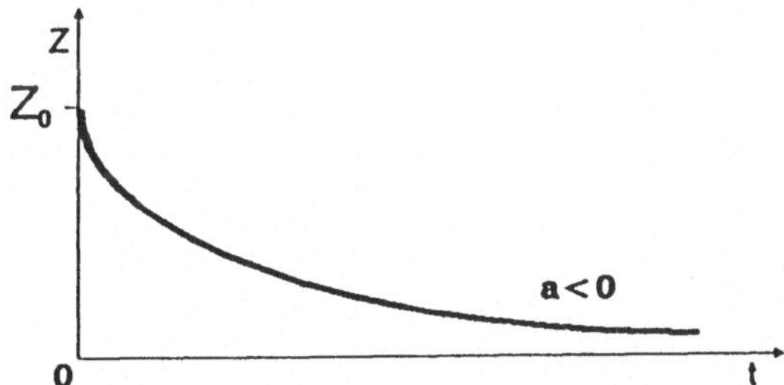

Abb. 3.8c   Autonome Systemantwort bei negativer Rückkopplung.

Bei $a > 0$ (**positive Rückkopplung**) wächst dagegen die Zustandsgröße ständig, ausgehend von ihrem Anfangswert z_0 (Abb. 3.8d). Zwar bleibt der relative Zuwachs a pro Zeiteinheit konstant, doch steigt der absolute Zuwachs pro Zeiteinheit ($a \cdot z$) mit der Zustandsgröße z ebenfalls exponentiell an. Das System entfernt sich ständig weiter vom Gleichgewichtspunkt $z = 0$: es ist **instabil**.

Wir sehen an diesem Beispiel, daß die Stabilität des linearen Systems durch den Parameter a der Zustandsgleichung bestimmt wird. Die Stabilitätsaussage ist hier völlig unabhängig vom Anfangswert z_0 - sie gilt für beliebige Anfangswerte. Bei linearen Systemen mit mehreren Zustandsgrößen (Gl. 2) werden wir die gleiche Beobachtung machen.

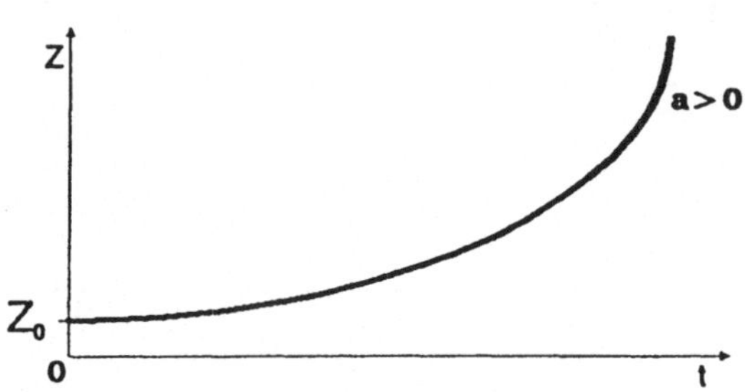

Abb. 3.8d   Autonome Systemantwort bei positiver Rückkopplung.

Zwei ungekoppelte einzelne Zustandsgrößen

Wir betrachten zunächst den Fall eines Systems mit zwei Zustandsgrößen, die sich aber gegenseitig nicht beeinflussen (Abb. 3.8e). Die Zustandsgleichung lautet jetzt

$$z' = A z$$

bzw. ausgeschrieben

$$z'_1 = a z_1$$
$$z'_2 = d z_2$$

(a und d sind reell, s.o.).

Die Systemmatrix hat also Eintragungen nur auf der Hauptdiagonale:

$$A = \begin{bmatrix} a & 0 \\ 0 & d \end{bmatrix}$$

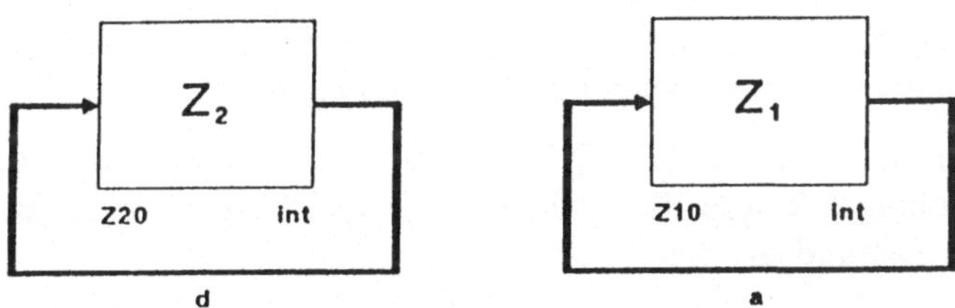

Abb. 3.8e   Simulationsdiagramm für zwei unverkoppelte, einzeln rückgekoppelte Zustandsgrößen.

Weil die beiden Zustandsgrößen voneinander isoliert sind, können wir offensichtlich das Verfahren für die einzelnen Zustandsgrößen zweimal anwenden, um eine Lösung zu finden. Wir finden, mit den Anfangswerten z_{1o} und z_{2o} :

$$z_1 = z_{1o} \, e^{at}$$
$$z_2 = z_{2o} \, e^{dt}$$

Auch hier ergeben sich für jede Zustandsgröße jede der in Abb. 3.8b-d gezeigten exponentiellen Lösungen. Insgesamt ergeben sich $3 * 3 = 9$ qualitativ verschiedene Verhaltensmöglichkeiten für dieses System. Das System ist nur stabil, wenn **beide** Zustände mit der Zeit auf $z = 0$ zulaufen oder zumindest bei z_{1o} bzw. z_{2o} konstant bleiben. Das ist lediglich bei $2 * 2 = 4$ von den 9 Fällen der Fall (Abb. 3.8f).

	$a < 0$	$a = 0$	$a > 0$
$d < 0$	S	S	I
$d = 0$	S	S	I
$d > 0$	I	I	I

S = stabil, I = instabil

Abb. 3.8f   Die Verhaltensmöglichkeiten des Systems mit zwei unverkoppelten, einzeln rückgekoppelten Zustandsgrößen.

Die Ergebnisse lassen sich verallgemeinern:

1. Wenn lediglich die Hauptdiagonale der Systemmatrix **A** besetzt ist, so haben wir es mit isoliert sich entwickelnden Zuständen zu tun.

2. In diesem Falle sind die Koeffizienten auf der Hauptdiagonale auch gleich den Rückkopplungsfaktoren (bzw. hier auch gleich den Eigenwerten, s.u.) der einzelnen Zustandsgrößen.

3. Wenn (bei diagonaler Systemmatrix) ein einziger der Koeffizienten (auf der Hauptdiagonale) größer als Null ist (positive Rückkopplung), so ist das System instabil.

Zwei gekoppelte Zustandsgrößen

Die Analyse wird wesentlich komplizierter, wenn die Zustandsgrößen miteinander verkoppelt sind.

Der allgemeine Fall für ein linear verkoppeltes System mit zwei Zustandsgrößen ist in Abb. 3.8g und 3.8h dargestellt. Die entsprechenden Zustandsgleichungen lauten:

$$z'_1 = az_1 + bz_2$$
$$z'_2 = cz_1 + dz_2$$

mit der Systemmatrix

$$A = \begin{bmatrix} a & b \\ c & d \end{bmatrix}$$

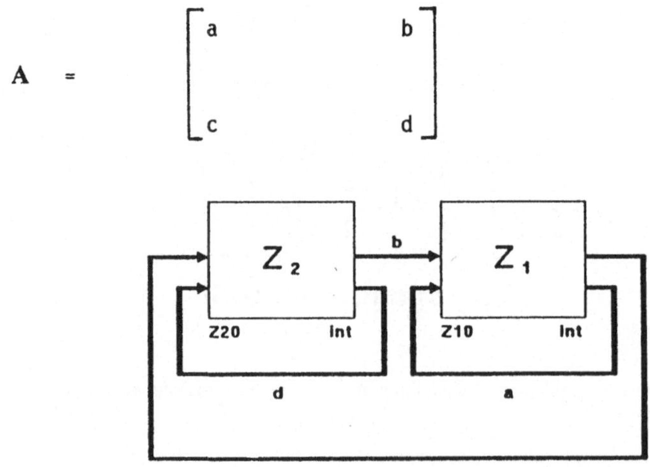

Abb. 3.8g   Simulationsdiagramm für ein linear verkoppeltes System mit zwei Zustandsgrößen.

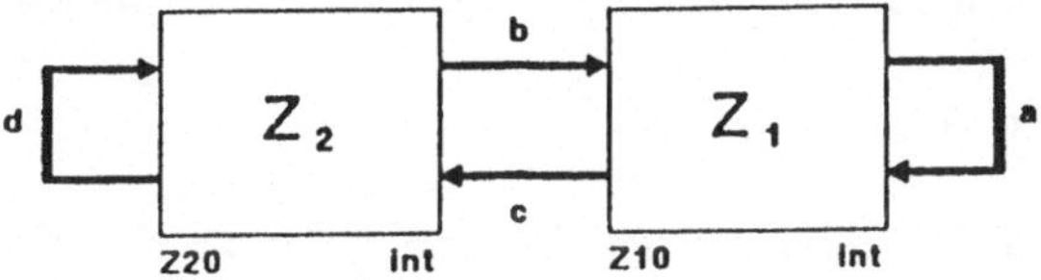

Abb. 3.8h   Gleichwertige Darstellung für ein linear verkoppeltes System mit zwei Zustandsgrößen.

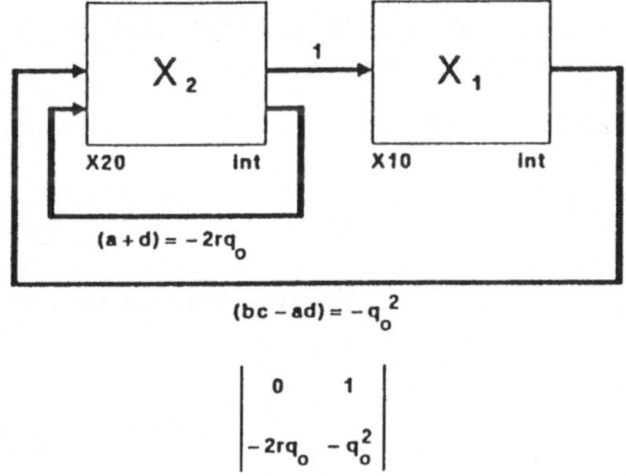

$$(a + d) = -2rq_o$$

$$(bc - ad) = -q_o^2$$

$$\begin{vmatrix} 0 & 1 \\ -2rq_o & -q_o^2 \end{vmatrix}$$

Abb. 3.8i   Simulationsdiagramm für ein zu den Systemen in Abb. 3.8g und 3.8h äquivalentes System.

Dieses System wurde bereits bei den Beispielen in Kap. 3.5 behandelt. Wir haben dort gesehen, daß es sich unter Beibehaltung der gleichen Zustandsgröße

$$x = x_1 = z_1$$

in ein äquivalentes System überführen läßt mit den Zustandsgleichungen (Abb. 3.8i)

$$x'_1 = x_2$$
$$x'_2 = (bc - ad)\, x_1 + (a+d)\, x_2$$

und der Systemmatrix

$$A = \begin{bmatrix} 0 & 1 \\ bc - ad & a + d \end{bmatrix}$$

Dieses System läßt sich auch als Differentialgleichung 2. Ordnung schreiben:

$$x'' - (a+d)\, x' + (ad - bc)\, x \; = \; 0$$

Aus Gründen, die bald deutlich werden, benennen wir die Koeffizienten dieser Differentialgleichung um:

$$2\, rq_0 \; = \; -(a + d)$$
$$q_0^{\,2} \; = \; ad - bc \tag{4}$$

Hier ist r die Dämpfungskonstante des Systems ('r' steht für 'Reibung'), q_0 die Frequenz der ungedämpften freien Schwingung.

Die Differentialgleichung lautet dann

$$x'' + 2rq_0\, x' + q_0^{\,2}\, x \; = \; 0 \tag{5}$$

Es zeigt sich, daß auch hier ein exponentieller Ansatz zur Lösung führt:

$$x \; = \; x_0\, e^{st}$$

mit

$$x' \; = \; x_0\, s e^{st}\, , \quad x'' \; = \; x_0\, s^2 e^{st}$$

Einsetzen in Gl. (5) führt zu

$$x_0\, e^{st}\, (s^2 + 2r\, q_0\, s + q_0^{\,2}) \; = \; 0$$

Diese Bedingung erfordert

$$s^2 + 2r\, q_0\, s + q_0^{\,2} \; = \; 0$$

Diese quadratische Gleichung ('charakteristische Gleichung') hat zwei Lösungen

$$s_{1,2} \; = \; -r\, q_0 \pm q_0\, (r^2 - 1)^{1/2} \tag{6}$$

Die allgemeine Lösung für die Zustandsgröße ist dann

$$x \; = \; c_1\, e^{s_1 t} + c_2\, e^{s_2 t} \tag{7}$$

Die Koeffizienten c_1 und c_2 müssen aus den Anfangsbedingungen für $x(t_0)$ und $x'(t_0)$ bestimmt werden.

Uns interessiert, welche Eigenschaften die Lösung (7) haben kann. Diese sind durch die Eigenwerte s_1, s_2 bestimmt. Wir untersuchen die Möglichkeiten wieder anhand der allgemeinen Systemdarstellung in Abb. 3.8g.

Zwei ungekoppelte Zustandsgrößen

(vgl. die Diskussion zu Abb. 3.8e). Hier stehen nur Koeffizienten auf der Hauptdiagonale, und daher (Gl. 4)

$$2\,rq_0 \;=\; -(a + d)$$
$$q_0^2 \;=\; ad$$

und damit

$$s_1 \;=\; a, \qquad s_2 \;=\; d.$$

Es ergeben sich wieder die gleichen Lösungen wie vorher:

$$z_1 \;=\; z_{1o}\, e^{at}$$
$$z_2 \;=\; z_{2o}\, e^{dt}$$

und es gelten die gleichen Stabilitätsbetrachtungen.

Zwei verkoppelte Zustandsgrößen ohne Dämpfung

Dieser Fall ist in Abb. 3.8j gezeigt. Die Zustandsgleichungen lauten jetzt

$$z'_1 \;=\; b\, z_2$$
$$z'_2 \;=\; c\, z_1$$

und die Systemmatrix

$$A \;=\; \begin{bmatrix} 0 & b \\ c & 0 \end{bmatrix}$$

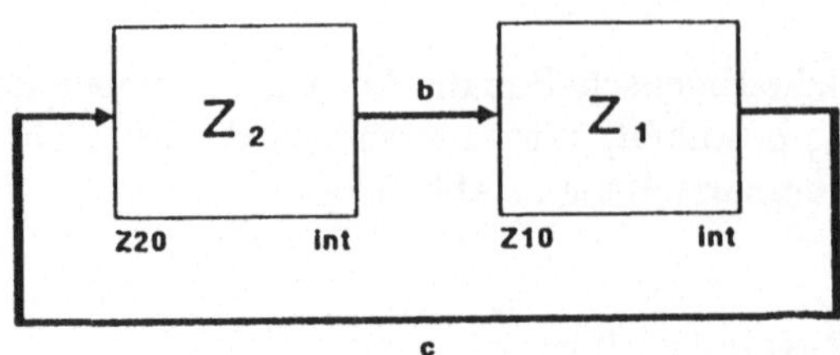

Abb. 3.8j   Simulationsdiagramm für zwei verkoppelte Zustandsgrößen ohne Dämpfung.

Die Koeffizienten auf der Hauptdiagonale sind jetzt Null. Damit ist (Gl. 4)

$$2\ rq_0\ =\ 0\quad bzw.\quad r\ =\ 0$$

und

$$q_0^{\,2}\ =\ -bc$$

Die Formel (6) für die Eigenwerte liefert jetzt

$$s_{1,2}\ =\ \pm\ (-q_0^{\,2})^{1/2}$$
$$=\ \pm\ (bc)^{1/2}$$

Wir erhalten jetzt zwei gänzlich verschiedene Ergebnisse in Abhängigkeit vom Vorzeichen des Wurzelarguments.

Wurzelargument bc > 0. Dies ist nur möglich, wenn b und c das gleiche (positive oder negative) Vorzeichen haben. Es ergibt sich ein Eigenwertpaar mit jeweils gleichem Betrag ($|bc|$)$^{1/2}$ und positivem bzw. negativem Vorzeichen. Da **einer** der Eigenwerte positives Vorzeichen hat, ist das System **instabil** (exponentielles Anwachsen). In Abb. 3.8k ist diese Lage der Eigenwerte in der komplexen Zahlenebene (p, jq) gezeigt.

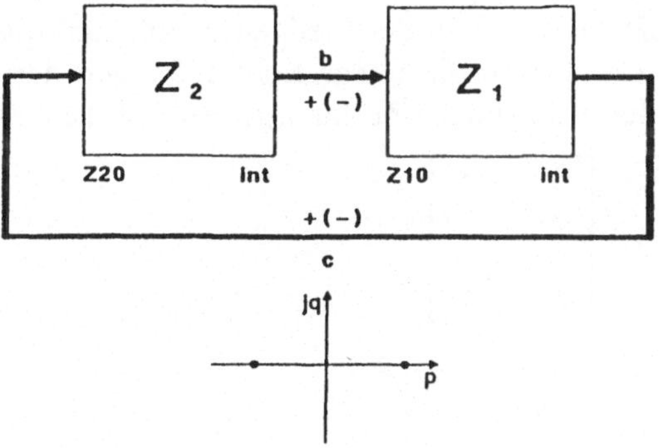

Abb. 3.8k　　Lage der Eigenwerte des Systems bei positivem Wurzelargument bc > 0.

Wurzelargument bc = 0. Dieser Fall kann auftreten, wenn nur eine der Zustands-größen mit der anderen verbunden ist und damit der andere Kopplungskoeffizient in der Systemmatrix gleich Null wird (Abb. 3.8l). Es ergibt sich jetzt

$$s_{1,2} = 0,$$

d.h., die Eigenwerte fallen im Nullpunkt der (p,q) Ebene zusammen.

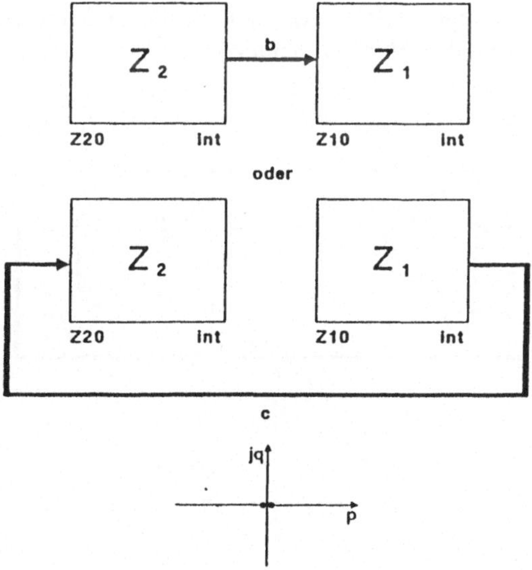

Abb. 3.8l　　Lage der Eigenwerte des Systems bei verschwindendem Wurzelargument bc = 0.

In diesem Falle verbleibt der (in der Pfeilreihenfolge) erste Integrator auf seinem Anfangswert und liefert diesen, mit der Pfeilgewichtung multipliziert, an den Eingang des zweiten Integrators. Durch die Integration ergibt sich dort eine mit der Zeit linear ansteigende (oder absinkende) Zustandsgröße. Für die Systemmatrix

$$A = \begin{bmatrix} 0 & b \\ 0 & 0 \end{bmatrix}$$

ergibt sich die Lösung

$$z_2 = z_{20}$$
$$z_1 = z_{10} + b\, z_{20}\, t$$

Wurzelargument bc < 0. Die Wurzel aus einer negativen Zahl ergibt eine imaginäre Zahl. Dieser Fall kann nur eintreten, wenn b und c entgegengesetzte Vorzeichen haben. Dann ist

$$s_{1,2} = \pm\, jq_0$$

(j kennzeichnet eine imaginäre Zahl). Wieder ergibt sich ein Eigenwertpaar mit gleichem Betrag und entgegengesetztem Vorzeichen, diesmal auf der imaginären Achse (Abb. 3.8m). Dies führt zu den Verhaltensmodi

$$e^{jq_0 t}, \quad e^{-jq_0 t}$$

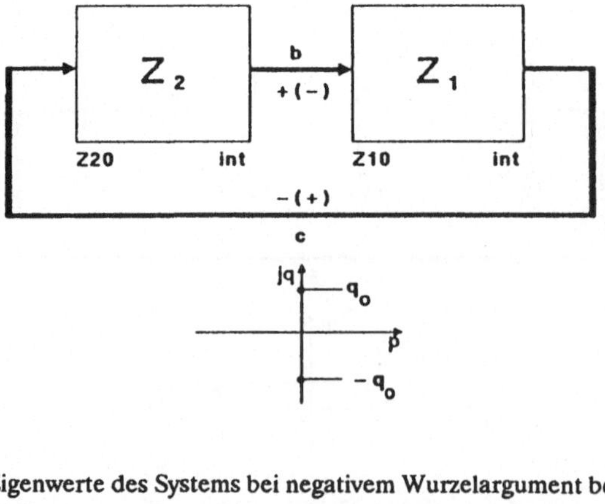

Abb. 3.8m   Lage der Eigenwerte des Systems bei negativem Wurzelargument bc < 0.

Sie lassen sich nach den Euler'schen Formeln umschreiben als

$$e^{jq_0t} = \cos q_0t + j \sin q_0t$$
$$e^{-jq_0t} = \cos q_0t - j \sin q_0t$$

Die allgemeine Lösung für z_1 ist dann

$$x = z_1 = c_1 (\cos q_0t + j \sin q_0t) + c_2 (\cos q_0t - j \sin q_0t)$$
$$= (c_1 + c_2) \cos q_0t + j (c_1 - c_2) \sin q_0t$$

Nach Umdefinition der noch beliebigen Konstanten durch

$$A = c_1 + c_2 \quad \text{und} \quad B = j (c_1 - c_2)$$

erhält man

$$x = A \cos q_0t + B \sin q_0t$$

Dies kann durch Einführung der Amplitude $C = (A^2 + B^2)^{1/2}$ und des Phasenwinkels $\beta = \text{arctg } (B/A)$ umgeschrieben werden

$$x = C \sin (q_0t + \beta)$$

Wir erhalten also eine ungedämpfte, um den Winkel β phasenverschobene Sinusschwingung der Frequenz q_0. Amplitude und Phasenwinkel müssen mit den Anfangsbedingungen für die Zustandsgröße x und ihrer ersten Ableitung nach der Zeit x' bestimmt werden, wobei

$$x' = -A q_0 \sin q_0t + B q_0 \cos q_0t$$

Für $t = 0$ gilt

$$x = A \cos q_0t + B \sin q_0t$$
$$= A \cdot 1 \quad + B \cdot 0 \qquad = A$$

$$x' = -A q_0 \sin q_0t + B q_0 \cos q_0t$$
$$= -A q_0 \cdot 0 \quad + B q_0 \cdot 1 \quad = B q_0$$

Die Lösung ist also

$$x = x_0 \cos q_0 t + (x'_0/q_0) \sin q_0 t$$

wobei

$$q_0 = (|bc|)^{1/2}$$

Da die Amplitude der Schwingung sich mit der Zeit nicht vergrößert, ist das Verhalten stabil.

Zwei verkoppelte Zustandsgrößen mit Dämpfung

Dies ist der allgemeine Fall (Abb. 3.8n).

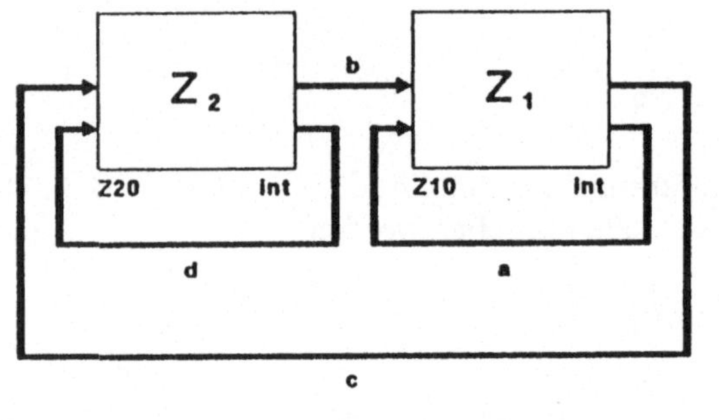

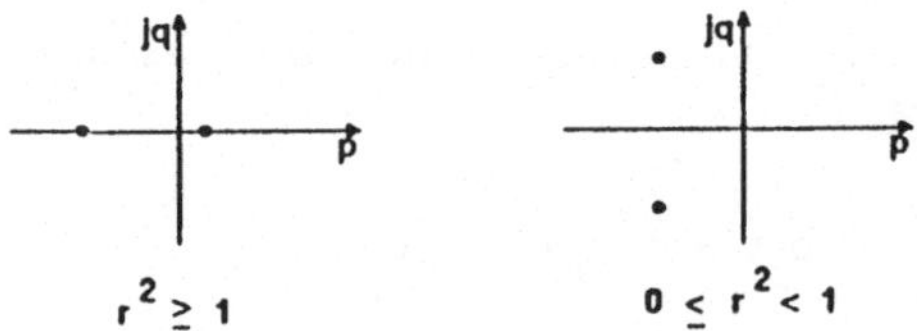

Abb. 3.8n   Simulationsdiagramm für ein System mit zwei verkoppelten Zustandsgrößen mit Dämpfung und die mögliche Lage der Eigenwerte für (a) aperiodisches und (b) schwingendes Verhalten.

Die Eigenwerte errechnen sich aus (Gl. 6)

$$s_{1,2} = -r q_0 \pm q_0 (r^2 - 1)^{1/2} \tag{6}$$

wobei (nach Gl. (4))

$$2rq_0 \;=\; -(a + d)$$
$$q_0^{\,2} \;=\; ad - bc$$

Die Eigenwerte sind reell, solange $r^2 > 1$.

Für diesen Fall ergeben sich wieder, je nach Lage der Eigenwerte im positiven (negativen) Bereich stabile (instabile) exponentielle Lösungen:

$$e^{s_1 t}, \quad e^{s_2 t}$$

Die Eigenwerte werden komplex (d.h. sie haben eine reelle Komponente p und eine imaginäre Komponente q), wenn $0 \leq r^2 \leq 1$. Gl. (6) zeigt, daß sie konjugiert komplex sein müssen: d.h., bei beiden Eigenwerten ist der Realteil gleich; der Imaginärteil hat gleichen Betrag, aber umgekehrtes Vorzeichen:

$$s_{1,2} \;=\; p \pm jq$$

Die Lösungsmodi sind jetzt

$$e^{(p+jq)t}, \quad e^{(p-jq)t}{}_t$$

bzw.

$$e^{pt}\, e^{jqt}, \quad e^{pt} e^{-jqt}$$

Die konjugierten imaginären Anteile lassen sich jetzt wieder wie im vorigen Fall zusammenfassen, so daß sich die allgemeine Lösung ergibt

$$z_1 \;=\; e^{pt}\,(A \cos qt + B \sin qt)$$

oder

$$z_1 \;=\; C\, e^{pt}\, \sin(qt + \beta)$$

wobei wieder $C = (A^2 + B^2)^{1/2}$ und $\beta = \text{arctg }(B/A)$. (A und B werden mit Hilfe der Anfangsbedingungen bestimmt).

Bei komplexen Eigenwerten erhalten wir also eine Sinusschwingung der Frequenz $q = q_0\,(r^2 - 1)^{1/2}$ mit exponentiell wachsender (oder schwindender) Amplitude. Das Vorzeichen des Realteils p entscheidet also hier über die Stabilität: positives p bedeutet Instabilität.

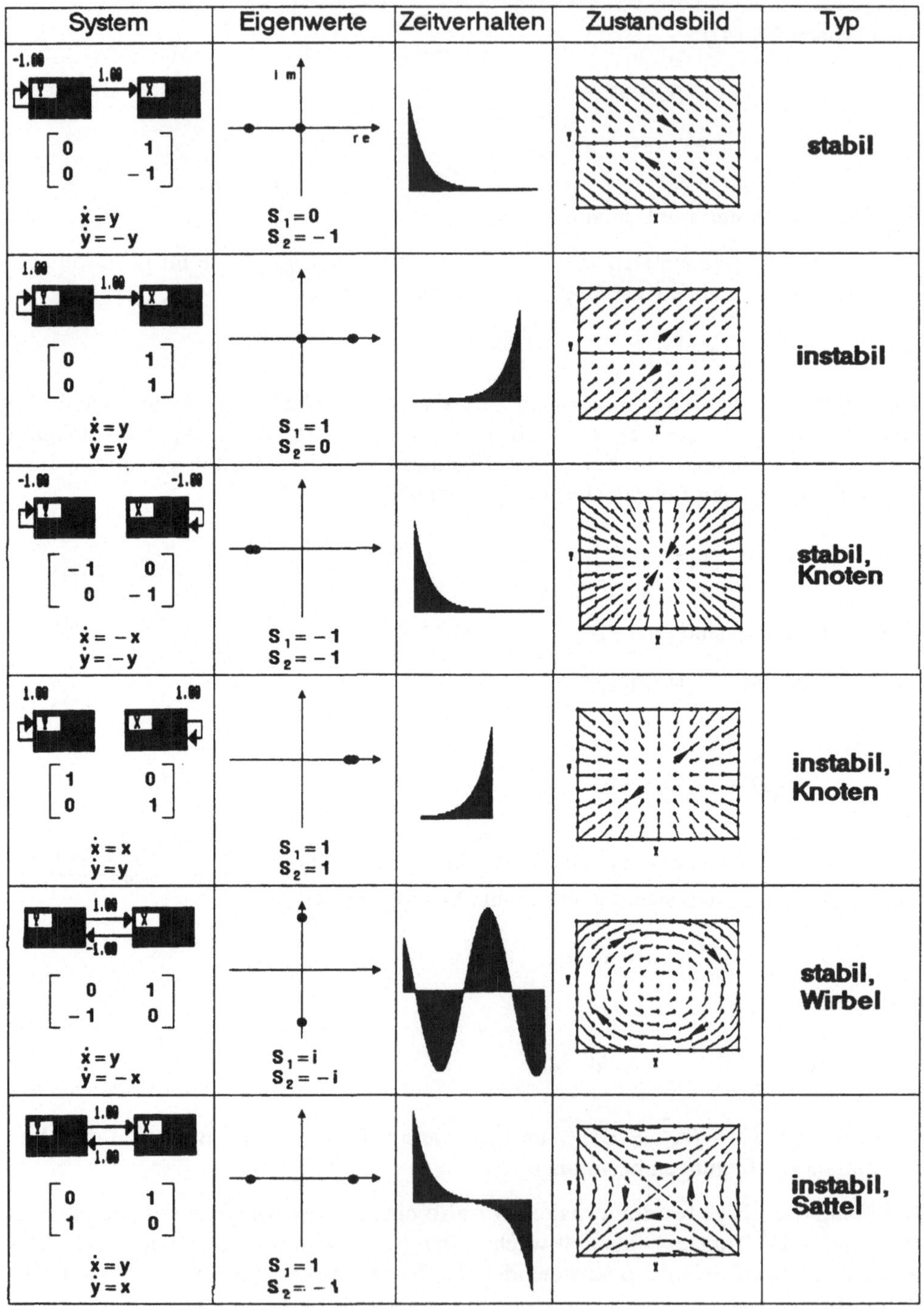

System	Eigenwerte	Zeitverhalten	Zustandsbild	Typ
$\begin{bmatrix} 0 & 1 \\ 0 & -1 \end{bmatrix}$ $\dot{x}=y$ $\dot{y}=-y$	$S_1=0$ $S_2=-1$			**stabil**
$\begin{bmatrix} 0 & 1 \\ 0 & 1 \end{bmatrix}$ $\dot{x}=y$ $\dot{y}=y$	$S_1=1$ $S_2=0$			**instabil**
$\begin{bmatrix} -1 & 0 \\ 0 & -1 \end{bmatrix}$ $\dot{x}=-x$ $\dot{y}=-y$	$S_1=-1$ $S_2=-1$			**stabil, Knoten**
$\begin{bmatrix} 1 & 0 \\ 0 & 1 \end{bmatrix}$ $\dot{x}=x$ $\dot{y}=y$	$S_1=1$ $S_2=1$			**instabil, Knoten**
$\begin{bmatrix} 0 & 1 \\ -1 & 0 \end{bmatrix}$ $\dot{x}=y$ $\dot{y}=-x$	$S_1=i$ $S_2=-i$			**stabil, Wirbel**
$\begin{bmatrix} 0 & 1 \\ 1 & 0 \end{bmatrix}$ $\dot{x}=y$ $\dot{y}=x$	$S_1=1$ $S_2=-1$			**instabil, Sattel**

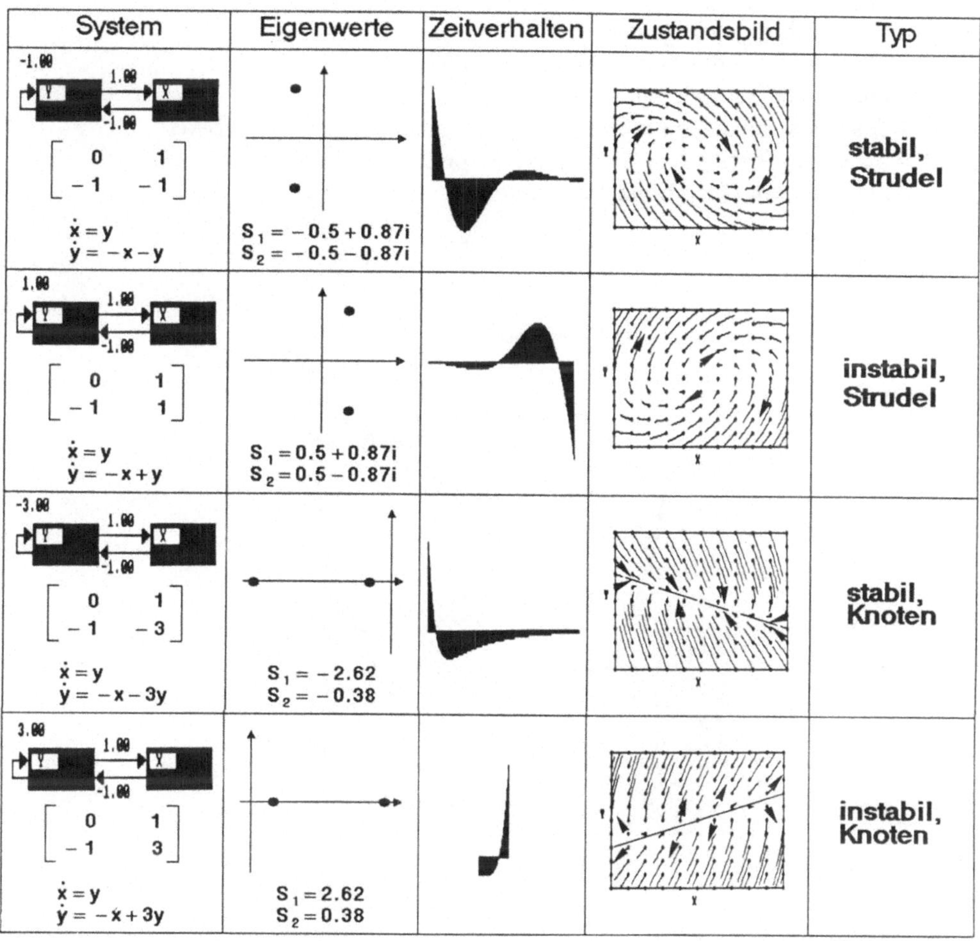

Abb. 3.8o Zusammenstellung der Verhaltensmöglichkeiten für ein lineares System mit zwei Zustandsgrößen.

Zusammenfassung der Verhaltensmöglichkeiten eines linearen Systems mit zwei Zustandsgrößen

In Abb. 3.8o sind die Ergebnisse dieser Überlegungen zusammengefaßt. Es sind dort jeweils zusammengestellt

- das Blockdiagramm des Systems
- seine Systemmatrix
- die zugehörigen Eigenwerte
- deren Lage in der komplexen Zahlenebene
- die allgemeine Lösung
- das Systemverhalten in der (z_1, z_2) Zustandsebene (Phasenbild)
- die Klassifikation des Gleichgewichtspunkts des Systems
- die Stabilität (Instabilität) des Systems.

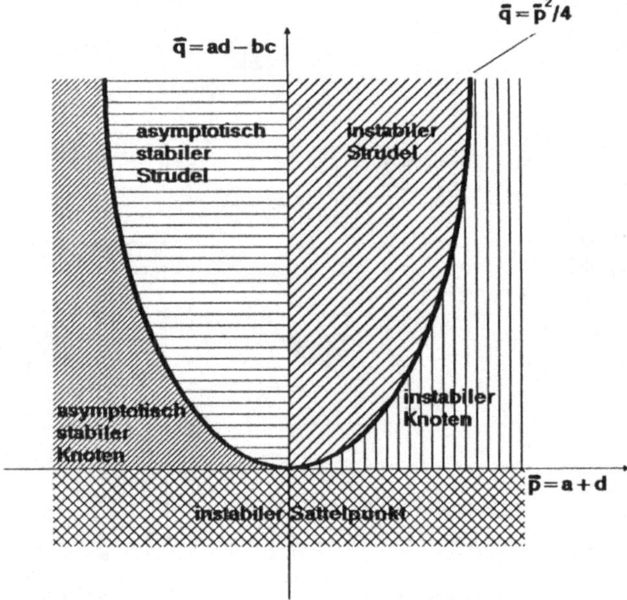

Abb. 3.8p   Abhängigkeit des Verhaltens und der Stabilität eines linearen Systems mit zwei Zustandsgrößen von seinen Systemparametern (ad-bc) und (a+d).

Für die Klassifikation der Gleichgewichtspunkte bei linearen **und** nichtlinearen Systemen werden die Begriffe

Quelle, Senke, Knoten, Sattel,
Wirbel und Strudel

verwendet, deren Sinn aus den Phasenbildern in Abb. 3.8o klar wird. Quellen, Senken, Knoten und Sattel charakterisieren aperiodisches, Wirbel und Strudel periodisches Verhalten. Die Stabilität läßt sich aus den Zustandsbahnen im Phasenbild erkennen. Abb. 3.8p faßt die Ergebnisse zusammen.

Die **Stabilität** ist durch die Lage der Eigenwerte in der komplexen Zahlenebene bestimmt: Falls der **Realteil eines Eigenwerts positiv** ist, ist das **System instabil.** **Schwingungen** treten auf, wenn die Wurzel einen **Imaginärteil** hat.

Diese Ergebnisse haben allgemeine Gültigkeit auch für lineare Systeme höherer Ordnung.

3.9 Stabilität und Verhalten linearer Systeme höherer Ordnung

Die Erkenntnisse für Systeme erster und zweiter Ordnung lassen sich auch auf Systeme höherer Ordnung anwenden: Es ergeben sich dabei keine qualitativ anderen Ergebnisse.

Die Zustandsgleichung eines n-dimensionalen linearen dynamischen Systems

$$\mathbf{z'} = \mathbf{A}\,\mathbf{z}$$

läßt sich ausschreiben als

$$
\begin{aligned}
z'_1 &= a_{11}\,z_1 + a_{12}\,z_2 + \cdots + a_{1N}\,z_N \\
z'_2 &= a_{21}\,z_1 + a_{22}\,z_2 + \cdots + a_{2N}\,z_N \\
&\quad\cdots \\
z'_N &= a_{N1}\,z_1 + a_{N2}\,z_2 + \cdots + a_{NN}\,z_N
\end{aligned}
$$

Mit dem Lösungsansatz $z = ce^{st}$ ergibt sich durch Einsetzen die Bedingung

$$
\begin{aligned}
0 &= (a_{11}-s) + a_{12} + \cdots + a_{1N} \\
0 &= a_{21} + (a_{22}-s) + \cdots + a_{2N} \\
&\quad\cdots \\
0 &= a_{N1} + a_{N2} + \cdots + (a_{NN} - s)
\end{aligned}
$$

Mit der Identitätsmatrix

$$I = \begin{bmatrix} 1 & 0 & \ldots & 0 \\ 0 & 1 & \ldots & 0 \\ \ldots & \ldots & & \\ 0 & 0 & \ldots & 1 \end{bmatrix}$$

läßt sich dieses Gleichungssystem schreiben als

$$0 = [A - sI]$$

Dieses Gleichungssystem hat nur dann eine nichttriviale Lösung s , wenn seine Determinante = 0 ist. Diese Bedingung

$$\det [sI - A] = 0$$

führt nach Ausmultiplizieren der Determinante zu der sog. **charakteristischen Gleichung**, die sich als Polynom in s darstellt:

$$s^N + c_{N-1} \, s^{N-1} + \ldots + c_2 \, s^2 + c_1 \, s + c_0 = 0 \tag{1}$$

Diese Gleichung hat genau N Lösungen s_n (Nullstellen des Polynoms).

Jedes Polynom läßt sich aber auch als Produkt N-ter Ordnung von N Faktoren schreiben, die den Ausdruck zu Null werden lassen, wenn sie selbst Null werden.

$$(s - s_N) \, (s - s_{N-1}) \, \ldots \, (s - s_2) \, (s - s_1) = 0 \tag{2}$$

Die N Bedingungen $(s - s_n) = 0$ ergeben die N Eigenwerte s_n des Systems.

Die Wurzeln der reellen algebraischen Gleichung (1) bzw. (2) können reell oder komplex (Realteil + Imaginärteil) sein. Im zweiten Fall treten die Wurzeln in konjugiert komplexen Paaren auf (so, wie sie uns bereits beim System zweiter Ordnung begegnet sind). Die charakteristische Gleichung (2) hat dann die Form

$$(s-s_N) \, (s-s_{N-1}) \ldots [s-(p_n + jq_n)] \, [s-(p_n - jq_n)] \ldots (s-s_2)(s-s_1) = 0 \tag{3}$$

Dieses Ergebnis zeigt, daß wir auch bei linearen Systemen höherer Ordnung grundsätzlich nur zwei Arten von Eigenwerten und entsprechenden Verhaltensweisen erwarten dürfen:

```
Eigenwerte                        Verhalten

------------------------------------------------------

reell                             exponentiell

                                  aperiodisch

komplex                           exponentiell

                                  periodisch
```

Die Lösungen sind nur stabil, wenn **alle** Eigenwerte einen negativen Realteil haben
(s. Abb. 3.9a). In der Abbildung sind alle Verhaltensmöglichkeiten und ihre 'Wurzelorte' gezeigt. Um das Verhalten eines linearen Systems N-ter Ordnung diskutieren
zu können, ist die Kenntnis der Lage der Eigenwerte von fundamentaler Bedeutung.
Im Gegensatz zu nichtlinearen Systemen gelten die Verhaltensaussagen im gesamten
Zustandsraum.

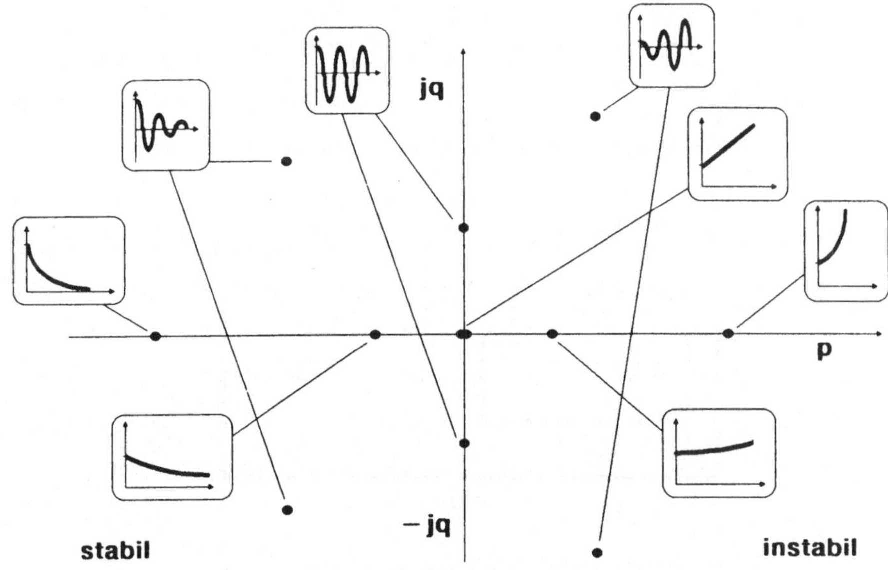

Abb. 3.9a   Zusammenstellung der Verhaltensmöglichkeiten eines linearen Systems in Abhängigkeit von
der Lage seiner Eigenwerte (Wurzelorte) in der komplexen Zahlenebene.

Wir können aus dem Wurzelortsdiagramm eines Systems nicht nur Aussagen über seine Stabilität gewinnen, sondern bei einem stabilen System auch auf sein längerfristiges Verhalten schließen. Dieses Verhalten wird nämlich bestimmt durch diejenigen Lösungen, die die geringste Dämpfung erfahren und damit die anderen Verhaltensmodi 'überleben'. Die geringste Dämpfung erfahren aber diejenigen Lösungen, deren (reelle oder komplexe) Eigenwerte am nächsten (auf der negativen Seite) an der imaginären Achse liegen. Diese werden als **dominante Eigenwerte** bezeichnet - sie bestimmen das längerfristige Verhalten des (autonomen) Systems (s. Abb. 3.9a).

Die Darstellung (3) zeigt, daß jedes lineare System als Folge eigengekoppelter Integratoren aufgefaßt werden kann mit einem (im allgemeinen komplexen) Rückkopplungsfaktors s_p. Da komplexe Eigenwerte **immer** als konjugiert komplexes Paar auftreten, lassen sich die entsprechenden Integratoren auch paarweise zu Schwingern mit reellen Parametern r und q_o zusammenfassen (Abb. 3.9b).

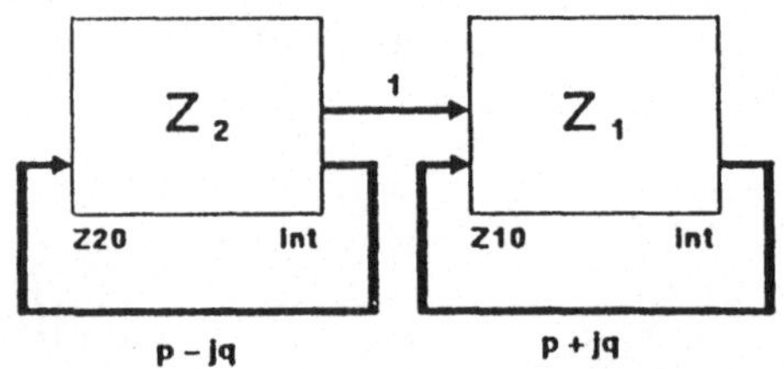

charakteristische Gleichung: $s^2 - 2ps + p^2 + q^2 = 0$

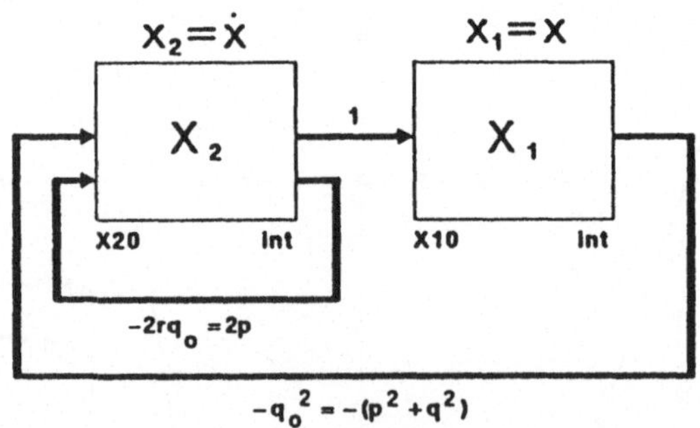

charakteristische Gleichung: $s^2 + 2rq_o s + q_o^2 = 0$

Abb. 3.9b   Äquivalente Darstellung eines Systems mit zwei konjugiert komplexen Eigenwerten. Die untere Darstellung hat - im Gegensatz zur oberen - nur reelle Rückkopplungsparameter und reelle Zustandsgrößen.

Dabei gilt

$$s_{1,2} = -r\, q_0 \pm q_0\, (r^2 - 1)^{1/2}$$

Für $0 < r^2 < 1$ sind die Eigenwerte konjugiert komplex:

$$s_{1,2} = p \pm jq$$

Durch Koeffizientenvergleich

$$p = -rq_0 \quad \text{bzw.} \quad 2\,rq_0 = -2p$$
$$jq = q_0\,(r^2 - 1)^{1/2}$$
$$-q^2 = q_0^{\,2}\,(r^2 - 1) = p^2 - q_0^{\,2}$$

und

$$q_0^{\,2} = p^2 + q^2$$

Diese Zusammenfassung der zwei konjugiert komplexen Lösungen in einem Schwinger mit zwei Integratoren wie in Abb. 3.9b hat den großen Vorteil, daß es sich jetzt bei den Zustandsgrößen x_1 und x_2 um reelle Größen handelt, wobei die eine (x_1) das Zeitintegral der anderen (x_2) ist. Die Anfangswerte der Integratoren (Zustandsgröße $x = x_1$ und ihre Ableitung $x' = x_2$) sind jetzt leicht beschaffbar, und die beiden Rückkopplungen haben reelle Parameter $(rq_0$ und $q_0^{\,2})$.

Wir haben dieses Verfahren bereits bei der Diskussion der Lösung $s = \pm jq_0$ verwendet, wo die Zustandsgröße z_1 in x umbenannt und die Lösungsparameter aus den Anfangswerten von x und seiner Ableitung x' bestimmt wurden (Abschnitt 3.8).

3.10 Verhalten nichtlinearer Systeme; Linearisierung

Nichtlineare Systeme können im Gegensatz zu linearen Systemen mehrere Gleichgewichtspunkte haben, wie wir gesehen haben. Bei mehr als einem stabilen Gleichgewichtspunkt bedeutet das u.a., daß das Verhalten und der Endzustand des autonomen Systems abhängig sind vom Ausgangszustand. Das unterscheidet sich grundsätzlich vom stabilen linearen (nichtsingulären) System, das sich unabhängig vom Ausgangszustand **immer** auf den einzigen Gleichgewichtspunkt zubewegt. Weiter zeigt sich bei manchen nichtlinearen Systemen das Phänomen der Grenzzyklen bzw. Attraktoren. Dies sind isolierte geschlossene Zustandsbahnen oder -flächen, die periodischer Bewegung entsprechen und stabil oder instabil sein können. Etwas entsprechendes findet sich bei linearen Systemen nicht. Wir kommen später auf Grenzzyklen und Attraktoren zurück.

Die Verhaltensmöglichkeiten an einem Gleichgewichtspunkt (Quelle, Senke, Knoten, Sattel, Wirbel, Strudel) haben wir beim (zwei-dimensionalen) linearen System bereits erschöpfend behandelt: Weitere Möglichkeiten kann es prinzipiell auch beim nichtlinearen System nicht geben. Es stellt sich die Frage, ob sich diese Erkenntnisse nicht auch auf das nichtlineare System übertragen lassen, um damit wenigstens das Verhalten in der Nähe von Gleichgewichtspunkten diskutieren zu können. Es liegt nahe, das nichtlineare System **lokal** durch ein entsprechendes lineares System zu approximieren, dessen Verhalten lokal mit dem des nichtlinearen Systems übereinstimmt.

Die Zustandsgleichung des nichtlinearen zeitinvarianten autonomen Systems ist

$$\mathbf{Z'} = \mathbf{f}(\mathbf{Z})$$

Hier bezeichnet $\mathbf{Z}$ die ursprünglichen Zustandskoordinaten. Da beim nichtlinearen System der zu untersuchende Gleichgewichtspunkt auch an anderer Stelle als $\mathbf{Z} = 0$ liegen kann (der Ort des singulären Gleichgewichtspunkts im linearen autonomen System), verschieben wir für die Untersuchung das Zustandskoordinatensystem durch die Transformation

$$\mathbf{z} = \mathbf{Z} - \mathbf{Z}^*$$

Am Gleichgewichtspunkt bei $\mathbf{Z}^*$ ist jetzt also $\mathbf{z} = 0$ (Abb. 3.10a). Da $\mathbf{Z}^*$ ein konstanter Vektor ist, ist $\mathbf{z'} = \mathbf{Z'}$, und Ableitungen nach $\mathbf{z}$ sind identisch mit Ableitungen nach $\mathbf{Z}$.

Wenn die Zustandsfunktion $\mathbf{f}$ stetig und differenzierbar ist, so kann sie in der Nähe des Punkts $\mathbf{z} = 0$ durch eine Taylor'sche Reihenentwicklung in den N Zustandsvariablen ersetzt werden.

Für $n = 1$ (eine Zustandsgröße) lautet die Taylor-Entwicklung für f am Gleichgewichtspunkt Z^*:

$$z' = f(Z) = f(Z^*+z) = f(Z^*) + \frac{df(Z^*)}{dz} \cdot z + \sum_{k=2}^{\infty} \frac{1}{k!} \frac{d^k f(Z^*)}{dz^k} \cdot z^k$$

In der Nähe des Punktes Z^* ist aber z klein, während die höheren Potenzen z^k sehr klein werden und die Terme höherer Ordnung daher für die Approximation vernachlässigt werden können.

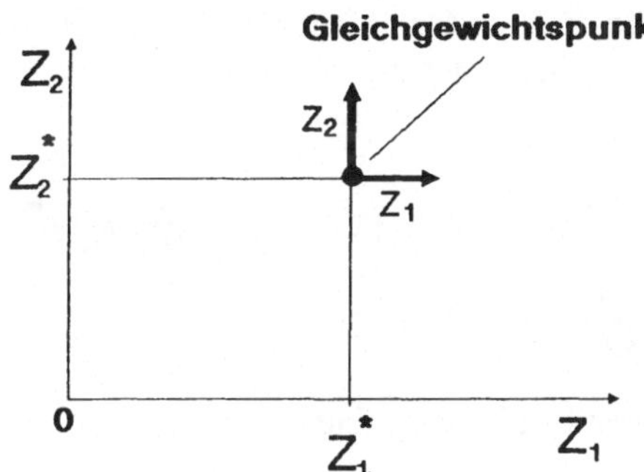

Abb. 3.10a   Koordinatentransformation, so daß der Gleichgewichtspunkt bei z = 0 liegt.

In der Nähe des Punkts Z^* gilt also mit guter Näherung

$$f(Z^*+z) = f(Z^*) + \frac{df(Z^*)}{dz} \cdot z$$

Da Z^* die Koordinate des Gleichgewichtspunkts ist, verschwindet dort die Veränderungsrate und es gilt:

$$f(Z^*) = 0$$

Damit wird in der Nähe des Gleichgewichtspunkts

$$f(Z^*+z) = f(Z) = Z' = z' = \frac{df(Z^*)}{dz} \cdot z$$

Da die Ableitung nach z (der Funktion f) am Gleichgewichtspunkt Z^* einen bestimmten numerischen Wert a hat, so haben wir jetzt eine **lineare** Zustandsgleichung erhalten

$$z' = az$$

die **lokal** - in der Nähe des Gleichgewichtspunktes - die ursprüngliche nichtlineare Zustandsgleichung Z' = f(z) ersetzt und dort zum gleichen Verhalten führen sollte.

Das gleiche Verfahren der **Linearisierung** läßt sich auch auf mehrdimensionale Systeme anwenden. Die n-te Zustandsgleichung läßt sich in der Nähe von Z^* ausdrücken durch die lineare Approximation

$$z'_n = f_n(Z) = f_n(Z^*+z)$$
$$= f_n(Z^*) + \frac{\partial}{\partial z_1} f_n(Z^*) \cdot z_1 + \frac{\partial}{\partial z_2} f_n(Z^*) \cdot z_2 + \ldots +$$
$$+ \frac{\partial}{\partial z_N} f_n(Z^*) \cdot z_N$$

Wieder unter Beachtung der Bedingung, daß

$$f_n(Z^*) = 0$$

ergibt sich das System von linearisierten Zustandsgleichungen als

$$z' = J z \tag{1}$$

wobei J die Jacobi'sche Matrix bezeichnet:

$$J = \begin{bmatrix} \dfrac{\partial f_1}{\partial z_1} & \dfrac{\partial f_1}{\partial z_2} & \cdots & \dfrac{\partial f_1}{\partial z_N} \\[2mm] \dfrac{\partial f_2}{\partial z_1} & \dfrac{\partial f_2}{\partial z_2} & \cdots & \dfrac{\partial f_2}{\partial z_N} \\[1mm] \cdots & \cdots & \cdots & \cdots \\[1mm] \dfrac{\partial f_N}{\partial z_1} & \dfrac{\partial f_N}{\partial z_2} & \cdots & \dfrac{\partial f_N}{\partial z_N} \end{bmatrix}_{Z = Z^*} \tag{2}$$

Diese Matrix besteht also aus den ersten **Ableitungen** jeder der N nichtlinearen Zustandsfunktionen nach jeder der N Zustandsgrößen z_n, ausgewertet **am Gleichgewichtspunkt** Z^*. J ist die Systemmatrix eines linearen Systems, das das nichtlineare System in der Nähe des Gleichgewichtspunkts annähert und dort gleiches Verhalten zeigt.

Auf das System (1) lassen sich jetzt die oben besprochenen Verfahren der linearen Analyse anwenden, um das Systemverhalten am Gleichgewichtspunkt zu untersuchen. Insbesondere lassen sich aus der Bedingung (charakteristische Gleichung)

$$\det [sI - J] = 0$$

die Eigenwerte des (linearisierten) Systems, seine Verhaltensmodi und seine Stabilität bestimmen.

3.11 Anwendungen der Linearisierung

Nichtlineares Pendel

Die Zustandsgleichungen des reibungslosen nichtlinearen Pendels lauteten (Abschnitt 3.5 (5))

$$
\begin{aligned}
z'_1 &= z_2 &&= f_1 \\
z'_2 &= -\sin z_1 &&= f_2
\end{aligned}
$$

Das System hat (von Vielfachen von π abgesehen) die Gleichgewichtspunkte

$$
(1) \quad
\begin{aligned}
z_1 &= 0 \\
z_2 &= 0
\end{aligned}
\qquad\qquad
(2) \quad
\begin{aligned}
z_1 &= \pm\,\pi \\
z_2 &= 0
\end{aligned}
$$

Die Komponenten der Jacobi'schen Matrix sind

$$
\frac{\partial f_1}{\partial z_1} = 0
\qquad\qquad
\frac{\partial f_1}{\partial z_2} = 1
$$

$$
\frac{\partial f_2}{\partial z_1} = -\cos z_1
\qquad\qquad
\frac{\partial f_2}{\partial z_2} = 0
$$

Am Gleichgewichtspunkt $(0,0)$ ergibt sich damit die Systemmatrix

$$
A_1 =
\begin{bmatrix}
0 & 1 \\
-1 & 0
\end{bmatrix}
$$

Die charakteristische Gleichung $\det\,[s\mathbf{I} - \mathbf{A}] = 0$ lautet also

$$
\begin{aligned}
s^2 + 1 &= (s + j)(s - j) = 0 \\
s_{1,2} &= \pm\,j
\end{aligned}
$$

Die Wurzelorte sind in Abb. 3.11a gezeigt. Dieser Gleichgewichtspunkt ist daher ein Wirbelpunkt mit harmonischer ungedämpfter Schwingung.

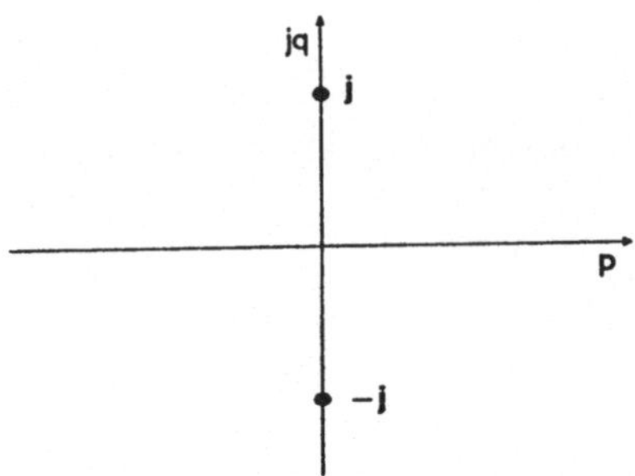

Abb. 3.11a   Eigenwertlage des am unteren Gleichgewichtspunkt linearisierten Kreispendels.

Am Gleichgewichtspunkt $(\pm\ \pi, 0)$ ergibt die Auswertung der Jacobi'schen Matrix die Systemmatrix

$$A_2 = \begin{bmatrix} 0 & 1 \\ 1 & 0 \end{bmatrix}$$

Die charakteristische Gleichung

$$s^2 - 1 = (s + 1)(s - 1) = 0$$

hat zwei reelle Eigenwerte, von denen $s = 1$ einen Sattelpunkt und damit Instabilität anzeigt (Abb. 3.11b).

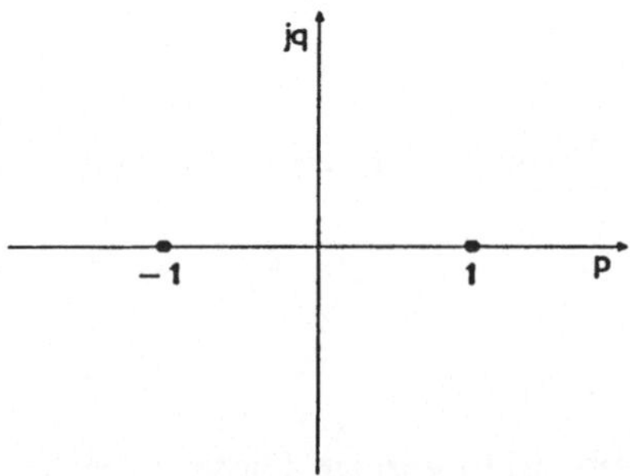

Abb. 3.11b   Eigenwertlage des am oberen Gleichgewichtspunkt linearisierten Kreispendels.

Dies bestätigt die früheren Überlegungen: Der untere Ruhepunkt des Pendels ist stabil, der obere Totpunkt instabil.

Wachstum mit Sättigung

Wachstum mit Sättigung (logistisches Wachstum) hat eine erhebliche praktische Bedeutung in vielen Bereichen.

Es gilt hier die nichtlineare Differentialgleichung

$$x' \ = \ ax \ (1 - x/c) \tag{1}$$

Sie ist aus den folgenden Bedingungen abgeleitet (Abb. 3.11c): Solange der Bestand x noch klein ist, wächst er - fast ungehindert durch die Sättigungsgrenze c - exponentiell mit der Wachstumsrate a an. Die Wachstumsrate wird mit dem Klammerausdruck bei Annäherung an die Sättigungsgrenze (x -> c) auf Null korrigiert.

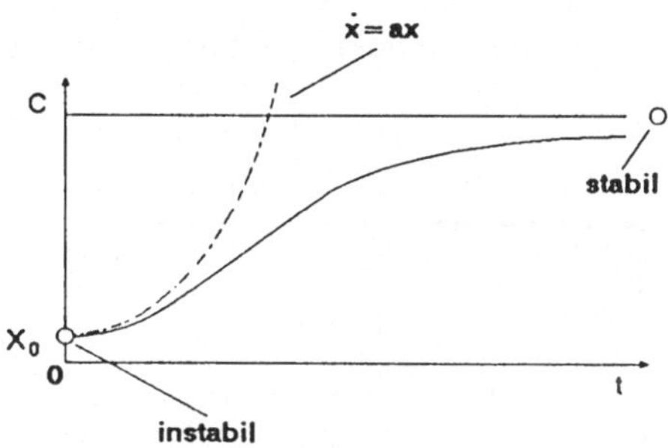

Abb. 3.11c   Wachstum mit Sättigung und seine Parameter.

Die Zustandsgleichung läßt sich auch schreiben als

$$x' \ = \ ax - (a/c) \ x^2 \ = \ f$$

Sie hat zwei Gleichgewichtspunkte

$$x_1 \ = \ 0, \qquad x_2 \ = \ c$$

Mit

$$df/dx \ = \ a - 2 \ (a/c) \ x$$

folgt für den ersten Gleichgewichtspunkt $x = 0$ die Zustandsgleichung des linearisierten Systems

$$x'_1 \;=\; a\, x_1$$

und damit exponentielles Wachstum (instabil). Für den zweiten Gleichgewichtspunkt $x = c$ ergibt sich

$$x'_2 \;=\; (a - 2a)\, x \;=\; -ax$$

und damit exponentielles Schrumpfen (stabil).

Für das nichtlineare System (1) läßt sich (ausnahmsweise) eine analytische Lösung angeben (x_0 ist die Anfangsbedingung).

$$x \;=\; c/[1 + ((x/x_0) -1)\, e^{-at}]$$

Das Simulationsdiagramm für (1) ist in Abb. 3.11d gezeigt. Es zeigt deutlich die Wachstumsschleife mit der positiven Rückkopplung a und die dämpfende quadratische negative Rückkopplung $(-a/c)$.

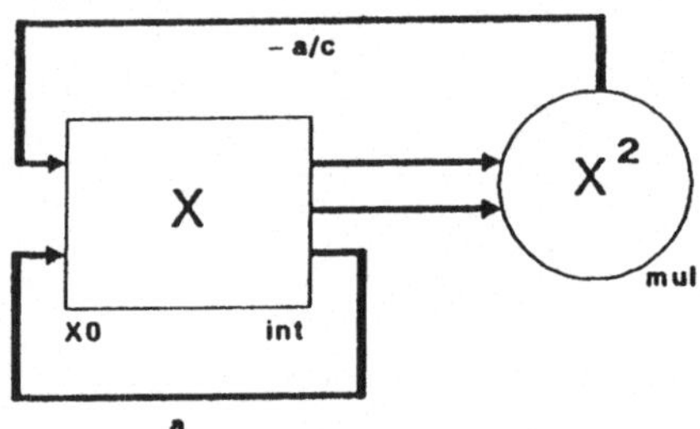

Abb. 3.11d   Simulationsdiagramm für Wachstum mit Sättigung.

3.12 Attraktoren

Grenzzyklen

Nichtlineare Systeme können gelegentlich Grenzzyklen zeigen - ein Phänomen, das sich durch die bisher besprochenen Verfahren nicht ermitteln läßt, das aber im allgemeinen bei der Simulation deutlich wird. Es handelt sich hierbei um geschlossene Zustandskurven, die nicht überschritten werden können und die daher den Zustandsraum in verschiedene Regionen mit unterschiedlichem Verhalten einteilen.

Ein Beispiel ist der van der Pol Oszillator

$$z'_1 = z_2$$
$$z'_2 = (1 - z_1^2) z_2 - z_1$$

Der Grenzzyklus wird durch die nichtlineare Dämpfungsfunktion

$$-d(z_1) = z_1^2 - 1$$

verursacht. Aus dem Simulationsdiagramm Abb. 3.12a wird deutlich, daß hier der lineare harmonische Schwinger nur durch die quadratische Dämpfungsfunktion modifiziert worden ist. Sie führt bei kleinerem z_1 zu einer positiven Rückkopplung (d.h. einer negativen Dämpfung). Damit wird das System in einen mittleren stabilen periodischen Zustand, den Grenzzyklus, getrieben (s. hierzu das Programm GLODYS). Die Zustandsbahnen bewegen sich also von innen und von außen auf den Grenzzyklus zu (Abb. 3.12b).

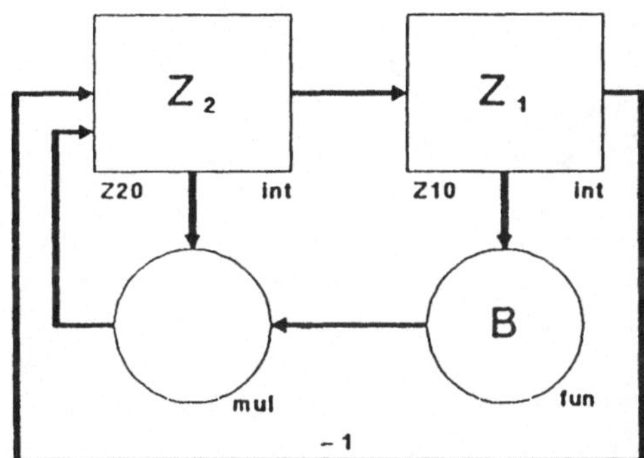

Abb. 3.12a   Simulationsdiagramm für den van der Pol Oszillator.

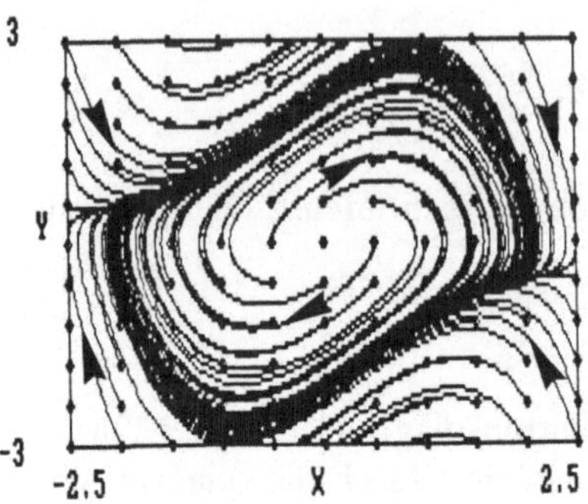

Abb. 3.12b   Grenzzyklus des van der Pol Oszillators.

Grenzzyklen können stabil, instabil oder semistabil sein (Abb. 3.12c). (Der van der Pol Zyklus ist stabil.)

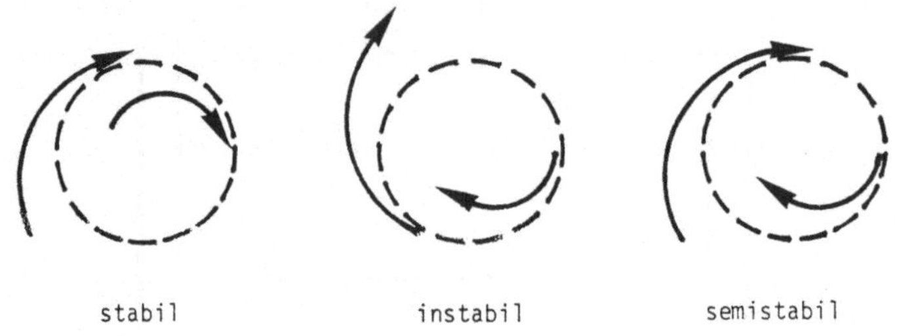

Abb. 3.12c   Stabile, instabile und semistabile Grenzzyklen.

Es gibt einige Kriterien zur Ermittlung von Grenzzyklen. In der Praxis sind Grenzzyklen gelegentlich erwünscht (Elektronik), oft aber unerwünscht (Regeltechnik, Bauteilschwingungen).

Ein Kriterium für Grenzzyklen läßt sich aus der Dämpfungsfunktion des van der Pol Oszillators ableiten: Ein Grenzzyklus muß erwartet werden, wenn die Dämpfungsfunktion symmetrisch ist und bei kleinem Zustandswert (hier z_1) anregend, bei größerem dämpfend wirkt.

In Abb. 3.12d ist das 'Phasenportrait' eines hypothetischen nichtlinearen Systems mit verschiedenen stabilen und instabilen Gleichgewichtspunkten und einem stabilen

Grenzzyklus gezeigt. Man erkennt hier deutlich, daß Verhalten, Stabilität und Schwingungen von der Lage des Anfangszustands bestimmt werden, und daß das Überschreiten gewisser Trennflächen nicht möglich ist.

Abb. 3.12d   Phasenportrait eines hypothetischen nichtlinearen Systems mit verschiedenen stabilen und instabilen Gleichgewichtspunkten und einem stabilen Grenzzyklus.

Tori

In Systemen mit mehr als zwei Zustandsgrößen kann es in Analogie zu den Grenzzyklen zweidimensionaler Systeme Flächen geben, die die Bewegung des Systems 'einfangen'. Diese Attraktoren heißen hier **Torus** . Bei einem dreidimensionalen System etwa kann die Bewegung auf einem Ring ablaufen. Dieser Zustandspfad entspricht zwei voneinander unabhängigen Schwingungen, deren Frequenz durch die Geschwindigkeit auf dem kleinen bzw. großen Radius des Ringes bestimmt wird. Ähnliche höherdimensionale Attraktoren können sich bei Systemen höherer Ordnung finden. Sie entstehen aus der Überlagerung von mehr als zwei grenzzyklusartigen Schwingungen.

Chaotische Attraktoren

Bei den bisher besprochenen Systemen bleiben benachbarte Zustandsbahnen im Laufe der Zeit nahe beieinander. Diese Systeme sind daher vorhersagbar. Aus den Anfangswerten läßt sich die zukünftige Entwicklung ermitteln, und diese Entwicklung ist gegenüber Meßfehlern der Anfangswerte nicht sehr empfindlich.

Es gibt eine weitere Klasse von Systemen, die zwar Attraktorflächen haben, auf denen sich der jeweilige Systemzustand nach einiger Zeit befinden muß, ohne daß allerdings sein Ort vorhergesagt werden kann. Dies ist darin begründet, daß benachbarte Zustandsbahnen auf der Attraktorfläche exponentiell divergieren. Da sie diese aber nicht verlassen können, muß die Fläche ein 'Zurückfalten' auf geschlossene Bahnen erlauben. Das Prinzip ist aus dem Rössler-Attraktor zu erkennen (Abb. 3.12e). Zwei ursprünglich eng benachbarte Trajektorien können nach kurzer Zeit völlig verschiedene Bahnen einnehmen.

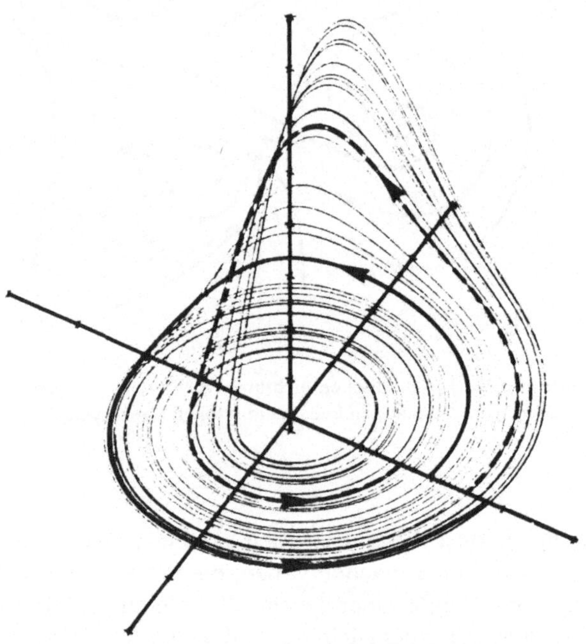

Abb. 3.12e   Chaotischer Attraktor (Rössler-Attraktor). Zustandsbahnen divergieren auf dem Attraktor und werden durch Zurückfalten vermischt. (Nach J.P. Crutchfield u.a.: Chaos. Spektrum der Wissenschaft, Febr. 1987).

Systeme mit diesen **seltsamen** oder **chaotischen Attraktoren** haben keine Vorhersagbarkeit mehr: Der Endzustand könnte irgendwo auf dem Attraktor sein. Damit gibt es hier keinen Zusammenhang zwischen Vergangenheit (Anfangsbedingung) und Zukunft mehr.

Das ständige Auseinanderstrecken und darauf folgende Falten der Zustandsbahnen eines chaotischen Attraktors ist mit dem Ausrollen und Falten eines Teiges vergleichbar: Auch hier verteilt sich ein Löffel Mehl ('Anfangszustand') nach kürzester Zeit über den gesamten Teig (den 'chaotischen Attraktor'): Der spätere Ort eines Mehlkörnchens läßt keinen Rückschluß mehr auf den Anfangsort zu.

Die Existenz von Chaos in dynamischen Systemen bedeutet, daß der Berechenbarkeit zukünftiger Entwicklungen prinzipielle Grenzen gesetzt sind, sobald sich in einem System chaotische Attraktoren finden. Allerdings bedeutet dies auch wiederum nicht völlige Beliebigkeit der zukünftigen Systemzustände, da diese sich ja auf dem Attraktor befinden müssen. Aufgabe der Systemanalyse und Simulation ist es dann, diese Attraktorflächen zu ermitteln.

3.13 Strukturveränderung von Systemen

Nicht selten stoßen wir in der Praxis auf Systeme, die beim Erreichen bestimmter Zustandsbedingungen 'umschalten' und damit ihr Verhalten qualitativ verändern. Dieses Umschalten kann etwa bedeuten, daß beim Erreichen gewisser Schwellenwerte Parameter verändert, Verbindungen unterbrochen oder aktiviert, oder ganze Subsysteme ab- oder dazugeschaltet werden. Pflanzen und Tiere etwa verfügen über solche Mechanismen, um z.B. Belastungssituationen (z.B. Wasserstreß oder Bedrohung durch einen Freßfeind) überstehen zu können.

Systemanalytisch bedeutet das 'Umschalten', daß sich die Zustandsgleichungen verändern, daß das ursprüngliche System von Ratengleichungen also in Abhängigkeit vom Systemzustand durch ein anderes ersetzt wird. Wir sprechen dann von einer Strukturveränderung. Bei der Simulation läßt sich der Umschaltvorgang durch Einfügen logischer Bedingungen oder durch Funktionen mit sprunghaften Veränderungen leicht darstellen.

Bei der Verhaltens- und Stabilitätsanalyse muß berücksichtigt werden, daß sich aus den veränderten Zustandsbedingungen im allgemeinen andere Gleichgewichtspunkte mit anderen Stabilitätsbedingungen ergeben.

Umschaltvorgänge in Systemen können zu überraschenden Konsequenzen führen. Ein Beispiel ergibt sich aus der Computersimulation des Baumwachstums unter Schadstoffbelastung (Abb. 3.13a).

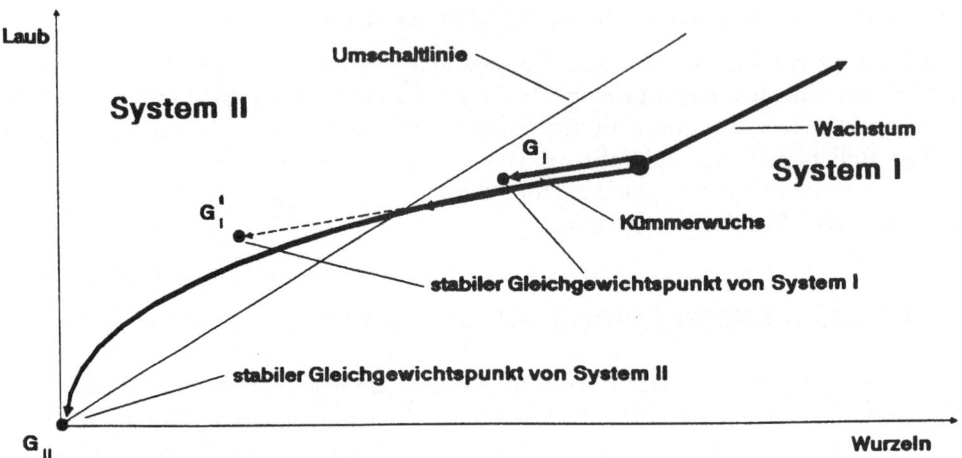

Abb. 3.13a   Umschaltvorgänge in Systemen können zu anderen Gleichgewichtspunkten führen, auf die der Systemzustand dann zuläuft. Beispiel: Baumwachstum unter Schadstoffbelastung. Bei hoher Belastung läuft das System I auf ein lebensfähiges Gleichgewicht G'_I zu, schaltet aber auf eine andere Struktur, bevor dieser Gleichgewichtspunkt erreicht ist. Die neue Struktur (System II) hat ihr stabiles, aber nicht lebensfähiges Gleichgewicht G_{II} am Nullpunkt. (Nach H. Krieger: Stabilitätsanalyse eines parameterabhängigen Waldmodells, Diplomarbeit GH Kassel 1986).

Bei einer unterkritischen Schadstoffbelastung bleibt das System bei Zustandsgleichungen (System I), die einen stabilen Gleichgewichtspunkt G_I haben: Der Baum existiert also weiter. Bei Überschreiten dieser Belastung rückt der stabile Gleichgewichtspunkt hinter die Umschaltlinie (d.h., die Zustandsbedingungen, bei denen das System II aktiviert wird). Auf dem Wege hin zu diesem Gleichgewichtspunkt (G'_I) muß das System an der Umschaltlinie auf System II umschalten, das einen stabilen Gleichgewichtspunkt bei G_{II} = (0,0) hat (kein Laub, keine Wurzeln). Der Zustand bewegt sich nun rasch in diese Richtung, d.h. das Absterben des Baums ist die unvermeidliche Folge.

Bei der Systemdarstellung und dynamischen Simulation realer Systeme muß immer auf die Möglichkeit von Umschaltvorgängen geachtet werden. Ihre konkrete Beschreibung entscheidet meist über die Brauchbarkeit des Systemmodells. Um das Gesamtverhalten des Systems nachvollziehen zu können, sollten das Verhalten der verschiedenen aktivierbaren Systemkonfigurationen und die Bedingungen des Umschaltens bekannt sein.

III EINFLUSS DER SYSTEMSTRUKTUR AUF VERHALTEN UND STABILITÄT: UNTERSUCHUNGEN MIT DEN PROGRAMMEN 'SYSANT' UND 'GLODYS'

3.14 Überblick: Simulation zweidimensionaler Systeme

Im vorangegangenen Abschnitt wurden wichtige theoretische Grundlagen der Systemdynamik und Systemstabilität entwickelt. Wir konnten uns dabei besonders auf die Analyse von linearen dynamischen Systemen mit einer bzw. zwei Zustandsgrößen konzentrieren, da sich zeigen ließ, daß diese die Grundbausteine auch komplexer linearer Systeme darstellen. Darüber hinaus zeigte sich, daß in der Nähe von Gleichgewichtspunkten nichtlineare Systeme durch lineare Systeme angenähert werden können, um zu Aussagen über Systemverhalten und Stabilität in der Nähe eines Gleichgewichtspunkts zu gelangen.

Die Zustandsbahnen autonomer Systeme (keine Umwelteinwirkungen, keine zeitlichen Veränderungen von Systemparametern) zeigen bei zwei Zustandsgrößen anschaulich das Verhalten des Systems und seine Stabilität. Da lineare Systeme nur einen Gleichgewichtspunkt haben, gelten dort die Verhaltens- und Stabilitätsaussagen global. Anders bei nichtlinearen Systemen: Diese haben im allgemeinen mehr als einen Gleichgewichtspunkt, und Verhaltens- und Stabilitätsaussagen gelten nur im Einzugsbereich des entsprechenden Gleichgewichtspunkts. Sie können sogar geschlossene Gleichgewichts**kurven** (Grenzzyklen) haben. Das bedeutet, daß Verhalten und Stabilität vom Anfangszustand abhängig sind. Für Systeme mit mehr als zwei Zustandsgrößen gelten die Verhaltens- und Stabilitätsaussagen immer noch sinngemäß, doch wird dann die räumliche Darstellung in drei oder mehr Dimensionen schwierig.

In diesem Abschnitt sollen die theoretischen Ergebnisse durch die praktische Untersuchung ein- und zweidimensionaler linearer und nichtlinearer dynamischer Systeme ergänzt und vertieft werden. Wir verwenden dazu zwei Computerprogramme SYSANT und GLODYS, die die gewählte Systemkonfiguration, ihr Zeitverhalten und ihr Verhalten im Zustandsraum graphisch darstellen. SYSANT (Systemantwort) befaßt sich ausschließlich mit linearen ein- oder zweidimensionalen Systemen und ihrer Reaktion auf verschiedene Anregungsfunktionen; GLODYS (globale Dynamik von Systemen) demonstriert außer dem Verhalten beliebiger autonomer zweidimensionaler linearer Systeme auch das einiger ausgewählter autonomer nichtlinearer Systeme.

3.15 Systemantwort als Funktion von Integratorzahl, Rückkopplungsparametern, Anfangsbedingungen und Anregefunktion - Untersuchungen mit dem Programm 'SYSANT'

Einen Überblick über die Untersuchungsmöglichkeiten dieses Programms geben die Abb. 3.15a und 3.15b.

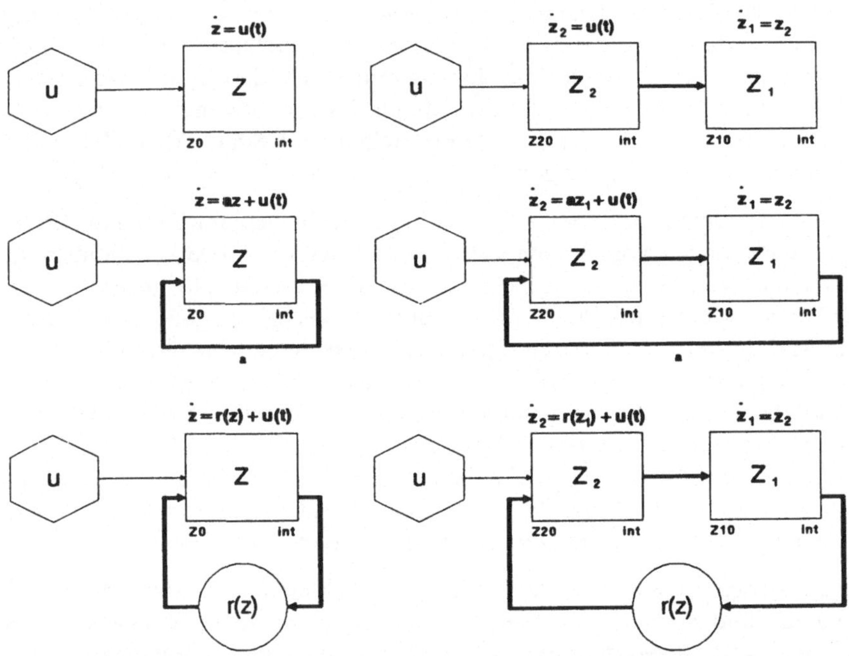

Abb. 3.15a   Überblick über die Systemkonfigurationen, die mit dem Programm SYSANT untersucht werden können.

Abb. 3.15a zeigt die Blockdiagramme und die Zustandsgleichungen für die Systeme, die untersucht werden können. Die Wahlmöglichkeiten umfassen die Zahl der Integratoren, ihre Anfangswerte, die Rückkopplung und das Eingangssignal. Die Rückkopplung kann entweder linear sein (Vorzeichen und Rückkopplungsfaktor sind wählbar), oder es kann eine beliebige Rückkopplungsfunktion als Tabellenfunktion definiert werden (damit wird das System im allgemeinen nichtlinear!).

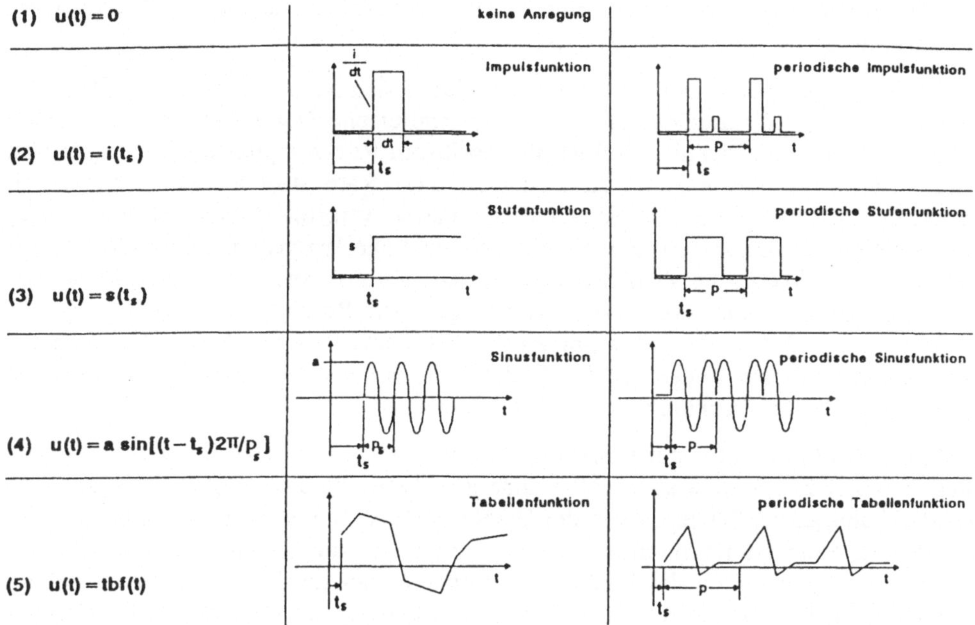

Abb. 3.15b   Überblick über die Eingangsfunktionen, die mit dem Programm SYSANT verwendet werden können.

Die wählbaren Eingangsfunktionen u(t) sind in Abb. 3.15b dargestellt. Es sind dies einmal die üblichen Testfunktionen (Impulsfunktion, Sprungfunktion, Sinusfunktion), außerdem können aber auch beliebige Tabellenfunktionen definiert, oder die Umwelteinwirkung kann auf Null gesetzt werden (autonomes System). Die Funktionen können auch als periodisch definiert werden, so daß sie mit einer vorgegebenen Periode ständig wiederholt werden.

Mit diesem Programm kann sowohl das autonome, wie auch das durch Umwelteinwirkung erzwungene Verhalten elementarer Systemkonfigurationen untersucht werden, die in der Praxis erhebliche Bedeutung haben. Darüber hinaus gelten viele der daraus gewonnenen Erkenntnisse aber auch für Systeme höherer Ordnung (wie im vorangehenden Abschnitt gezeigt).

Das System mit einem Integrator ohne Rückkopplung etwa stellt das Verhalten eines Speichers mit einer Nettozuflußrate u(t) dar: Mathematisch haben wir es hier mit der einfachen Integration des Eingangs über die Zeit zu tun.

Zwei Integratoren ohne Rückkopplung entsprechen der zweifachen Integration der Eingangsgröße u(t). Eine solche Integrationsfolge begegnet uns in der Mechanik besonders häufig, z.B. als Beschleunigung -> Geschwindigkeit -> Weg.

Der einfache Integrator mit Rückkopplung findet sich auch in komplexen Systemen immer wieder als Grundelement. Er erzeugt eine eigene Systemdynamik auch dann, wenn die Umwelteinwirkung Null ist. Bei positivem Rückkopplungsfaktor ergibt sich eine positive Veränderungsrate des Zustands; diese Rate ist dem jeweiligen Zustand proportional. Ein anfänglich positiver Zustandswert vergrößert sich also mit ständig wachsendem absoluten Zuwachs. Dieses exponentielle Wachstum ist für viele physikalische und biologische Prozesse typisch, jedenfalls solange keine Wachstumsbeschränkungen wirksam werden. Auch der umgekehrte Prozeß, das exponentielle Abklingen mit allmählicher Annäherung an den Nullwert ist ein grundlegender Vorgang, der sich in Systemen immer wieder findet (z.B. radioaktiver Zerfall, Diffusion von Wärme und Stoffen, Abklingen von Wirkungen, usw.).

Der zweifache Integrator mit Rückkopplung wird besonders deshalb interessant, weil dieses elementare System auch völlig ohne jede Umwelteinwirkung in Schwingungen geraten kann, deren Frequenz von der Wahl des Rückkopplungsfaktors abhängt. Dieser Prozeß kann immer dann entstehen, wenn nach einer (mindestens) zweifachen Integration der Ausgang des letzten Integrators wieder an den ersten zurückgekoppelt wird. In der Mechanik z.B. wirkt eine Auslenkung oft über elastische Komponenten (Feder) wieder als Beschleunigung auf das System. Auch dieses Systemelement des 'Schwingers' ist in komplexen Systemen häufig anzutreffen und kann dann zu dynamischem Verhalten führen, das sich aus den Umwelteinflüssen überhaupt nicht erklären und durch 'naive' Umwelteinwirkungen auch nicht wirksam kontrollieren läßt.

Verwendung des Programmes SYSANT

Das Programm SYSANT ist in BASIC geschrieben und im Anhang dokumentiert. Falls Sie es nicht auf Diskette haben, müssen Sie es erst unter BASIC eintippen und abspeichern. Wenn es fehlerfrei läuft, empfiehlt es sich, es mit einem BASIC-Compiler zu kompilieren. Damit reduziert sich die Laufzeit auf etwa ein Fünftel. Das BASIC Programm müssen Sie aus BASIC heraus starten; das kompilierte Programm rufen Sie direkt von DOS aus auf. Da das Programm die Bildschirmgraphik entsprechend dem Color/Graphics-Adaptor verwendet, müssen Sie vorher (von DOS aus) den Befehl GRAPHICS absetzen.

Mit SYSANT können Sie die Systemantwort einfacher Systeme (mit ein oder zwei Integratoren, mit oder ohne Rückkopplung, kontinuierlich oder diskret) bei sehr verschiedenen Anregefunktionen und Anfangsbedingungen untersuchen.

Zuerst muß das System definiert werden. Geben Sie also entsprechend der Abfrage ein:

- diskretes oder kontinuierliches System
- Zahl der Integratoren (1 oder 2)
- ob Rückkopplung (Systemausgang auf -eingang) vorhanden ist
- ob die Rückkopplungsfunktion linear oder nichtlinear sein soll
- Rückkopplungsfaktor (bei linearer Rückkopplung)
- welche Anfangswerte die Integratoren haben sollen.

Falls Sie eine nichtlineare Rückkopplungsfunktion angewählt haben, müssen Sie in einem Zwischenschritt die Tabellenwerte dieser Funktion angeben. Diese wird am Bildschirm gezeichnet, und Sie haben die Möglichkeit zur Korrektur.

Falls Sie keine Rückkopplung wünschen, so verschwindet diese auch in der bildlichen Darstellung des Systems. Wird nur ein Integrator gewünscht, so wird die Darstellung entsprechend korrigiert.

Als nächstes können Sie aus einer Reihe von Standard-Testfunktionen die gewünschte Anregefunktion auswählen:

0 - keine Anregung
1 - Impulsfunktion
2 - Sprungfunktion
3 - Sinusschwingung
4 - beliebige (Tabellen-) Funktion

Der Fall 'keine Anregung' ist zur Untersuchung des autonomen Verhaltens rückgekoppelter Systeme wichtig.

Die Funktionen können entweder als einmaliges Eingangssignal, oder als periodisch sich wiederholendes Signal vorgegeben werden, wobei Sie die Periode angeben müssen. Sie können bis zu 20 Einzelimpulse oder Sprünge pro Periode angeben (jeweils die Anfangszeit des Signals und seinen Impuls- oder Sprungwert). Hiermit lassen sich auch komplizierte Funktionen zusammenbauen.

Noch mehr Freiheit haben Sie bei der Tabellenfunktion, bei der Sie jeweils eine Zeit (Eingangswert) und einen dazugehörigen Funktionswert (Ausgangswert) angeben müssen. Zwischen zwei Tabellenwerten wird linear interpoliert. Die von Ihnen konstruierte Funktion wird am Bildschirm gezeigt; Sie können dann noch ändern.

Bei der Sinusfunktion können Sie entweder eine fortlaufende Sinusfunktion wählen, oder die Schwingung nach einer bestimmten Zeit abschneiden. Eine periodische Wiederholung dieser abgeschnittenen Schwingung ist ebenfalls möglich.

Nach Abschluß der Auswahl erscheinen am Bildschirm (Abb. 3.15c):

- ein Systemdiagramm
- Zeitkurven der Signale an den verschiedenen Systempunkten

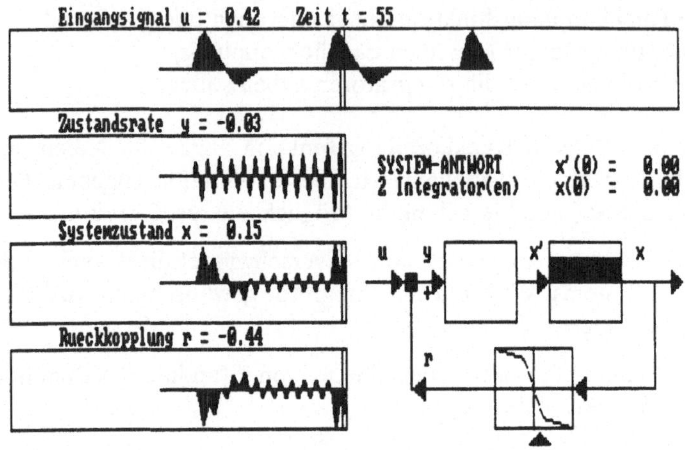

Abb. 3.15c   Beispiel der Bildschirmausgabe beim Programm SYSANT.

Im Systemdiagramm sind die Zahl der Integratoren und die Bezeichnungen der Signale an den verschiedenen Systempunkten angegeben. Im rechten oberen Kasten wird der jeweilige 'Bestand' des Ausgangsintegrators angezeigt (positiv nach oben, negativ nach unten, auf Maximalwert normiert).

Der untere Kasten zeigt die gewählte Rückkopplungsfunktion. Bei linearer Rückkopplung wird der gewählte Rückkopplungsfaktor angezeigt (rechts vom Kasten). Während des Laufs zeigt eine Pfeilspitze unter diesem Kasten den Eingangswert (Zustand x) der Rückkopplungsfunktion an.

Zu Beginn der Simulation wird zunächst (oben rechts) der Verlauf der Anregungsfunktion gezeigt. Diese wird dann 'durch das System geschoben'. Aus Anregung (Eingangssignal u) plus Rückkopplung (r) ergibt sich das Eingangssignal des ersten Integratorblocks (Zustandsrate y). Dieses wird einmal (bzw. zweimal) integriert und als Ausgangssignal (Systemzustand x) angezeigt. Hieraus ergibt sich auch das Rückkopplungssignal. Der jeweilige Wert dieser Größen wird in der Spalte unter der Zeitangabe graphisch und über den Diagrammkästen auch numerisch angezeigt.

Bevor Sie die folgenden Aufgaben bearbeiten, sollten Sie sich durch einiges Herumexperimentieren an das Programm gewöhnen.

In den Aufgaben sollen Sie sich mit dem unterschiedlichen Verhalten vier verschiedener Systeme vertraut machen:

-      ein Integrator, keine Rückkopplung
-      ein Integrator, mit Rückkopplung
-      zwei Integratoren, keine Rückkopplung
-      zwei Integratoren, mit Rückkopplung.

Systeme höherer Ordnung (mit mehr als zwei Integratoren bzw. Zustandsgrößen) zeigen kein grundsätzlich anderes Verhalten mehr, so daß die mit dem Programm SYSANT gewonnenen Einsichten grundsätzliche Bedeutung haben. (Weitere Einsichten - z.B. gedämpfte Schwingung, Folgen struktureller Nichtlinearitäten usw. - werden im Programm GLODYS vermittelt).

(1) **Ein Integrator, keine Rückkopplung**

Bei einem Integrator ohne Rückkopplung erhalten Sie am Ausgang das Zeitintegral des Eingangssignals.

Beispiele:

      - aus einer Impuls- wird eine Sprungfunktion
      - aus einer Sprung- wird eine Rampenfunktion
      - aus einer Rampen- wird eine quadratische Funktion
      - aus einer Sinus- wird eine Kosinusfunktion

Die Simulationsergebnisse für eine Sprungfunktion sind in Abb. 3.15d gezeigt.

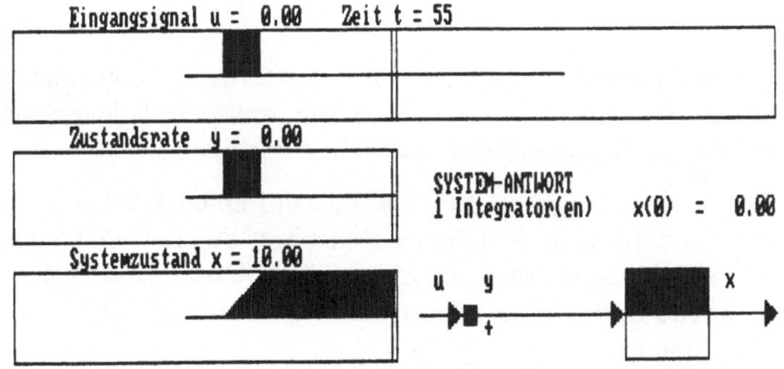

Abb. 3.15d   Simulationsbeispiel für einen Integrator ohne Rückkopplung.

Aufgaben

1. Wählen Sie verschiedene Anfangsbedingungen und verschiedene Varianten der Funktionen im Menü für die Anregungsfunktionen und beobachten und skizzieren Sie die Systemantwort. Überprüfen Sie das Ergebnis mit den bekannten mathematischen Integralformeln.

2. Konstruieren Sie verschiedene periodische Anregungsfunktionen und beobachten, skizzieren und erläutern Sie die Systemantwort.

3. Welche Bedingung muß das Eingangssignal erfüllen, damit nach seinem Durchlauf der Systemzustand (Integratorausgang) wieder im ursprünglichen Zustand ist?

4. Welche Phasenverschiebung erfährt ein Sinus-Signal?

5. Wie verändert sich der Integratorzustand mit der Zeit, wenn (bei beliebigem Anfangswert) das Eingangssignal $= 0$ ist? (Mit den anderen Systemen vergleichen!)

(2) Ein Integrator, mit Rückkopplung

Der Integrator mit Rückkopplung ist ein Grundprozeß natürlicher und technischer Systeme. Ist der Anfangszustand nicht Null, so ergibt sich bei diesem System auch bei einer Anregung $= 0$ ein dynamisches Verhalten. Die folgenden Betrachtungen gelten für diese Bedingung.

Bei einem Integrator mit Rückkopplung hängt die Systemantwort entscheidend von Vorzeichen und Stärke der Rückkopplung ab. Bei linearer Rückkopplung ergibt positives Vorzeichen exponentielles Wachstum, negatives Vorzeichen exponentielles Abklingen. Bei positivem Vorzeichen ist das System daher instabil, bei negativem stabil.

Bei der diskreten Simulation wird ein Zeitschritt von 1 verwendet; die aktuellen Werte werden also nicht laufend (wie bei einem kontinuierlichen System) ermittelt, sondern stehen nur zu diskreten Zeitpunkten zur Verfügung.

Wenn wir bei einem Anfangswert für den Zustand einen Rückkopplungsfaktor von z.B. -0.5 wählen, so wird nach dem ersten Zeitschritt der Betrag 0.5 abgezogen, nach dem zweiten 0.25, nach dem dritten 0.125 usw. Der Abzug ist aber immer kleiner als der noch vorhandene Betrag. Wir erhalten am Bildschirm als Ergebnis die Kurve exponentiellen Abklingens.

Wählen wir dagegen den Betrag des Rückkopplungsfaktors größer als 1 , so erhalten wir bei **dieser diskreten** Systemdarstellung einen hin und her springenden positiven bzw. negativen Puls. Für einen Anfangswert 1 und einen Rückkopplungsfaktor von -2 z.B. erhalten wir die Reihe (1, -1, 1, -1, ...). Bei einem Rückkopplungsfaktor von -1 verschwindet das Signal völlig. Ist der Betrag der negativen Rückkopplung größer als 2, so wächst der Betrag des Zustandswerts bei alternierendem Vorzeichen ständig an.

Die Erscheinung beruht auf der für den gewählten Rückkopplungsfaktor zu groben Schrittweite: für DT = 1 wird bei einem negativen Rückkopplungsfaktor mit Betrag größer als 1 mehr als der vorhandene Bestand bei der Zustandsgröße abgezogen: Sie wird negativ. Wird das 'kontinuierliche' System angewählt, so wird intern ein DT von 1/3 verwendet, und diese Erscheinung tritt erst bei einem negativen Rückkopplungsfaktor mit Betrag größer als 3 auf.

Das Ergebnis macht wieder deutlich, daß die Schrittweite an die Zeitkonstante des simulierten Systems angepaßt werden muß (vgl. Kap. 2.5 und Kap. 3.1), um numerische Instabilitäten zu vermeiden und Rechenfehler klein zu halten.

Bei rückgekoppelten Integratoren führt ein Eingangssignal (z.B. Sprungfunktion) erst nach einiger Zeit zu einem 'vollen Ausschlag'. Die Verzögerungszeit ist um so größer, je kleiner der Betrag der negativen Rückkopplung ist. Dieses Elementarsystem wird daher oft als Verzögerungsglied verwendet (Exponentialverzögerung). Eine Exponentialverzögerung n-ter Ordnung hat n hintereinander angeordnete rückgekoppelte Integratoren.

Abb. 3.15e zeigt ein Simulationsbeispiel für den einfachen Integrator mit Rückkopplung.

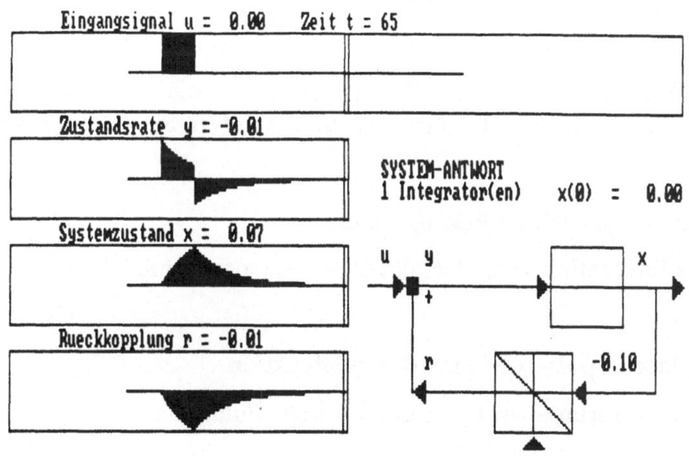

Abb. 3.15e   Simulationsbeispiel für einen Integrator mit Rückkopplung.

Aufgaben

1. Wählen Sie lineare Rückkopplung, verschiedene positive und negative Rückkopplungsfaktoren (Betrag < 1), verschiedene Anfangsbedingungen und verschiedene Varianten der Funktionen im Menü für die Anregungsfunktionen und beobachten und skizzieren Sie die Systemantwort.

2. Auf welchen Gleichgewichtswert x läuft das autonome System (u = 0) bei negativer Rückkopplung (Betrag < 1) immer hin, unabhängig von der gewählten Anfangsbedingung?

3. Skizzieren und erläutern Sie, was Sie beim diskreten System bei einem negativen Rückkopplungsfaktor mit Betrag > = 1 beobachten. Warum erscheint kein exponentieller Verlauf mehr? (Hinweis: endliche Schrittweite bei der numerischen Integration).

4. Ermitteln Sie die Bedingungen, unter denen das System nach Anregung durch einen Puls stabil ist.

5. Geben Sie eine Sprungfunktion u = 1 als Eingangssignal und ermitteln Sie die Verzögerung T des Zustandswerts in Abhängigkeit vom Betrag der negativen (linearen) Rückkopplung. Benutzen Sie als Maß die Zeitkonstante T des Systems, die durch die Zeitkoordinate des Schnittpunkts der Anfangssteigung der Zustandskurve mit der horizontalen Tangente an den Maximalwert des Zustands gegeben ist. Ermitteln Sie den Zusammenhang zwischen T und Rückkopplungsbetrag a (Kurve und Formel).

6. Welche Phasenverschiebung erfährt ein Sinus-Signal?

7. Führen Sie eine nichtlineare Rückkopplungsfunktion ein: $f = 0$ für $x \leq 0$ und $f = -0.1\,x$ für $x > 0$. Skizzieren und erläutern Sie die Systemantwort.

(3) Zwei Integratoren, keine Rückkopplung

Die zweifache Integration verändert das Signal entsprechend:

Beispiele:

- aus einer Impuls- wird eine Rampenfunktion

- aus einer Sprung- wird eine quadratische Funktion

- aus einer Sinusfunktion wird eine um 180 Grad phasenverschobene Sinusfunktion

Auch bei fehlender Eingangsfunktion (u = 0) kann sich eine instabile zeitliche Veränderung (lineares Anwachsen des Zustandsbetrags) am Ausgang (zweiter Integrator) ergeben, wenn der Anfangswert des ersten Integrators nicht exakt gleich Null war (Drift).

In Abb. 3.15f ist ein Simulationsergebnis für zwei Integratoren ohne Rückkopplung gezeigt.

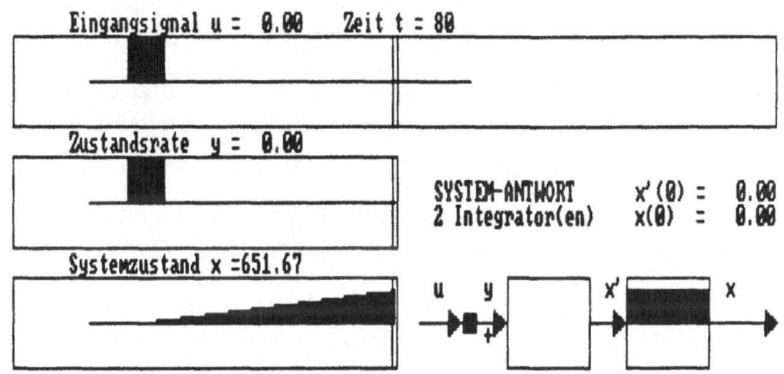

Abb. 3.15f   Simulationsbeispiel für zwei Integratoren ohne Rückkopplung.

Aufgaben

1. Wählen Sie verschiedene Anfangsbedingungen und verschiedene Varianten der Funktionen im Menü für die Anregungsfunktionen und beobachten und skizzieren Sie die Systemantwort. Überprüfen Sie das Ergebnis mit den bekannten mathematischen Integralformeln. Woraus erklären sich eventuelle kleine Abweichungen?

2. Konstruieren Sie verschiedene periodische Anregungsfunktionen und beobachten, skizzieren und erläutern Sie die Systemantwort.

3. Welche Bedingungen muß das Eingangssignal erfüllen, damit nach seinem Durchlauf wieder der ursprüngliche Systemzustand erreicht wird?

4. Welche Phasenverschiebung erfährt ein Sinus-Signal?

5. Wie verändert sich, in Abhängigkeit von den Anfangswerten der beiden Integratoren, der Integratorzustand mit der Zeit, wenn das Eingangssignal $u = 0$ ist? (Mit den anderen Systemen vergleichen!)

6. Welche Strecke legt ein Körper zurück, der mit einer konstanten Beschleunigung von 1 m/sec^2 (etwa 1/10 der Erdbeschleunigung) 100 Sekunden lang beschleunigt wird? Überprüfen Sie das Simulationsergebnis durch eine exakte Rechnung. Woraus erklärt sich der Unterschied? Wie läßt er sich (fast) vermeiden?

(4) Zwei Integratoren, mit Rückkopplung

Wird der Ausgang des zweiten auf den Eingang des ersten Integrators zurückgekoppelt (mit negativem Vorzeichen), so können sich - auch ohne Anregung von außen - Schwingungen im System ergeben, falls wenigstens einer der Integratoren einen Anfangswert ungleich Null hatte (oder auch falls kleine zufällige Störungen im System auftreten). Das System stellt jetzt (bei linearer Rückkopplung) einen harmonischen Schwinger dar, dessen Frequenz von der Stärke des Rückkopplungsfaktors abhängt.

Eine gedämpfte Schwingung würde sich ergeben, wenn zusätzlich der Ausgang eines Integrators (oder beider) jeweils in den eigenen Eingang zurückgekoppelt würde. (In SYSANT nicht implementiert, s. hierzu das Programm GLODYS).

Aufgeprägte Schwingungen (der Anregungsfunktion) überlagern sich mit den Eigenschwingungen und können zu komplexen Systemantworten führen.

Die Systemantwort eines ursprünglich in Ruhe befindlichen Systems dieser Art hat nach kurzer Zeit nichts mehr mit dem Anregungssignal (etwa einem Impuls) zu tun, da die Antwort jetzt von der Eigenschwingung dominiert wird (vgl. die Diskussion der dominanten Eigenwerte in 3.9).

In Abb. 3.15g ist ein Simulationsbeispiel für den zweifachen Integrator mit Rückkopplung (ungedämpfter Schwinger) gezeigt.

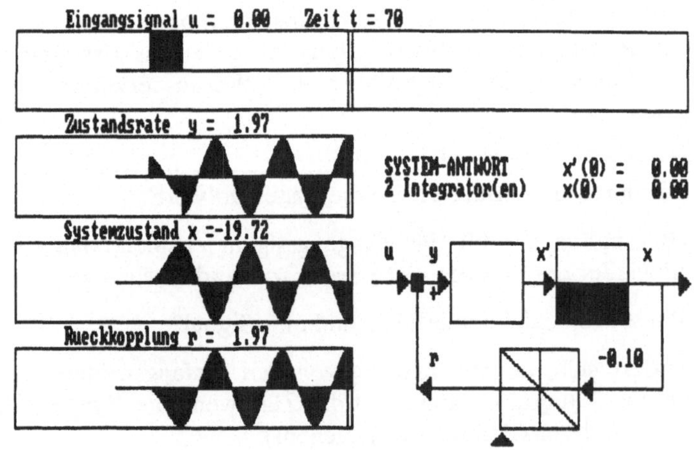

Abb. 3.15g   Simulationsbeispiel für zwei Integratoren mit Rückkopplung.

Aufgaben

1. Wählen Sie lineare Rückkopplung, verschiedene positive und negative Rück-
    kopplungsfaktoren (Betrag < 1), verschiedene Anfangsbedingungen und
    verschiedene Varianten der Funktionen im Menü für die Anregungsfunktionen
    und beobachten und skizzieren Sie die Systemantwort.

2. Ermitteln Sie (Anfangszustände Null, einmaliger Puls als Anregung) die
    Frequenz der Eigenschwingung in Abhängigkeit vom (negativen) Rück-
    kopplungsfaktor. Zeichnen Sie die Ergebnisse als Diagramm.

3. Verwenden Sie einen Rückkopplungsfaktor von -0.1 und Sinusschwingungen
    niedriger Frequenz als Anregung. Beobachten und skizzieren Sie das Aus-
    gangssignal und erläutern Sie seine Entstehung.

4. Wie ließen sich - bei Beibehaltung der Rückkopplung über zwei Integratoren -
    die Schwingungen des Systems dämpfen? (Mit SYSANT nicht ausführbar, mit
    GLODYS möglich).

5. Skizzieren und erläutern Sie, was Sie bei einem Rückkopplungsfaktor
    ≥ 1 beobachten.

6. Führen Sie eine nichtlineare Rückkopplungsfunktion ein: $f = 0$ für $x \leq 0$
    und $f = -0.1\,x$ für $x > 0$. Skizzieren und erläutern Sie die Systemantwort.

7. Experimentieren Sie mit anderen nichtlinearen Rückkopplungen: z.B. Sättigung
    bei höheren Beträgen von x; positive Steigung für kleine Beträge von x, negative
    Steigung für große Beträge von x; usw. Skizzieren und erläutern Sie die
    Beobachtungen.

3.16 Verhalten linearer und nichtlinearer Systeme mit zwei Zu-standsgrößen als Funktion von Rückkopplung und An-fangsbedingungen: Untersuchungen mit dem Programm GLODYS

Die Untersuchung einfacher Systeme mit ein oder zwei Integratoren mit dem Programm SYSANT hat gezeigt, daß Rückkopplungen zu einer Eigendynamik von Systemen führen - auch dann, wenn diese Systeme keinerlei Einwirkungen aus ihrer Systemumwelt erfahren.

In den vorangegangenen Abschnitten wurde deutlich, daß **alle** qualitativen Verhaltensmöglichkeiten komplexer Systeme mit vielen Zustandsgrößen (mit Ausnahme
chaotischer Attraktoren) bereits auch bei Systemen mit zwei Zustandsgrößen auftreten. Aus diesem Grunde macht es Sinn, das Verhalten zweidimensionaler Systeme
ausführlich zu untersuchen, um damit einen Einblick in die vielfachen Verhaltensmöglichkeiten dynamischer Systeme zu gewinnen.

Mit dem Programm GLODYS können **alle** zweidimensionalen linearen Systeme und darüberhinaus einige wichtige nichtlineare Systeme spezifiziert und untersucht werden. Alle Systeme sind autonom, d.h., sie unterliegen keiner Umwelteinwirkung (Anregungsfunktion u(t) = 0); ihre Systemparameter bleiben zeitlich konstant (zeitinvariant). Die Systemdynamik ist dann erstens durch die Systemkonfiguration selbst, und zweitens durch den Anfangszustand des Systems (die Anfangsbedingungen der beiden Integratoren) bestimmt.

Bei der Arbeit mit GLODYS wird zunächst das System ausgewählt, und es werden die verschiedenen Rückkopplungsparameter festgelegt. Entsprechend dieser Systemdefinition werden ein entsprechendes Blockdiagramm des Systems und die zwei dazugehörenden Zustandsgleichungen am Bildschirm gezeigt. Bei linearen Systemen werden auch die beiden Eigenwerte angezeigt.

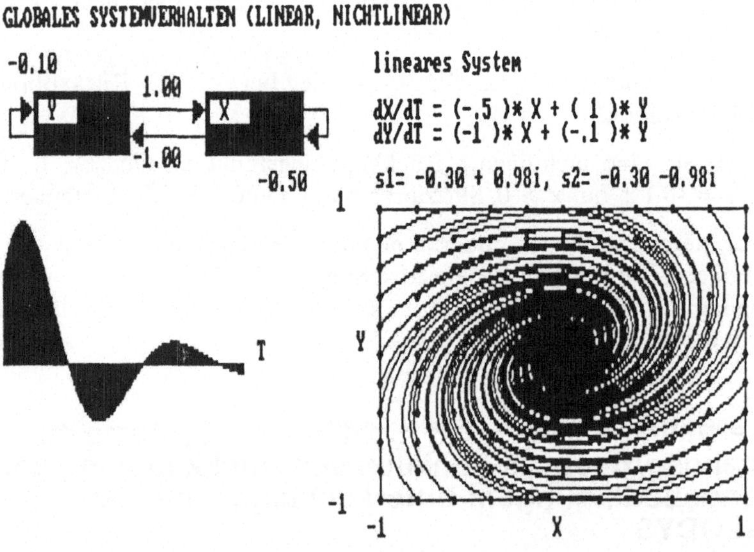

Abb. 3.16a   Beispiel der Bildschirmausgabe beim Programm GLODYS. Links oben: Systemdarstellung, rechts oben: Zustandsgleichungen und Eigenwerte (nur beim linearen System), links unten: Zeitkurve der Simulation für einen Anfangswert, rechts unten: Bild der Zustandsbahnen für viele verschiedene Anfangswerte (Phasenportrait).

GLODYS berechnet dann die zeitliche Entwicklung dieses Systems für eine Vielzahl verschiedener Anfangsbedingungen. Hierzu wird das symmetrisch um den Nullpunkt der Zustandsebene liegende rechteckige Feld mit 11*11 Punkten gerastert. Für jeden dieser Anfangszustände wird der Lösungsverlauf berechnet und jeweils erstens als Zeitfunktion und zweitens als Zustandsbahn in der Zustandsebene auf dem Bildschirm gezeichnet. Nach Durchlauf der Simulationen ergibt sich so ein vollständiges Bild der Zustandsbahnen des Systems für die betrachteten Anfangszustände. Ein Beispiel zeigt Abb. 3.16a. Um das Verhalten in einzelnen Bereichen genauer untersuchen zu können - etwa in der Nähe von Gleichgewichtspunkten - können auch zusätzlich beliebige Anfangszustände definiert werden, für die dann ebenfalls die Lösungskurven gezeichnet werden.

Mit dem Programm wird auch optisch deutlich, was die verschiedenen Arten von Gleichgewichtspunkten (Quelle, Senke, Knoten, Sattel, Wirbel, Strudel) für Stabilität und Verhalten bedeuten, was Grenzzyklen sind, und welche komplexen Bilder des globalen Verhaltens sich bei 'einfachen' Systemen bereits einstellen können. Die lineare Systemdarstellung läßt sich auch verwenden, um die Stabilitätseigenschaften nichtlinearer Systeme in der Nähe ihrer Gleichgewichtspunkte mit Hilfe lokaler Linearisierung zu untersuchen (vgl. Kap. 3.10).

Verwendung des Programms GLODYS

Das Programm GLODYS ist in BASIC geschrieben und im Anhang aufgelistet. Wenn Sie es nicht bereits auf Diskette haben, müssen Sie es zunächst (unter BASIC) eintippen und abspeichern. Sobald Sie eine fehlerfreie Version haben, empfiehlt es sich, sie zu kompilieren. Die kompilierte Version spart Ihnen viel Zeit!

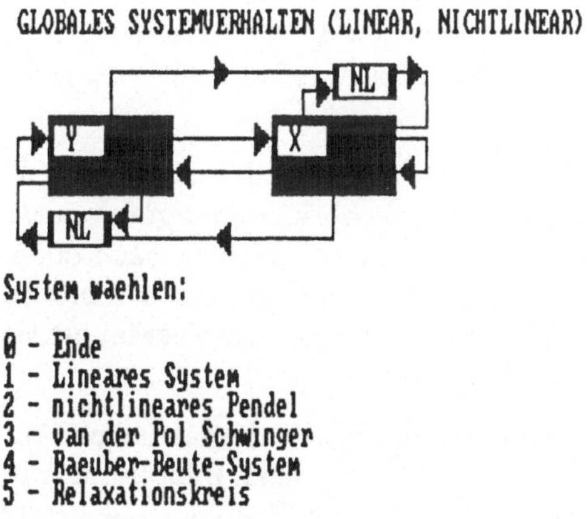

Abb. 3.16b   Bildschirmauswahl beim Programm GLODYS.

Nachdem Sie GLODYS aufgerufen haben, erscheint zunächst ein allgemeines Blockdiagramm für zwei Zustandsgrößen Y und X auf dem Bildschirm, das auch sämtliche möglichen linearen und nichtlinearen Verkopplungen zwischen den Größen zeigt

(Abb. 3.16b). Die nichtlinearen Verkopplungen sind mit "NL" gekennzeichnet. Sie können beliebige Funktionen von X und/oder Y sein (diese Funktionen sind für jedes System im Programm definiert). Die Parameter der Rückkopplungen (Vorzeichen und Betrag) werden später abgefragt.

Am Bildschirm erscheint außerdem eine Liste von Möglichkeiten, aus der Sie das zu untersuchende System durch Eingabe der entsprechenden Zahl auswählen:

    1 - lineares System
    2 - nichtlineares Pendel (Kreispendel)
    3 - van der Pol Schwinger
    4 - Räuber-Beute-System
    5 - Relaxationsschwingkreis

Nach Eintippen der entsprechenden Zahl wird am Bildschirm das Blockdiagramm des entsprechenden Systems gezeigt, und Sie werden aufgefordert, die Rückkopplungsparameter nacheinander zu definieren. Im Blockdiagramm zeigt das Fragezeichen mit dem Cursor jeweils an, für welche Verbindung Sie den Kopplungsparameter angeben sollen. Die gewählten Parameter werden jeweils an der entsprechenden Verbindung angezeigt. Sobald Sie alle Parameter angegeben haben, werden die beiden Zustandsgleichungen mit den gewählten Parametern am Bildschirm ausgeschrieben. Darunter werden (nur bei linearen Systemen) die Eigenwerte des Systems (s_1 und s_2) angegeben. Danach beginnen die Simulationen. Beachten Sie, daß die erste Zustandsgleichung zum rechten (X), die zweite zum linken (Y) Integrator gehört.

Die Simulationen werden für jeden der 11*11 Anfangszustände (Rasterpunkte) des gezeigten Zustandsfeldes durchgeführt. Das Ergebnis wird laufend auf drei Arten angezeigt:

Erstens wird der augenblickliche **Zustand** jeder der beiden Zustandsgrößen durch einen entsprechenden 'Inhalt' des zugehörigen Integrators angezeigt. Die Nullinie ist dabei in der Mitte; positive Zustandswerte werden nach oben, negative nach unten angezeigt. Maximal- und Minimalwerte entsprechen den am Zustandsfeld für X und Y angezeigten Grenzen. Während der Simulation verändert sich der Inhalt der beiden Integratoren normalerweise ständig.

Zweitens wird für jeden Simulationslauf mit den aktuellen Anfangsbedingungen der **Zeitverlauf** für die Zustandsgröße Y auf dem Bildschirm links gezeigt. Dabei entspricht der aktuelle Wert dem rechts im Zustandsfeld gesetzten Y-Wert des Zustandspunkts (beide Werte auf gleicher Höhe). Aus dem Zeitverlauf der Lösung ergeben sich bereits wichtige Verhaltens- und Stabilitätshinweise: Schwingungen werden erkennbar, und Instabilitäten deuten sich durch wachsende Amplitude an.

Drittens wird während jedes Simulationslaufs im Zustandsfeld ausgehend vom aktuellen Anfangszustand die **Zustandsbahn** des Systems gezeichnet, die sich aus dem Verlauf von X(t) und Y(t) ergibt. (Am Beginn des Programms können Sie wählen, ob

Sie 'kurze' Zustandsbahnen oder 'lange' haben wollen. Kurze Bahnen bedeuten eine kürzere Bearbeitungszeit.) Die Simulationen laufen normalerweise über 10 Zeiteinheiten, doch wird die Simulation abgebrochen, sobald X oder Y die Grenze des Zustandsfeldes überschreiten. Aus dem Bild der Zustandsbahnen werden Verhalten und Stabilität des Systems deutlich: Hier zeigen sich die früher erwähnten Quellen, Senken, Knoten, Sättel, Strudel, Wirbel und (bei nichtlinearen Systemen) Grenzzyklen. Damit lassen sich auch die Gleichgewichtspunkte leicht lokalisieren und ihre jeweilige Stabilität oder Instabilität wird leicht erkennbar.

Sie können während des Laufs durch Eingabe einer "1" (ohne Return) den Programmablauf anhalten und danach entweder wieder fortfahren, oder das Ergebnis auf dem Bildschirm mit einem angeschlossenen Matrixdrucker ausdrucken, oder ein neues System definieren, oder die Sitzung beenden. Nach Ablauf der Simulationen für alle Anfangszustände haben Sie außerdem noch die Möglichkeit, selbst Anfangswerte zu definieren (X0 und Y0); die entsprechenden Simulationsergebnisse werden wieder in der üblichen Weise angezeigt. Auf diese Weise können Sie auch Anfangsbedingungen untersuchen, die nicht im Raster liegen.

Bevor Sie die folgenden Aufgaben bearbeiten, sollten Sie sich mit dem Programm durch einige Experimentierläufe vertraut machen.

Die Untersuchungen linearer Systeme ergänzen und vertiefen die theoretische Analyse des Verhaltens und der Stabilität (linearer und linearisierter) Systeme in Kap. 3.6 - 3.11. Die Untersuchungen der nichtlinearen Systeme zeigen darüberhinaus die praktischen Konsequenzen mehrerer Gleichgewichtspunkte (oder von Grenzzyklen) für das Systemverhalten: Verhalten und Stabilität werden nun abhängig von den Anfangsbedingungen (was bei linearen Systemen nicht zutrifft).

(1) Lineare Systeme

Entsprechend den vier möglichen Verbindungen zwischen zwei Zustandsgrößen (jeweils mit sich selbst und der anderen) ist dieses System durch vier Parameter (a, b, c, d) definiert, da nur lineare Beziehungen zugelassen sind. Die Zustandsgleichungen lauten:

```
dX/dt   =   a X + b Y

dY/dt   =   c X + d Y
```

Die Systemmatrix ist also hier

$$A = \begin{bmatrix} a & b \\ c & d \end{bmatrix}$$

Die charakteristische Gleichung, aus der sich die Eigenwerte s errechnen, lautet daher

$$(s-a)(s-d) - bc = 0$$

bzw.

$$s^2 - (a+d)s + ad - bc = 0$$

Die Kombinationen

$$(a+d) = -r\, q_0$$

$$(ad-bc) = q_0^2$$

entscheiden über die Eigenwerte (Wurzeln) und damit über Stabilität und Verhalten des Systems. Diese Abhängigkeit läßt sich im Diagramm darstellen (Abb. 3.8p). Wir können es bei den folgenden Untersuchungen zur Orientierung benutzen.

Die verschiedenen Verhaltensmöglichkeiten des linearen Systems wurden bereits in Abb. 3.8o gezeigt. Wir unterscheiden

stabile Form	instabile Form
Senke	Quelle
	Sattel
stabiler Knoten	instabiler Knoten
Wirbel	
stabiler Strudel	instabiler Strudel

In Abb. 3.16c ist als Beispiel das Bildschirmergebnis für einen stabilen Knoten ($a=0$, $b=1$, $c=-1$, $d=-3$) gezeigt.

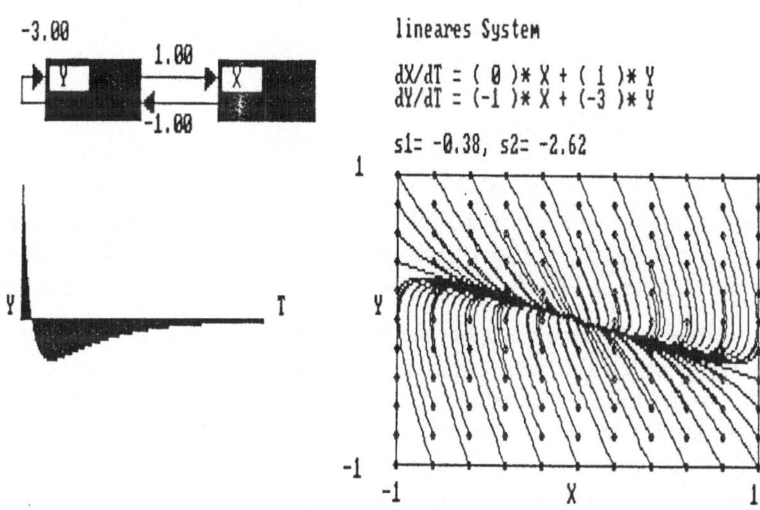

Abb. 3.16c   Simulationsergebnis für ein lineares System mit zwei Zustandsgrößen: stabiler Knoten.

Aufgaben

1.   Erzeugen Sie einige der in Abb. 3.8o gezeigten Zustandsbilder für die dort angebenen Parameterwerte und bestätigen Sie die dort gezeigten Ergebnisse.

2.   Erzeugen Sie - mit anderen Koeffizienten als in Abb. 3.8o - für jeden oben angeführten Verhaltenstyp ein weiteres Beispiel. Überprüfen Sie in Abb. 3.8p, ob der Verhaltenstyp mit den entsprechenden Koeffizientenbedingungen übereinstimmt.

3.   Ermitteln Sie durch Lösen der quadratischen Gleichung die zwei Eigenwerte der in Aufgabe 2 definierten Systeme und tragen Sie diese (als 'Wurzelorte') in der komplexen Zahlenebene ein. Stimmt das Simulationsergebnis mit den theoretischen Ergebnissen überein? ((1) Schwingungen nur dann, wenn die Eigenwerte einen Imaginärteil haben (dann sind sie immer konjugiert komplex), (2) Stabilität nur dann, wenn der Realteil jedes Eigenwerts negativ ist.)

(2) Nichtlineares Pendel

Auf ein Pendel (mit steifem, aber gewichtslosen Pendelarm) wirkt als Rückstellkraft die Erdanziehung. Ihre Wirkung in der Bahnrichtung ist vom Winkelausschlag des Pendels abhängig: Im unteren und oberen Totpunkt ist sie gleich Null, bei 90 Grad seitlicher Auslenkung wirkt sie voll in Bahnrichtung. Durch diese Abhängigkeit erscheint ein Sinus-Ausdruck in den (normalisierten) Zustandsgleichungen des Pendels:

```
dX/dT   =   Y

dY/dT   =   d • Y - sin X
```

Hierbei ist X der Pendelwinkel, Y die Winkelgeschwindigkeit und d der (Luft)Reibungseffekt, der proportional zur Winkelgeschwindigkeit angenommen wurde (laminare Reibung) und negatives Vorzeichen haben muß. Der Sinus bedeutet eine Nichtlinearität (nur Funktionen $f = c\,x$ einer Zustandsgröße x sind linear).

Dieses sehr einfache System zeigt bereits ein recht komplexes Verhalten. Ein Simulationsbeispiel (für einen Reibungskoeffizienten von -0.1) ist in Abb. 3.16d gezeigt. Das System hat - von Mehrfachen von π abgesehen - zwei Gleichgewichtspunkte (unterer Ruhepunkt bei $X = 0$: stabil; oberer Totpunkt bei $X = \pi$: instabil). Der untere Ruhepunkt ist ein stabiler Strudel, der obere Totpunkt ein Sattel (immer instabil), wie sich aus Abb. 3.16d erkennen läßt. Das Zustandsbild verändert sich, wenn der Reibungskoeffizient verändert wird. Verschwindet die Reibung, so wird aus dem stabilen Strudel ein Wirbel: das Pendel findet dann keine Ruhe.

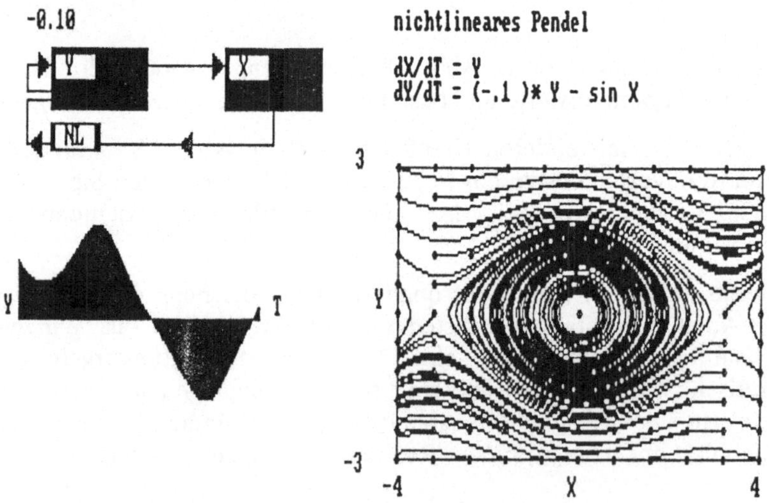

Abb. 3.16d   Simulationsergebnis für das nichtlineare, gedämpfte Kreispendel.

Aufgaben

1. Lassen Sie das Pendelsystem zunächst mit einem Reibungskoeffizienten von -0.1 laufen und versuchen Sie, das Zustandsbild im Zusammenhang mit den gezeigten Zeitverläufen für die verschiedenen Anfangsbedingungen zu verstehen. Identifizieren Sie die Bahnen, die (a) ein Hin- und Herpendeln, und (b) ein Rotieren um den Aufhängepunkt bedeuten.

2. Verändern Sie den Reibungskoeffizienten zwischen 0 und -1 (positive Werte machen keinen physikalischen Sinn). Interpretieren Sie die Zustandsbahnen. Welche Beobachtungen machen Sie bei $d = 0$? Hat die Reibung einen Einfluß auf die Lage der Gleichgewichtspunkte? Warum nicht?

3. Linearisieren Sie die Zustandsgleichungen für das reibungsfreie Pendel an jedem der beiden Gleichgewichtspunkte (vgl. Kap. 3.11). Ermitteln Sie dort jeweils die Systemmatrix des entsprechenden linearisierten Systems. Setzen Sie die gefundenen Werte in das lineare System des GLODYS-Programmes ein und überprüfen Sie am Zustandsbild, ob das Verhalten jeweils mit dem Zustandsbild des nichtlinearen Systems in der Nähe des entsprechenden Gleichgewichtspunkts übereinstimmt.

(3) Van der Pol Schwinger

Der van der Pol Oszillator hat einen stabilen Grenzzyklus, der zu einer ungedämpften Schwingung dieses nichtlinearen Systems führt. Auch wenn das System mit Anfangsbedingungen gestartet wird, die nicht auf dem Grenzzyklus liegen, so stellt sich doch sehr rasch die stabile Schwingung ein. Liegt der Anfangszustand außerhalb des Grenzzyklus, so wird die Bewegung zunächst gedämpft, bis sie mit dem Grenzzyklus übereinstimmt. Liegt der Anfangszustand im inneren Bereich, so wird die Bewegung angefacht, bis sie wiederum mit dem Grenzzyklus übereinstimmt. Abb. 3.16e zeigt ein Simulationsbeispiel.

Die Zustandsgleichungen des Systems lauten:

```
dX/dT   =   Y

dY/dT   =   c X + (1-X²) Y
```

Bei der Eigenkopplung von Y tritt also hier nicht - wie beim linearen System - ein konstanter Faktor d auf, sondern die Dämpfung ist jetzt quadratisch abhängig von X (dem Integral von Y). Der Term wechselt sein Vorzeichen bei $X^2 = 1$. Ist also der Betrag von X größer als 1, so wirkt der Dämpfungsfaktor bewegungshemmend (negative Rückkopplung, stabilisierend), ist er kleiner als 1, so wirkt er bewegungsfördernd (positive Rückkopplung, destabilisierend). Das System wird sich da einpendeln, wo sich beide Effekte die Waage halten - auf dem Grenzzyklus.

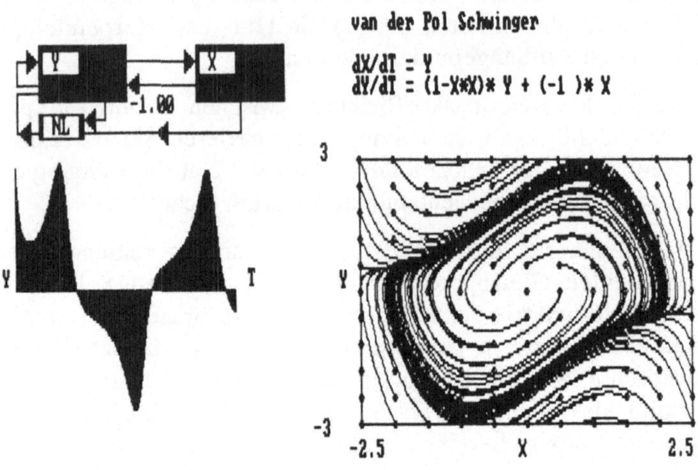

Abb. 3.16e   Simulationsergebnis für den van der Pol Schwinger.

Aufgaben

1. Wählen Sie zunächst den Kopplungsparameter c = -1 und denken Sie sich in System, Zustandsbild und Zeitverhalten hinein. Identifizieren Sie Lage und Typ des Gleichgewichtspunkts, den Grenzzyklus und seine Stabilität.

2. Untersuchen Sie, wie sich das Systemverhalten, Gleichgewichtspunkt und Grenzzyklus verändern, wenn Sie den Kopplungsparameter c verändern. Skizzieren Sie einige besonders bemerkenswerte Ergebnisse.

3. Linearisieren Sie die Zustandsgleichungen am Gleichgewichtspunkt und bestimmen Sie die Systemmatrix des linearisierten Systems dort. Setzen Sie die gefundenen Koeffizienten im linearen System bei GLODYS ein und untersuchen Sie das Verhalten. Stimmt es mit dem van der Pol Verhalten am Gleichgewichtspunkt überein?

4. Ermitteln Sie die Eigenwerte des am Gleichgewichtspunkt linearisierten Systems. Wo liegen sie in der komplexen Zahlenebene, und welche Stabilitäts- und Schwingungsaussagen folgen daraus? (Diese sind nur gültig in der Nähe des Gleichgewichtspunkts!).

(4) Räuber-Beute-System

Bei dem in Kap. 2.6 modellierten Räuber-Beute-System ging es um eine Population von Hasen, die in einem Gebiet lebt, dessen Bewuchs maximal eine bestimmte Hasenzahl zuläßt. In diesem Gebiet existieren außerdem Füchse, die sich ausschließlich von den Hasen ernähren müssen. Wenn wir als neue 'Haseneinheit' 1000 Hasen, als neue 'Fuchseinheit' 100 Füchse und als Weidekapazität 1000 Hasen einführen, so erhalten wir die (nichtlinearen) Zustandsgleichungen

```
dX/dt    =    a X (1-X) - 0.2 X Y

dY/dt    =    0.4 X Y + d Y
```

Die Zustandsgleichung für die Hasenpopulation X enthält einen mit der Sättigungsbedingung (1-X) modifizierten exponentiellen Wachstumsterm aX, wobei a die Wachstumsrate der Hasenpopulation ohne die Weidebegrenzung bedeutet. Der zweite Term entspricht der Verlustrate durch die Füchse.

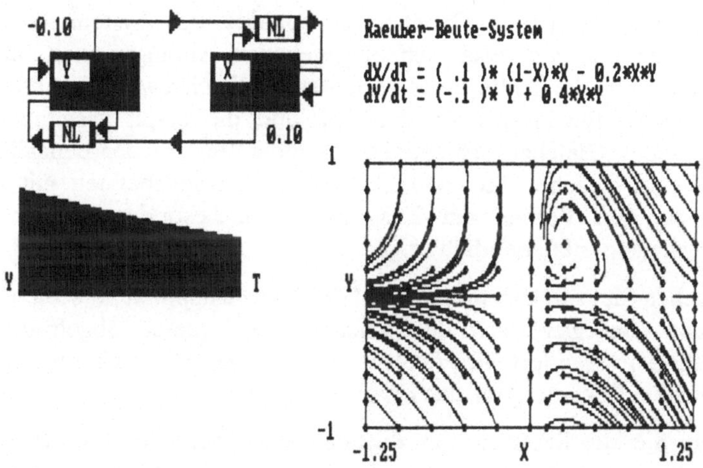

Abb. 3.16f   Simulationsergebnis für das Räuber-Beute-System.

In der Zustandsgleichung für die Fuchspopulation Y entspricht dieser Verlust bei den Hasen einem Gewinn bei den Füchsen (erster Term). Der zweite Term entspricht der Energie-Verlustrate der Füchse zur Lebenserhaltung (Atmungsverluste). Der Koeffizient d muß daher negativ sein.

Ein Simulationsbeispiel mit den Parameterwerten a = 0.1 und d = -0.1 ist in Abb. 3.16f gezeigt. Da negative Füchse und Hasen keine realistische Bedeutung haben, ist nur der rechte obere Quadrant des Zustandsbildes von realer Bedeutung - der Rest ist nur von mathematischem Interesse.

Das Zustandsbild zeigt drei Gleichgewichtspunkte, von denen aber nur einer stabil ist. (Diese mathematische Betrachtung setzt vereinfachend voraus, daß Hasen und Füchse auch reproduktionsfähig bleiben, wenn ihre jeweilige Population nur noch aus winzigen Bruchteilen eines Hasen oder Fuchses besteht!). Die spiraligen Zustandsbahnen zeigen außerdem ein gedämpftes Schwingungsverhalten des Systems an.

Aufgaben

1. Erzeugen Sie das Zustandsbild zunächst mit den Parameterwerten (in der Reihenfolge der Abfrage) d = -0.1 und a = 0.1. Verfolgen Sie die Zustandsbahnen für verschiedene Anfangsbedingungen (X = 1 entspricht 1000 Hasen; Y = 1 entspricht 100 Füchsen) und beschreiben Sie die jeweilige Systementwicklung verbal.

2. Ermitteln Sie die (drei) Gleichgewichtspunkte des Systems aus den Zustandsbahnen und aus zusätzlich eingegebenen Anfangswerten, um die Zustandsbahnen in der Nähe eines vermuteten Gleichgewichtspunktes eindeutig zu bestimmen. Bestimmen Sie den Typ und die damit zusammenhängende Stabilität jedes Gleichgewichtspunkts aus dem Verlauf der benachbarten Zustandsbahnen. Machen Sie eine Skizze der Zustandsbahnen mit Richtungspfeilen, die den Verlauf der Zustandsbahnen besonders in der Nähe der Gleichgewichtspunkte deutlich zeigt.

3. Untersuchen Sie, wie sich der stabile Gleichgewichtspunkt verschiebt, wenn der spezifische Energiebedarf der Füchse (der zuerst abgefragte negative Parameter d) verändert wird (statt d = -0.1 etwa -0.05, -0.2 usw.). Können Sie eine plausible Erklärung für das Ergebnis finden?

4. Ermitteln Sie die linearisierten Zustandsgleichungen für die Gleichgewichtspunkte, setzen Sie die entsprechenden Systemparameter in das lineare System im Programm GLODYS ein und prüfen Sie, ob das Verhalten der linearisierten Systemdarstellung dem am entsprechenden Gleichgewichtspunkt des nichtlinearen Systems entspricht.

(5) Relaxations-Schwingkreis

In der Elektrotechnik spielt der Relaxationsschwingkreis wegen seiner 'Flip-Flop'-Eigenschaften eine gewisse Rolle. Seine Zustandsgleichungen lauten:

$$dX/dt \ = \ Y$$

$$dY/dt \ = \ c\,X + d\,Y - X^3$$

Mit den Referenzwerten $c = 1$ und $d = -1$ würde sich ohne den nichtlinearen Term $(-X^3)$ ein instabiles System mit einem Sattel ergeben. Das nichtlineare System weist dagegen zwei weitere stabile Gleichgewichtspunkte (stabile Strudel) bei $Y = 0$ und $X = \pm 1$ auf. Dieser Fall ist in Abb. 3.16g gezeigt. Das Zustandsbild zeigt deutlich, daß sich in Abhängigkeit vom Anfangszustand das System nach kurzer, stark gedämpfter Schwingung entweder im linken oder im rechten Gleichgewichtspunkt 'fängt'.

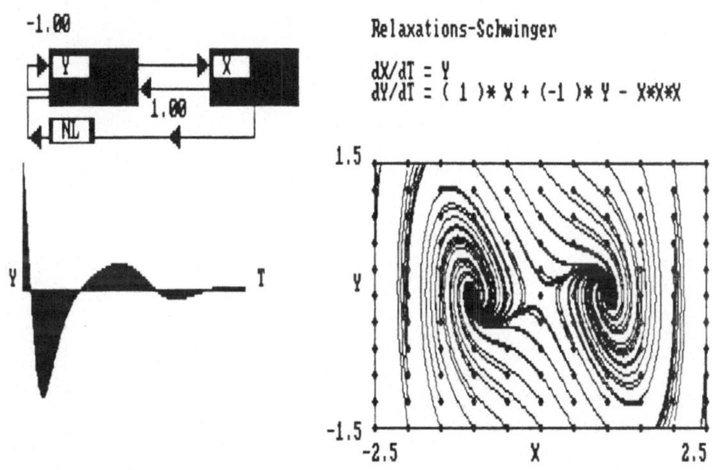

Abb. 3.16g   Simulationsergebnis für den Relaxations-Schwingkreis.

Aufgaben

1.   Geben Sie die Parameterwerte für das lineare System (ohne X^3) in GLODYS ein und vergleichen Sie das Zustandsbild mit dem in Abb. 3.16g. Welche Parameterwerte hat das beim Gleichgewichtspunkt $(X = 0, Y = 0)$ linearisierte System und wie unterscheidet es sich vom linearen System (ohne X^3)?

2. Ermitteln Sie das Zustandsbild des Relaxationskreises für andere Parameter d
    und c (Reihenfolge der Abfrage), z.B. (-1, 0), (-0.1, 1). Diskutieren Sie das
    Verhalten anhand des Zustandsdiagramms. Wie verändern sich Verhalten und
    Stabilität?

3. Linearisieren Sie die nichtlinearen Zustandsgleichungen an den beiden
    Gleichgewichtspunkten $Y = 0, X = \pm 1$ und untersuchen Sie das Verhalten
    an diesen Gleichgewichtspunkten mit dem stellvertretenden linearen System.
    Ermitteln Sie die Eigenwerte des linearisierten Systems an diesen Punkten.
    Vergleichen Sie die Verhaltens- und Stabilitätsaussagen des ursprünglichen und
    des linearisierten Systems (Zustandsbild und Wurzelorte) an diesen Punkten.

4.   Simulationsmodelle

4.0   Überblick

In den vorangegangenen drei Kapiteln wurden die Grundlagen der Systemanalyse, der Modellbildung, der Computersimulation sowie des Verhaltens und der Stabilität dynamischer Systeme entwickelt. Die dabei verwendeten Simulationsmodelle waren klein und erfüllten vor allem didaktische Zwecke.

Reale Problemlösungen erfordern fast immer eine komplexere Systemdarstellung. In diesem Kapitel befassen wir uns daher abschließend mit fünf Simulationsmodellen, die aus verschiedenen Anwendungs- und Wissenschaftsbereichen stammen. Obwohl sie jeweils noch relativ einfach sind, führen sie doch in typische Simulationsanwendungen auf verschiedenen Gebieten ein. Jedes der Modelle demonstriert darüber hinaus gewisse Gesichtspunkte von allgemeinem systemwissenschaftlichen Interesse. (Weitere 29 Simulationsmodelle, die ebenfalls mit DYSAS lauffähig sind, finden sich in H. Bossel "Umweltdynamik - 30 Programme für kybernetische Umwelterfahrungen auf jedem BASIC-Rechner", TeWi Verlag, München 1985.)

Das Modell **LAGER** stellt die Dynamik der mit Verkauf, Lagerhaltung, Bestellungen und Auftragsbestand verbundenen Prozesse zwischen Kunden, Einzelverkauf und Großhandel bzw. Produktion dar. Dieses Modell entstammt also dem Bereich der Betriebswirtschaft. Es zeigt, wie durch Bestellfehler Schwankungen in den Lager- und Auftragsbeständen entstehen können, die nur schwer zu beherrschen sind. Mit dem Modell lassen sich die Einflüsse unterschiedlicher Bestellstrategien und Lieferzeiten auf die Stabilität untersuchen. Die Ergebnisse werden bildhaft in einem 'Film' dargestellt und damit auch intuitiv gut verständlich.

Das Modell **BALANCE** demonstriert die Möglichkeit, durch einen geeigneten Regler ein hoffnungslos instabiles System (senkrecht stehender Stab) auch gegen zufällige Störungen zu stabilisieren. Das Modell entstammt der Regeltechnik und entspricht der raumfahrttechnischen Aufgabe, eine Rakete beim Start zu stabilisieren. Der Benutzer hat bei diesem Modell die Möglichkeit, durch Vorgabe von vier Reglerkonstanten die Reglerfunktion zu definieren und so eine Regelung zu finden, die nicht nur den Stab bei Störungen gerade hält, sondern ihn auch immer wieder an den Ausgangspunkt zurückführt. Auch hier werden die Ergebnisse animiert - durch Abbildung der Stabbewegung - dargestellt und sind so leichter erfaßbar.

Das Modell **FITEICH** stellt die wichtigsten Elemente eines Fischteichsystems mit Fischen, Algen, organischem Abfall und im Wasser gelösten Nährstoff dar und verkoppelt diese zu einem dynamischen System. Dieses Modell entstammt dem Gebiet der Ökologie und demonstriert insbesondere die Dynamik eines Ökosystems mit geschlossenem Nährstoffkreislauf, das seine Energie von der Sonne bezieht. Das Modell erlaubt eine 'Bewirtschaftung' des Teiches durch Maßnahmen wie Fischbesatz und -entnahme, Zugabe von organischem oder mineralischem Dünger und Entnahme von Schlamm (für Düngezwecke). Mit ihm lassen sich u.a. auch oligotrophe und eutrophe Bedingungen (Algenblüten) simulieren. Es demonstriert ökologische Gleichgewichte und deren Verschiebungen im jahreszeitlichen Wechsel.

Das Modell **FICHTE** verknüpft die verschiedenen Lebensprozesse eines Baums mit ihrem jahreszeitlichen Wechsel: Photosynthese, Transpiration, Nährstoff- und Wasseraufnahme durch die Feinwurzeln, Blatt-, Wurzel- und Holzneubildung, Respiration und Blattabwurf. Das Modell verwendet dabei die Daten und das Wissen der Pflanzenphysiologie. Mit dem Modell läßt sich nicht nur das Normalwachstum einer Fichte von der Jungpflanze bis ins hohe Alter darstellen, sondern es erlaubt insbesondere auch die Untersuchung des Verhaltens bei Schädigung von Laub und/oder Wurzeln - etwa durch Luftschadstoffe. Dabei zeigt es sich, daß es bei Überschreiten einer gewissen chronischen Belastungsschwelle zu plötzlichem Zusammenbruch des Baums - u.U. erst nach vielen Jahren - kommen kann. Die Entwicklung des Baums über den Simulationszeitraum läßt sich wiederum mit einer einfachen animierten Darstellung gut verfolgen.

Das Modell **INTREL** zeigt, wie gewisse, nur durch partielle Differentialgleichungen zu beschreibende Systeme (hier die unstete Wärmeleitung in einem Stab), mathematisch umformuliert werden können, um dann durch einen Satz gewöhnlicher Differentialgleichungen mit den Verfahren dieses Buchs simuliert zu werden. Dieses Modell hat seine Grundlagen daher in der Physik und der angewandten Mathematik. Es erlaubt die Berechnung der Temperaturverteilung in einem isolierten Stab in Abhängigkeit von der Zeit, wobei die (unterschiedliche) zeitliche Entwicklung der Temperaturen des linken bzw. rechten Stabendes vom Benutzer vorgegeben wird. Mit dem Modell lassen sich u.a. die Abhängigkeit der Lösungsgüte von der Zahl der Approximationsglieder sowie der Einfluß von Materialparametern auf die Lösung untersuchen. Das zeitabhängige Temperaturfeld wird in einer dreidimensionalen Darstellung gezeigt.

LAGER

MODELL EINER LAGERHALTUNG MIT VERKAUF, BESTELLUNG UND AUFTRAGSBESTAND

Modellzweck: Darstellung der Dynamik der mit Verkauf, Lagerhaltung, Bestellungen und Auftragsbestand verbundenen Prozesse zwischen Kunden, Einzelverkauf und Großhandel bzw. Produktion. Untersuchung der Einflüsse unterschiedlicher Bestellstrategien und Lieferzeiten auf Stabilität und Schwingungen.

Abgrenzung: Einzelhändler und Großhändler.

Zeitraum: Tage bis Monate.

Zustandsgrößen: Lagerbestand, Auftragsbestand, Lieferverzögerungen der Bestellungen.

Beschreibung: Die Tagesverkäufe führen zu einer Verringerung des Lagerbestands und veranlassen eine entsprechende Bestellung an den Großhändler, die dieser wiederum erst nach einigen Tagen Lieferzeit erfüllen kann. Aus dem Zusammenspiel zwischen den zwei Bestandsgrößen (Lager, Auftragsbestand) und der Lieferverzögerung ergeben sich je nach Bestellverhalten Schwingungen und Instabilitäten. Die Bestellparameter können interaktiv gewählt werden; damit läßt sich durch Simulation eine Bestellfunktion entwickeln, die zu stabilem Verhalten führt und gleichzeitig den Lagerbestand möglichst klein hält. Zur Untersuchung des gestörten Verhaltens kann dem normalen Tagesverkauf ein einmaliger Puls und/oder tägliche zufällige Schwankungen überlagert werden. Die Lieferzeit ist wählbar.

Abfrageparameter: 8 (durchschnittlicher Tagesverkauf, Schwankung, Lagersoll, Lieferzeit, verkaufsorientierter Bestellfaktor, lagerorientierter Bestellfaktor, Verkaufspuls, Tag des Verkaufspulses).

Variable: 8, davon 2 Zustandsgrößen, zusätzlich bis zu 30 verzögerte Lieferbestände (Liefertage).

Tabellenfunktionen: keine

Animation: In einer animierten Darstellung der Lager- und Auftragsbestände sowie der Lieferungen und Bestellungen wird das dynamische Verhalten des Systems in Abhängigkeit von den gewählten Parametern veranschaulicht.

Bemerkungen: Das Modell ist vor allem zur Untersuchung der dynamischen Verhaltensmöglichkeiten und Instabilitäten von miteinander durch Aufträge und Lieferungen verkoppelten Lager- und Auftragsbeständen gedacht. Es verdeutlicht die Rolle der Bestellparameter bei der Stabilisierung und Minimierung der Lagerhaltung.

Aufruf: LOAD "DYSAS", MERGE "LAGER"

4.1 Lagerhaltung mit Verkauf, Bestellung und Auftragsbestand

Problembeschreibung

Wäre der Tagesverkauf eines Einzelhändlers eine konstante Größe, so wären Lagerhaltung und Bestellung relativ einfach: Die täglichen Bestellungen entsprächen genau dem täglichen Verkauf, und das Lager müßte lediglich die Verkaufsmenge eines Tages enthalten. Die Realität sieht für einen Einzelhändler allerdings anders aus: Die Verkaufsmenge schwankt täglich auf relativ unvorhersehbare Weise, und der Großhändler kann erst mit einiger Lieferverzögerung liefern. Der Lagerbestand des Einzelhändlers muß deshalb groß genug sein, um auch eine plötzlich höhere Nachfrage abzufangen und damit die Kundenwünsche jederzeit zu befriedigen. Bei der Formulierung seiner täglichen Bestellung für den Großhändler muß der Einzelhändler also mehrere Systemgrößen gleichzeitig im Auge behalten. Die Aufgabe wird erheblich dadurch erschwert, daß der Einzelhändler hier ein System mit zwei Zustandsgrößen - dem Lagerbestand und dem Auftragsbestand - steuern muß, das prinzipiell zu Schwingungen neigt und zu Instabilitäten führen kann (vgl. Kapitel 3). Was hier geschehen kann, läßt sich bereits gedanklich verdeutlichen: Wenn sich z.B. nach einer längeren Periode relativ konstanter Verkaufszahlen plötzlich ein sehr hoher Tagesverkauf ergibt, der den Lagerbestand fast leerfegt, so kann sich der Lagerverwalter angesichts seiner leeren Regale möglicherweise über mehrere Tage hinweg veranlaßt sehen, in einer Art Panikreaktion sehr hohe Bestellungen hinauszuschicken. Diese führen aber erst nach mehreren Tagen zu Lieferungen. Hat sich der Verkauf inzwischen wieder stabilisiert, so quellen nun auf einmal durch die verzögerten Lieferungen des Großhändlers die Lagerbestände über; der Einzelhändler stoppt für einige Tage sämtliche Bestellungen und steht nun - bei weiterem normalen Tagesverkauf - nach einigen Tagen wieder vor fast leeren Lagerbeständen. Offensichtlich kann sich durch eine einmalige Störung hier ein dynamischer Schwingungsvorgang einstellen, der sich nur durch eine kluge Bestellpolitik unter Berücksichtigung des dynamischen Verhaltens des Gesamtsystems in den Griff bekommen läßt. Bereits dieses relativ einfache dynamische System ist (ohne entsprechende dynamische Erfahrung) nicht befriedigend zu steuern.

Das Lager selbst verursacht hohe betriebswirtschaftliche Kosten, und jeder Betriebsleiter wird daher versuchen, es möglichst klein zu halten. Auch in die Auswahl der Lagergröße müssen dynamische Überlegungen und Untersuchungen mit eingehen.

Die Dynamik realer Lagerhaltungsprobleme ist wesentlich komplexer, da sich hier in der Kette vom Einzelhändler über Großhändler bis zur Produktionsstätte fast immer mehr als zwei Bestandsgrößen finden, die durch Aufträge und Lieferungen miteinander verbunden sind. Um ein solches System, etwa für Kraftfahrzeug-Ersatzteile zu stabilisieren und in bezug auf Lagergrößen zu optimieren, ist ein dynamisches Simulationsmodell fast unumgänglich. Das hier vorgestellte Modell LAGER führt in die

Problematik ein und verdeutlicht die dynamischen Probleme - Schwingungen und Instabilitäten -, die sich in der Lagerhaltung ergeben können. Es verdeutlicht auch, welche dynamischen Schwierigkeiten eine oberflächlich als 'einfach' einzustufende Aufgabe bieten kann.

Die Problematik ist grundsätzlicher Natur und selbstverständlich nicht auf Lagerhaltungsprobleme beschränkt. Auf eine ähnliche Entscheidungsproblematik stößt man etwa bei der Infrastrukturplanung. Man denke etwa an die 'Überproduktion' von Lehrern, die aufgrund 'hoher Bestellungen' der 60er Jahre und 'langer Lieferzeiten' der Hochschulen zu einer 'Überfüllung der Lagerbestände' in den 80er Jahren führte. Dies ist übrigens ein klassisches Beispiel für typische Planungsfehler: Hier hätten sich durch eine rechtzeitige Systemstudie, die wenige tausend Mark gekostet hätte, finanzielle Fehlinvestitionen von mehreren Milliarden DM vermeiden lassen, von der menschlichen und sozialen Seite der Fehlentwicklung ganz zu schweigen.

Modellbeschreibung

Wortmodell und Wirkungsdiagramm: Das Wirkungsdiagramm des Lagerhaltungsmodells ist in Abb. 4.1a gezeigt. Die zentralen Bestandsgrößen dieses Systems sind der Lagerbestand beim Einzelhändler und der Auftragsbestand beim Großhändler. Diese beiden Größen sind in einem Rückkopplungskreis verbunden. Die Lieferverzögerung modifiziert die Rückkopplungsdynamik noch zusätzlich. Das Verhalten des Gesamtsystems wird teilweise durch exogene Einwirkungen, wie dem Tagesverkauf, zum anderen aber auch durch Steuereingriffe des Einzelhändlers entscheidend bestimmt.

An jedem Tag verringert sich der Lagerbestand durch den Gesamtverkauf dieses Tages; er wird ergänzt durch die an diesem Tage aufgrund früherer Bestellungen angelieferten Güter. Der Gesamtverkauf setzt sich zusammen aus einem Normalwert, der etwa das Langzeitmittel des Tagesverkaufs darstellt, aus zufälligen Schwankungen um dieses Tagesmittel und (zur Untersuchung des Stabilitätsverhaltens) aus einem einmaligen, nach Höhe und Zeit wählbaren Verkaufspuls. Entsprechend dem Lagerbestand vom Vortag, der Anlieferung und dem Tagesverkauf ergibt sich am Ende des Tages ein neuer Lagerbestand.

Der Einzelhändler kann sich an verschiedenen Parametern orientieren, um die Höhe seiner Bestellung an den Großhändler zu ermitteln. Diese Bestellung wird sich einmal an der Höhe des Tagesverkaufs orientieren, zum anderen kann auch die Höhe des Lagerbestands und die Abweichung von einem angestrebten Lagerbestand eine Rolle spielen. Die Höhe des Tagesverkaufs und der festgestellte Lagerfehlbestand können mit unterschiedlicher Gewichtung in die Bestellung eingehen. Diese Bestellung erhöht den Auftragsbestand beim Großhändler. Dieser liefert entsprechend dem Auftragsbestand des Einzelhändlers. Da die Lieferzeit über die Transportkette mehrere Tage beträgt, 'stapeln sich' entsprechend viele Bestellungen beim Großhändler, bevor die erste Auslieferung beim Einzelhändler erfolgt. Der Großhändler liefert also immer nur einen entsprechenden Anteil seines Auftragsbestands aus. Die Lieferverzögerung kann durch Produktions- oder Transportzeiten entstehen.

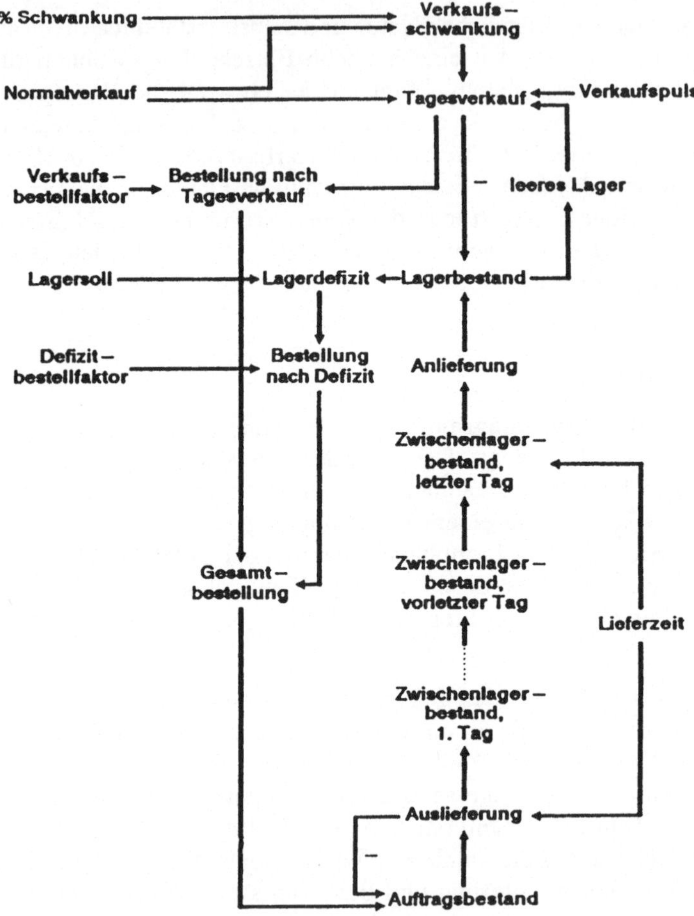

Abb. 4.1a   Wirkungsdiagramm für das Modell der Lagerhaltung.

Simulationsdiagramm: Das Wirkungsdiagramm ist die Grundlage für das Simulationsdiagramm in Abb. 4.1b. Die entsprechenden Systemgrößen, ihre Bedeutungen und Dimensionen werden in Abb. 4.1c aufgeführt.

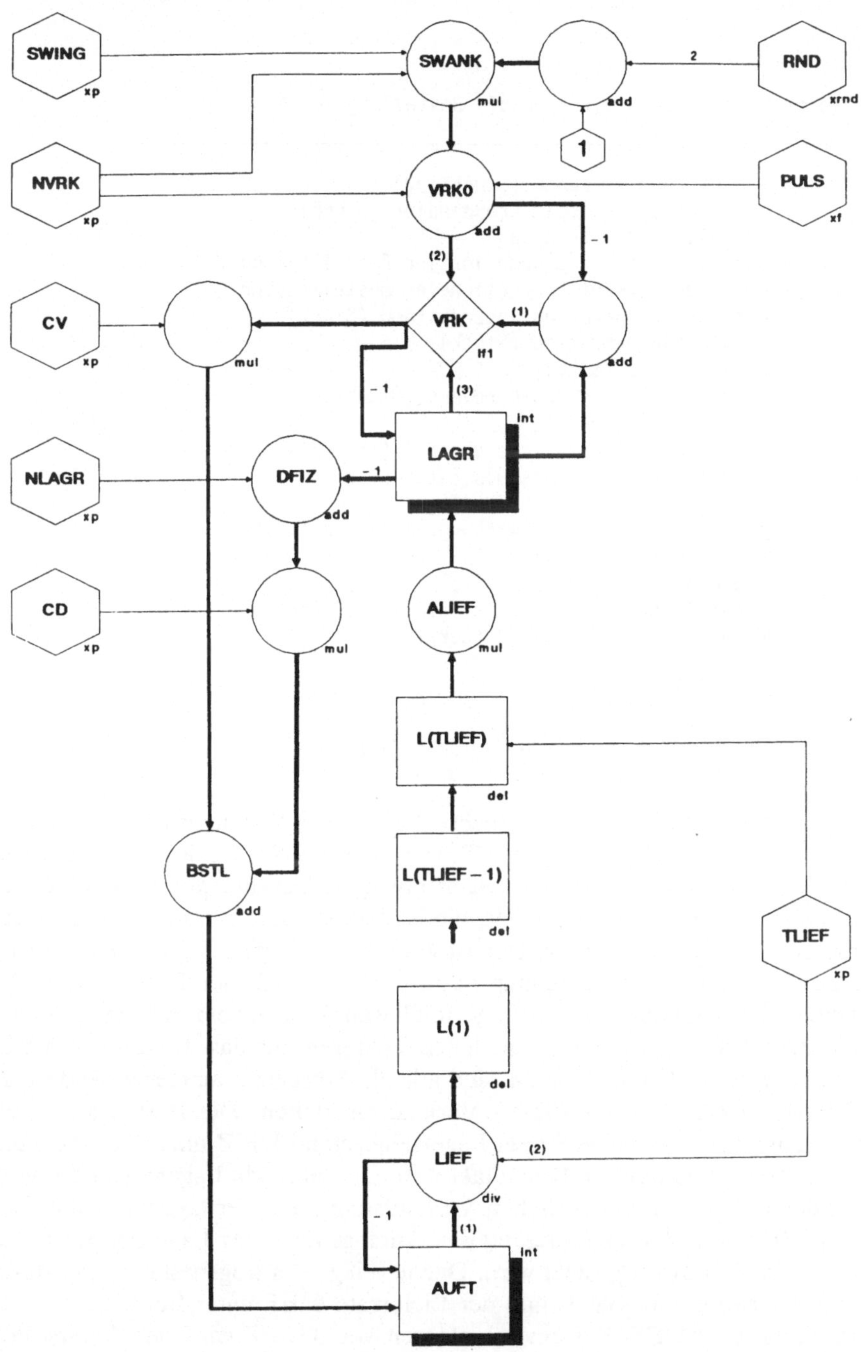

Abb. 4.1b   Simulationsdiagramm für das Modell der Lagerhaltung.

LAGER

Modell einer Lagerhaltung mit Verkauf, Bestellung und Aufträgen

ALIEF	- Anlieferung am Lager (Stück/Tag)
AUFT	- Auftragsbestand beim Großhändler (Stück)
BSTL	- Bestellungen (Stück/Tag)
CD	- dem Lagerdefizit proportionaler Bestellfaktor (-)
CV	- dem Tagesverkauf proportionaler Bestellfaktor (-)
DFIZ	- Defizit zum normalen Lagerbestand (Stück)
L(N)	- Zwischenlagerbestand (Stück)
LAGR	- Lagerbestand (Stück)
LIEF	- Auslieferung des Großhändlers (Stück/Tag)
NLAGR	- Lagersoll (Stück)
NVRK	- durchschnittlicher Tagesverkauf (Stück/Tag)
PULS	- zusätzlicher Verkaufspuls (Stück/Tag)
SWANK	- Verkaufsschwankung (Stück/Tag)
SWING	- maximale relative Schwankungsamplitude (%/100)
TLIEF	- Lieferverzögerung (Tage)
TP	- Tag des Verkaufspulses (Tag)
VPULS	- zusätzlicher Verkaufspuls (Stück/Tag) (Abfrage: %)
VRK	- Gesamtverkauf pro Tag (Stück/Tag)
T	- Zeit (Tage)

Abb. 4.1c   Systemgrößen für das Modell der Lagerhaltung.

Als exogen vorzugebende Größen (Sechsecke) sind im Wirkungsdiagramm die Bandbreite der zufälligen Schwankung des Tagesverkaufs SWING, der normale Tagesverkauf NVRK, die Höhe eines einmaligen etwaigen Verkaufspulses VPULS, dessen Zeitpunkt TP, das Lagersoll NLAGR, die Lieferzeit TLIEF, und die beiden Bestellfaktoren CV und CD erkennbar. Der Bestellfaktor CV gibt an, mit welchem Faktor der Tagesverkauf bei der Bestellung berücksichtigt wird; der Bestellfaktor CD berücksichtigt den augenblicklichen Lagerfehlbestand mit einem entsprechenden Faktor. Um die Wirkungen der verschiedenen Faktoren auf das dynamische Verhalten des Systems untersuchen zu können, sind alle als Abfrageparameter veränderbar. Die Verkaufsrate VRK folgt aus diesen Verkaufsannahmen. Die Bestellrate errechnet sich aus dem Tagesverkauf und dem Lagerfehlbestand DFIZ unter Berücksichtigung der in der Abfrage gewählten Bestellfaktoren. Der laufende Lagerbestand ergibt sich nun aus der Integration der täglichen Verkaufsraten und der täglichen Anlieferungsraten ALIEF unter Berücksichtigung des Anfangswerts des Lagerbestands, der anfangs auf seinen Sollwert gesetzt wird. Der jeweilige Auftragsbestand folgt durch Integration der Bestellrate BSTL und der Lieferrate LIEF unter Berücksichtigung des Anfangswerts für AUFT. Bei einer Lieferzeit von TLIEF wird der Anfangsbestand auf das TLIEF-fache des normalen Tagesverkaufs NVRK gesetzt.

Die Lieferverzögerung wird durch mehrere Haltespeicher L(i) simuliert, deren Zahl
der Lieferzeit TLIEF (in Tagen) entspricht. An jedem Tag wird also die Lieferung in
das nächste 'Zwischenlager' verschoben, bis sie schließlich als Anlieferung ALIEF
den Lagerbestand LAGR erreicht.

```
8 DIM L(31), PL(31)
10 DATA "LAGERHALTUNG","Tage": '***LAGER*** H.Bossel 850609, Animation 870109
12 DATA "Dynamik der Lagerhaltung bei verschiedenem Bestellverhalten und
Verkaufsschwankungen.  Geben Sie Liefer-, Bestell- und Verkaufsparameter vor."
20 'Berechnung der Parameter in 106
30 START=0:FINAL=100:DT=1
40 DATA 5,"Tagesverkauf (Stueck)","Lieferung (Stueck)","Lagerbestand
(Stueck)","Bestellungen (Stueck)","Auftragsbestand (Stueck)"
46 XPHAS=5:YPHAS=3
48 DATA "Lagerbestand",0,4,"Verkauf",0,2
100 DATA 4,"durchschn.Verkauf (Stueck/Tag)","Schwankung (%)","Lagersoll
(Stueck)","Lieferzeit (Tage)"
105 NVRK=QF(1):SWING=QF(2)/100:NLAGR=QF(3):TLIEF=QF(4): IF TLIEF<1 THEN TLIEF=1
106 IF TLIEF>30 THEN TLIEF=30
108 LAGR=NLAGR: AUFT=NVRK*TLIEF: FOR N=1 TO TLIEF: L(N)=NVRK: NEXT N: ALIEF=NVRK
110 DATA 4,"Bestellfaktor prop. Verkauf (0 bis 2)","Bestellfaktor prop.
Lagerdefizit (0 bis 2)","Verkaufspuls von wieviel %","an welchem Tag"
115 CV=QG(1):CD=QG(2):VPULS=QG(3)*NVRK/100:TP=QG(4)
1000 '
1100 PULS=0:IF T=TP THEN PULS=VPULS
1110 SWANK=SWING*NVRK*(2*RND-1)
1120 VRK=NVRK+SWANK+PULS: IF LAGR-VRK<=0 THEN VRK=LAGR
1130 DFIZ=NLAGR-LAGR
1140 BSTL=CV*VRK+CD*DFIZ: IF BSTL<=0 THEN BSTL=0
1150 LIEF=AUFT/TLIEF
4000 Q1=VRK:Q2=ALIEF:Q3=LAGR:Q4=BSTL:Q5=AUFT
4800 QX=LAGR/NLAGR:QY=VRK/NVRK
5000 '
5100 'Lieferverzoegerung
5110 ALIEF=L(TLIEF)
5120 FOR N=TLIEF-1 TO 1 STEP -1
5130 L(N+1)=L(N)
5140 NEXT N
5150 L(1)=LIEF
5200 LAGR=LAGR+DT*(ALIEF-VRK)
5210 IF LAGR<=0 THEN LAGR=0
5220 AUFT=AUFT+DT*(BSTL-LIEF)
5230 IF AUFT<=0 THEN AUFT=0
8000 'Darstellung ------------------------------------------------------
8002 CLS: SCREEN 2: X0=180: Y0=145: X1=510: F$="          "
8004 LOCATE 20,28: PRINT "LAGER": LOCATE 20,65: PRINT "AUFTRAGSBESTAND": LOCATE
20,11: PRINT "VERKAUF": LOCATE 20,45: PRINT "BESTELLUNG": LOCATE 8,48: PRINT
"LIEFERUNG": LOCATE 5,8: PRINT "TAG "
```

```
8006 PSET (500,59): LINE -(461,59): PSET (362,59): LINE -(320,59): LINE -(330,62):
PSET (320,59): LINE -(330,56)
8008 PSET (X0,Y0): LINE -(X0+128,Y0-120),1,B: LINE -(X0+64,0): LINE -(X0,Y0-120)
8010 PSET (X1,Y0):LINE -(X1+129,Y0-120),1,B: LINE -(X1+65,0): LINE -(X1,Y0-120): '
Auftragsbestand
8012 FOR Z=0 TO 25 STEP 1: PSET (2*Z,Y0-13+Z/2): LINE -(2*Z,Y0-13-Z/2): PSET (X1-3-
2*Z,Y0-13+Z/2): LINE -(X1-3-2*Z,Y0-13-Z/2): NEXT Z
8014 FOR S=1 TO 101
8016 LOCATE 5,12: PRINT Q(S,1)
8018 QS4L=Q(S-1,4)*1000/NVRK: IF QS4L>9500 THEN QS4L=9500: ' Lager
8020 QS4= Q(S,4)*1000/NVRK: IF QS4>9500 THEN QS4=9500
8022 IF INT(QS4/80)<INT(QS4L/80) THEN PSET (X0+3,Y0-1-INT(QS4/80)): LINE -
(X0+125,Y0-1-INT(QS4L/80)),0,BF: GOTO 8026
8024 PSET (X0+3,Y0-1): LINE -(X0+125,Y0-INT(QS4/80)),1,BF
8026 LOCATE 21,28: PRINT F$: LOCATE 21,28: PRINT INT(Q(S,4))
8028 QS6L=Q(S-1,6)*1000/NVRK: IF QS6L>9500 THEN QS6L=9500: ' Auftragsbestand
8030 QS6=Q(S,6)*1000/NVRK: IF QS6>9500 THEN QS6=9500
8032 IF INT(QS6/80)<INT(QS6L/80) THEN PSET (X1+3,Y0-1-INT(QS6/80)): LINE -
(X1+126,Y0-1-INT(QS6L/80)),0,BF: GOTO 8036
8034 PSET (X1+3,Y0-1): LINE -(X1+126,Y0-INT(QS6/80)),1,BF
8036 LOCATE 21,68: PRINT F$: LOCATE 21,68: PRINT INT(Q(S,6))
8038 QS2L=Q(S-1,2)*(1000/NVRK): QS2=Q(S,2)*(1000/NVRK): ' Verkauf
8040 PSET (51,Y0-13+INT(QS2L/160)): LINE -(X0-3,Y0-13-INT(QS2L/160)),0,BF
8042 PSET (51,Y0-13+INT(QS2/160)): LINE -(X0-3,Y0-13-INT(QS2/160)),1,B
8044 Y1=Y0-14+INT(QS2/160): Y2=Y0-12-INT(QS2/160)
8046 LOCATE 21,12: PRINT F$: LOCATE 21,12: PRINT INT(Q(S,2))
8048 QS5L=Q(S-1,5)*(1000/NVRK):QS5=Q(S,5)*(1000/NVRK): ' Bestellung
8050 PSET (X0+131,Y0-13+INT(QS5L/160)): LINE -(X1-54,Y0-13-INT(QS5L/160)),0,BF
8052 PSET (X0+131,Y0-13+INT(QS5/160)): LINE -(X1-54,Y0-13-INT(QS5/160)),1,B
8054 Y3=Y0-14+INT(QS5/160): Y4=Y0-12-INT(QS5/160)
8056 LOCATE 21,47: PRINT F$: LOCATE 21,47: PRINT INT(Q(S,5))
8058 K=X0-4: L=X0+132
8060 PSET(K,Y1): LINE-(K,Y2)
8062 PSET (L,Y3): LINE -(L,Y4)
8064 K=K-10: L=L+12: IF K>53 THEN GOTO 8060
8066 'Lieferung
8068 ZL=INT(180/(TLIEF)): VL=1
8070 FOR N=1 TO TLIEF
8072 PL(N)=INT((NVRK/80)*1000/NVRK): PL(N+1)=PL(N)
8074 IF S+1-N>0 THEN PL(N)=INT((Q(S+1-N,6)/TLIEF)*(1000/NVRK)/80)
8076 IF S-N>0 THEN PL(N+1)=INT((Q(S-N,6)/TLIEF)*(1000/NVRK)/80)
8078 LINE (510-VL*ZL,50)-(510-VL*ZL+ZL/3,50-PL(N+1)),0,B
8080 LINE (510-VL*ZL,50)-(510-VL*ZL+ZL/3,50-PL(N)),1,B
8082 VL=VL+1: NEXT N
8084 ALIEF=NVRK: IF S>TLIEF THEN ALIEF=Q(S-TLIEF,6)/TLIEF
8086 LOCATE 9,50: PRINT F$: LOCATE 9,50: PRINT INT(ALIEF)
8088 NEXT S
8100 LOCATE 23,1: INPUT "0 - weiter";A
```

Abb. 4.1d　　　Simulationsanweisungen für das Modell der Lagerhaltung.

Diese im Wirkungsdiagramm erkennbaren Beziehungen sind im **Simulationspro-gramm** als Modellanweisungen angegeben (Abb. 4.1d). Entsprechend den DYSAS-Konventionen finden sich die Abfrageparameter in den Anweisungen No. 100 - 115, die Zwischengrößen und Ratenberechnungen in No. 1000 - 1150 und die Integratio-nen einschließlich der Verzögerungsberechnung über Haltespeicher in den Anwei-sungen No. 5000 - 5230. In den Anweisungen 8000 - 8100 wird die animierte Darstel-lung des dynamischen Prozesses aufgebaut. Diese Anweisungen haben nichts mit dem eigentlichen Modell zu tun und können daher fortgelassen werden, wenn die DYSYS-oder DYSAS-Darstellungen ausreichen. Die Laufzeit des Modells beträgt 100 Tage (No. 30). Fortsetzungen der Simulation sind mit DYSYS oder DYSAS möglich.

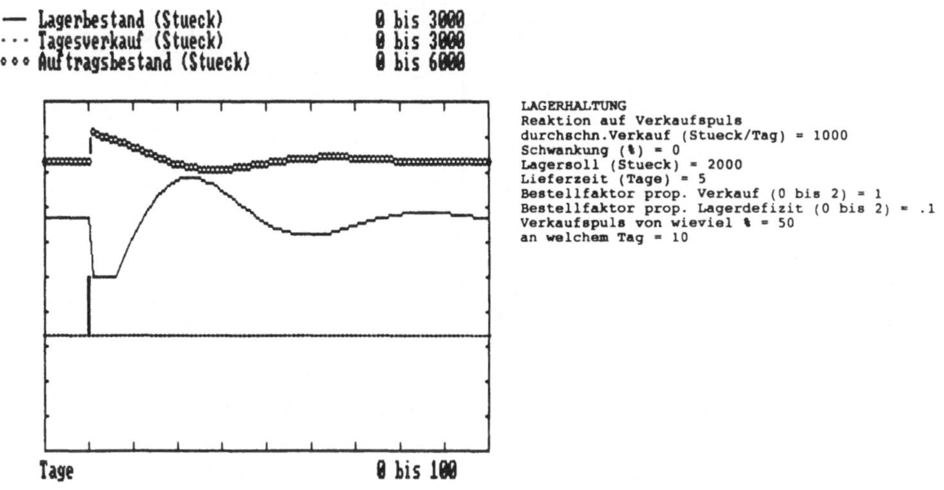

Abb. 4.1e   Simulationsergebnisse für das Modell der Lagerhaltung: Systemreaktion auf einen Ver-kaufspuls.

Simulationsergebnisse

Das Modell kann auf vielfältige Weise verwendet werden; wir beschränken uns hier auf einen Lauf ohne und einen mit zufälligen Verkaufsschwankungen.

Das dynamische Verhalten und die Systemstabilität lassen sich am besten durch die Reaktion auf eine einmalige Störung untersuchen. Abb. 4.1e zeigt die Reaktion auf einen einmaligen Verkaufspuls am 10. Tag, der bei den hier gewählten Bestellpara-metern CV und CD zu einer gedämpften Schwingung des Lagerbestands mit einer Periode von etwa 50 Tagen führt. Beim Experimentieren mit verschiedenen Bestell-faktoren wird der Benutzer schnell feststellen, daß sich nur in begrenzten Bereichen stabile Lösungen ergeben. Auf den ersten Blick vernünftig erscheinende Bestellfaktoren (etwa eine starke Berücksichtigung des augenblicklichen Lagerdefizits) erweisen sich dabei als destabilisierend. Auch die Lieferzeit hat einen kritischen Einfluß auf die Dynamik des Systems; der Benutzer sollte sich durch mehrere Simulationsexperimente mit der Rolle dieser Parameter vertraut machen.

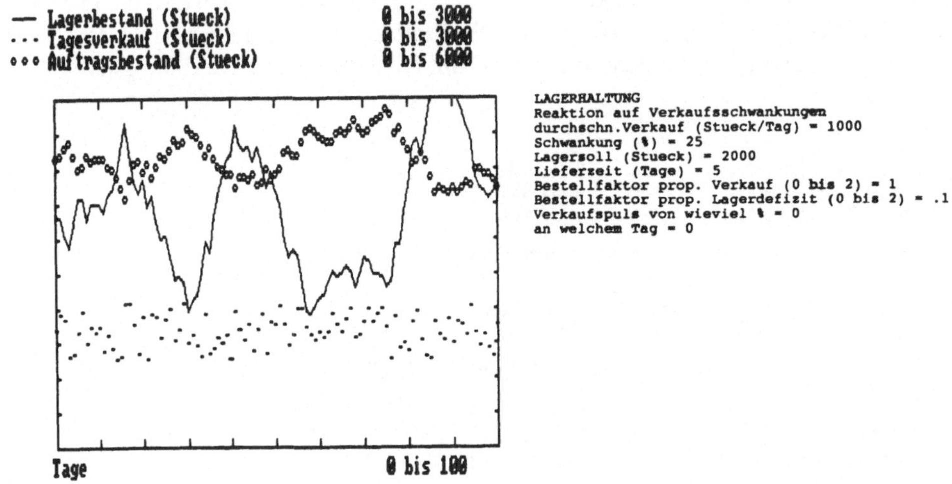

Abb. 4.1f   Simulationsergebnisse für das Modell der Lagerhaltung: Systemreaktion auf zufällige Verkaufsschwankungen.

Für die Praxis relevanter ist die Untersuchung des Verhaltens bei zufällig schwankendem Tagesverkauf. Abb. 4.1f zeigt Simulationsergebnisse für einen solchen Fall. Es zeigt sich, daß es bei ungeschickter Wahl der Bestellparameter auch hier, trotz völlig zufälliger Tagesverkaufszahlen, zu deutlich ausgeprägten Schwingungen des Lagerbestands kommen kann, deren Periode wesentlich von der Lieferzeit abhängt: Kürzere Lieferzeiten führen zu höheren Schwingungsfrequenzen.

Ein Bild aus der animierten Darstellung ist in Abb. 4.1g wiedergegeben. Es zeigt die jeweiligen Lager- und Auftragsbestände sowie die Liefer- und Bestellflüsse.

Es sei noch einmal darauf hingewiesen, daß die hier beobachteten Schwingungen des Systems vom System selbst erzeugt werden und nicht etwa durch periodische Schwankungen der Verkaufszahlen, die es hier nicht gibt. Diese Eigendynamik des Systems ergibt sich allein aus seiner Struktur und den gewählten Parametern. Der theoretische Hintergrund dieses Verhaltens wurde bereits in Kapitel 3 untersucht. Das Modell LAGER zeigt eindringlich, welche Steuerungsprobleme sich bereits bei einfachen dynamischen Systemen ergeben können. Die Simulation kann in solchen Fällen das Verständnis des Verhaltens und die Planung der notwendigen Eingriffe erheblich erleichtern oder überhaupt erst möglich machen.

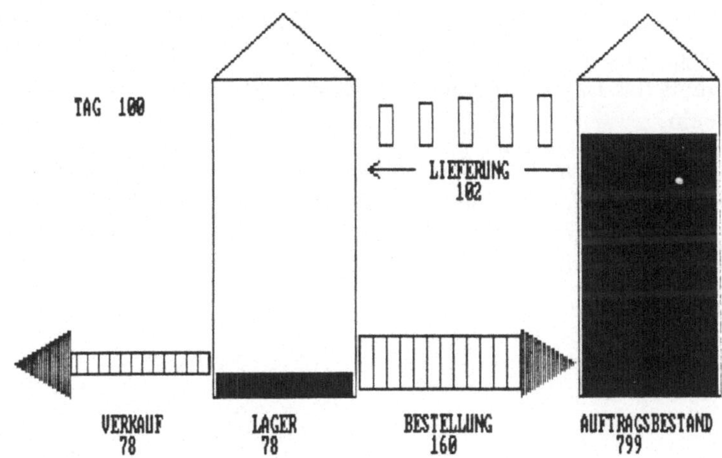

Abb. 4.1g   Animationsbild für das Modell der Lagerhaltung.

Aufgaben

1.   Bauen Sie das lauffähige Simulationsprogramm aus DYSAS und LAGER auf und überprüfen Sie es an den in Abb. 4.1e und 4.1f gezeigten Beispielen.

2.   Untersuchen Sie die Dynamik und Stabilität des Systems bei der Reaktion auf einen einmaligen Verkaufspuls, ohne zufällige Verkaufsschwankungen. Wählen Sie zunächst die folgenden Parameter: durchschnittlicher Verkauf: 1000, Schwankung = 0, Lagersoll = 2000, Lieferzeit = 5 Tage, Verkaufspuls = 50% am 10. Tag. Variieren Sie (unabhängig voneinander) den Bestellfaktor proportional zum Verkauf und den Bestellfaktor proportional zum Lagerdefizit im Bereich von 0 - 2. Ermitteln Sie Bereiche dieser Bestellparameter, die zu pulsstabilen Lösungen führen. Zeichnen Sie diese Bereiche in einem Diagramm (CD über CV) auf.

3.   Wählen Sie eine Parameterkombination von CV und CD, bei der Sie stabile Schwingungen beobachtet haben und ermitteln Sie durch Verändern der Lieferzeit die Abhängigkeit der Schwingungsperiode von der Lieferzeit. Tragen Sie dies in einem Diagramm auf.

4. Setzen Sie den Verkaufspuls wieder auf 0 und führen Sie zufällige Verkaufs-
    schwankungen von 30% ein. Untersuchen Sie wiederum die Rolle der Bestell-
    parameter CV und CD und ihren Einfluß auf Dynamik und Stabilität. Decken
    sich Ihre Ergebnisse mit denen der Pulsuntersuchung?

5. Welche Bestellparameter (CV, CD) können Sie bei einer Lieferzeit von 5 Ta-
    gen und einer Verkaufsschwankung von 30% empfehlen, um ein möglichst klei-
    nes Lager zu haben und trotzdem keine Kunden enttäuschen zu müssen? Wie
    groß muß das Lager bei einem mittleren Tagesverkauf von 1000 Stück minde-
    stens sein?

6. Stabile Lösungen lassen sich auch erreichen, wenn bei der Bestellung kaum auf
    den Tagesverkauf, dafür aber sehr stark auf den Lagerbestand geachtet wird.
    Simulieren Sie hierzu einige Beispiele. Woraus erklärt sich dieses Verhalten
    und welche Nachteile hat diese Lösung?

BALANCE

STABILISIERUNG EINES INSTABILEN SYSTEMS DURCH REGELUNG

Modellzweck: Demonstration der Möglichkeit, durch einen Regler ein instabiles dynamisches System auch gegen zufällige Störungen zu stabilisieren. Untersuchung der Abhängigkeit der Verhaltensdynamik von den Reglerkonstanten.

Abgrenzung: Senkrecht zu balancierender Stab + Regelmechanismus.

Zeitraum: Sekunden.

Zustandsgrößen: Winkel und Winkelgeschwindigkeit des senkrechten Stabs, Weg und Geschwindigkeit seines Auflagepunktes.

Beschreibung: Ein senkrecht stehender, an seinem unteren Ende gelagerter Stab ist instabil und kippt bei der kleinsten Störung um. Wird dagegen sein unterer Auflagepunkt in Reaktion auf die Kippbewegung in geeigneter Weise verschoben, so läßt sich der Stab so balancieren, daß er (nahezu) senkrecht stehenbleibt. Voraussetzung ist, daß ein geeigneter Regelmechanismus gefunden wird, der auf Störungen der senkrechten Ausgangslage richtig reagiert. Der Benutzer kann die verschiedenen Regelkonstanten vorgeben und das sich daraus ergebende dynamische Verhalten des Systems beobachten.

Abfrageparameter: 5 (Rückkopplungsfaktoren für Winkel, Winkelgeschwindigkeit, Weg und Geschwindigkeit, max. Amplitude zufälliger Störungen).

Variable: 8, davon 4 Zustandsgrößen.

Animation: Das dynamische Verhalten des Stabes und des Reglerwagens werden nach Ablauf der Simulation bildhaft dargestellt.

Bemerkungen: Die Modellentwicklung demonstriert beispielhaft das Vorgehen bei komplexen dynamischen Systemen, bei denen die technische Aufgabe besteht, durch Regelung ein bestimmtes stabiles Verhalten zu erreichen. Hier ist Linearisierung um einen Arbeitspunkt möglich. Die Spezifikation der Reglerkonstanten hängt von den angelegten Gütekriterien ab.

Aufruf: LOAD "DYSAS", MERGE "BALANCE".

4.2   Stabilisierung eines instabilen Systems durch Regelung

Problembeschreibung

Viele dynamische, vor allem technische Systeme zeigen zunächst ein Verhalten, das
z.B. aus Sicherheitsgründen nicht akzeptiert werden kann. So kann etwa der unkon-
trollierte Ablauf chemischer Reaktionen zur Explosion führen, Heizungen ohne
Thermostat würden zu Überhitzung und Energieverschwendung führen, Flugzeuge
wären ohne stabilisierende Leitwerke nicht zu fliegen. In allen diesen Fällen muß der
primär interessierende Prozeß durch zusätzliche Regelvorrichtungen oder Regelsy-
steme stabilisiert und in seinem Verhalten so beeinflußt werden, daß sich insgesamt
ein immer sicher und zuverlässig funktionierendes System ergibt. Diese Aufgabe ist
auch bei einfachen Systemen ohne Systemanalyse und Simulation kaum zu lösen, da
hier ja ein vorhandenes und meist bereits komplexes System durch ein weiteres System ergänzt werden soll, das in der Lage sein muß, das ursprüngliche nicht akzeptable Systemverhalten in ein oft gänzlich anderes, akzeptables Verhalten zu verändern. Diese Probleme zu lösen ist Aufgabe der Regeltechnik und Regeltheorie, oder
genereller der Systemanalyse, Systemtheorie und Kybernetik.

Es besteht also die Aufgabe, ein ursprünglich vorhandenes dynamisches System mit
Hilfe der Systemanalyse zunächst genau zu beschreiben, es dann aber durch andere
Systemkomponenten (ein Regelsystem) zu ergänzen, und schließlich die Reglerfunktionen und Reglerparameter so auszuwählen, daß sich insgesamt das gewünschte Systemverhalten ergibt. Da die interessierenden Systeme der Realität meist komplex
und fast immer nichtlinear sind und damit der mathematischen Analyse nur schlecht
zugänglich sind, hat die Computersimulation hier ihre besondere Bedeutung.

Wir wollen hier die regeltechnische Aufgabe und Vorgehensweise an einem über-
schaubaren Beispiel demonstrieren. Für einen senkrecht stehenden und an seinem
unteren Ende gelagerten Stab soll ein Regler entworfen werden, der dieses an sich
hoffnungslos instabile System durch Verschieben des Auflagepunkts so stabilisieren
kann, daß es selbst bei Störungen nur geringfügig von seinem Ausgangszustand ab-
weicht und rasch wieder dorthin zurückkehrt. Daß diese Aufgabe lösbar ist, wissen
wir aus der Erfahrung: Ein Besenstiel läßt sich durchaus auf dem Zeigefinger balancieren. Die Aufgabe hat durchaus praktische Relevanz: Trägerraketen etwa stellen
beim Start völlig instabile Systeme dar und müssen durch vom Reglersystem gesteu-
erte Schwenkbewegungen der Raketenmotoren stabilisiert werden. Diese Regelaufgabe entspricht weitgehend der, einen Stab senkrecht zu balancieren.

Bevor die Regelaufgabe bearbeitet werden kann, muß zunächst einmal eine genaue
Beschreibung der dynamischen Prozesse des zu regelnden Systems vorliegen. Die
entsprechenden Bewegungsgleichungen müssen zunächst nach den Gesetzen der Mechanik abgeleitet werden. Wir nehmen dazu an, daß der Stab an seinem unteren
Ende mittels eines Kippgelenks auf einem kleinen Wagen montiert ist, der während
des Regelvorgangs durch einen Motor rasch nach rechts oder links bewegt werden

kann. Wir betrachten hier nur die Kipp- und Fahrbewegungen in einer Ebene. In der anderen, hierzu senkrechten Ebene müßten ähnliche Bewegungsgleichungen entwickelt werden, doch würde sich hier nichts grundsätzlich Neues ergeben. Interessant ist, daß für kleine Kipp- und Fahrbewegungen die Dynamik in den verschiedenen Ebenen mathematisch entkoppelt und daher in getrennten Gleichungssystemen behandelt werden kann. Diese Möglichkeit der entkoppelten Betrachtung an sich verkoppelter Bewegungen durch Beschränkung auf kleine Störungen erleichtert z.B. die Untersuchungen in der Flugdynamik erheblich.

Wir nehmen an, daß der Stab die Länge 2 L und die Masse m hat (Abb. 4.2a). Sein Kippwinkel sei β. Der Reglerwagen, auf dem er montiert ist, hat die Masse M. Die Wegkoordinate des Auflagepunktes ist x. Am Wagen greift die noch zu bestimmende Regelkraft u als Funktion der Zeit an. Sie verschiebt den Wagen entsprechend der abzufangenden Kippbewegung des Stabes nach links oder rechts.

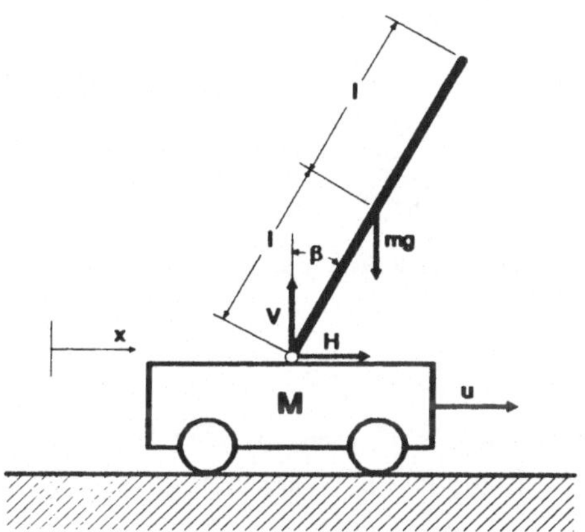

Abb. 4.2a   Das Stabsystem und Reglerwagen.

Im Kasten 4.2 ist das System mit diesen Bezeichnungen gezeigt. Es werden dort zunächst die Bewegungsgleichungen abgeleitet, die sich durch Summieren der am Stab und am Wagen angreifenden Kräfte und Momente ergeben. Die horizontale Beschleunigungskraft am Wagen ist gleich der Regelkraft minus der vom Stab herrührenden horizontalen Lagerkraft. Am Stab selbst ist diese horizontale Lagerkraft wiederum gleich der Horizontalbeschleunigungskraft des Stabschwerpunkts. Die vertikale Beschleunigungskraft am Stabschwerpunkt ergibt sich aus der vertikalen Auflagerkraft minus der im Stabschwerpunkt angreifenden Gewichtskraft des Stabes. Um

Kasten 4.2: Ableitung der Zustandsgleichungen zur Balanzierung eines Stabes

Aufgabe: Ein Stab der Länge 2L und Masse m ist an seinem unteren Ende auf einem Wagen der Masse M gelagert, so daß der Stab in einer Ebene (Papierebene) um den Winkel β kippen kann (Abb. 4.2a). Um die Kippbewegung abzufangen, kann der Wagen durch eine Regelkraft u in der x-Richtung (Papierebene) nach links oder rechts verschoben werden. Es ist eine Regelfunktion zu finden, die in Reaktion auf die Kippbewegung zu einer stabilisierenden Reglerkraft u(t) führt.

Bewegungsgleichungen

Kräfte am Wagen (nur horizontal):

$$u - H = M \frac{d^2x}{dt^2} \tag{1}$$

Kräfte am Stab:

$$H = m \frac{d^2}{dt^2} (x + L \sin \beta) \tag{2}$$

$$V - mg = m \frac{d^2}{dt^2} (L \cos \beta) \tag{3}$$

$(x + L \sin \beta)$ und $(L \cos \beta)$ sind die horizontalen bzw. vertikalen Koordinaten des Stabschwerpunkts.

Momentensumme um den Stabschwerpunkt:

$$VL \sin \beta - HL \cos \beta = I \frac{d^2\beta}{dt^2} \tag{4}$$

wobei $I = mL^2/3 =$ Trägheitsmoment des Stabs. Nach Ausdifferenzieren ergeben sich die vier Bewegungsgleichungen

$$u - H = M\ddot{x} \tag{1'}$$

$$H = m\ddot{x} + mL \frac{d}{dt} [\cos \beta \cdot \beta]$$

$$H = m\ddot{x} + mL (- \sin \cdot \dot{\beta}^2 + \cos \beta \cdot \ddot{\beta})$$

$$= m\ddot{x} + mL (\ddot{\beta} \cos \beta - \dot{\beta}^2 \cdot \sin \beta) \tag{2'}$$

$$V - mg = - mL \frac{d}{dt} [- \sin \beta \cdot \dot{\beta}]$$

$$= mL (- \cos \beta \cdot \dot{\beta} \cdot \dot{\beta} - \sin \beta \cdot \ddot{\beta})$$

$$V - mg = - mL (\dot{\beta}^2 \cdot \cos \beta + \ddot{\beta} \cdot \sin \beta) \tag{3'}$$

$$I \ddot{\beta} = VL \sin \beta - HL \cos \beta \tag{4'}$$

Linearisierung

Für kleinen Winkel β gilt

$$\sin \beta = \beta - \beta^3/6 + \ldots \approx \beta$$
$$\cos \beta = 1 - \beta^2/2 + \ldots \approx 1$$

Die Bewegungsgleichungen für kleinen Kippwinkel β lauten daher

$$u - H = M\ddot{x}$$

$$H \approx m\ddot{x} + mL (\ddot{\beta} - \dot{\beta}^2 \cdot \beta)$$

$$V - mg \approx -mL (\dot{\beta}^2 + \ddot{\beta} \beta)$$

$$I \ddot{\beta} \approx VL\beta - HL$$

Da sie bei kleinem β sehr klein werden, können Glieder höherer Ordnung wie $\dot{\beta}^2$, $\dot{\beta}\beta$ usw. vernachlässigt werden:

$$u - H = M\ddot{x} \qquad\qquad (5)$$

$$H \approx m\ddot{x} + mL\,\ddot{\beta} \qquad\qquad (6)$$

$$V - mg \approx 0 \qquad\qquad (7)$$

$$I\,\ddot{\beta} \approx VL\,\beta - HL \qquad\qquad (8)$$

Hieraus lassen sich durch Substitution die Reaktionskräfte V und H eliminieren. Einsetzen von (7) in (8) und von (6) in (8) ergibt:

$$I\,\ddot{\beta} = mgL\beta - mL\ddot{x} - mL^2\ddot{\beta} \qquad \text{bzw.} \qquad (I + mL^2)\,\ddot{\beta} + mL\ddot{x} - mgL\beta = 0 \qquad (9)$$

Einsetzen von (5) in (6) führt zu:

$$m\ddot{x} + mL\ddot{\beta} = u - M\ddot{x} \qquad\qquad \text{bzw.} \qquad mL\ddot{\beta} + (m + M)\,\ddot{x} = u \qquad (10)$$

Systemgleichungen

Die Lösung des Gleichungssystems (9, 10) für die höchsten Ableitungen ergibt

$$\ddot{\beta} = [\, g\,(m{+}M)\,mL\,/\,A\,]\,\beta - [\,mL/A\,]\,u$$

$$\ddot{x} = [\,-\,gm^2L^2\,/\,A\,]\,\beta + [(\,I + mL^2)\,/\,A\,]\,u$$

wobei $A = I\,(m{+}M) + mML^2$ 							(11)

Nach Einführung der Abkürzungen

$$a = g\,(m{+}M)\,mL\,/\,A$$
$$b = -mL\,/\,A$$
$$c = -gm^2L^2\,/\,A$$
$$d = (I + mL^2)\,/\,A$$

(12)

folgen die Systemgleichungen in der einfachen Form

$$\ddot{\beta} = a \cdot \beta + b \cdot u \qquad\qquad (13)$$

$$\ddot{x} = c \cdot \beta + d \cdot u$$

Diese Gleichungen sind linear und erlauben daher eine analytische Lösung für Reglerfunktionen, die lineare Funktionen von x, $\dot{x}$, β und $\dot{\beta}$ sind. Die entsprechende Reglerfunktion lautet:

$$u = k_\beta \beta + k_{\dot{\beta}} \dot{\beta} + k_x x + k_{\dot{x}} \dot{x} \qquad\qquad (14)$$

Simulationsdiagramm

Das den Gleichungen (13) und (14) entsprechende Simulationsdiagramm ist in Abb. 4.2c gezeigt.

Kasten 4.2   Ableitung der Zustandsgleichungen zur Stabilisierung eines senkrechten Stabes.

die Dynamik vollständig zu erfassen, muß schließlich noch die Momentendynamik um den Stabschwerpunkt gebildet werden: Das Beschleunigungsmoment ergibt sich aus der Summe der Momente, die sich aus der vertikalen bzw. horizontalen Auflagerkraft und ihrem jeweiligen Abstand vom Stabschwerpunkt ergeben.

In den Gleichungen für die horizontalen und vertikalen Kräfte am Stab stehen die zweiten Ableitungen der Stabschwerpunktkoordinate nach der Zeit. Werden diese Ausdrücke ausdifferenziert, so ergeben sich vier recht komplizierte Bewegungsgleichungen für die Unbekannten β, x, V und H. Die nichtlinearen Ausdrücke in diesen Gleichungen machen die mathematische Analyse fast unmöglich.

An dieser Stelle müssen wir uns daran erinnern, was der Zweck der Untersuchung ist: Es geht schließlich nicht um die präzise Beschreibung der komplexen Bewegungsabläufe etwa auch für große Winkelauslenkungen, sondern es soll ein Regler gefunden werden, der diese Auslenkungen von vornherein möglichst klein hält. Wenn wir also davon ausgehen, daß uns dies gelingen wird, so können wir das Gleichungssystem erheblich vereinfachen, indem wir annehmen, daß der Winkel sich zwar ständig verändert, daß er aber im Betrag dank der Regelung sehr klein bleibt (wenige Winkelgrade).

Unter diesen Bedingungen gilt bekanntermaßen, daß der Sinus eines kleinen Winkels etwa gleich dem Winkel selbst, der Cosinus aber etwa 1 wird. Führen wir diese Annahmen in das Gleichungssystem ein, so ergeben sich bereits erhebliche Vereinfachungen. In den Gleichungen tauchen aber immer noch nichtlineare Terme auf. Es handelt sich hier um Produkte des Kippwinkels und seiner ersten und zweiten Ableitung (Winkelgeschwindigkeit bzw. Winkelbeschleunigung).

Da wir von der Annahme ausgehen, daß der Winkel immer relativ klein bleibt, so wird auch die Winkelgeschwindigkeit relativ klein sein. Werden zwei derartig kleine Größen miteinander multipliziert, so ist das Produkt erst recht sehr klein und kann daher für die Zwecke der Untersuchung vernachlässigt werden. Damit bekommen wir nun vier relativ einfache Gleichungen, aus denen sich außerdem noch die Auflagekräfte H und V durch Substitution ersetzen lassen, so daß schließlich noch zwei Differentialgleichungen für β und x übrigbleiben.

Durch Zusammenfassen der verschiedenen Terme und Einführung von Abkürzungen für die sich aus den Systemkonstanten g, m, M, L ergebenden Parameterkombinationen folgt schließlich ein System von zwei Differentialgleichungen für Kippwinkel und Fahrweg:

$$d^2\beta/dt^2 = a\ \beta + b\ u$$

$$d^2x/dt^2 = c\ \beta + d\ u$$

Die genaue Ableitung dieser Gleichungen und die Bedeutung der Parameter a, b, c, d sind im Kasten 4.2 zu finden.

Das hier gezeigte Verfahren der Entwicklung der Systemgleichungen ist von grundlegender Bedeutung. Die allgemeingültigen Schritte sollen daher hier noch einmal aufgeführt werden:

1) Ableitung der vollständigen (meist nichtlinearen) Bewegungsgleichungen unter Verwendung der relevanten physikalischen Beziehungen.

2) Vereinfachung des gefundenen Systems von Differentialgleichungen durch die Annahme kleiner Störungen von einem Ausgangspunkt (Arbeitspunkt). Die Produkte der Störungen oder ihrer Ableitungen werden dann sehr klein und können vernachlässigt werden, so daß sich ein lineares Gleichungssystem ergibt.

Das Verfahren der Linearisierung nichtlinearer Systeme in der Nähe eines Gleichgewichtspunkts ist bereits im Kapitel 3.10 behandelt worden.

Bei dieser Untersuchung wird die Regelkraft u zunächst nicht weiter spezifiziert. Das dynamische Verhalten (in der Nähe des Ausgangspunkts) kann selbstverständlich erst analysiert oder simuliert werden, wenn die Regelfunktion u genau beschrieben worden ist.

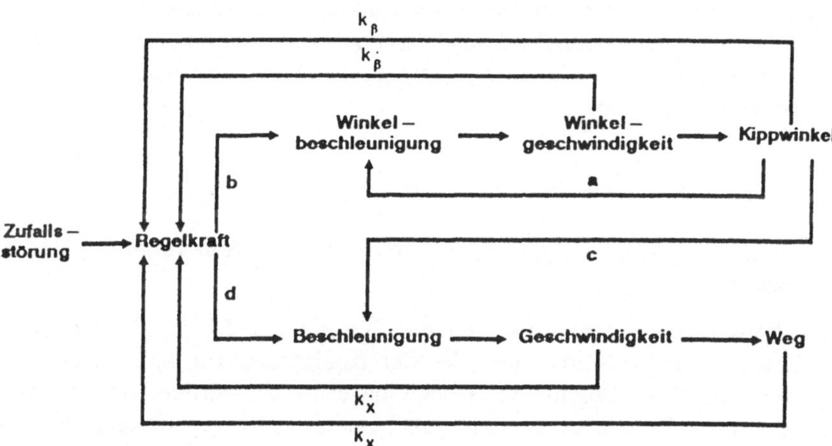

Abb. 4.2b   Wirkungsdiagramm der Stabstabilisierung.

Modellbeschreibung

Wortmodell und Wirkungsdiagramm: Die zwei abgeleiteten Differentialgleichungen sagen aus, daß die Winkelbeschleunigung sich aus dem jeweiligen Kippwinkel und der Regelkraft ergibt, während die Fahrbeschleunigung des Wagens sich ebenfalls aus dem Kippwinkel und der Regelkraft berechnet. Offensichtlich sind der jeweilige Kippwinkel und die Fahrposition Zustandsgrößen des Systems. Da sich aber beide nur durch zweifache Integration der Winkelbeschleunigung bzw. der Fahrbeschleunigung ergeben, so verstecken sich in dieser Formulierung noch als weitere Zustandsgrößen die Winkelgeschwindigkeit und die Fahrgeschwindigkeit.

Das Wirkungsdiagramm kann mit dieser Information noch nicht vollständig gezeichnet werden, da bisher nicht klar ist, wie u zu ermitteln ist. Um aber überhaupt eine Regelung durchführen zu können, muß der Regler über den Zustand des Systems informiert sein. Prinzipiell ist daher zunächst anzunehmen, daß jede der vier Zustandsgrößen in den Regler gekoppelt wird. Mit diesen Überlegungen ergibt sich das Wirkungsdiagramm der Abb. 4.2b für das geregelte System zum Balancieren des Stabes.

Simulationsdiagramm und Simulationsprogramm: Um das Wirkungsdiagramm zu quantifizieren und in das Simulationsdiagramm überführen zu können, muß zunächst die Reglerfunktion genauer bestimmt werden. Es sind hier eine große Vielzahl von Formulierungen denkbar, die bei geeigneter Parameterwahl zur Stabilisierung führen würden. (Es wird empfohlen, andere Reglerfunktionen zu entwerfen und in der Simulation zu testen.) Wir arbeiten hier mit der einfachsten Annahme, daß nämlich jede der vier Zustandsgrößen in die Reglerfunktion eingeht und jeweils einen Regelbeitrag liefert, der proportional zur jeweiligen Abweichung einer Zustandsgröße vom Ausgangszustand ist. Diese vier Beiträge werden aufsummiert, und wir erhalten damit die lineare Reglerfunktion:

$$u \; = \; k_\beta \, \beta + k_{v\beta} \, v_\beta + k_x \, x + k_{vx} \, v_x$$

Die vier Regelparameter k_β, $k_{v\beta}$, k_x, k_{vx} müssen dabei vom Programmbenutzer bestimmt werden.

Aus den konstanten Parameterwerten des Systems (m, M, L, g) ergeben sich das Trägheitsmoment I des Stabs sowie die vier Koeffizienten a, b, c, d. Diese Größen müssen nur einmal zu Beginn der Rechnung ermittelt werden. Im Simulationsdiagramm der Abb. 4.2c werden sie daher als bekannt vorausgesetzt und als Multiplikatoren an den entsprechenden Wirkungsbeziehungen angezeigt. Die Regelparameter werden in der interaktiven Abfrage ermittelt.

Um die Reaktion des geregelten Systems auf zufällige Störungen untersuchen zu können, führen wir noch eine zufällige Störkraft u_s ein, die im gleichen Sinne wie u wirkt, aber zu jedem Simulationszeitpunkt mittels Zufallsgenerator ermittelt wird. Die maximale Störamplitude wird vom Benutzer bei der Abfrage bestimmt. Mit Hilfe des Simulationsdiagramms lassen sich nun die Programmanweisungen leicht schreiben (Abb. 4.2d).

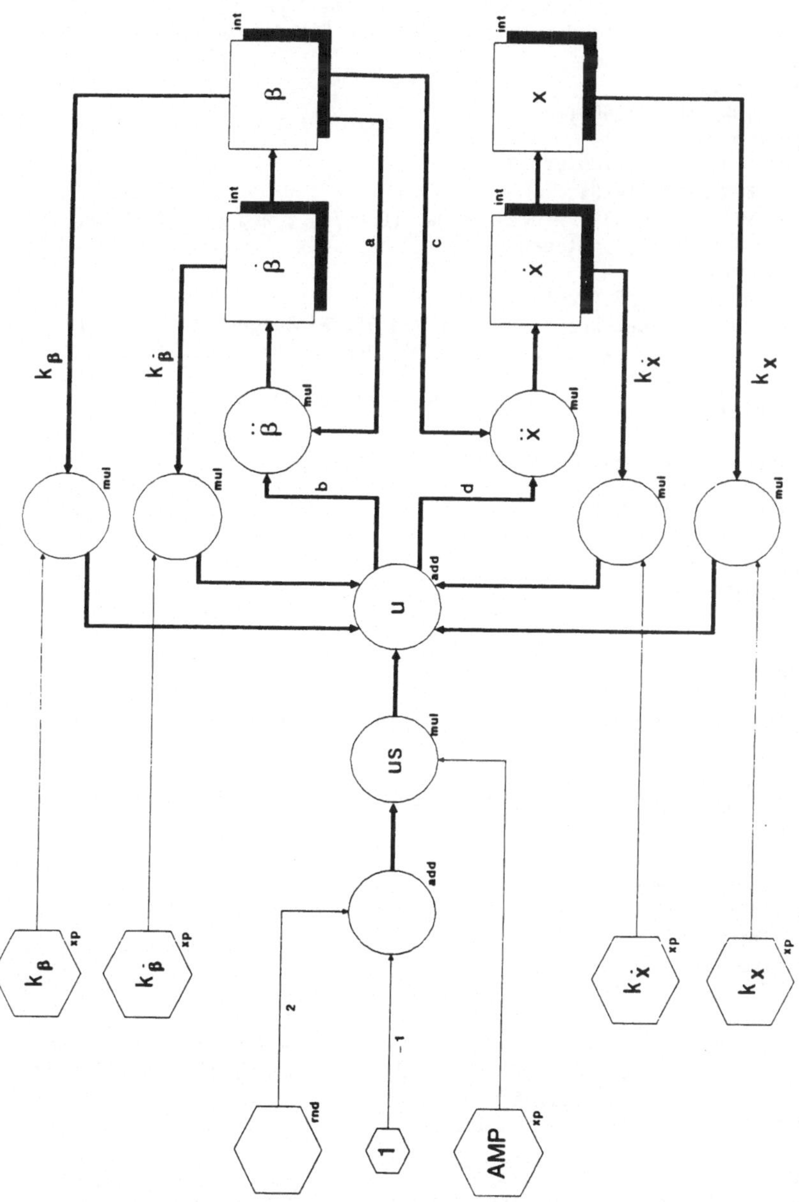

Abb. 4.2c   Simulationsdiagramm der Stabstabilisierung.

```
10 DATA "BALANCE-REGLER","Sekunden": '***BALANCE***  H.Bossel 850428, 850504,
851231, 870113
12 DATA "Stabilisierung eines instabilen Systems (frei stehender Stab) durch einen
Regler, der die Unterlage verschiebt.  Waehlen Sie die Reglerkonstanten.
Anfangsauslenkung 10 Grad."
19 'Parameter (mks)
20 MS=1:L=1:MW=1:G=9.810001
23 'Anfangswerte
24 PHI=10/57.3:VPHI=0:YY=0:VYY=0
30 START=0:FINAL=10:DT=.04
40 DATA 6,"Winkel (Grad)","Winkelgeschw. (Grad/s)","Weg (m)","Geschw.
(m/s)","Regelkraft (N)","Stoerung (N)"
46 XPHAS=1:YPHAS=2
48 DATA "Winkel",-15,15,"Weg",-1,1
100 DATA 5,"Winkel-Rueckkoppl-Faktor (N/rad)","Winkelgeschw.-Rueckkoppl-Faktor
(N/(rad/s))","Weg-Rueckkoppl-Faktor (N/m)","Geschwind.-Rueckkoppl-Faktor
(N/(m/s))","Stoeramplitude"
105 KPHI=QF(1): KV=QF(2): KY=QF(3): KVY=QF(4): AMP=QF(5)
110 DATA 0
200 'Berechnung der Systemkonstanten
210 II=MS*L*L/3
220 AA=II*(MS+MW)+MS*MW*L*L
230 A=G*(MS+MW)*MS*L/AA
240 B=-MS*L/AA
250 C=-G*MS*MS*L*L/AA
260 D=(II+MS*L*L)/AA
1000 '
1100 'Regler:
1105 DELTU=AMP*(2*RND-1)
1110 U=KPHI*PHI+KV*VPHI+KY*YY+KVY*VYY+DELTU: UU=U-DELTU
2010 BPHI=A*PHI+B*U
2020 BYY=C*PHI+D*U
4000 Q1=PHI*57.3:Q2=VPHI*57.3:Q3=YY:Q4=VYY:Q5=UU:Q6=DELTU
4800 QX=PHI*57.3:QY=YY
5000 '
5110 VPHI=VPHI+DT*BPHI
5120 PHI=PHI+DT*VPHI
5130 VYY=VYY+DT*BYY
5140 YY=YY+DT*VYY
8000 '
8090 SCREEN 2: CLS
8100 'Bewegungsbild -------------------------------------------------------
8102 LINE (0,176)-(640,176): FOR I=1 TO 21: LINE ((I-1)*32,176)-((I-1)*32,180):
NEXT I: LINE (320,176)-(320,184)
8104 PRINT "STABILISIERUNG DURCH REGLER"
8110 PHIA=0
8120 FOR S=1 TO 301
8122 LOCATE 1,50: PRINT USING "###.# ";Q(S,1);
8124 PRINT "Sek"
8130 PHI=Q(S,2)/57.3:YY=Q(S,4)
```

```
8135 X=YY*320+320:XA=YYA*320+320:SX=150*SIN(PHI):SY=-
150*COS(PHI):SXA=150*SIN(PHIA):SYA=-150*COS(PHIA)
8140 LIM=X+150*SIN(PHI)
8150 IF LIM>=2640 OR LIM<=-2000 THEN GOTO 8310
8200 CIRCLE (XA,160),4,0
8204 LINE (XA-20,164)-(XA+20,164+10),0,BF
8206 LINE (X-20,164)-(X+20,164+10),1,BF
8208 CIRCLE (X,160),4,1:PSET (X,160)
8210 LINE -STEP(SX,SY)
8211 PSET (X+1,160): LINE -STEP(SX,SY): PSET (X-1,160): LINE -STEP(SX,SY)
8212 PSET (XA,160): LINE -STEP(SXA,SYA),0
8213 PSET (XA+1,160): LINE -STEP(SXA,SYA),0: PSET (XA-1,160): LINE -STEP(SXA,SYA),0
8214 PSET (X,160): LINE -STEP(SX,SY)
8215 PSET (X+1,160): LINE -STEP(SX,SY): PSET (X-1,160): LINE -STEP(SX,SY)
8220 YYA=YY:PHIA=PHI
8300 NEXT S
8310 LOCATE 2,1: PRINT "Reglerfunktion:": PRINT "u = ";KPHI;"*phi + ";KV;" *dphi/dt
+ ";KY;" *y + ";KVY;" * dy/dt"
8320 LOCATE 1,45: PRINT Q$: LOCATE 1,60: INPUT "0 - weiter"; A
```

Abb. 4.2d   Simulationsanweisungen für das Modell der Stabstabilisierung.

In den Modellanweisungen 8100 - 8499 stehen dabei die Anweisungen für die graphische Animation der Simulationsergebnisse. Diese Anweisungen haben mit dem eigentlichen Modell nichts zu tun und können daher übersprungen werden.

Beim Ablauf des Modells wird zunächst nach den vier Rückkopplungsfaktoren und danach nach der einzusetzenden maximalen Störamplitude gefragt. Die Simulation beginnt dann mit einem Anfangswinkel von 10 Grad und verläuft über 10 simulierte Sekunden. Bereits im Laufbild läßt sich erkennen, ob die Parameterwahl zur Stabilisierung oder Destabilisierung führt. Die Balancierbewegungen des Stabes und des Regelwagens sind in der Animation gut zu sehen.

Simulationsergebnisse

Mit dem Simulationsmodell lassen sich je nach Wahl der Reglerkonstanten und der Störungen eine Vielzahl von stabilen und instabilen, periodischen und aperiodischen Reaktionen erzeugen. Wir zeigen hier lediglich zwei Beispiele; eines für eine stabilisierende Reglerfunktion ohne zufällige Störungen und eines mit der gleichen Reglerfunktion, aber mit zusätzlichen zufälligen Störungen (Abb. 4.2e und Abb. 4.2f). Ohne zusätzliche zufällige Störungen führt die hier gewählte Reglerfunktion zu einem sehr raschen Stabilisieren des Stabes in der vertikalen Position, während das Zurückbringen des Wagens auf die Nullposition länger dauert. Dieses Verhalten läßt sich durch Wahl anderer Reglerkonstanten verändern und verbessern. Der Programmbenutzer sollte hier selbst experimentieren. Eine effizientere Regelung ließe sich auch durch nichtlineare Glieder in der Reglerfunktion erreichen (etwa Einführung des Quadrats der Position, um zu höheren Regelkräften bei größeren Abweichungen zu kommen). Diese und andere Änderungen lassen sich leicht im Programm einführen.

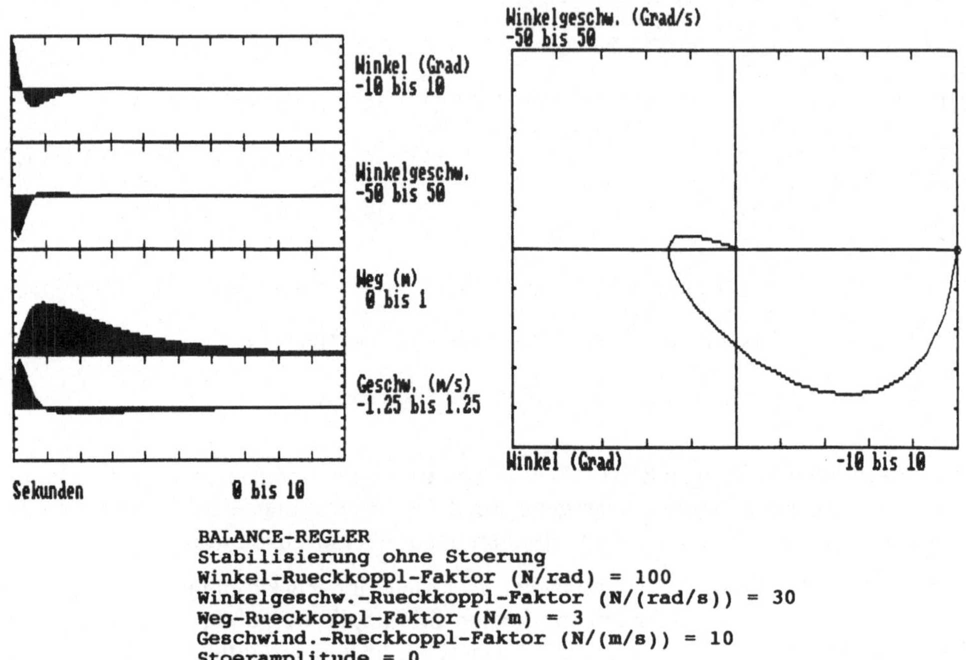

Abb. 4.2e   Simulationsergebnisse für das Modell der Stabstabilisierung: Dynamische Reaktion ohne zufällige Störungen.

Die gewählte Reglerfunktion kann den Stab auch bei zufällig auftretenden Störkräften am Wagen noch stabilisieren, solange die Amplitude dieser Störungen ein gewisses Maximum nicht überschreitet (Abb. 4.2f). Bei dieser Simulation zeigt sich, daß der Regler nicht nur die ursprüngliche Aufgabe meistert, den fallenden Stab abzufangen und in die vertikale Position zurückzubringen, sondern daß er außerdem noch mit weiteren Störungen in gewissen Grenzen fertigwerden kann. In den meisten realen Anwendungen muß dies von einem Regelsystem verlangt werden.

Die Wirkung verschiedener Regelparameter läßt sich besonders anschaulich in der animierten Darstellung verfolgen. Abb. 4.2g zeigt hieraus eine 'Momentaufnahme'. Die Systemgrößen sind in Abbildung 4.2h erläutert.

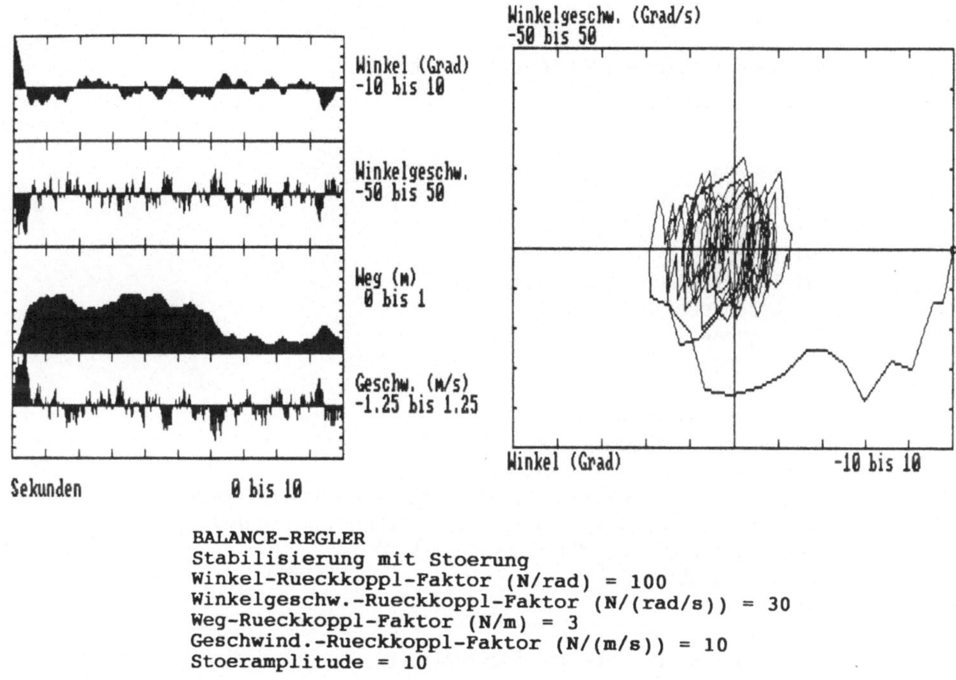

Abb. 4.2f   Simulationsergebnisse für das Modell der Stabstabilisierung: Dynamische Reaktion auf zufällige Störungen.

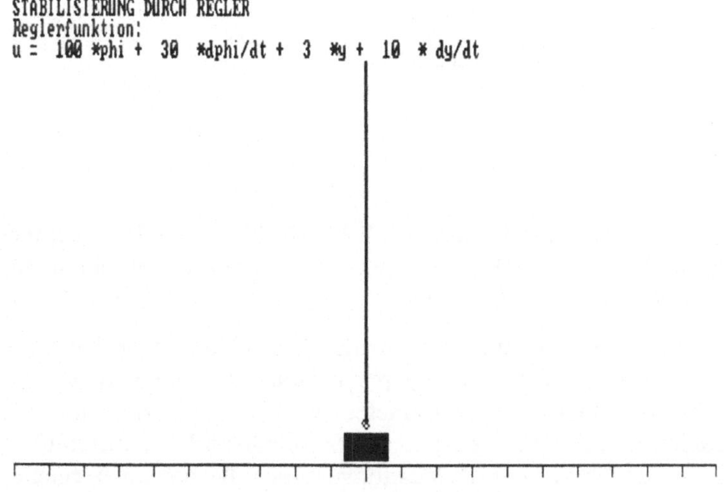

Abb. 4.2g   Animationsbild für das Modell der Stabstabilisierung.

BALANCE

Stabilisierung eines instabilen Systems durch Regelung

```
A        - Hilfsgröße
AA       - Hilfsgröße
AMP      - Störamplitude (N)
B        - Hilfsgröße
BPHI     - Winkelbeschleunigung ((rad/s)/s)
BYY      - Wegbeschleunigung ((m/s)/s)
C        - Hilfsgröße
D        - Hilfsgröße
DELTU    - Störkraft (N)
G        - Gravitationskonstante
II       - Massenträgheitsmoment (kg.m^2)
KPHI     - Regelfaktor der Winkelrückkopplung (N/rad)
KV       - Regelfaktor der Winkelgeschwind.-Rückkopplung (N/(rad/s))
KVY      - Regelfaktor der Geschwindigkeits-Rückkopplung (N/(m/s))
KY       - Regelfaktor der Weg-Rückkopplung (N/m)
L        - halbe Stablänge (m)
MS       - Stabmasse (kg)
PHI      - Stabwinkel (rad)
U        - Summe aus Regelkraft und Störkraft (N)
VPHI     - Winkelgeschwindigkeit (rad/s)
VYY      - Geschwindigkeit (m/s)
YY       - Weg (m)

T        - Zeit (Sekunden)
```

Abb. 4.2h   Systemgrößen für das Modell der Stabstabilisierung

Aufgaben

1. Koppeln Sie das Modellprogramm BALANCE an das Bearbeitungsprogramm DYSAS und überprüfen Sie das Simulationsprogramm mit den in Abb. 4.2e und Abb. 4.2f dokumentierten Läufen.

2. Regeln Sie das System zunächst nur durch Rückkopplung des Kippwinkels (P-Regler). Verändern Sie den zu β proportionalen (ersten) Regelparameter und lassen Sie die anderen drei Parameter zunächst auf 0. Bestimmen Sie den Regelparameterbereich für den sich (a) Stabilität und (b) Instabilität ergibt. Ermitteln Sie den kritischen Parameterwert, der die beiden Bereiche trennt und bei dem der anfängliche Kippwinkel unverändert bleibt. Führt die Stabilisierung des Kippwinkels hier auch zu einer Stabilisierung der Fahrposition? Erläutern

Sie, was dieser Proportionalregler für den Kippwinkel bestenfalls erreichen kann.

3. Verbessern Sie jetzt den Regler, indem Sie zusätzlich zum Proportionalregler für den Kippwinkel noch das Differentialglied für die Ableitung des Kippwinkels (die Winkelgeschwindigkeit) (D-Glied) verwenden. (Diese Kombination wird als PD-Regler bezeichnet.) Die zusätzliche Verwendung der Kippgeschwindigkeit bedeutet jetzt, daß der Regler bereits reagieren kann, wenn die Auslenkung noch klein ist, die Winkelgeschwindigkeit aber bereits eine bevorstehende Veränderung anzeigt. Finden Sie eine Kombination der beiden Regelparameter, die zu einem möglichst rasch gedämpften stabilen Verhalten führt. Was beobachten Sie in bezug auf die Fahrposition? Können Sie die Positionsregelung durch entsprechende Wahl der beiden Winkelparameter verbessern?

4. Untersuchen Sie systematisch den Einfluß der beiden Parameter auf Frequenz und Dämpfung des geregelten Systems in bezug auf die Winkelauslenkung. Zeichnen Sie in einem Diagramm (Abszisse k_β, Ordinate $k_{v\beta}$) die Stabilitätsbereiche ein und skizzieren Sie im Diagramm die Systemreaktion als Funktion der beiden Parameter.

5. Verwenden Sie jetzt auch die beiden Parameter für die Rückkopplung der Position und der Fahrgeschwindigkeit. Finden Sie Kombinationen, die den Stab möglichst rasch und gut gedämpft in die vertikale Lage und in die Ausgangsposition des Wagens zurückbringen.

6. Untersuchen Sie jetzt, ob die von Ihnen gefundene Reglerfunktion auch noch bei zufälligen Störungen durch eine Störkraft mit einer maximalen Amplitude von 10 Newton stabil bleibt. Falls dies nicht der Fall ist, ermitteln Sie entsprechende Werte für die Regelparameter. Hinweis: Verwenden Sie bei der Beurteilung der Güte des Reglers u.a. auch das Phasenbild.

7. Ersetzen Sie den bisher verwendeten linearen Regler in Programmzeile 1110 durch einen (nichtlinearen) Dreipunktregler für jede der vier Zustandsgrößen. Dieser Regler reagiert in einem kleinen Bereich um den Nullwert der Zustandsgröße nicht, reagiert aber mit maximaler (positiver bzw. negativer) Regelkraft bei jeder Auslenkung außerhalb dieses Nullbereichs. Verwenden Sie hier die vier Regelparameter, um die maximale Regelkraft in bezug auf jede der vier Zustandsgrößen für ein akzeptables und stabiles Verhalten zu ermitteln.

8. Verwenden Sie andere nichtlineare Ausdrücke für die Reglerfunktionen (z.B. quadratische oder kubische Ausdrücke) und untersuchen Sie den Einfluß auf das Regelverhalten. Führen Sie einen zusätzlichen Integrator ein, der den Energieaufwand für den Regelvorgang über die Simulationsperiode mißt (Reglerleistung = Reglerkraft * Fahrgeschwindigkeit). Versuchen Sie, Reglerfunktion und Reglerkonstanten so zu wählen, daß die Regelaufgabe mit einem minimalen Energieaufwand gelöst wird.

FITEICH

SIMULATIONSMODELL FÜR EINEN BEWIRTSCHAFTETEN FISCHTEICH (AQUAKULTUR)

Modellzweck: Darstellung der wichtigsten Elemente des Fischteichsystems und ihrer strukturellen Verknüpfungen und dynamische Simulation zum Zwecke des besseren Verständnisses der Dynamik des Fischteichs und seiner Reaktionen auf Bewirtschaftungsmaßnahmen.

Systemgrenze: Die Grenzflächen des Fischteichs.

Zeitraum: Ein bis mehrere Jahre; Zeiteinheit ist der Tag.

Zustandsgrößen: Algenbiomasse, Fischbiomasse, organische Abfälle, Nährstoff.

Beschreibung: Das Modell berechnet Algenwachstum als Funktion der jahreszeitlichen Sonneneinstrahlung und der Nährstoffkonzentration im Teich. Algen werden von den Fischen gefressen. Unter eutrophierten Bedingungen kann es zu Algenblüten und entsprechenden Algensterben-Episoden kommen. Die Fischpopulation ist von den Algen als Nahrungsquelle für ihre Respiration und ihren Biomassezuwachs abhängig. Der organische Abfall aus dem Metabolismus der Fische oder dem Absterben der Algen wird mit einer Zersetzungsrate zersetzt, die von der jahreszeitlichen Wassertemperatur abhängt. Der Nährstoff ist dann wieder im Wasser für die Aufnahme durch Algenwachstum verfügbar. Die Teichdynamik wird durch Bewirtschaftungsmaßnahmen wie z.B. die Zugabe von organischen Abfällen, von Mineraldünger, von Jungfischen sowie durch die Entnahme von Fischen und Schlamm für Düngezwecke beeinflußt.

Abfrageparameter: 9 (anfänglicher Nährstoffbestand, anfänglicher organischer Abfallbestand, anfänglicher Algenbestand, Eingabe an organischem Abfall, Schlammentnahme, Eingabe an mineralischem Dünger, Fischbesatz, Tag des Fischbesatzes, Tag des Abfischens).

Veränderliche: 27, davon 4 Zustandsgrößen.

Tabellenfunktionen: 2 für die Abhängigkeit der Nettoprimärproduktion der Algen vom Nährstoffgehalt des Wassers und für die Temperaturabhängigkeit der Zersetzung, sowie 2 sinusförmige Funktionen für die solare Einstrahlung und die Temperatur des Teiches.

Bemerkungen: Das Modell soll die grundsätzlichen Verhaltensweisen der Dynamik des Fischteichs demonstrieren. Es eignet sich nicht, um genaue Vorhersagen der zeitabhängigen Entwicklung in einem bestimmten Fischteich zu berechnen.

Aufruf: LOAD "DYSAS", MERGE "FITEICH".

4.3   Systemdynamik einer Teichwirtschaft

Überblick

Im Reifestadium können natürliche Ökosysteme auf Dauer bestehen, weil sie 'gelernt' haben, alle mineralischen Rohstoffe, die sie für ihre Lebensprozesse im System benötigen, wieder zurückzuführen. Die Stoffverluste eines solchen Systems sind gering, und sie können deshalb durch die natürlichen Prozesse mit nur relativ kleinen Produktionsraten ersetzt werden, wie z.B. die Gesteinsverwitterung oder die Fixierung von Stickstoff durch freilebende Bakterien (Abb.4.3a).

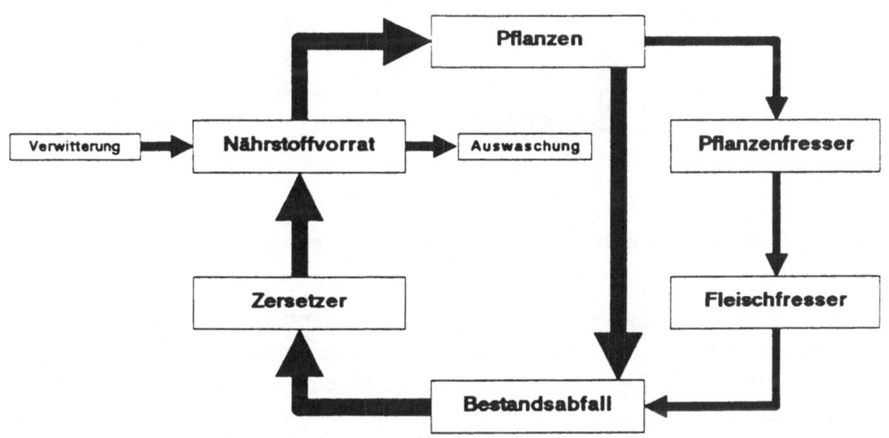

Abb. 4.3a   Nährstoffkreislauf in natürlichen Ökosystemen.

Landwirtschaftliche Produktion bedeutet immer die Ausfuhr von Nährstoffen aus dem vom Menschen geschaffenen 'Ökosystem': Die Erzeugung von Nahrung und Futter für Mensch und Vieh hat als Konsequenz die Entnahme von Ernten und daher auch der in ihnen gespeicherten Mineralien. In vielen traditionellen landwirtschaftlichen Systemen wurde daher sorgfältig darauf geachtet, daß die zunächst entnommenen Nährstoffe wieder auf das Land zurückgeführt wurden: Alle Abfälle von Mensch und Vieh wurden gesammelt und wieder auf das Feld zurückgebracht. Solche Landwirtschaftssysteme können - wie reife natürliche Ökosysteme auch - über Jahrhunderte betrieben werden, oft sogar mit einer allmählichen Verbesserung ihrer Produktivität als Folge der allmählichen Verbesserung der Fruchtbarkeit ihrer Böden. Eine Bedingung für diese Art der Landwirtschaft ist es, daß alle Exporte von Nährstoffen über die Systemgrenze hinaus nur klein sein dürfen: d.h., die Ernten werden dort verzehrt, wo sie erzeugt werden, was bedeutet, daß alle Abfälle wieder auf die Felder zurückgeführt werden, denen die Frucht zunächst entnommen wurde (Abb. 4.3b).

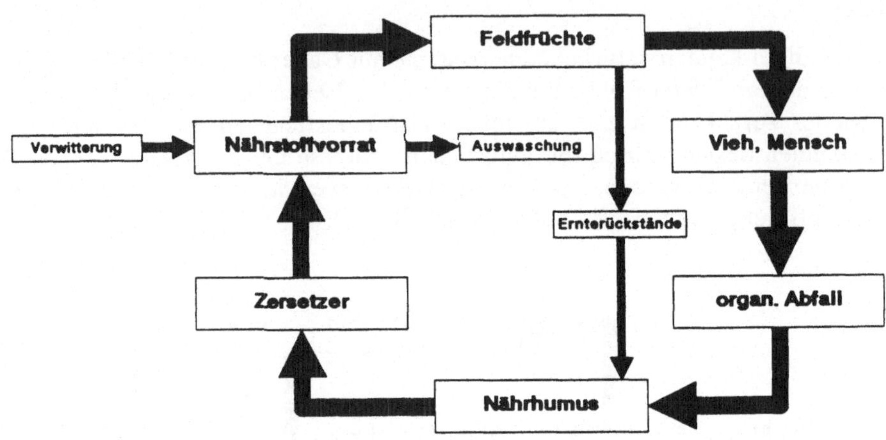

Abb. 4.3b   Nährstoffkreislauf in der traditionellen und der ökologischen Landwirtschaft.

Die moderne Landwirtschaft produziert für Zusammenballungen von Millionen von Verbrauchern in Städten, für riesige nahrungsmittelverarbeitende Industrien, für die Tiermast in großen Mastbetrieben. Dies bedeutet eine fortwährende Ausfuhr von Nährstoffen vom Boden in andere Gebiete, wo die sich daraus ergebende Konzentration von Abfällen aus Städten, Industrien und Mastbetrieben im allgemeinen von den natürlichen Ökosystemen nicht ohne weiteres absorbiert werden kann. Die sich ergebende Belastung der Böden, des Grundwassers, der Bäche und Flüsse zerstört die vielleicht noch vorhandene Regenerationsfähigkeit der Ökosysteme. Die ständigen hohen Nährstoffverluste müssen durch mineralische Dünger ausgeglichen werden, die entweder enorme Energiemengen für ihre Erzeugung erfordern (Stickstoffdünger) oder die begrenzte, nicht erneuerbare Rohstoffvorräte mit einer sich ständig erhöhenden Abbaurate vermindern (Phosphatdünger) (Abb. 4.3c).

Diese Art der Landwirtschaft läßt sich langfristig nicht nachhaltig durchführen und je eher daher neue Landwirtschaftssysteme mit einem Maximum von Nährstoffrückführung entwickelt werden, um so besser. Das gegenwärtige Interesse an der 'ökologischen' oder 'regenerativen Landwirtschaft' ist keinesfalls eine nostalgische Sehnsucht nach der 'guten alten Zeit' härtester Arbeit in den Feldern der traditionellen Landwirtschaft, sondern darin drückt sich - endlich - eine lebhafte Sorge für das langfristige Überleben und die Entfaltungsfähigkeit menschlicher Gesellschaften aus. Es muß hier kaum gesagt werden, daß regenerative Landwirtschaft sich auf das beste -

traditionelle und moderne - wissenschaftliche und technische Wissen stützen muß,
um den Nährstoffkreislauf so weit wie möglich zu schließen (Abb. 4.3b). Dies schließt
auch die Verwendung der Methoden der Systemanalyse und Simulation ein, um mit
der Vielfalt der vernetzten dynamischen Prozesse bei der Pflanzen- und Tierproduk-
tion umgehen zu können: das Wachstum von Pflanzen und Tieren, die Mineralisierung von Nährstoffen, die Bodenwasserdynamik, die Dynamik von Schädlingen und
ihre Bekämpfung, die Betriebsführung landwirtschaftlicher Betriebe.

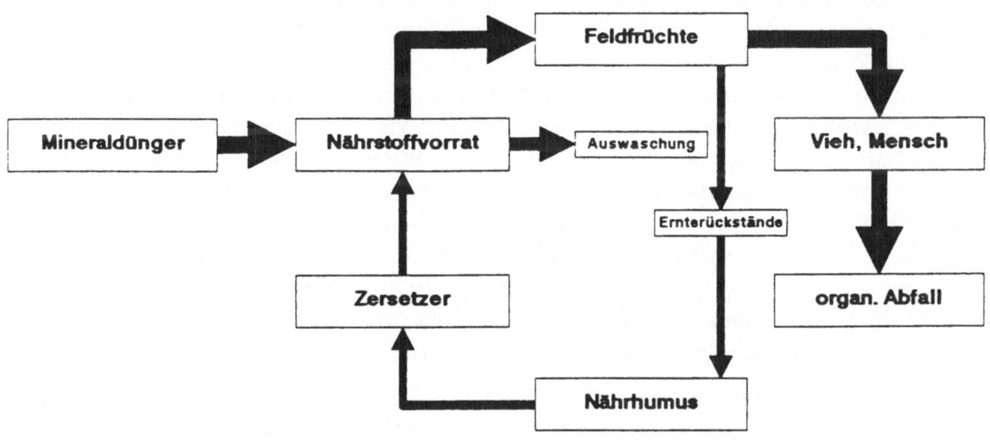

Abb. 4.3c   Nährstoffpfade in der 'modernen' Landwirtschaft.

Das gleiche Prinzip der Nährstoffrückführung gilt auch für die Bewirtschaftung von
Wäldern: Die Ausfuhr von Nährstoffen durch die Entnahme von Holz, Laub, Unter-
wuchs und Streu darf nicht den Betrag überschreiten, der durch Verwitterung und
Fixierung festgelegt wird. Falls diese Grenze überschritten wird, wie es heute in vielen
Teilen der Welt der Fall ist, verliert das Waldökosystem ständig an Fruchtbarkeit und
Produktivität. Noch unmittelbarer und bedrohlicher sind die direkten Folgen dieser
Verarmung des Waldökosystems: der Verlust von Wasserhaltefähigkeit, Erosion,
Flutspitzen, Absinken des Grundwasserspiegels, Verlust an Bodenvegetation, von
Humus und seinen nährstoffhaltenden Fähigkeiten, Auslaugung und Auswaschung
der verbleibenden Nährstoffe und schließlich: der Verlust der gesamten regenerati-
ven Ressourcenbasis. Auch hier kann die Verwendung der Systemanalyse und Simulation beim Verständnis des Problems und bei der Suche nach annehmbaren Lösungen wie auch bei der Vorbereitung besserer Bewirtschaftungsentscheidungen helfen.

In diesem Abschnitt wird eine Fallstudie zur Nährstoffbewirtschaftung vorgestellt, die
sich auf einen Teilaspekt chinesischer Ökofarmprojekte bezieht, nämlich auf die mit

der übrigen Landwirtschaft integrierte Teichwirtschaft. Teiche spielen im asiatischen Landwirtschaftssystem in vielen Regionen eine große Rolle, nicht nur als Produzenten von Fisch, sondern auch als wirksame Zersetzer organischer Abfälle und Mineralisierer von Nährstoffen und damit als Düngerquellen, aber auch zur Erzeugung von Schweinefutter (Wasserhyazinthen) und Speicher für Bewässerungswasser.

Wenn wir die Systemgrenze um den Teich legen, so können wir als die hauptsächlichen Inputs des Fischteichsystems die folgenden Systemgrößen erkennen: Sonneneinstrahlung, Niederschlag, Lufttemperatur, Wassereinlauf, Einsetzen von Jungfischen, Nährstoffe im Einlauf, organische Abfälle (von Vieh, Geflügel und menschlichen Ansiedlungen usw.), Mineraldünger und menschliche Arbeit. Die hauptsächlichen Outputs des Teichsystems sind: Fische, Nährstoffe im Schlamm (Dünger), organische Substanzen im Schlamm, ausfließendes Wasser, Austrag von Nährstoffen, Austrag von Sedimenten im Abfluß. Im Teich finden also viele verschiedene Prozesse gleichzeitig statt: Die Ablagerung von eingetragenen Sedimenten, die Zersetzung von organischen Abfällen jeder Art, das Wachstum von Algen und Wasserpflanzen, gefördert von diesen Nährstoffen, die Ernährung von Fischen mittels Algen und Wasserpflanzen, die Entnahme von Fischen für die menschliche Ernährung, die Entnahme von Schlamm zur Düngung der Felder, die Bewahrung von aus den Feldern abgespülten Nährstoffen und Bodenpartikeln. Durch Luftstickstoff-bindende (blaugrüne) Algen kann es zu einem zusätzlichen Eintrag von Stickstoff kommen.

Die Fische des Teichs ernähren sich von Algen und im Teich wachsenden Pflanzen. Dieses Nahrungsangebot kann durch Füttern der Fische mit Gemüse- und Ernteabfällen erhöht werden. Die Menge der Algen und Wasserpflanzen hängt vor allem von der Nährstoffmenge im Wasser ab, wobei der begrenzende Nährstoff (meist Phosphat) die entscheidende Rolle spielt. Sie hängt auch von der Sonneneinstrahlung ab, die die Energie für die Photosynthese und die Erzeugung von Glukose liefert und von der jahreszeitlichen Schwankung der Wassertemperatur. Beide haben einen jahreszeitlichen Einfluß auf die Primärproduktion von Algen und Pflanzen. Die Nährstoffe im Teich stehen in einem Kreislauf, falls kein Nährstoffexport (durch Entnahme von Schlamm, Wasserpflanzen oder Fischen) besteht: Die Nährstoffe im Wasser und in Schlamm und Sedimenten am Boden des Teichs werden von Pflanzen und Algen aufgenommen und in der durch die Photosynthese produzierten organischen Substanz fixiert. Ein Teil dieses Materials wird wiederum Bestandsabfall, wird zersetzt und im Wasser oder im Schlamm mineralisiert, wobei die Nährstoffe wieder freiwerden. Ein anderer Teil wird von Fischen oder anderen pflanzenfressenden Tieren (z.B. Enten) verzehrt. Hiervon wird wiederum ein Teil durch die Tiere assimiliert (Nettoproduktion); der größere Teil wird entweder zu Abfall wegen der Verluste beim Fressen und Verdauen, oder weil die Energie für die Atmung verwendet wird, während die Nährstoffe wiederum im Tierkot freigesetzt werden. Die organischen Abfälle gehen in den Zersetzungs- und Mineralisierungsprozeß ein, und die Nährstoffe laufen in den Nährstoffvorrat zurück.

Die Bewirtschaftung von Fischteichen beeinträchtigt diesen geschlossenen Nährstoffkreislauf auf verschiedene Weisen. Erstens werden mit jeder Entnahme von Fischen
auch Nährstoffe entzogen; das Gleiche gilt für die Entnahme durch fischfressende
Wasservögel oder andere Tiere. Falls diese Nährstoffe nicht durch die Atmosphäre,
durch Ablauf vom Land, durch den Eintrag des Baches oder durch mineralische oder
organische Düngung ersetzt würden, ergäbe sich ein allmählicher Nährstoffverlust in
dem Teichökosystem. Zweitens besteht aber ein sehr viel größerer Nährstoffverlust
durch die Schlammentnahme zur Felddüngung. Diese Nährstoffverluste werden teilweise durch die gerade erwähnten natürlichen Eingänge aufgehoben, aber in einem
Aquakultursystem ist der Eintrag von organischem Dünger, von organischen Abfällen, von Pflanzenresten oder sogar von Mineraldünger von weit höherer Bedeutung.
Diese Nährstoffeinträge und -austräge müssen in einer solchen Weise bewirtschaftet
werden, daß eutrophische oder hypereutrophische Bedingungen vermieden werden,
während gleichzeitig Pflanzen und Algen so wachsen sollen, daß sich ein maximaler
Fischertrag ergibt. Außerdem sollte das System die Düngermenge (Schlamm) erzeugen, die für die Felddüngung benötigt wird.

Diese Bewirtschaftungsaufgabe wird dadurch schwierig, daß wir es mit mehreren
unterschiedlichen Zustandsgrößen mit sehr verschiedenen Zeitkonstanten zu tun haben: Algen und Wasserpflanzen wachsen viel schneller als Fische und Mikroorganismen; die Zersetzer im System haben eine noch sehr viel schnellere Umlaufrate. Wir
müssen daher starke dynamische Effekte erwarten, die noch durch die Wirkungsbeziehungen zwischen den verschiedenen Zustandsgrößen verstärkt werden. In der Tat
zeigen natürliche aquatische Systeme sehr schnelle Dynamiken - Algenblüten und
Fischsterben sind ein Beispiel.

Bei der Formulierung des Modells konzentrieren wir uns auf die Beschreibung der
verknüpften Dynamik dieser verschiedenen Vorgänge, um damit das Verständnis des
Fischteichsystems und seiner Bewirtschaftung innerhalb eines Ökofarmsystems zu
verbessern. Damit definiert sich der **Zweck** des Simulationsmodells:

> Erkennen der wichtigen Elemente und der wichtigen Strukturverbindungen im
> Fischteichsystem und Erstellung eines dynamischen Modells, das eine zuver-
> lässige Beschreibung des dynamischen Verhaltens der Zustandsgrößen des
> Fischteichs unter verschiedenen angenommenen Bewirtschaftungsstrategien ab-
> gibt. Der Zweck ist ein besseres Verständnis der Dynamik des Fischteichs und
> ihrer Reaktion auf Bewirtschaftungsmaßnahmen und nicht die genaue Vor-
> hersage der zeitabhängigen Entwicklungen in einem bestimmten Fischteich.

In den folgenden Abschnitten bauen wir dieses Modell aus den drei Untermodellen
für die Algenpopulation, die Fischpopulation und die Menge an organischem Abfall
und Nährstoffen auf, die wir jeweils getrennt entwickeln und überprüfen. Das
Fischteichsystem, seine exogenen Inputs (Umwelteinwirkungen), die drei Untersy-
steme und ihre Hauptverbindungen sind in Abb. 4.3d gezeigt.

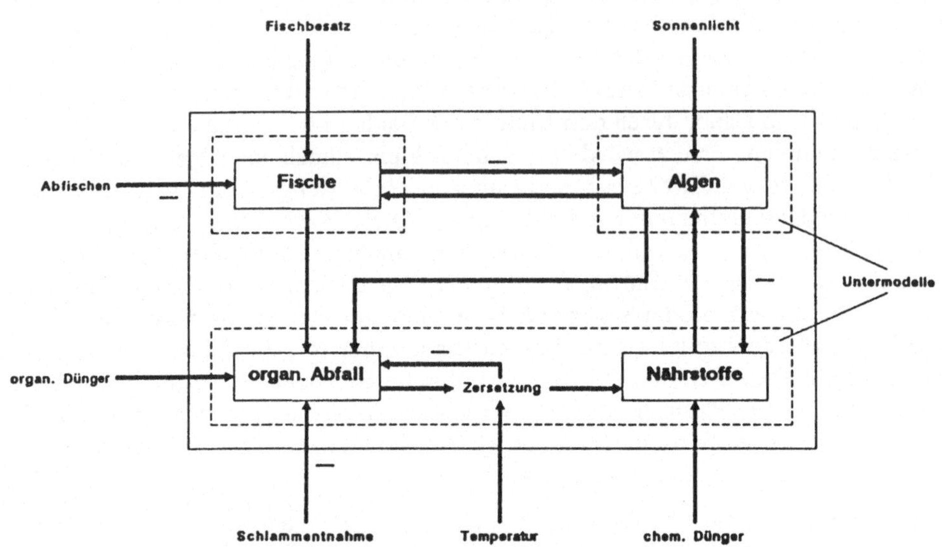

Abb. 4.3d   Teilsysteme des Fischteichsystems und ihre Verkopplungen.

Teilmodell 'ALGEN'

Wortmodell und Wirkungsdiagramm: Meßergebnisse für das Wachstum und das Absterben von Algen unter natürlichen Bedingungen sind in Abb. 4.3e gezeigt. Dieser Vorgang wird am besten in einem getrennten Teilmodell dargestellt, das mit bestimmten vorgewählten Eingabegrößen geprüft und validiert werden kann, bevor es in Kombination mit anderen Teilmodellen verwendet wird. Das Wirkungsdiagramm des Teilmodells 'Algen' ist in Abb. 4.3f gezeigt. Die Zustandsgröße des Systems ist der jeweilige Bestand der Algenbiomasse (organische Trockensubstanz). Aus Gründen der Modellvereinfachung aggregieren wir in diesem Algenbestand gleichzeitig auch noch Phytoplankton und Wasserpflanzen, soweit sie eine Rolle in der Nahrungskette und dem Nährstoffkreislauf spielen. Die Rate des Algenwachstums wird vor allem durch den verfügbaren Nährstoff bestimmt und durch jahreszeitliche Veränderung der Sonneneinstrahlung modifiziert. Diese absolute Wachstumsrate als Funktion der Nährstoffkonzentration und der Einstrahlung gilt zunächst für eine konstante ('normale') Algendichte und muß daher mit der tatsächlichen Algendichte modifiziert werden: Wenn es wenig Algen gibt, wird die absolute Wachstumsrate sehr viel kleiner sein, als wenn es sich um eine hohe Algenkonzentration handelt.

Zwei Verlustraten müssen betrachtet werden: Erstens werden Algen von den Fischen verzehrt und zweitens können Algen wegen widriger Umweltbedingungen absterben. Unter extremen Wachstumsbedingungen (bei Algenblüten) kann der Wachstumsprozeβ selbst zu plötzlichem Absterben der Algenpopulation führen, weil die Wachstumsbedingungen von der hohen Algendichte negativ beeinflußt werden (Nährstofferschöpfung, Nebenprodukte der hohen Zersetzungsrate usw.) (Abb. 4.3e).

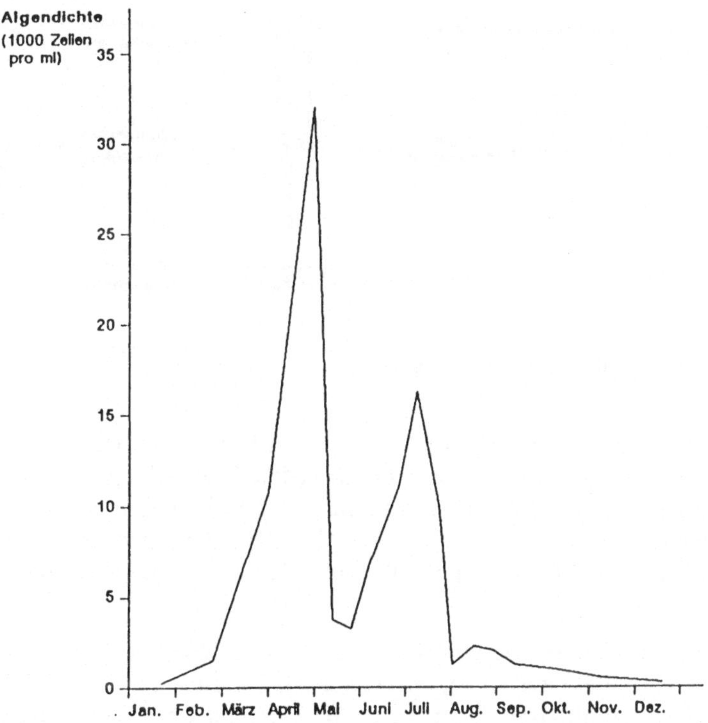

Abb. 4.3e   Veränderung der Algendichte durch Algenblüten in eutrophierten Gewässern. (Daten für Green Bay, Wisconsin, aus Moran/Morgan/Wiersma: Introduction to Environmental Science, 2nd ed., W.H. Freeman, New York 1985).

Im Wirkungsdiagramm der Abb. 4.3f sehen wir zwei Rückkopplungsschleifen: Es gibt Rückwirkungen der Algendichte sowohl auf den Wachstumsprozeß (positive Rückkopplung) wie auch auf den Absterbeprozeß (negative Rückkopplung). Im Prinzip könnte dies zu dynamischen Gleichgewichtslösungen führen, wie bei vielen ökologischen Prozessen. Algen sind nun allerdings 'r-Strategen', die ihr Wachstum maximieren und dabei mögliche Zusammenbrüche der Population in Kauf nehmen, was zu typischen J-förmigen Wachstumskurven wie in der Abb. 4.3e führt. Wie die Simulationen zeigen werden, ergibt sich ein dynamisches Gleichgewicht nur bei niedrigen Nährstoffkonzentrationen.

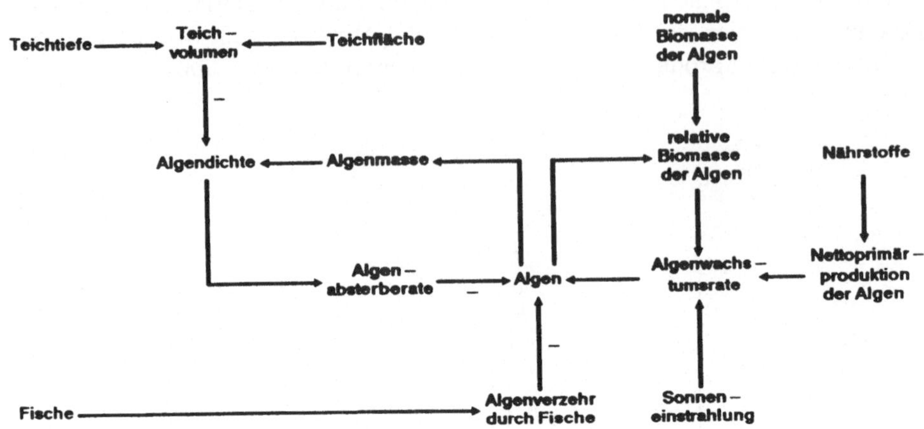

Abb. 4.3f   Wirkungsdiagramm des Teilmodells 'Algen'.

Simulationsdiagramm: Die Struktur der Abb. 4.3f wird durch die genauere Beschreibung der Systemelemente, ihrer funktionalen Verbindung und ihrer quantitativen Beziehungen in das Simulationsdiagramm der Abb. 4.3g überführt. Die Namen der Veränderlichen und Parameter sind mit ihren Bedeutungen und Dimensionen in der Abb. 4.3h aufgeführt (diese enthält ebenfalls die Variablennamen der anderen Teilmodelle).

Um die Algennettoprimärproduktion als Funktion der Nährstoffverfügbarkeit zu bestimmen, muß der Nährstoffvorrat im Teich NUTR (der im Teilmodell 'Nährstoff und organischer Abfall' berechnet wird) in eine mittlere Nährstoffkonzentration NUCONC des Wassers umgerechnet werden. Der Faktor 1/10 wird für die Umrechnung von kg/ha auf mg/l benötigt. Die Nährstoffkonzentration NUCONC wird als Eingangsgröße der Tabellenfunktion ALPROD verwendet, die die Nettoprimärproduktion der Algen als Funktion der Nährstoffkonzentration wiedergibt. Es wird angenommen, daß diese Produktion die mittlere jährliche Einstrahlung widerspiegelt; daher wird die Wirkung der jahreszeitlichen Veränderung der Sonneneinstrahlung durch Multiplikation der Algenproduktionsrate mit der sinusförmigen Funktion SUN eingeführt. Eine weitere Veränderung der Algenwachstumsrate ALGR ergibt sich aus der tatsächlich vorhandenen Menge von Algen, von der die Reproduktion abhängt. Die tatsächliche Algenbiomasse ALGAE wird daher durch eine 'normale' Algenbiomasse NALG geteilt, um so eine Modifikation der Algenwachstumsrate ALGR als Funktion der relativen Algenpopulation ALR zu erhalten. Der Faktor 10 an der Verbindung von ALPROD nach ALGR wird für die Umrechnung von $g/m^2 \cdot d$ auf kg/ha·d benötigt.

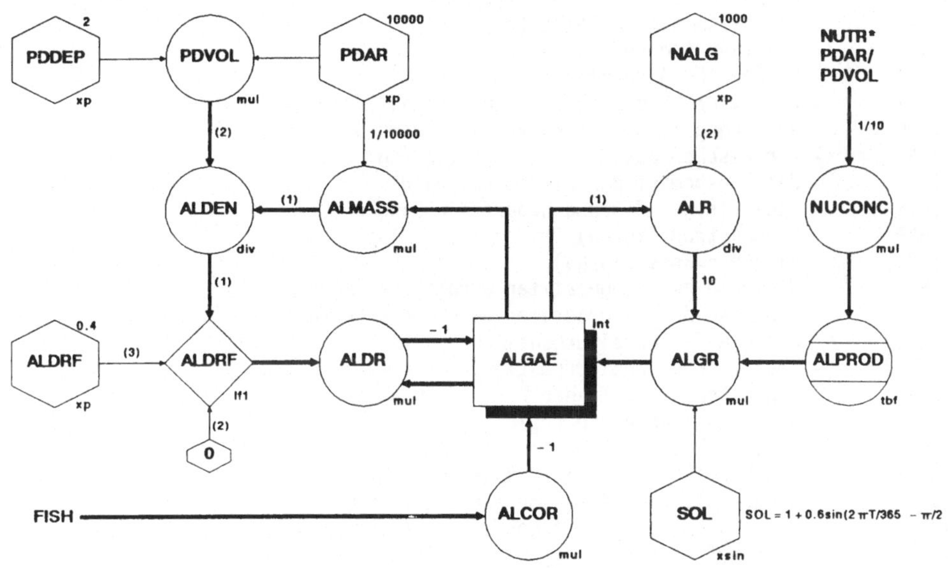

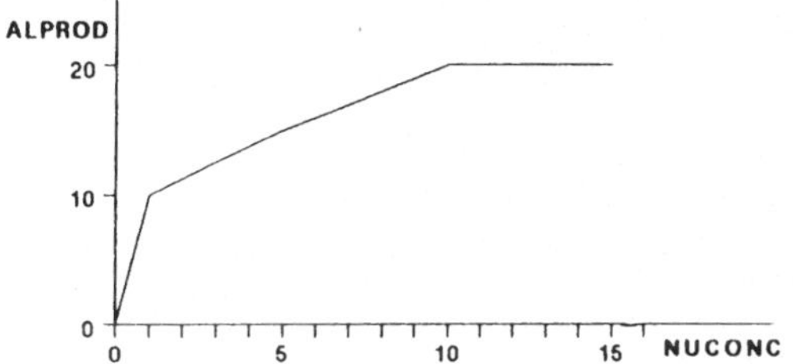

Abb. 4.3g   Simulationsdiagramm des Teilmodells 'Algen'.

FITEICH

Simulationsmodell für einen bewirtschafteten Fischteich (Aquakultur)

```
ALPROD      - Nettoprimärproduktion der Algen (g/m2.d)
ALCOR       - Algen-Verzehrrate (kg/ha.d)
ALDEN       - Algendichte (kg/m3)
ALDRF       - relative Absterberate der Algen (1/d)
ALDR        - Absterberate der Algen (kg/ha.d)
ALGAE       - Algenbiomasse (kg/ha)
```

ALGR   - Wachstumsrate der Algen (kg/ha.d)
ALMASS   - Algenbiomasse im Teich (kg)
ALR   - relative Algenbiomasse (-)
CT   - Marker für Algensterben (-)
DETEM   - relativer Temperatureinfluß auf die Zersetzung (-)
FIENC   - Nutzungsgrad der Energieassimilation bei Fischen (-)
FIENE   - von Fischen assimilierte Energie (kg/ha.d)
FIFOR   - Nahrungsbedarf der Fische (kg/ha.d)
FIFOS   - spezifischer Nahrungsbedarf der Fische (kg/kg.d)
FIHAR   - Fischertrag (kg/ha)
FISH   - Fischbiomasse (kg/ha)
FIST   - Biomasse der eingesetzten Jungfische (kg/ha)
FISTOCK   - Biomasse der eingesetzten Jungfische (kg/ha)
FIRESP   - Energie für Erhaltungsatmung der Fische (kg/ha.d)
FIRESS   - spezifische Erhaltungsatmung der Fische (kg/kg.d)
FIWA   - organischer Abfall der Fische (kg/ha.d)
MUDREM   - Schlammentnahmerate (kg/ha.a)
NALG   - Normalmenge der Algenbiomasse (kg/ha)
NUCONC   - Nährstoffkonzentration im Wasser (mg/l)
NUFERT   - Zugaberate von Mineraldünger (kgN/ha.a)
NUF   - spezifischer Nährstoffgehalt der Algen (kgN/kg)
NUR   - Nährstoff-Mineralisierungsrate (kgN/ha.d)
NUTR   - Nährstoffmenge im Wasser (kgN/ha)
NUUP   - Nährstoffaufnahmerate der Algen (kgN/ha.d)
OFERT   - Zugaberate von organischem Abfall (kg/ha.a)
ONCOF   - spezifischer Nährstoffgehalt des organischen Abfalls (kgN/kg)
OWAST   - organischer Abfall (kg/ha)
OWNDR   - Normalwert der Zersetzungsrate des organischen Abfalls (1/d)
OWDR   - Zersetzungsrate des organischen Abfalls (kg/ha.d)
OWR   - Eintragsrate an organischem Abfall von Fischen und Algen (kg/ha.d)
PDAR   - Fläche des Fischteichs (m2)
PDDEP   - Tiefe des Fischteichs (m)
PDVOL   - Volumen des Fischteichs (m3)
SUN   - relative Sonneneinstrahlung (-)
TEMP   - Wassertemperatur ('C)
TEP   - bisherige Dauer des Algensterbens (d)
THARV   - Zeit des Abfischens (d)
TKIL   - Zeitdauer des Algensterbens (d)
TS   - Jahreszeit (d)
TSTOCK   - Zeit des Einsetzens von Jungfischen (d)

T   - Zeit (Tage, d)

Alle Biomassen, Energien und organischen Abfälle sind in organischer Trockensubstanz (kgOTS) ausgedrückt. Nährstoffmengen sind in Stickstoff (kgN) angegeben.

Abb. 4.3h   Variable und Parameter des Fischteich-Modells.

Um die Wirkung der Algendichte auf die Algensterberate zu berechnen, wird zunächst die Algendichte ALDEN ermittelt, indem die Algenmasse ALMASS durch das Teichvolumen PDVOL = PDDEP * PDAR geteilt wird, wobei PDDEP und PDAR die mittlere Teichtiefe und die Teichfläche sind. Die Algendichte ALDEN wird dann dazu verwendet, um die (relative) Algenabsterberate ALDRF mit einer logischen Funktion zu berechnen. Falls die Algendichte niedrig ist, wird angenommen, daß die Algensterberate ALDRF niedrig ist (hier: 0, aber ein anderer niedriger Wert könnte ebenfalls verwendet werden). Falls die Algendichte einen gewissen Wert überschreitet, wird eine hohe relative Absterberate von ALDRF = 0.4 (1/d) (d.h. 40% der Algenpopulation pro Tag) angenommen.

Die absolute Algenabsterberate ALDR berechnet sich durch Multiplikation der relativen Absterberate ALDRF mit der gegenwärtigen Algenbiomasse ALGAE. Die Veränderungsraten der Algenbiomasse ALGAE sind daher die Algenwachstumsrate ALGR, die Algensterberate ALDR und die Algenverzehrrate ALCOR (aus dem Teilmodell 'Fische').

Die tatsächliche Berechnung der Algenabsterberate ist etwas komplizierter als im Simulationsdiagramm gezeigt und wird aus dem **Programm-Listing** in der Abb. 4.3i klarer (No. 1020 bis 1050). Es wird angenommen, daß ein Algensterben als Resultat einer Algenblüte beginnt, wenn die Algendichte ALDEN einen Wert von 100 mg/l erreicht (No. 1020). Falls dies geschieht, wird der Zeiger CT für das Algensterben auf 1 gesetzt, um die Dauer der Episode festzustellen (No. 1030). Unter normalen Bedingungen wird angenommen, daß die Sterberate der Algen ALDR = 0 ist (No. 1040, erste Anweisung). Wenn es eine Absterbeepisode gibt und ihre Dauer bisher kürzer als die normale Absterbeperiode TKIL war (hier: 4 Tage), dann wird die Algenabsterberate berechnet aus ALDR = ALDRF * ALGAE = 0.4 * ALGAE (No. 1040). Falls die seit dem Beginn der Episode verflossene Zeit TEP gleich oder größer ist als die Dauer einer normalen Absterbeepisode TKIL, wird der Zeiger CT für die Absterbeepisode auf 0 zurückgesetzt, und das Algensystem läuft dann wieder unter normalen Bedingungen ab. In der Programmauflistung der Abb. 4.3i finden sich die Modellanweisungen für das Algenmodell (No. 1000 bis 1140 sowie 5000 mit den entsprechenden Konstanten in No. 20 bis 24); die Abfrageparameter werden in No. 100 bis 115 ermittelt. Dieses Teilmodell wurde getrennt entwickelt und mit verschiedenen Eingabedaten getestet, um die Verhaltensgültigkeit und die empirische Gültigkeit zu überprüfen.

```
10 DATA"FISCHTEICH","Tage": '***FITEICH***  H.Bossel 860317
12 DATA "Dynamisches Modell von Algen, Fischen, organischem Abfall und Naehrstoff
(N) in einem Fischteich. (China Resources Conservation, Utilization, and
Development Seminar in Guangzhou, March 1986.)"
20 ALGAE=1: FISH=0: OWAST=1: NUTR=1
22 PDAR=10000!:PDDEP=2:PDVOL=PDAR*PDDEP: NALG=1000
24 CT=0: TEP=0: TKIL=4: ALDRF=.4
25 FIRESS=.04: FIFOS=.1: FIENC=.6
```

```
26 OWNDR=.03: NUF=2/100: ONCOF=2/100
30 START=0:FINAL=366:DT=1
40 DATA 5,"Algen-Biomasse (kg/ha)","Algen-Absterberate (kg/ha.d)","Fische
(kg/ha)","organ. Abfall (kg/ha)","Naehrstoff N (kg/ha)"
46 XPHAS=3:YPHAS=1
48 DATA "Algen",0,2000,"Fische",0,2000
100 DATA 3,"Naehrstoffbestand anfangs (kgN/ha)","organischer Abfall anfangs
(kg/ha)","Algenbestand anfangs (kg/ha)"
105 NUTR=QF(1): OWAST=QF(2): ALGAE=QF(3)
110 DATA 6,"organischer Duenger (kg/ha.a)","Schlammentnahme (kg/ha.a)",
"mineralischer Duenger (kg/ha.a)","Fischbesatz (kg/ha)","Tag des Fischbesatzes
(100)","Tag des Abfischens (300)"
115 OFERT=QG(1): MUDREM=QG(2): NUFERT=QG(3): FISTOCK=QG(4): TSTOCK=QG(5):
THARV=QG(6)
1000 ALMASS=PDAR*ALGAE/10000
1010 ALDEN=ALMASS/PDVOL
1020 IF ALDEN*1000>100 THEN CT=1
1030 TEP=TEP+DT*CT
1040 ALDR=0:IF TEP<TKIL AND CT=1 THEN ALDR=ALDRF*ALGAE
1045 NUCONC=(NUTR/PDVOL)*PDAR/10
1050 IF TEP>=TKIL AND CT=1 THEN TEP=0: CT=0
1100 X=NUCONC: GOSUB 8500: ALPROD=Y
1110 DATA "Algen-Produktionsfunktion","NUCONC","ALPROD",5
1120 DATA 0,0,1,10,5,15,10,20,15,20
1130 SUN=1+.6*SIN(6.28*T/365-3.14/2)
1140 ALGR=SUN*ALPROD*10*ALGAE/NALG
1160 TS=(T/365-INT(T/365))*365
1170 FIST=0: IF TS>TSTOCK THEN FIST=FISTOCK:FISTOCK=0
1200 ALR=ALGAE/NALG
1210 FIFOR=FIFOS*FISH
1220 ALCOR=FIFOR: IF ALR<1 THEN ALCOR=FIFOR*ALR
1230 FIENE=ALCOR*FIENC
1240 FIRESP=FIRESS*FISH
1300 TEMP=20+12*SIN(6.28*T/365-3.14/2)
1310 FIWA=ALCOR
1320 OWR=FIWA+ALDR
1330 X=TEMP: GOSUB 8500: DETEM=Y
1332 DATA "Zersetzung als Funktion der Temperatur","TEMP","DETEM",5
1334 DATA 0,.05,10,.25,20,1,30,1.5,40,2
1350 OWDR=DETEM*OWNDR*OWAST
1360 NUUP=ALGR*NUF
1370 NUR=OWDR*ONCOF
4000 Q1=ALGAE:Q2=ALDR:Q3=FISH:Q4=OWAST:Q5=NUTR
4800 QX=ALGAE:QY=FISH
5000 ALGAE=ALGAE+DT*(ALGR-ALDR-ALCOR): IF ALGAE<0 THEN ALGAE=0
5100 FISH=FISH+DT*(FIENE-FIRESP)+FIST: IF TS>THARV THEN FISH=0
5110 IF FISH > 10 THEN FIHAR=FISH
5200 OWAST=OWAST+DT*(OWR+OFERT/365-MUDREM/365-OWDR): IF OWAST<0 THEN OWAST=0
5300 NUTR=NUTR+DT*(NUR-NUUP+NUFERT/365): IF NUTR<0 THEN NUTR=0
8000 PRINT "Fischertrag = "; FIHAR
```

Abb. 4.3i   Simulationsanweisungen für das Fischteich-Modell.

Teilmodell 'FISCHE'

Wortmodell und Wirkungsdiagramm: Das Teilmodell 'Fische' ist wiederum weitgehend in sich geschlossen und kann deshalb getrennt entwickelt und überprüft werden. Sein Wirkungsdiagramm ist in der Abb. 4.3j gezeigt. Die angemessene Zustandsgröße ist der gegenwärtige Bestand an Fischen (gemessen in organischer Trockensubstanz der Biomasse). Anfangs gibt es im Fischteich keine Fische. Im Frühling werden zu einem bestimmten Termin (Einsatzzeit) Jungfische eingesetzt (Jungfischbiomasse). Diese Fische wachsen dann entsprechend dem ihnen verfügbaren Nahrungsangebot. Die Fische haben einen gewissen spezifischen Nahrungsbedarf (d.h. Nahrungsbedarf pro Fischbiomasse, beide in organischer Trockensubstanz). Die organische Trockensubstanz der Nahrung oder der Biomasse wird hier als Maß für Energie benutzt, weil der Umrechnungsfaktor von organischer Trockensubstanz auf Energie bei allen Tier- und Pflanzenarten relativ konstant ist (ungefähr 17 kJ/g für Kohlehydrate, 21 kJ/g für Proteine, 38 kJ/g für Fett (Lipide), woraus sich ein mittlerer Wert von 20 kJ/g für organische Substanz ergibt). Der absolute Bedarf an Fischnahrung berechnet sich aus dem spezifischen Bedarf und der jeweiligen Biomasse des Fischbestandes.

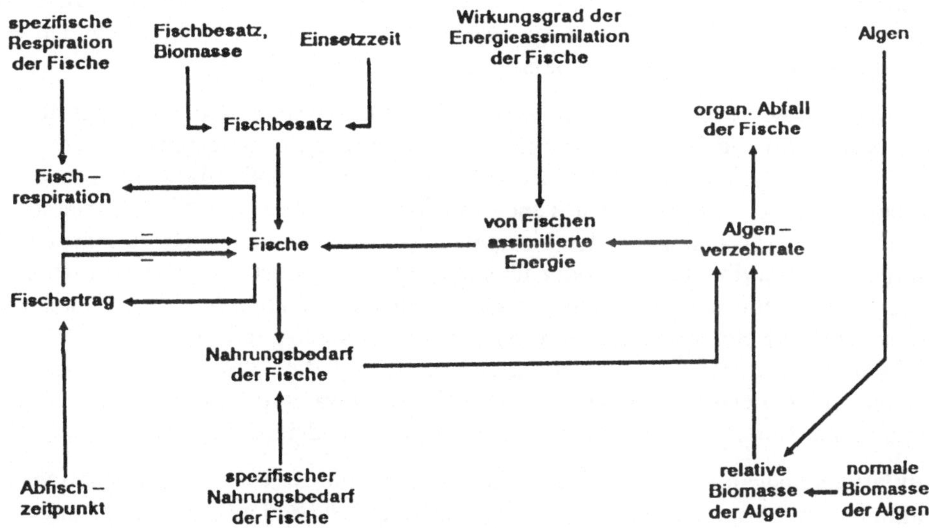

Abb. 4.3j   Wirkungsdiagramm des Teilmodells 'Fische'.

Unter der Annahme, daß die einzige für die Fische verfügbare Nahrung aus Algen besteht (und aus Wasserpflanzen, die in dieser Zustandsgröße ebenfalls berücksichtigt werden), übersetzt sich der Nahrungsbedarf der Fische in eine entsprechende Algenverzehrrate. Wenn die Algenmenge nicht ausreicht, um den Bedarf zu erfüllen, muß die Verzehrrate allerdings entsprechend verändert werden.

Die Fische ziehen ihre Energie aus der Verdauung der Algen. In diesem Prozeß werden alle Nährstoffe in der Nahrung (außer denen, die in der Fischbiomasse gespeichert werden) schlußendlich wieder frei und gehen als organischer Abfall wieder ins Wasser.

Die Fische können nur einen Teil der in der von ihnen verzehrten Nahrung enthaltenen Energie assimilieren. Daher muß die verzehrte Nahrung mit dem Wirkungsgrad der Energieassimilation multipliziert werden, um die von den Fischen assimilierte Energie zu erhalten.

Ein Teil der von den Fischen assimilierten Energie wird für die Atmung der Fische verwendet, um ihre normalen Lebensprozesse aufrechtzuerhalten. Diese Atmung ist der gegenwärtigen Fischbiomasse und dem spezifischen Atmungsbedarf der Fischart proportional. Falls die Fische nicht genügend Nahrung finden, wird ein Teil der in der Fischbiomasse enthaltenen Energie verbraucht, so daß sich durch die Atmung ihre Biomasse verringert. Falls die mit der Nahrung aufgenommene Energie den Atmungsbedarf übersteigt, kann die Fischbiomasse wachsen. Schließlich werden zur Zeit der Fischernte im Herbst einige oder alle der Fische aus dem Fischteich entnommen, wobei sich die Fischbiomasse entsprechend reduziert.

Die zwei interagierenden Rückkopplungsschleifen des Systems sind die Freßrate (positive Rückkopplung, die zu Wachstum führt) und die Atmungsschleife (negative Rückkopplungsschleife, die zu Verlusten führt). Unter normalen Bedingungen ist der Nettoeffekt dieser gegenläufigen Tendenzen das Wachstum der Fischbiomasse, bis die Grenze der Tragfähigkeit des Fischteichs (die sich aus der Nettoprimärproduktion der Algen ergibt) erreicht oder überschritten worden ist. Wie in jedem Räuber-Beute-System kann man auch hier prinzipiell entweder stabile Gleichgewichtsbedingungen wie auch Schwingungen um einen Gleichgewichtspunkt erwarten. Hier wird die Sache noch durch die Tatsache kompliziert, daß die Tragfähigkeit selbst nicht konstant ist, sondern sich mit der jahreszeitlichen Veränderung der Sonneneinstrahlung und der Temperatur verändert (siehe Teilmodell Algen).

Simulationsdiagramm: Das Wirkungsdiagramm ist die Basis für das Simulationsdiagramm in Abb. 4.3k. Die entsprechenden Größen, ihre Bedeutungen und Dimensionen sind in Abb. 4.3h aufgeführt.

Die Zustandsgröße FISH verändert sich ständig über die zwei Raten der Energieassimilation FIENE und der Respiration FIRESP. Sie kann sich auch durch den Einsatz von Jungfischen plötzlich verändern (FISTOCK, bzw. FIST) zu einem vorgegebenen Zeitpunkt TSTOCK oder durch das Abfischen aller Fische (FIHAR) zum Abfischzeitpunkt THARV. Die Energieassimilation FIENE wird aus der Algenverzehrrate ALCOR und dem Wirkungsgrad der Energieassimilation durch die Fische FIENC (hier 0.6) berechnet. Werden die Nährstoffe in der Fischbiomasse vernachlässigt, so muß der Nährstoffgehalt des von den Fischen produzierten organischen Abfalls gleich dem Nährstoffgehalt des Algenverzehrs sein. Daher ist FIWA = ALCOR, wobei die Umrechnung auf Nährstoffgehalt im Teilmodell 'organischer Abfall und Nährstoffe' vorgenommen wird.

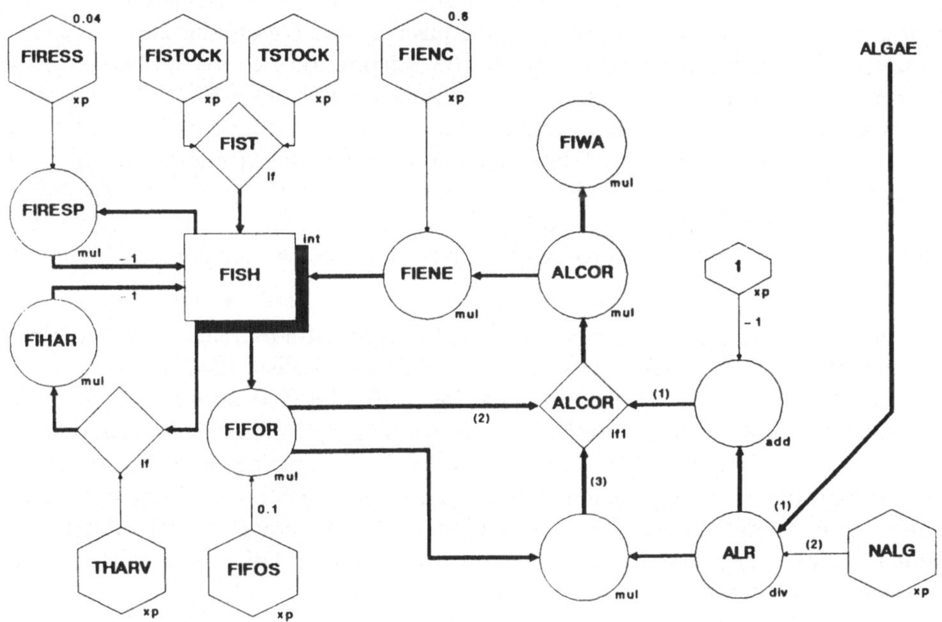

Abb. 4.3k   Simulationsdiagramm des Teilmodells 'Fische'.

Wie oben bereits erläutert, hängt die Algenverzehrrate ALCOR vom jeweiligen Algenbestand ab: Falls genug Algen vorhanden sind, so werden die Fische sie entsprechend ihrem normalen Nahrungsbedarf FIFOR verzehren; falls nicht genug vorhanden sind, so wird die Verzehrrate im Verhältnis zum vorhandenen Bestand verringert. Zur Simulation dieses Effekts wird eine logische Funktion verwendet. Ihr Schaltparameter ist die relative Algenbiomasse ALR, die sich durch Division der gegenwärtigen Algenbiomasse ALGAE durch die normale Algenbiomasse NALG (ein vorgegebener Parameter) ergibt. Falls diese relative Algenmasse ALR größer als 1 ist, können die Fische ihren Futterbedarf decken und ALCOR = FIFOR. Falls die relative Algenbiomasse ALR kleiner als 1 ist, so wird dieser Wert verwendet, um die Algenverzehrrate entsprechend zu verändern: ALCOR = FIFOR * ALR.

Der Nahrungsbedarf der Fische wird berechnet, indem die gegenwärtige Fischbiomasse FISH mit dem spezifischen Nahrungsbedarf der Fische FIFOS multipliziert wird. FIFOS ist ein von der jeweiligen Fischart abhängiger Parameter. Er wird hier als konstant (unabhängig vom Populationsalter) angenommen. Der Wert 0.1 (1/d) bedeutet, daß ein Fisch mit einer organischen Trockensubstanz von 100 g unter normalen Bedingungen 10 g organische Trockensubstanz Algen pro Tag aufnehmen muß. Mit einem angenommenen Wirkungsgrad der Energieassimilation von 0.6 bedeutet das, daß an jedem Tag ein Energieäquivalent von 6 g organischer Trockensubstanz von diesem Fisch assimiliert wird. Die Respiration der Fische berechnet sich aus der Fischbiomasse FISH und der spezifischen Respiration FIRESS, die hier mit einem konstanten Wert von 0.04 angenommen wird. Dies bedeutet eine tägliche Respiration von 4 g organischer Trockensubstanz für den Fisch mit 100 g organischer Trockensubstanz Biomasse. Weil die tägliche Assimilation 6 g oTS beträgt, ist jetzt der Rest von 2 g oTS pro 100 g oTS für das Wachsen der Population verfügbar. Diese Nettowachstumsrate von 2% pro Tag bedeutet eine Verdopplungszeit der Population von etwa 35 Tagen.

Die Wirkungsbeziehungen des Simulationsdiagramms finden sich auch im **Simulationsprogramm** in der Abb. 4.3i wieder. Das Teilmodell 'Fisch' findet sich in den Zeilennummern 1160 bis 1240 und No. 5100 bis 5110. Die Zeitvariable TS wird in No. 1160 berechnet, wobei die jeweilige Zeit T (in Tagen) Modulo 365 behandelt wird. Die konstanten Parameter des Teilmodells 'Fisch' finden sich in der Zeilennummer 25, während die Szenarioparameter, die sich auf Fischbesatz und Fischentnahme beziehen vom Modellbenutzer in No. 110 und 115 abgefragt werden. Auch dieses Teilmodell kann getrennt ausgeprüft werden, indem die relative Algenbiomasse ALR als ein externer Parameter eingegeben wird.

Teilmodell 'ORGANISCHE ABFÄLLE UND NÄHRSTOFF'

Wortmodell und Wirkungsdiagramm: Der Nährstoffkreislauf im Teich muß durch die Zersetzung der organischen Abfälle und die Mineralisierung der in ihnen enthaltenen Nährstoffe geschlossen werden (Abb. 4.3l). Weil die Nettoprimärproduktion im Teich durch den Nährstoff, der sich jeweils im Minimum befindet, bestimmt wird, so müssen wir uns nur mit diesem Nährstoff befassen, um die Wachstumsdynamik im Teich zu berechnen.

Normalerweise ist der begrenzende Nährstoff in aquatischen Ökosystemen der Phosphor. In unserem Modell verwenden wir allerdings Umrechnungsdaten für Stickstoff, weil dieser in bewirtschafteten Teichen tatsächlich von größerer Bedeutung sein könnte. Eine Umstellung auf Phosphordaten ist jedoch einfach und würde die Dynamik des Modells nicht verändern.

Es wird angenommen, daß dieses Teilmodell zwei Zustandsgrößen hat: der Bestand an organischem Abfall und der Bestand an Nährstoff im Wasser.

Die Abfälle werden durch Mikroorganismen zersetzt, wobei der Nährstoff ins Wasser übergeht. Dieser Vorgang hängt wesentlich von der Menge und Funktionsfähigkeit der vorhandenen Mikroorganismen ab. In einem komplexeren Modell müßten die Mikroorganismen durch ihre eigene Zustandsgröße dargestellt werden. Hier wurde allerdings angenommen, daß die Mikroorganismenpopulation schnell genug wachsen kann, um sich auf jeden sich ergebenden Bestand an organischen Abfällen einzustellen, und daß daher die Population der Mikroorganismen keinen die Dynamik bestimmenden Einfluß auf den Zersetzungsprozeß hat.

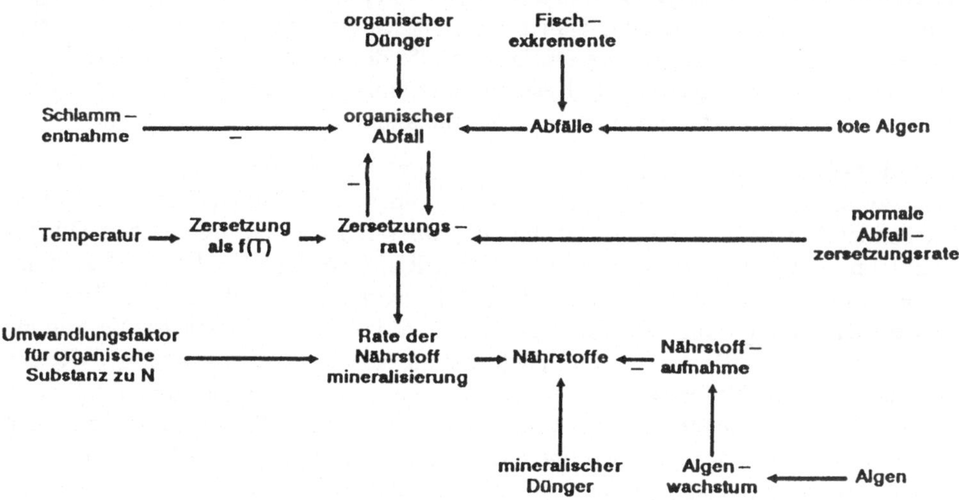

Abb. 4.31   Wirkungsdiagramm des Teilmodells 'organischer Abfall und Nährstoff'.

Die Menge des organischen Abfalls im Teich verändert sich durch Einträge aus Fischkot und toten Algen, durch die Zugabe von organischen Abfällen von außerhalb des Fischteichs (Gras, Gemüse- und Ernteabfälle, Abwasser und Abfälle aus der Viehhaltung und Wohngebäuden usw.), durch die Entnahme von Schlamm als Felddünger und durch die Zersetzungsrate des organischen Abfalls. Dabei erweist es sich als günstig, die Menge des organischen Abfalls wiederum durch seinen Gehalt an organischer Trockensubstanz auszudrücken (der auch seinen Energieinhalt darstellt, wie oben bereits erläutert).

Die Nährstoffmenge im Teich wird durch die Rate der Nährstoffmineralisierung aus der Zersetzung des organischen Abfalls und durch das mögliche Hinzufügen von Mineraldünger erhöht. Der Nährstoffvorrat verringert sich durch die Rate der Nährstoffaufnahme durch das Algenwachstum (und das Wachstum der Wasserpflanzen).

Die absolute Zersetzungsrate ist der Menge des vorhandenen organischen Abfalls proportional: Je mehr Abfall vorhanden ist, um so mehr Mineralisierung ergibt sich. Die spezifische Zersetzungsrate (Prozent Zersetzung pro Tag) hängt sehr stark von der Temperatur ab. Um die Menge des mineralisierten Nährstoffs zu bestimmen, muß die Abfallzersetzungsrate in eine entsprechende Nährstoffmineralisierungsrate übersetzt werden, indem die Nährstoffmenge pro Abfallmenge betrachtet wird. Ein ähnlicher Faktor muß auch auf die Nährstoffaufnahme durch die Wachstumsrate der Algen angewendet werden.

Das Teilmodell für den organischen Abfall und den Nährstoff enthält keine interagierenden Rückkopplungsschleifen. Daher kann dieses Teilsystem von sich aus keine komplexe Dynamik erzeugen. Die einzige Schleife des Systems - die negative Rückkopplung der Zersetzungsrate zum Bestand an organischem Abfall - führt tendenziell zum exponentiellen Zerfall des Systems (falls die anderen Raten = 0 wären).

Simulationsdiagramm: Die gleiche Struktur ergibt sich wiederum aus dem Simulationsdiagramm (Abb. 4.3m). Die Namen, Bedeutungen und Dimensionen der Veränderlichen sind in Abb. 4.3h erläutert. Die Eingaberaten für den organischen Dünger OFERT und die Entnahme von Schlamm MUDREM werden als jährliche Raten angegeben und müssen deshalb durch 365 geteilt werden, um auf tägliche Raten zu kommen. Die Ablagerungsrate für organischen Abfall im Fischteich ist die Summe der organischen Abfälle der Fische FIWA und aus abgestorbenen Algen ALDR. Die Mineraldüngergabe NUFERT wird ebenfalls als eine Jahresrate angegeben und dann auf eine Tagesrate umgerechnet, während die Rate der Nährstoffaufnahme sich durch Multiplikation der gegenwärtigen Wachstumsrate ALGR für Algen (und Wasserpflanzen) mit dem spezifischen Anteil des Nährstoffs und der Algenbiomasse NUF ergibt (hier: 2 g Stickstoff pro 100 g organische Trockensubstanz).

Die Zersetzungsrate des organischen Abfalls wird berechnet, indem eine normale spezifische Zersetzungsrate des organischen Abfalls OWNDR mit dem Temperatureffekt DETEM modifiziert wird. In Ermangelung besserer Daten wurde OWNDR mit 0.03 angenommen, d.h. 3% pro Tag bei einer Temperatur von 20 Grad Celsius. Die Tabellenfunktion DETEM bringt einen starken Temperatureffekt ins Spiel, der zu 25% der normalen Zersetzungsrate bei 10 Grad Celsius und zu 150% bei 30 Grad Celsius führt. Die jahreszeitliche Temperaturverteilung wird als sinusförmig angenommen und schwankt zwischen Januar- und Juli-Extremen von 8 bzw. 32 Grad Celsius (Südchina) Die Mineralisierungsrate des Nährstoffs ergibt sich aus der Zersetzungsrate durch Multiplikation mit dem spezifischen Nährstoffgehalt des organischen Abfalls ONCOF (2 g Stickstoff pro 100 g organische Trockensubstanz).

Die Anweisungen für das **Simulationsprogramm** dieses Teilmodells finden sich in den Anweisungen No. 1300 bis 1370, 5200 und 5300 in der Abb. 4.3i. Die konstanten Parameter sind in Zeile No. 26 vorgegeben. Die Anfangswerte und die die Zugabe von organischen Abfällen oder Mineraldünger betreffenden Szenarioparameter, wie auch die für die Schlammentnahme, werden vom Benutzer in den Anweisungen No. 100 bis 115 abgefragt.

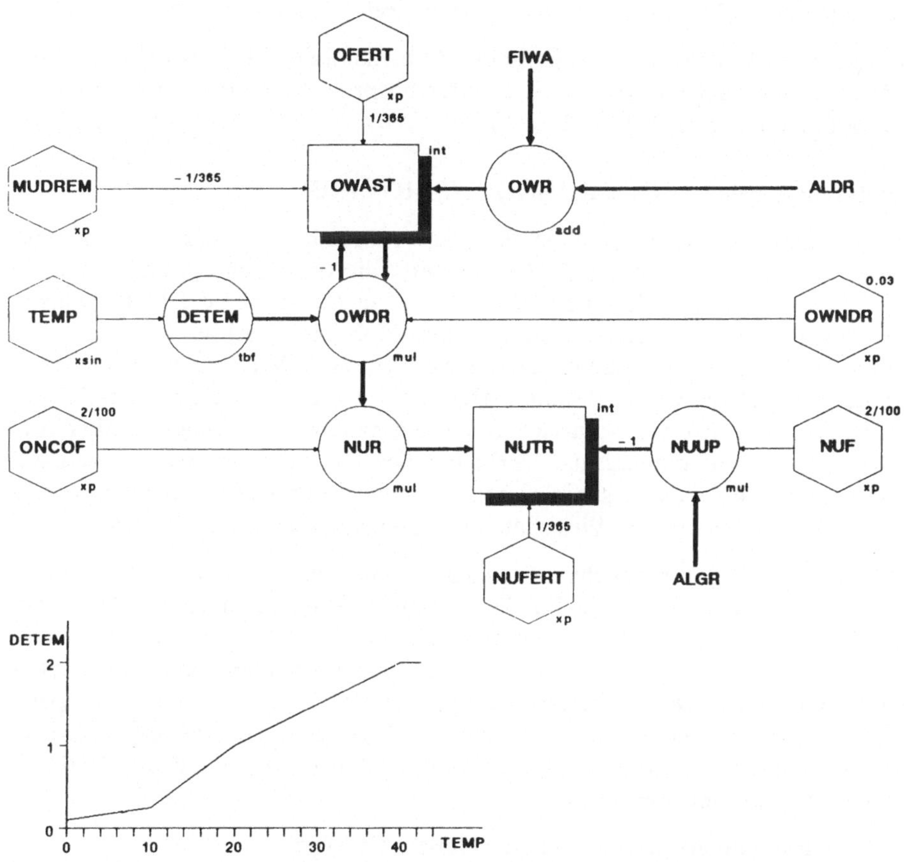

Abb. 4.3m   Simulationsdiagramm des Teilmodells 'organischer Abfall und Nährstoff'.

Das 'FISCHTEICH'-Modell: Zusammenfügen der Teilmodelle

Durch Zusammenfügen der drei Teilmodelle, wie in Abb. 4.3d angedeutet, entsteht das vollständige Modell 'Fischteich'. Die Verkopplungsgrößen sind die Nährstoffkon-zentration NUCONC, die Algenverzehrrate ALCOR und die damit verbundene Erzeugung von organischem Abfall durch die Fische FIWA, die relative Algenmasse ALR, die Rate des Algensterbens ALDR und die Rate des Algenwachstums ALGR. Weil die Einzelheiten der Teilmodelle in den vorangegangenen Abschnitten erklärt worden sind, können wir jetzt das vollständige Modell 'Fischteich' mit einer Kurzbeschreibung in der Standardform zusammenfassen (s. Beginn dieses Abschnitts).

Das gesamte Modellprogramm ist in der Abb. 4.3i aufgeführt; es ist bereits in seinen Teilen in den vorangegangenen Abschnitten besprochen worden. Die Veränderlichen und Parameter sind in Abb. 4.3h erläutert.

Simulationsergebnisse für das Modell 'FISCHTEICH'

Das 'Fischteich'-Modell hat neun Parameter. Drei hiervon sind die Anfangsbedingungen für den Nährstoffgehalt des Wassers, die organische Abfallmenge und die Algenbiomasse. Die anderen sechs (Eingabe an organischem Abfall, Schlammentnahme, Eingabe an Mineraldünger, Tag und Höhe des Fischbesatzes, Tag des Abfischens) sind Szenarioparameter, die bei Simulationsläufen über mehrere Jahre jährlich neu eingestellt werden können. Das erlaubt die Verwendung des Modells für einen weiten Bereich von Bewirtschaftungsmaßnahmen. Allerdings wurde das Modell entwickelt, um das dynamische Verhalten des Fischteichsystems darzustellen, und seine Ergebnisse sollten deshalb nicht als genaue Vorhersagen für einen bestimmten Fischteich oder bestimmte Wirtschaftsmaßnahmen interpretiert werden.

Aus der Vielfalt der möglichen Testeingaben nehmen wir einige Szenarien heraus, die von besonderem Interesse für die Bewirtschaftung aquatischer Ökosysteme sind und die die Abschätzung der Verhaltensgültigkeit, der empirischen Gültigkeit und der Anwendungsgültigkeit des Simulationsmodells erlauben. Die Szenarien stellen eine Folge verschiedener Bewirtschaftungsentscheidungen über eine Zeitspanne von sieben Jahren dar. Die Simulationen sind kontinuierlich, d.h., am Anfang jedes Jahres sind die Anfangsbedingungen der Zustandsgrößen identisch mit den Endbedingungen des vorangegangenen Jahres.

Die Szenariobedingungen sind - kurz gefaßt - wie folgt:

-   1. bis 3. Jahr: oligotrophe (nährstoffarme) Bedingungen; ein stabiler ökologischer Kreislauf stellt sich nach dem 2. Jahr ein.
-   4.Jahr: hohe Belastung durch organische Abfälle und entsprechend Eutrophierung (nährstoffreich).
-   5. Jahr: Entnahme einer erheblichen Schlamm-Menge aus dem Fischteich; hieraus ergibt sich ein niedrigerer Nährstoffbestand im System und ein Übergang von eutrophischen auf oligotrophe Bedingungen.
-   6. bis 7. Jahr: Wiedereinstellen eines stabilen ökologischen Zyklus.

Jede dieser Perioden soll nun getrennt besprochen werden. Wir merken an, daß keine Fische entnommen werden.

Oligotrophe Bedingungen: Die Teichdynamik beginnt mit einem anfänglichen Nährstoffbestand von 50 kgN/ha und keinem organischen Abfall (Schlamm) (Abb. 4.3n). (Die anfänglichen Biomassen für Algen und Fischbesatz sind jeweils 100 kg/ha, aber diese Anfangswerte haben auf die längerfristige Entwicklung nur geringen Einfluß.) Der Teich ist unter diesen Bedingungen nicht im Gleichgewicht, und es ergibt sich deshalb eine beträchtliche Anpassung im ersten Jahr. Am Ende des zweiten Jahres betragen die Bestandswerte für die vier Zustandsgrößen ungefähr: Algen (400 kg/ha), Fische (200 kg/ha), organische Abfälle (1550 kg/ha), Nährstoff (13 kgN/ha). (Die Werte der ersten drei Zustandsgrößen entsprechen der organischen Trockensubstanz OTS.)

Diese Bedingungen entsprechen Punkten auf einem stabilen ökologischen Zyklus, der sich ganz klar im zweiten Jahr einstellt und dann jährlich wiederholt (Abb. 4.3n, 4.3p). Dies wird aus dem Phasendiagramm der Algenbiomasse und der Fischbiomasse deutlich, das sich als eine geschlossene Kurve darstellt. Fortsetzungsläufe produzieren identische Ergebnisse mit identischen Phasenkurven. Das bedeutet, daß das System jetzt einem stabilen jahreszeitlichen Zyklus folgt. Im Frühjahr wächst die Algenpopulation schnell bis auf ein Maximum von ungefähr 1400 kg/ha, während die Fischpopulation eine Spitze von etwa 950 kg/ha im Spätsommer erreicht. Der organische Abfallbestand (Schlamm) bleibt mehr oder weniger konstant bei ungefähr 1500 kg/ha während des ganzen Jahres, während der Nährstoffbestand, der die meiste Zeit des Jahres einen durchschnittlichen Wert von 13 kgN/ha aufweist, auf etwa 4 kgN/ha absinkt zur Zeit des maximalen Algenwachstums im Frühling.

Eutrophierung: In diesem Falle wird, ausgehend von den Gleichgewichtsbedingungen für oligotrophe Bedingungen am Ende des dritten Jahres im vierten Jahr eine hohe Belastung durch organischen Abfall hinzugefügt (3000 kg/ha) (Abb. 4.3n). Hier ergibt sich fast sofort Eutrophierung und beschleunigtes Algenwachstum, das zu Algenblüten und darauf folgendem Absterben der Algenpopulation führt, sobald die kritische Algendichte überschritten ist. Dieser Vorgang wiederholt sich mehrere Male während des Jahres. Während jeder Absterbeperiode steigt der Bestand an organischem Abfall durch die Menge der abgestorbenen Algen stark an. Im Laufe des Jahres klettert der Bestand an organischem Abfall auf 4100 kg/ha. Der Nährstoffbestand im Wasser steigt langsam auf ungefähr 20 kgN/ha am Ende des Sommers. Da sich die Nettoprimärproduktion der Algen im Herbst und Winter verringert, so verringert sich auch die Nährstoffaufnahme, während die Zersetzungsrate immer noch relativ hoch ist. Das Nettoergebnis ist daher ein weiterer Anstieg des Nährstoffbestands im Wasser am Jahresende. Die Fischbiomasse wächst während des Jahres und wird durch die verschiedenen Absterbe-Episoden der Algen kaum betroffen. Eine Ausnahme ist die letzte Algenblüte, nach der die Algenbiomasse sich nicht wieder auf den Bestand erholen kann, der für die Fischernährung notwendig ist.

Schlammentnahme: Der hohe Nährstoffbestand im eutrophierten System ist nur teilweise im Nährstoffgehalt des Wassers festzustellen; eine große Nährstoffmenge ist

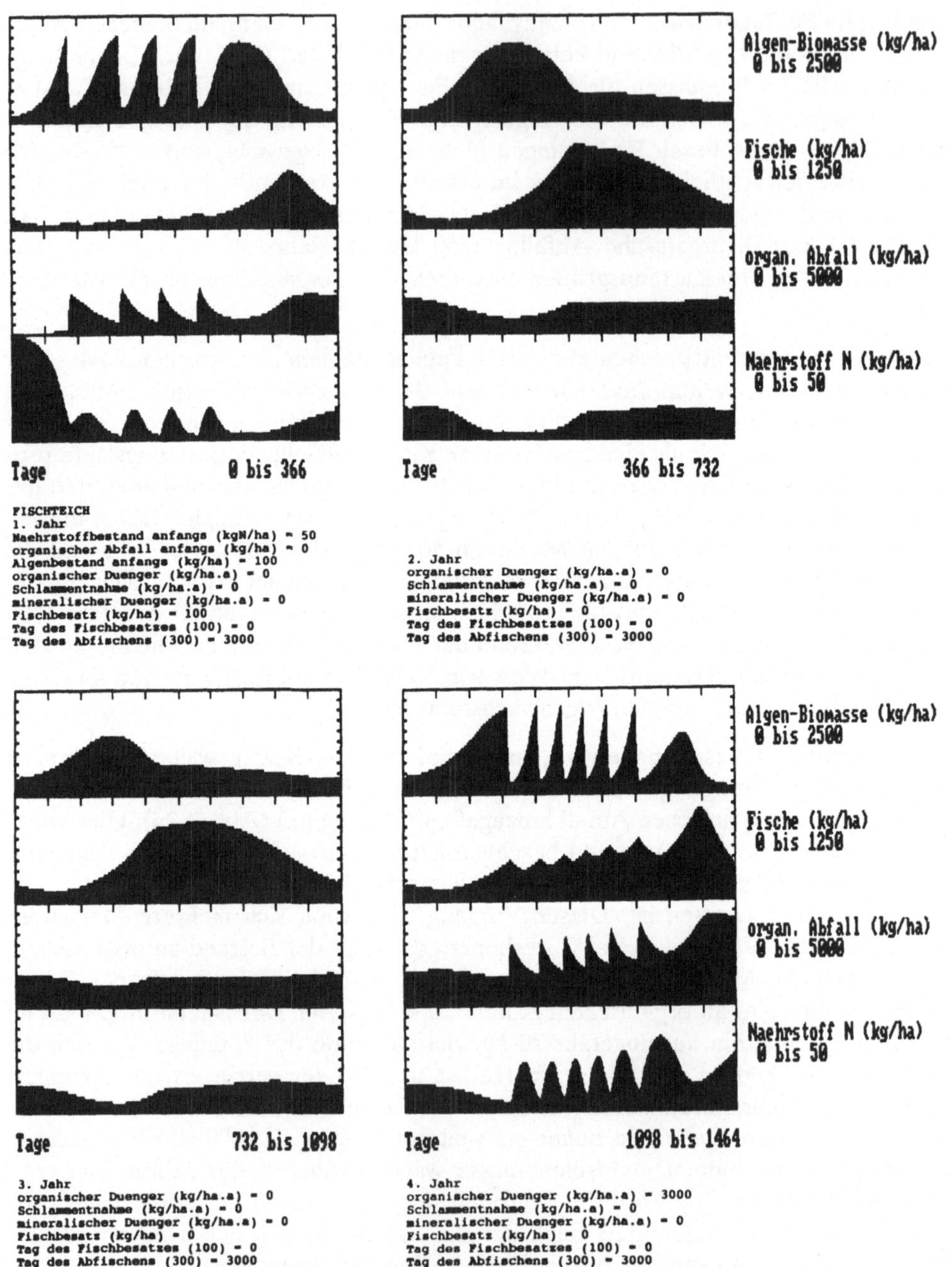

Abb. 4.3n   Simulationsergebnisse des Fischteich-Modells. Der anfangs im Wasser enthaltene Nährstoff wird in Biomasse und Schlamm festgelegt. Im 2. und 3. Jahr stellt sich ein oligotropher Zyklus ein, der im 4. Jahr durch Zugabe von organischem Abfall wieder zerstört wird.

auch im organischen Abfall (Schlamm) des Teichs enthalten. In der Tat ist der Grund für die Schlammentnahme natürlich seine Verwendung als Dünger auf den Feldern. Die Schlammentnahme bedeutet daher auch die Entnahme von Nährstoff aus dem System.

Im Szenario des fünften Jahres (Abb. 4.3o) werden 3000 kg/ha Schlamm aus dem System entnommen. Obwohl der Nährstoffbestand im Wasser anfangs immer noch hoch ist, so sinkt er doch allmählich ab. Die anfänglich hohe Nährstoffkonzentration führt noch zu Algenblüten und danach zur allmählichen Einstellung eines stabilen ökologischen Zyklus im sechsten und siebten Jahr, der dem Zyklus des dritten Jahres sehr ähnlich ist. Der Bestand des organischen Abfalls erreicht wiederum einen ungefähr konstanten Wert von 1550 kg/ha.

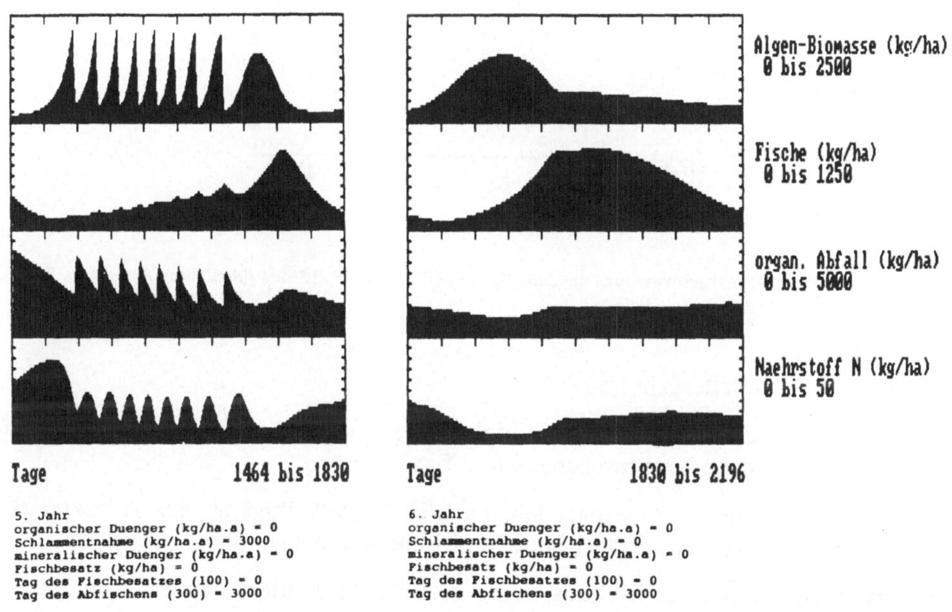

Abb. 4.3o   Simulationsergebnisse des Fischteich-Modells. Nach Schlammentnahme im 5. Jahr stellt sich im 6. und 7. Jahr wieder ein stabiler oligotropher Zyklus ein.

Wiedereinstellung eines oligotrophen Zyklus: Die Fortführung der Simulation ins sechste und siebte Jahr führt wiederum zu einem geschlossenen ökologischen Zyklus (Abb. 4.3p) mit den folgenden Anfangswerten für die Zustandsgrößen am Anfang jedes Jahreszyklus: Algenbiomasse 400 kg/ha, Fischbiomasse 200 kg/ha, organischer Abfall 1550 kg/ha, Nährstoff 13 kgN/ha. Die Algenbiomasse erreicht ein Maximum von 1400 kg/ha im Frühling, und die Fischbiomasse klettert auf 950 kg/ha im Spätsommer.

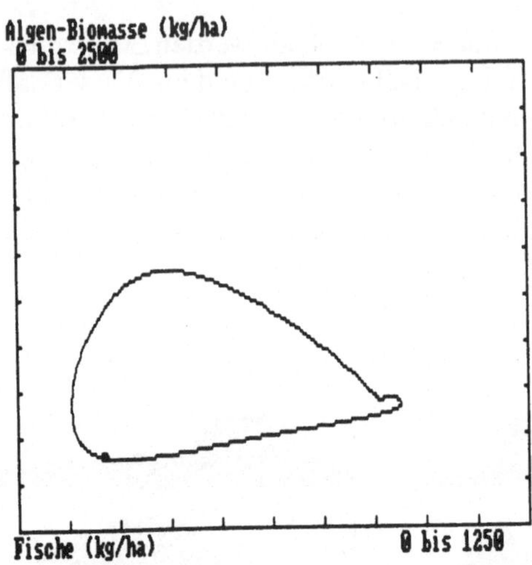

Abb. 4.3p   Simulationsergebnisse des Fischteich-Modells. Phasenbild des jährlichen Zyklus im 3. und im 7. Jahr.

Diskussion der Modellergebnisse

Wir betrachten hier vor allem die Gültigkeit des Modells, die Grenzen seiner Anwendung und mögliche Verbesserungen und Ergänzungen.

Wie bereits in Kapitel 1.3 besprochen, hat die Modellgültigkeit vier Aspekte: die Strukturgültigkeit, Verhaltensgültigkeit, empirische und Anwendungsgültigkeit.

Die **Strukturgültigkeit** des Modells wurde in den Abschnitten über die Teilmodelle abgesichert, wo darauf geachtet wurde, die wesentlichen Elemente und ihre Verknüpfungen im Modell darzustellen.

Ein Hinweis auf die **Verhaltensgültigkeit** folgt aus den Simulationsergebnissen, die im vorangegangenen Abschnitt vorgestellt wurden. Unter oligotrophen Bedingungen findet sich ein recht stabiler jahreszeitlicher Zyklus, der sich unabhängig von den anfänglichen (oligotrophen) Bedingungen rasch einstellt. Die Dynamik der Zustandsgrößen ist wie erwartet: schnelles Algenwachstum im Frühling, dem ein langsameres Fischwachstum mit einer Verzögerung von etwa 3 Monaten folgt. Die Bestände an organischem Abfall und Nährstoffen im Wasser verändern sich nicht sehr stark während des Jahres. Unter eutrophierten Bedingungen ergeben sich Algenblüten und darauf folgende Episoden von Algensterben in der warmen Jahreszeit mit entsprechenden Veränderungen im Bestand an organischem Abfall und in der Nährstoffkonzentration. Durch Entnahme größerer Schlammengen können genügend Nährstoffe aus dem System entfernt werden, um wiederum einen oligotrophen Zyklus zu erhalten. Alle diese Simulationsergebnisse stimmen mit den (qualitativen) Beobachtungen von Fischteichsystemen überein. Damit scheint Verhaltensgültigkeit gegeben zu sein.

Um die **empirische Gültigkeit** zu belegen, müßten die Simulationsergebnisse mit experimentellen Daten verglichen werden. Solche Daten standen während der Modellentwicklung nicht zur Verfügung, aber die sich in der Simulation einstellenden Werte entsprechen etwa den Erwartungen. Bevor das Modell allerdings für andere als qualitative Untersuchungen verwendet wird, muß ein Vergleich mit experimentellen Beobachtungen gemacht werden.

Die **Anwendungsgültigkeit** muß schließlich im Hinblick auf den früher spezifizierten Modellzweck beurteilt werden. Solange es für die qualitative (und grobe quantitative) Beschreibung der Fischteichdynamik unter dem Einfluß verschiedener Bewirtschaftungsmaßnahmen verwendet wird, scheint das Modell eine akzeptable Anwendungsgültigkeit zu haben. Für genauere Vorhersagen ist es allerdings nicht gültig.

Diese Diskussion der Modellgültigkeit weist wieder auf die Begrenzung des Modells in seinem gegenwärtigen Zustand hin: Es mag für qualitative Verhaltensuntersuchungen und für Lehrzwecke zur Dynamik von Aquakulturen akzeptabel sein, aber es ist in seiner gegenwärtigen Form kein zuverlässiges quantitatives Werkzeug für Bewirtschaftungsentscheidungen. Dies muß berücksichtigt werden, um das Modell nicht auf Fälle anzuwenden, für die es nicht entwickelt wurde.

Die Genauigkeit des Modells ließe sich durch einige Veränderungen noch verbessern. Einige seien hier aufgeführt:

- Die Nährstoffspeicherung in der Fischbiomasse wird jetzt nicht berücksichtigt. Hieraus ergibt sich ein Fehler beim Abfischen.
- Es empfiehlt sich, eine genauere Darstellung des Algensterbens nach einer Algenblüte zu entwickeln.
- Die Wirkung der Algenblüte auf den Sauerstoffgehalt des Wassers wird hier nicht betrachtet. Dieser ist aber ein wesentlicher Faktor in Algenblüten und dem darauffolgenden Fischsterben.
- Die Beschreibung des Zersetzungsprozesses ist nur grob. Es ist allerdings unwahrscheinlich, daß eine detailliertere Beschreibung zu sehr unterschiedlichen Ergebnissen führen würde.
- Die jetzt verwendeten Parameter und Funktionen gründen meist auf Schätzungen und könnten durch genauere experimentelle Werte verbessert werden.

Verbesserungen des Modells im Hinblick auf Einzelheiten und die Genauigkeit der Daten würden seine Gültigkeit, insbesondere für Untersuchungen von Bewirtschaftungsmaßnahmen, verbessern. Eine solche Verbesserung ist notwendig, insbesondere, wenn das Modell in ein größeres Modell einer kompletten ökologischen Landwirtschaft integriert werden soll, wo genaue Daten für die Einträge (organische Abfälle) und die Austräge (Schlamm als Felddünger, Fischernten) benötigt werden. Selbst bei dieser Anwendung kann allerdings das Fischteichmodell getrennt entwickelt und überprüft werden, was den Prozeß der Modellerstellung enorm vereinfacht.

Aufgaben

1. Erstellen Sie das lauffähige Simulationsprogramm FITEICH durch Verkoppeln der Modellanweisungen mit DYSAS. Überprüfen Sie das korrekte Arbeiten des Modells, indem Sie den Lauf für oligotrophe Bedingungen (Abb. 4.3n, 1. Jahr) mit den angegebenen Parametereinstellungen reproduzieren.

2. Erhöhen Sie den anfänglichen Nährstoffbestand im Teich allmählich und beobachten Sie, wie er sich auf den Algenbestand auswirkt. Ab welchem Nährstoffbestand treten auch in späteren Jahren noch Algenblüten auf?

3. Versuchen Sie, durch wiederholte Simulationen mit verschiedenen Parameterwerten, eine Bewirtschaftungsstrategie für möglichst hohen Fischertrag zu ermitteln. Verändern Sie hierzu den anfänglichen Nährstoffbestand, den Fischbesatz und die Daten des Einsetzens und Abfischens.

4. Finden Sie Einstellungen für die drei Zustandsgrößen am 1. Januar, die zu stabilen ökologischen Zyklen unterschiedlicher Produktivität führen (ohne Fischentnahme). Hierzu müssen die Simulationen über mehrere Jahre durchgeführt werden.

5. Finden Sie Bewirtschaftungsstrategien, bei denen durch Zugabe von organischem Abfall und Entnahme von Schlamm am Ende des Jahres ein möglichst hoher Fischertrag bei gleichzeitiger möglichst hoher Schlammentnahme für Düngezwecke ermöglicht wird.

6. Stellen Sie in einem anfänglich eutrophierten Teich durch die Entnahme von Schlamm wiederum einen oligotrophen Zustand ein (keine Algenblüten mehr). Wieviel Schlamm pro Hektar müssen Sie bei den von Ihnen gewählten Anfangsparametern entnehmen?

7. Beginnen Sie mit einem anfänglich oligotrophen Zustand (Nährstoffgehalt 10 kgN/ha). Erhöhen Sie den Nährstoffgehalt durch mineralische Düngung und versuchen Sie auf diese Weise, einen maximalen Fischertrag zu erreichen.

8. Verändern Sie das Teilmodell für den Fischbestand, indem Sie eine zusätzliche Fütterung der Fische vorsehen. Versuchen Sie, einen maximalen Fischertrag unter oligotrophen Bedingungen (keine Algenblüten) durch Fütterung zu erzielen. Mit welchen Erträgen können Sie etwa rechnen?

FICHTE

SIMULATIONSMODELL FÜR DIE ENTWICKLUNG EINES NADELBAUMS UNTER SCHADSTOFFBELASTUNG

Modellzweck: Simulation der Baumentwicklung unter den jahreszeitlichen Wirkungen von Temperatur und Licht, um die dynamischen Wirkungen chronischer Schadstoffbelastungen zu untersuchen.

Systemgrenze: Baumbestand (Fichte) (mit auf den Hektar bezogenen Daten) unter den äußeren Einwirkungen der Sonneneinstrahlung, der Temperatur, des Nährstoff- und Wasserangebots und von durch Schadstoffeinwirkung verursachten Schäden des Laubes und der Feinwurzeln.

Zeitraum: Jahre (1 - 200).

Zustandsgrößen: Holzige Biomasse, Feinwurzelmasse, Blattmasse der verschiedenen Nadelaltersklassen (max. 10), Assimilatvorrat, Blattschadenswirkung.

Beschreibung: Das Modell beschreibt die wesentlichen Lebensprozesse eines Baums (Photosynthese, Abwurf und Erneuerung von Nadeln und Feinwurzeln, Holzzuwachs) und ihre strukturellen Verknüpfungen (insbesondere die Erzeugung, Verteilung, Speicherung und Veratmung von Assimilaten), unter Verwendung der Daten für Fichte, unter Einfluß von Faktoren wie Nadelsalterklasse, Nadelalterung und Verlust von Photosyntheseeffizienz, jahreszeitlicher Veränderung der Temperatur und des Lichtgenusses und entsprechendem Blatt- und Feinwurzelwachstum, usw.

Abfrageparameter: 13 (Anfang und Ende des Simulationszeitraums, anfängliche Holzmasse, Assimilatvorrat, Feinwurzelmasse, Nadelmasse, Zahl der Nadelsalterklassen, Anfang, Ende und Stärke der Blattbelastung; Anfang und Ende der Feinwurzelbelastung).

Variable: 70, einschließlich bis zu 13 Zustandsgrößen.

Tabellenfunktionen: 7.

Animation: Animierte bildhafte Darstellung der Dynamik der Baumentwicklung mit den Zustandsgrößen: Nadelbestände in den verschiedenen Altersklassen, Holzmasse und Feinwurzelmasse.

Bemerkungen: Das Modell läßt sich für die qualitative Abschätzung der Wirkungen der chronischen Belastung der Blatt- und/oder Feinwurzelfunktion durch Schadstoffe verwenden.

Aufruf: LOAD "DYSAS", MERGE "FICHTE".

Literatur: H. Bossel: Dynamics of Forest Dieback - Systems Analysis and Simulation. Ecological Modelling, 34 (1986), pp. 259-288.

4.4 Entwicklung eines Nadelbaums unter Schadstoffbelastung

Problembeschreibung

Die Waldschäden in Europa und Nordamerika haben sich innerhalb weniger Jahre von einem vereinzelten Phänomen zu einer existentiellen Bedrohung der Ökosysteme entwickelt. Um eine koordinierte und wirkungsvolle Strategie zur Bekämpfung der Waldschäden entwickeln zu können, ist es notwendig, daß nicht nur die Ursachen, sondern auch die Dynamik des Prozesses verstanden werden. Die Dynamik der Waldschäden wird bestimmt durch (a) die Dynamik der Streßfaktoren (Luftschadstoffe, biotische Ursachen) und (b) die dynamische Reaktion des Waldökosystems - insbesondere der Bäume - auf diese äußeren Einwirkungen. Ein besseres Verständnis der Dynamik dieses Systems kann sich aus der Erstellung und Verwendung dynamischer Simulationsmodelle ergeben. Wir konzentrieren uns hier auf die Darstellung des Baums als System und auf die Untersuchung seiner Reaktion auf Schäden am Laub und/oder den Wurzeln. Falls die im Baum ablaufenden Prozesse richtig dargestellt worden sind, dann muß eine gewisse Übereinstimmung zwischen den Simulationsergebnissen und den Beobachtungen zum Waldsterben erwartet werden.

Der Baum ist ein lebendes System. Die dynamischen Wirkungen von Blatt- oder Wurzelschäden auf die Lebensprozesse des Baums können nur untersucht werden, indem der Baum als ein dynamisches System aufgefaßt wird, das aus vielen miteinander verknüpften, aber funktional verschiedenen Elementen oder Komponenten besteht. Aus den empirischen Beobachtungen zeigt sich klar, daß das Waldsterben als Vorgang im einzelnen Baum betrachtet werden muß, nicht des gesamten Bestandes. Die Beschreibung muß daher beim einzelnen Baum ansetzen.

Zur Beschreibung der Wachstumsdynamik von Waldbäumen haben wir mehrere Computersimulationsmodelle unterschiedlicher Komplexität entwickelt, die die Wachstumsdynamik mit und ohne Schadstoffbelastungen beschreiben können. Diese Modelle reichen von einem einfachen qualitativen Modell ohne jahreszeitliche Effekte (BAUMTOD-Modell, Bossel 1985), über ein quantitatives Modell eines Nadelbaums (das im folgenden beschriebene FICHTE-Modell, Bossel 1986), sowie ein ähnliches Modell mit zusätzlichen Teilmodellen für das Bodenwasser, die Streumineralisierung und die Bodenchemie (IAGM-Modell; Bossel/Metzler/Schäfer 1985) bis zu einem komplexen Modell für einen Laubbaum (BUCHE-Modell, Krieger/Bossel/Schäfer/Trost 1987). Obwohl diese Modelle sich in ihrer Komplexität stark unterscheiden, haben sie doch einen ähnlichen Aufbau, um die Lebensprozesse im Baum zu beschreiben. Es zeigt sich, daß das dynamische Verhalten des Baums wesentlich durch diese Struktur bestimmt ist - zusätzliche Teilmodelle etwa der Bodenkomponenten verändern diese Verhaltenseigenschaften nicht.

Modellbeschreibung

Im folgenden wird zunächst die allgemeine Modellstruktur beschrieben, bevor einzelne Komponenten genauer ausgeführt werden.

Mit dem Modell wird versucht, die wichtigsten Prozesse der Baumentwicklung zu erfassen, um dann untersuchen zu können, wie Schädigungen essentieller Funktionen (Photosynthese, Feinwurzelerneuerung) diese Entwicklung beeinträchtigen. Es wird deshalb nicht der Versuch gemacht, die Wirkungen der Umweltschadstoffe auf Laub oder Feinwurzeln direkt darzustellen. Stattdessen wird angenommen, daß (wegen Luftbelastung oder aus anderen Gründen) (1) die Photosyntheseleistung des Laubes um einen gewissen Prozentsatz verringert ist und/oder daß (2) die Feinwurzelerneuerungsrate um einen gewissen Faktor erhöht ist. In den Simulationen können diese Schadensfaktoren als Funktion der Zeit frei vorgegeben werden. Mit diesem Ansatz wird die Diskussion darüber vermieden, welche Schadstoffe für welche Schäden verantwortlich sind. Die Analyse wird also auf die Frage fokussiert, wie Bäume dynamisch auf chronische Beeinträchtigungen ihrer Blatt- oder Wurzelfunktionen reagieren. Insbesondere läßt sich so die Frage untersuchen, ob die Systemstruktur tatsächlich bereits die Möglichkeit des plötzlichen Zusammenbruchs als Folge konstanter chronischer Blatt- und Wurzelschäden in sich birgt, wie er jetzt in unseren Wäldern beobachtet wird.

Die wichtigsten Zustandsgrößen (Abb. 4.4a) sind die Blattmasse, die Feinwurzelmasse und die holzige Biomasse (Stamm, Zweige, Grobwurzeln). Die mögliche Photosyntheseproduktion ergibt sich aus der Blattmasse und der spezifischen photosynthetischen Produktivität der Blätter. Durch Umweltschadstoffe kann diese vermindert sein, woraus sich eine niedrigere potentielle Photosyntheseproduktion ergibt. Diese Produktion erfordert einen bestimmten Transpirationsfluß von den Feinwurzeln, um das notwendige Wasser und die notwendigen Nährstoffe herbeizuschaffen. Daher muß eine bestimmte Menge an Feinwurzeln verfügbar sein, um diesen Fluß sicherzustellen. Diese notwendige Feinwurzelmasse steht u.U. aber nicht zur Verfügung. Falls sie nicht vorhanden ist, reduziert sich der Transpirationsstrom entsprechend, was wiederum zu einer tatsächlichen photosynthetischen Produktion führt, die niedriger als die potentiell mögliche Produktion ist.

Die erzeugten Assimilate werden teilweise für die Atmung der Blätter, des Stammes, der Zweige und der Wurzeln verwendet. Verbleibende Assimilate sind dann verfügbar zur Verteilung auf das Blattwachstum, das Feinwurzelwachstum, den Aufbau von Früchten und den Holzzuwachs. Die entsprechenden Assimilatbedarfe sind eine Funktion der vorhandenen Biomasse (die eine entsprechende Laubmenge erfordert), des gegenwärtigen Feinwurzelbedarfs (der stark von der Feinwurzelerneuerungsrate als Funktion der Umweltbelastung abhängt) und des Bedarfs für den Früchteansatz (als Funktion der Biomasse). Falls genügend Assimilate zur Verfügung stehen, um diese Bedarfe zu decken, so ergibt sich Holzzuwachs. Falls die Bedarfe nicht gedeckt

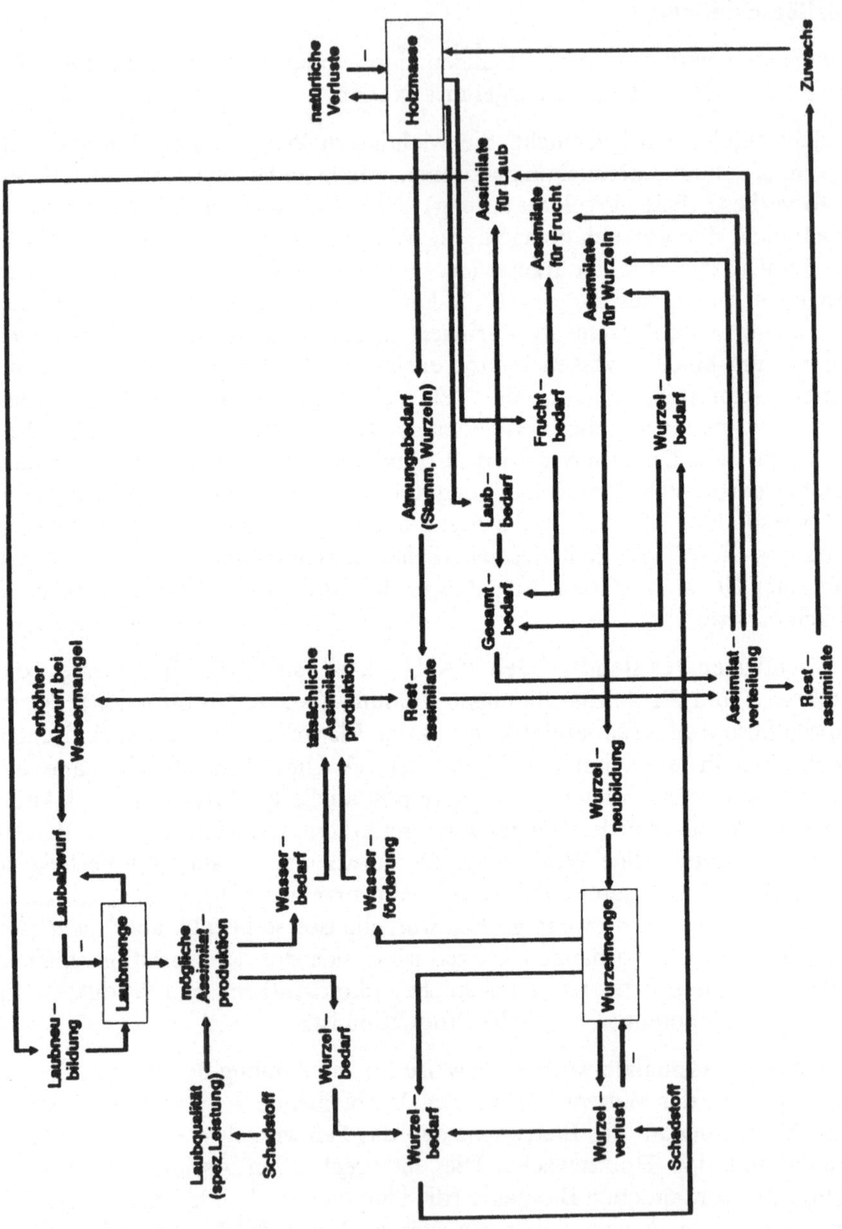

Abb. 4.4a   Übersicht über die wichtigsten Wirkungsbeziehungen im Modell des Baumwachstums unter Schadstoffbelastung.

werden können, so müssen die Assimilataufteilungen auf jede dieser Funktionen im Verhältnis zum vorhandenen Assimilatbetrag gekürzt werden; für den Holzzuwachs stehen dann keine Assimilate zur Verfügung.

Die möglichen Wirkungen von Schadstoffen zeigen sich in diesem System auf zwei Weisen: (1) die Verringerung der spezifischen Photoproduktivität des Laubes reduziert die Menge der verfügbaren Assimilate, und (2) eine höhere Wurzelerneuerungsrate erschöpft den Assimilatvorrat schneller. Falls die Assimilatmenge nicht ausreicht, um die Entnahme für Feinwurzeln zu ersetzen, dann führt dies zu einer Verringerung der Feinwurzelmasse auf einen Betrag, der kleiner ist als der, der für die volle Syntheseproduktion erforderlich wäre. Die Assimilatproduktion verringert sich entsprechend, und dies führt zu einer weiteren Verschlimmerung des Problems.

Das FICHTE-Modell (Bossel 1986) stützt sich voll auf empirische Daten, verwendet absolute Größen, zieht die jahreszeitlichen Wirkungen der Sonneneinstrahlung, der Temperatur, des Blatt- und Wurzelwachstums und des Blattfalls sowie der jahreszeitlich schwankenden Assimilatproduktion und der Assimilatanforderungen in die Betrachtung ein. Der ständig wechselnde Assimilatvorrat wird als eine getrennte Zustandsgröße berechnet. Die Nadelmasse ergibt sich aus der Berechnung der Nadelmassen in jeder einzelnen Nadelaltersgruppe unter Berücksichtigung der klassenspezifischen Verluste und Zuwächse im Laufe des Jahres. Der Nadelschaden wird als ein kumulativer Prozeß aufgefaßt, der sich auf die photosynthetische Effizienz der Nadeln auswirkt. Diese werden abgeworfen, wenn die Effizienz unter einen gewissen (empirischen) Grenzwert fällt. Ein Blattschaden hat daher auch den vorgezogenen Verlust von Nadeln zur Folge und damit eine Verringerung der Zahl der Nadelaltersklassen. Verluste an holziger Biomasse, Laub und Feinwurzeln können sich entweder durch einen ungenügenden Assimilatvorrat für die Veratmung ergeben oder durch eine nicht ausreichende Wasserversorgung. Wo es notwendig erscheint, werden nichtlineare Funktionen verwendet, die auf empirischen Beobachtungen basieren.

Die Modellparameter, ihre Abkürzungen, Dimensionen und Zahlenwerte sind in der Abb. 4.4b aufgeführt. Die Zustandsgrößen, ihre Abkürzungen, Dimensionen und Anfangswerte für den Standardlauf finden sich in Abb. 4.4c. Die Tabellenfunktionen und andere Funktionen, ihre Abkürzungen, Dimensionen und Wertetabellen sind in Abb. 4.4d dargestellt. Im folgenden werden die Modellgleichungen in inhaltlich zusammengehörenden Gruppen erläutert. Die Zwischengrößen und Raten, ihre Abkürzungen und Dimensionen sind in Abb. 4.4e aufgeführt. Die Modellanweisungen, die noch mit dem Bearbeitungsprogramm DYSAS oder DYSYS gekoppelt werden müssen, finden sich in Abb. 4.4f.

Parameter des Fichte-Modells

```
CT          = 2/52 (a)
            Assimilat-Verbrauchszeit
LFDF        >= 1 (-)
            Blattschadfaktor.
LFDM        = LFDF-1.
LRSP        = 1.5 ((kg Assimilate/a)/kg BlattOTS)
            spezifische Dunkelatmung der Nadeln
LUX         = 250 (W/m2)
            durchschnittliche Einstrahlung während des Tages
            (Wert unkritisch; Lichtsättigung bei 100 W/m2)
NDAG        = 8 (a)
            normales Abwurfalter der Nadeln
NRBL        = 0.01 (1/a)
            normaler (relativer) Totholzverlust
NRTO        = 1 (1/a)
            normale Feinwurzelumlaufrate
RRSP        = 3 ((kg Assimilate/a)/kg Feinwurzel TS)
            spezifische Erhaltungsatmung der Feinwurzeln
RTGF        = 2 (-)
            Feinwurzel-Wachstumsfaktor
RTOF        >= 1 (-)
            Feinwurzel-Umlauffaktor
RTDM        = RTOF
SHED        = 0.2 (-)
            relative Nadeleffizienz beim Abwurf
SRSP        = 0.05 ((kg Assimilate/a)/kg Biomasse OTS)
            spezifische Erhaltungsatmung von Stamm und Grobwurzeln
SWP         = 0 (bar)
            Bodenwasserpotential
TRANC       = 2000 ((kg Wasser/a)/kg Feinwurzel OTS)
            Transportkoeffizient
TROOT       = 6 (Grad C)
            Mittlere Bodentemperatur zu Beginn und Ende des Feinwurzelwachstums
TRSPC       = 241 (kg Wasser/kg Assimilate)
            Transpirationskoeffizient
TVEG        = 10 (Grad C)
            Mittlere Lufttemperatur zu Beginn und Ende der Vegetationsperiode
```

Abb. 4.4b   Parameter des Simulationsmodells für Fichte.

Zustandsgrößen und Anfangswerte des Fichte-Modells

```
ASSI          = 6.25 (t OTS/ha)
              Assimilatvorrat
BIOM          = 250 (t OTS/ha)
              ober- und unterirdische Holzmasse
EPOL          = 0 (1/a)
              Schadstoffwirkung auf die Blatteffizienz
L(1)...L(NLF) = 12.5/8 (t OTS/ha)
              Laubmenge in jeder Nadelsaltersklasse
              (entspricht einer gesamten Laubmenge von LEAF = 12.5 bei NLF = 8)
ROOT          = 12.5 (t OTS/ha)
              Feinwurzelmenge
```

Abb. 4.4c   Zustandsgrößen des Simulationsmodells für Fichte und ihre Anfangswerte für den Standardlauf.

Tabellen- und andere Funktionen im Fichte-Modell

```
BLDR        Biomasseverluste durch Trocknis (1/a)
            SWP    0   10   15   30
            BLDR   0    0    1    1
CLUX        = (1/24)*(12+4*sin(6.28*TY-1.57))
            Zeitanteil des Tageslichts
CTEM        Temperatureinfluß auf die Photosynthese und Dunkelatmung (-)
            TEMP  -5    5   20   30
            CTEM   0   .2    1    1
DROF        Trocknisfaktor (-)
            SWP    0    2   15   20   30
            DROF   1    1  .15   .1    0
PHN         Netto-Photosynthese ((kg Assimilate/a)/kg Blatt OTS)
            LUX    0    5  100  1000
            PHN -1.5    0   24    24
RFOL        relative Laubfunktion (kg Blattmasse OTS/kg Biomasse OTS)
            LBIOT = ln(ln BIOT)  0.0   0.9   2.08
            RFOL                 0.7  0.18   0.0
            wobei BIOT = BIOM+LEAF+ROOT
TEMP        Lufttemperatur (langjähriges Monatsmittel für Kassel)(Grad C)
TY          .0 .058 .135 .212 .308 .385 .462 .558 .635 .731 .808 .885 .961  1.0
TEMP        .7 .0    .8    4.6  8.8 13.2 16.4 17.8 17.3 14.2  9.1  4.9  1.5   .7
```

Abb. 4.4d   Tabellenfunktionen und andere Funktionen des Simulationsmodells für Fichte.

Zwischengrößen und Raten des Fichte-Modells

BILR	Holzverlustrate wegen Assimilatunterversorgung ((kg OTS/a)/ha)
BIOT	Gesamtbiomasse = BIOM+LEAF+ROOT (t OTS/ha)
BLDRO	Biomasseverlust wegen Trocknis ((kg OTS/a)/ha)
CASS	Reduktionsfaktor der Assimilatversorgung (-)
DGROW	Assimilatbedarf für Feinwurzeln und Laubzuwachs ((kg/a)/ha)
DROOT	Assimilatbedarf zur Feinwurzelbildung ((kg/a)/ha)
DTRSP	erforderlicher Transpirationsstrom ((kg Wasser/a)/ha)
E(n)	relative Photosynthese-Effizienz der Nadelsaltersklasse n (-)
EFF	mittlere relative Nadeleffizienz (-)
LEAF	Gesamtlaubmasse (kg OTS/ha)
LFAG	wirkliche Nadelalterungsrate (1/a)
LFAL	Nadelverlustrate durch schadstoffbedingte Alterung ((kg OTS/a)/ha)
LFDR	Rate des Nadelabwurfs wegen Transpirationsmangel ((kg OTS/a)/ha)
LFGR	Laubwachstumsrate ((kg OTS/a)/ha)
LFLR	Laubverlustrate wegen Assimilatunterversorgung ((kg OTS/a)/ha)
LOLD	Laubmasse vor dem neuen Nadelausttrieb (kg OTS/ha)
LRST	Laubmasse nach dem Nadelabwurf (kg OTS/ha)
LSHD	Abwurfrate für die älteste Nadelsaltersklasse ((kg OTS/a)/ha)
MPRD	mögliche Photoproduktion ((kg Assimilate/a)/ha)
NBLR	normale Biomasseverlustrate ((kg OTS/a)/ha)
NFOL	Normalwert der neuen Laubmenge (kg OTS/ha)
NLAG	natürliche Nadelalterungsrate (1/a)
NLF	Zahl der Nadelaltersklassen (-)
PROD	tatsächliche Assimilatproduktion ((kg Assimilate/a)/ha)
RAV	relative Assimilatverfügbarkeit (-)
RESP	Gesamt-Erhaltungsatmung ((kg Assimilate/a)/ha)
REST	für Laub-, Wurzel- und Holzwachstum verbleibende Assimilate ((kg/a)/ha)
RLRT	benötigte relative Feinwurzelmenge (-)
RPOL	Nettorate der Nadelschädigung (1/a)
RROOT	benötigte Feinwurzelmenge (kg OTS/ha)
RSLF	Dunkelatmung der Nadeln ((kg Assimilate/a)/ha)
RSRT	Erhaltungsatmung der Feinwurzeln ((kg Assimilate/a)/ha)
RSST	Erhaltungsatmung von Stamm und Grobwurzeln ((kg Assimilate/a)/ha)
RTGR	Wachstumsrate der Feinwurzeln ((kg OTS/a)/ha)
RTLOS	Verlustrate der Feinwurzeln ((kg OTS/a)/ha)
RTLR	Verlustrate der Feinwurzeln wg. Assimilatunterversorgung ((kg ODM/a)/ha)
RTRSP	relativer Transpirationsstrom (-)
SINC	Assimilatstrom für Holzzuwachs ((kg/a)/ha)
SLEAF	Assimilatstrom für Nadelwachstum ((kg/a)/ha)
SROOT	Assimilatstrom für Feinwurzelwachstum ((kg/a)/ha)
TRSP	tatsächlicher Transpirationsstrom ((kg Wasser/a)/ha)
TY	Vegetationszeit (a) (1. Jan = 0, 31. Dec = 1)
T	Zeit (a)
a	Jahr
OTS	organische Trockensubstanz

Abb. 4.4e   Zwischengrößen und Zustandsraten des Simulationsmodells für Fichte.

```
0    '***FICHTE***
8 DIM L(10): DIM E(10): DIM LX(10): DIM LP(10): DIM LXA(10)
10 DATA "FICHTE","Jahre": '***FICHTE***   H.Bossel,840315,850218,860104,860508
12 DATA "Entwicklungsdynamik von Fichte in Abhaengigkeit von Jahreszeit und
Umweltbelastung.  Geben Sie Schadwirkungen auf Nadeln und/oder Feinwurzeln vor."
19 'Parameter, Anfangswerte, Laufzeit, Ausgabe:
20 RTGF=2: SHED=.2:NDAG=8: NRBL=.01: SBF=.00118: TRSPC=241: TRANC=2000: LRSP=1.5:
RRSP=3!: LUX=250: SRSP=.05: TVEG=10: TROOT=6: NRTO=1: BWP=0: CT=2/52
22 EPOL=0: BIOM=250: ROOT=8: ASSI=10 : L(1)=2: L(2)=2: L(3)=2: L(4)=2: L(5)=2:
L(6)=2: L(7)=2: L(8)=0: LEAF=14: BIOMA=0: BIOML=0: INCR=0: INYR=0
26 RTGF=2: SHED=.2: NDAG=8: NRBL=.01: SBF=.00118: TRSPC=241: TRANC=2000: LRSP=1.5:
RRSP=3!: LUX=250: SRSP=.05: TVEG=10: TROOT=6: NRTO=1: BWP=0: CT=2/52
28 EPOL=0: BIOM=250: ROOT=8: ASSI=10 : L(1)=2: L(2)=2: L(3)=2: L(4)=2: L(5)=2:
L(6)=2: L(7)=2: L(8)=0: LEAF=14: BIOMA=0: BIOML=0: INCR=0: INYR=0
30 START=80: FINAL=85: DT=.02
40 DATA 8,"Holzmasse (t/ha)","Laub (t/ha)","Feinwurzeln (t/ha)","Assimilate
(t/ha)","Nadelaltersklassen","Zuwachs
(t/ha.a)","Nadelschadfaktor","Wurzelschadfaktor"
42 QNMAX=18
46 XPHAS=3: YPHAS=2
48 DATA "Holzbiomasse (t/ha)",0,600,"Zuwachs (t/ha.a)",0,20
100 DATA 7,"Anfangsjahr (0)","Endjahr","Holzmasse OTS (t/ha) (10)","Assimilate OTS
(t/ha) (.5)","Feinwurzeln OTS (t/ha) (1)","Laub OTS (t/ha) (1)","Zahl der
Nadelaltersklassen (8)"
105 START=QF(1): FINAL=QF(2): BIOM=QF(3): ASSI=QF(4): ROOT=QF(5): LEAF=QF(6):
NLA=QF(7): FOR N=1 TO NLA: L(N)=LEAF/NLA: NEXT N: BIOMA=BIOM: BIOML=BIOM
106 NAC=NLA
110 DATA 6,"Nadelschadfaktor (1...3)","Beginn des Laubschadens im Jahr:","Ende des
Laubschadens im Jahr:","Wurzelschadfaktor (1...5)","Beginn des Wurzelschadens im
Jahr:","Ende des Wurzelschadens im Jahr:"
115 LFDF=QG(1): BT1=QG(2): BT2=QG(3): RTDF=QG(4): WT1=QG(5): WT2=QG(6)
120 IF QP<1 THEN NLAG=(1-SHED)/NDAG: EPOL=((1-SHED)/(NLA*NLAG))-1
1000 'Zwischengroessen und Raten ---------------------------------------------
1001 TY=T-INT(T)
1010 LFDM=LFDF-1: IF T<BT1 OR T>BT2 THEN LFDM=0
1020 RTDM=RTDF: IF T<WT1 OR T>WT2 THEN RTDM=1
1100 CLUX=(1/24)*(12+4*SIN(6.28*TY-1.57))
1110 X=TY: GOSUB 8500: TEMP=Y
1112 DATA "Temperatur","TY","TEMP",14
1114 DATA
0,0.7,0.058,0.0,.135,0.8,.212,4.6,.308,8.8,.385,13.2,.462,16.4,.558,17.8,.635,17.3,
.731,14.2,.808,9.1,.885,4.9,.961,1.5,1,.7
1120 X=TEMP: GOSUB 8500: CTEM=Y
1122 DATA "Temp.Abh. d.Photosyn.","TEMP","CTEM",4
1124 DATA -5,0,5,.2,20,1,30,1
1130 X=LUX: GOSUB 8500: PHN=Y
1132 DATA "Netto-Photosynthese","LUX","PHN",4
1134 DATA 0,-1.5,5,0,100,24,1000,24
1140 X=BWP: GOSUB 8500: DROF=Y
1142 DATA "Trocknisfaktor","BWP","DROF",5
1144 DATA 0,1,2,1,15,.15,20,.1,30,0
```

```
1150 X=BWP: GOSUB 8500: BLDR=Y
1152 DATA "Trocknis-Verlust","BWP","BLDR",4
1154 DATA 0,0,10,0,15,1,30,1
1168 BIOT=BIOM+LEAF+ROOT
1169 LBIOT=0:IF BIOT>2.73 THEN LBIOT=LOG(LOG(BIOT))
1170 X=LBIOT: GOSUB 8500: RFOL=Y
1172 DATA "Laubfunktion","BIOT","RFOL",3
1174 DATA 0,.7,.9,.18,2.08,0
1200 'Blattalterung, Blatteffizienz
1210 NLAG=(1-SHED)/NDAG
1220 LFAG=NLAG*(1+EPOL)
1230 NLF=INT((1-SHED)/LFAG): NAC=NLA: IF LEAF =0 THEN NAC=0
1235 RPOL=LFDM-EPOL/NLA
1240 SUM=0
1250 FOR N=1 TO NLA: E(N)=1-LFAG*((N-1)+TY): SUM=SUM+E(N)*L(N): NEXT N
1260 EFF=0: IF LEAF>0 THEN EFF=SUM/LEAF
1300 'Produktion von Assimilaten
1320 MPRD=LEAF*PHN*CLUX*CTEM*EFF
1330 DTRSP=MPRD*TRSPC
1340 TRSP=ROOT*TRANC*DROF
1350 RTRSP=1: IF TRSP<DTRSP THEN RTRSP=TRSP/DTRSP
1360 PROD=RTRSP*MPRD
1370 RROOT=DTRSP/TRANC
1380 RLRT=0: IF ROOT>0 THEN RLRT=RROOT/ROOT
1390 RTLOS=NRTO*RTDM*ROOT
1400 'Respiration
1410 RSLF=LEAF*LRSP*(1-CLUX)*CTEM
1420 RSRT=ROOT*RRSP*CTEM
1430 RSST=BIOM*SRSP*CTEM
1440 RESP=RSLF+RSRT+RSST
1500 '(1) Assimilatvorrat < Assimilatbedarf
1510 RAV=1: LFLR=0: RTLR=0: BILR=0
1520 IF RESP<(PROD+(ASSI/CT)) THEN GOTO 1600
1530 RAV=0:IF RESP>0 THEN RAV=(PROD+(ASSI/CT))/RESP
1540 LFLR=LEAF*(1-RAV)*(52/13)
1550 RTLR=ROOT*(1-RAV)*(52/13)
1560 BILR=BIOM*(1-RAV)*(1/3)
1570 RESP=RAV*RESP
1580 SLEAF=0: SROOT=0: SINC=0
1590 GOTO 2000
1600 '(2) verbleibende Assimilate < Bedarf fuer Laub und Wurzeln
1605 IF TEMP<TVEG THEN LOLD=LEAF
1610 NFOL=0: IF TEMP > TVEG THEN NFOL=(RFOL/NDAG)*BIOT
1650 IF TEMP<TROOT THEN DROOT=0
1660 IF TEMP>=TROOT AND TEMP<TVEG AND TY<.5 THEN DROOT=RTGF*RTLOS
1665 IF TEMP>=TROOT AND TEMP<TVEG AND TY>.5 THEN DROOT=RTLOS
1670 IF TEMP>TVEG THEN DROOT=RTGF*RTLOS*RLRT
1680 DGROW=NFOL+DROOT
1690 REST=PROD+(ASSI/CT)-RESP
1700 IF REST>DGROW THEN GOTO 1800
1710 CASS=REST/DGROW
```

```
1720 SLEAF=0: IF TY<.5 THEN SLEAF=NFOL*CASS*(52/1)*(1-(LEAF/(LOLD+NFOL)))
1730 SROOT=DROOT*CASS
1740 SINC=0
1750 GOTO 2000
1800 '(3) Assimilat-Ueberschuss
1810 SLEAF=0: IF TY<.5 THEN SLEAF=NFOL*(52/1)*(1-(LEAF/(LOLD+NFOL)))
1815 SROOT=DROOT: SINC=(REST-DGROW)*(2/52)
2000 'weitere Raten
2005 RTGR=SROOT: LFGR=SLEAF
2010 LFDR=0: IF RTRSP<.5 THEN LFDR=L(NLA)*(1-RTRSP)*(52/13)
2020 IF TEMP>TVEG THEN LRST=LEAF-L(NLA)
2030 LSHD=0: IF TY>.5 AND TEMP<=TVEG THEN LSHD=(LEAF-LRST)*(52/4)
2040 BLDRO=BIOM*BLDR
2050 NBLR=BIOM*NRBL
2060 FOR NX=2 TO 10: IF L(NX)<LEAF/1000 THEN NLA=NX-1: GOTO 2080
2070 NEXT NX
2080 LFAL=0: IF NLF<NLA THEN LFAL=L(NLA)*(52/13)
2090 IF NLF>=NLA THEN NLA=NLF
4000 Q1=BIOM: Q2=LEAF: Q3=ROOT: Q4=ASSI: Q5=NAC: Q6=INCR: Q7=LFDM+1: Q8=RTDM: IF
(FINAL-START)>20 THEN Q6=INYR
4004 Q11=L(1): Q12=L(2): Q13=L(3): Q14=L(4): Q15=L(5): Q16=L(6): Q17=L(7): Q18=L(8)
4800 QX=BIOM: QY=INCR: IF (FINAL-START)>20 THEN QY=INYR
5000 'Zustandgleichungen -----------------------------------------------------
5090 IF ROOT=0 OR BIOM=0 OR LEAF=0 THEN GOTO 5210
5100 ROOT=ROOT+DT*(RTGR-RTLOS-RTLR)
5110 ASSI=ASSI+DT*(PROD-RESP-SLEAF-SROOT-SINC): IF ASSI<0 THEN ASSI=0
5120 IF (TY+DT/2)-INT (TY+DT/2)>DT THEN GOTO 5150
5122 IF QP=1 THEN QP=0: GOTO 5150
5140 FOR N=NLA TO 2 STEP -1: L(N)=L(N-1): NEXT N
5145 L(1)=0: INYR=BIOM-BIOML: BIOML=BIOM: IF INYR<0 THEN INYR=0
5150 L(1)=L(1)+DT*(LFGR-LFLR*L(1)/LEAF): IF L(1)<0 THEN L(1)=0
5160 L(NLA)=L(NLA)-DT*(LSHD+LFAL+LFDR+LFLR*L(NLA)/LEAF): IF L(NLA)<0 THEN L(NLA)=0
5170 FOR N=2 TO (NLA-1): L(N)=L(N)-DT*(LFLR*L(N)/LEAF): IF L(N)<0 THEN L(N)=0
5172 NEXT N
5175 FOR N=NLA+1 TO 10: L(N)=0: NEXT N
5180 LEAF=0: FOR N=1 TO NLA: LEAF=LEAF+L(N): NEXT N
5190 BIOM=BIOM+DT*(SINC-BLDRO-NBLR-BILR)
5192 INCR=(BIOM-BIOMA)/DT: BIOMA=BIOM: IF INCR<0 THEN INCR=0
5195 EPOL=EPOL+DT*RPOL
5200 IF ROOT/BIOM>.001 THEN GOTO 5220
5210 LEAF=0: ROOT=0: BIOM=0: ASSI=0: FOR N=1 TO NLA: L(N)=0: NEXT N
5220 REM
8000 PRINT "EPOL";EPOL: PRINT "BIOM";BIOM: PRINT "ROOT";ROOT: PRINT "ASSI";ASSI:
PRINT "L(N)": FOR N=1 TO 9: PRINT L(N): NEXT N: PRINT "LEAF";LEAF
8001 PRINT "START, FINAL": PRINT START,FINAL
8003 PRINT "LFDF, RTDF": PRINT LFDF,RTDF
8005 FOR I=1 TO 5000: NEXT I: CLS
8100 'Animation --------------------------------------------------------------
8110 CLS: SCREEN 1
8115 AL=10/57.3: X0=160: Y0=150: D=5
8120 'Boden:
```

```
8122 LINE (0,Y0)-(320,Y0)
8130 LINE (25,Y0)-(30,Y0-40),1,B: 'Laubbelastungs-Skala
8132 LINE (25,Y0)-(30,Y0+40),1,B: 'Wurzelbelastungs-Skala
8138 ST=INT((FINAL-START)/DT+DT/2): IF ST>300 THEN ST=300
8140 FOR S=1 TO ST
8150 TP=Q(S,1): BIOMP=Q(S,2): ROOTP=Q(S,4): NACP=Q(S,6): LFDFP=Q(S,8): RTDFP=Q(S,9)
8160 FOR I=1 TO 8: LP(I)=Q(S,I+11): NEXT I
8200 H=0: IF BIOMP>0 THEN H=5*SQR(BIOMP)
8202 R=0: IF BIOMP>0 THEN R=SQR(SQR(BIOMP))
8204 W=0: IF ROOTP>0 THEN W=20*SQR(ROOTP)
8220 FOR I=1 TO 8: LX(I)=0: IF LP(I)>0 THEN LX(I)=20*SQR(LP(I))
8222 NEXT I
8230 BS=20*(LFDFP-1): WS=20*(RTDFP-1)
8270 'Stamm:
8278 LINE (X0-RA,Y0)-(X0+RA,Y0-HA),0,B
8280 LINE (X0-R,Y0)-(X0+R,Y0-H),1,B
8290 'Wurzeln:
8300 FOR I=1 TO 17: LINE (X0,Y0)-(X0+WA*COS(I*AL),Y0+(20/32)*WA*SIN(I*AL)),0
8302 LINE (X0,Y0)-(X0+W*COS(I*AL),Y0+(20/32)*W*SIN(I*AL)): NEXT I
8310 'Laub:
8320 FOR I=1 TO 8: LINE (X0-LXA(I),Y0-HA-(I-1)*D)-(X0+LXA(I),Y0-HA-D-(I-
1)*D+1),0,BF
8322 LINE (X0-LX(I),Y0-H-(I-1)*D)-(X0+LX(I),Y0-H-D-(I-1)*D+1),1,BF: NEXT I
8330 'Belastungsindikator:
8340 LINE (26,Y0)-(29,Y0-BSA),0,BF
8342 LINE (26,Y0)-(29,Y0-BS),1,BF: 'Laubbelastung
8350 LINE (26,Y0)-(29,Y0+WSA),0,BF
8352 LINE (26,Y0)-(29,Y0+WS),1,BF: 'Wurzelbelastung
8360 HA=H: RA=R: WA=W: BSA=BS: WSA=WS: FOR I=1 TO 10: LXA(I)=LX(I): NEXT I
8370 LOCATE 1,1: PRINT INT(TP);"Jahre"
8380 JAZ=INT(4*(TP-INT(TP)))
8382 LOCATE 2,1: IF JAZ=0 THEN PRINT " Winter    "
8384 IF JAZ=1 THEN PRINT " Fruehling"
8386 IF JAZ=2 THEN PRINT " Sommer    "
8388 IF JAZ=3 THEN PRINT " Herbst    "
8400 NEXT S
8410 LOCATE 23,1: INPUT "wiederholen (0/1)";QP: IF QP=1 GOTO 8100
8420 SCREEN 2
```

Abb. 4.4f   Simulationsanweisungen für das Modell des Baums unter Schadstoffbelastung.

Blattalterung und Blatteffizienz (Anweisung No. 1200 - 1260): NLAG, LFAG: Die natürliche Blattalterungsrate wird durch die Schadstoffwirkung vergrößert. NLF: Die gegenwärtige Zahl der Nadelaltersklassen ergibt sich aus der Tatsache, daß Nadeln abgeworfen werden, wenn ihre Effizienzgrenze SHED erreicht worden ist. RPOL: Der wachsende Blattschaden wird teilweise durch eine Verbesserung wegen der Blatterneuerung aufgehoben. EFF: Aus der Alterungsrate kann die relative Effizienz jeder Nadelaltersklasse berechnet werden; die mittlere Laubeffizienz ergibt sich als gewichtetes Mittel.

Assimilatproduktion (Anweisung No. 1300 - 1390): MPRD: Die maximal mögliche Assimilatproduktionsleistung ergibt sich als Funktion der Blattmasse, der spezifischen Nettophotosyntheseproduktion, der Tageslichtdauer, des Temperatureinflusses auf die Photosynthese und der relativen Blatteffizienz. DTRSP: Diese mögliche Produktionsleistung bestimmt den erforderlichen Transpirationsstrom. TRSP: Der tatsächliche Transpirationsstrom ist eine Funktion der Feinwurzelmasse, des Transportkoeffizienten und der Bodenfeuchte. RTRSP, PROD: Falls weniger Wasser die Blätter erreicht als angefordert wird, dann verringert sich die tatsächliche Assimilatproduktion entsprechend. RROOT, RLRT: Die notwendige Feinwurzelmasse ergibt sich aus dem Verhältnis der Transportleistung zum Bedarf. RTLOS: Die natürliche Feinwurzelzersetzung wird durch den Wurzelschaden noch vergrößert.

Atmung (Anweisung No. 1400 - 1440): RSLF, RSRT, RSST, RESP: Die Atmung der Blätter, der Feinwurzeln und der holzigen Biomasse ist eine Funktion der spezifischen Respirationskoeffizienten und der Temperatur. Weil die Lichtatmung der Blätter in PHN berücksichtigt wird, wird hier nur die Dunkelatmung betrachtet.

Verteilung der Assimilate, falls der Vorrat zur Deckung des Atmungsbedarfs nicht ausreicht (Anweisung No. 1500 - 1590): RAV: Die relative Verfügbarkeit von Assimilaten zur Atmung wird berechnet, indem die Verfügbarkeitsrate der Assimilate verglichen wird mit der notwendigen Atmungsrate (RESP). Die Verfügbarkeitsrate ist die laufende Assimilatproduktion plus die Verbrauchsrate ASSI/CT von gespeicherten Assimilaten. LFLR, RTLR, BILR: Die Blatt-, Feinwurzel-, und Biomasseverluste wegen unzureichender Atmungsversorgung nehmen mit abnehmendem RAV zu. Die numerischen Zeitkonstanten bestimmen die Geschwindigkeit des Abbaus infolge ungenügender Atmungsversorgung.

Assimilatverteilung, falls der Bedarf für die Blatt- und Feinwurzelerneuerung nicht voll gedeckt werden kann (Anweisung No. 1600 - 1750): NFOL: Der Blattaustrieb kann nur stattfinden, wenn die jahreszeitliche Temperatur über den Wert TVEG angestiegen ist. Der Bedarf für neue Blattmasse bestimmt sich aus der Laubfunktion, der normalen Zahl von Nadelsaltersklassen und der oberirdischen holzigen Biomasse. DROOT: Der Assimilatbedarf für das Wachstum neuer Feinwurzeln verändert sich im Laufe des Jahres. Solange der Boden noch kalt ist, findet kein Wurzelwachstum statt. Im Frühjahr ergibt sich vor dem Beginn des Laubaustriebs ein höherer Bedarf (Faktor RTGF), der über den Ersatz der Verluste hinausgeht; im Herbst werden dagegen nur die Verluste ersetzt. Während der Vegetationsperiode wird der Bedarf auch durch den laufenden relativen Feinwurzelbedarf RLRT bestimmt. CASS: Falls die nach Abzug des Atmungsbedarfs noch vorhandenen Assimilate nicht ausreichen, um den vollen Bedarf für die Blatt- und Feinwurzelerneuerung zu decken (DGROW), kommt der Verteilungsfaktor CASS kleiner 1 zur Wirkung, um den für beide Anforderungen tatsächlich vorhandenen Betrag zu bestimmen (SLEAF, SROOT). SLEAF: Die Assimilatversorgungsrate für die Blatterneuerung hat eine Zeitkonstante von einer Woche (1/52 Jahr) und ist proportional zur jeweiligen Lücke zwischen dem Blattaustriebs'ziel' (Winterlaub + neuer Austriebsbedarf LOLD + NFOL) und zur laufenden Blattmasse LEAF. SINC: Da es in diesem Falle keinen Assimilatüberschuß gibt, so entsteht auch kein Holzzuwachs.

Assimilatverteilung, wenn der Bedarf für die Blatt- und Feinwurzelerneuerung gedeckt werden kann (Anweisung No. 1800 - 1815): In diesem Falle gibt es keine Verringerung von SLEAF und SROOT, und überschüssige Assimilate werden für den Holzzuwachs verwendet, wobei die Zuwachsrate eine Zeitkonstante von 2 Wochen hat.

Andere Raten (Anweisung No. 2000 - 2090): LFDR: Wenn der Versorgungsstrom durch die Feinwurzeln unter 50% des erforderlichen Wertes sinkt, so ergeben sich Blattverluste wegen Nährstoff- bzw. Wassermangel. Es wird angenommen, daß die Verlustrate eine Zeitkonstante von 26 Wochen hat. LRST, LSHD: Im Herbst wird nach dem Ende der Vegetationsperiode die älteste Nadelaltersklasse abgeworfen; die Abwurfrate hat eine Zeitkonstante von 8 Wochen. BLDRO, NBLR: Kleine Biomasseverluste, die sich auch unter normalen Bedingungen ergeben, verstärken sich unter Trocknisbedingungen. LFAL: Die älteste Nadelsaltersklasse wird wegen der durch die Schadstoffbelastung hervorgerufenen vorzeitigen Nadelalterung abgeworfen.

Die **Differentialgleichungen für die Zustandsgrößen** werden als Euler-Cauchy-Integration geschrieben (Anweisung No. 5090 - 5210). ROOT: Die Feinwurzelmasse erhöht sich mit den sie erreichenden Assimilaten; sie verringert sich durch die Feinwurzelzersetzungsverluste. Zusätzliche Verluste ergeben sich bei ungenügender Versorgung mit Atmungsassimilaten. ASSI: Assimilatgewinne ergeben sich aus der photosynthetischen Produktion; Verluste folgen aus der Atmung, der Blatt- und Feinwurzelerneuerung und dem Zuwachs an holziger Biomasse. L(i), LEAF: Das Modell verwendet eine veränderliche Zahl von Nadelaltersklassen, wobei die laufende Zahl der Nadelaltersklassen NLF aus dem gegenwärtigen Blattschadenszustand berechnet wird. Am Anfang eines Jahres werden alle Altersklassen in das nächsthöhere Jahr verschoben. Die erste Altersklasse ist anfangs leer und wird dann durch den Neuaustrieb im Frühjahr wieder gefüllt (LFGR). Verluste können in allen Altersklassen wegen Unterversorgung durch Nährstoffe oder Wasser auftreten (LFDR) oder wegen mangelnder Assimilatversorgung für die Dunkelatmung (LFLR). Im Herbst wird zusätzlich die älteste Nadelaltersklasse abgeworfen (LSHD); Abwurf kann sich auch ergeben wegen der vorgezogenen schadstoffbedingten Alterung (LFAL). LEAF: Die gesamte Blattmasse ist die Summe der Blattmassen in den verschiedenen Nadelaltersklassen. BIOM: Die permanente oberirdische lebende Holzbiomasse hat Zuwächse aus eventuellen Assimilatüberschüssen und Verluste durch das Vertrocknen von Holz in Trockenperioden, durch normale Totholzverluste und durch Verluste, die sich aus einer Unterversorgung mit Atmungsassimilaten ergeben können. EPOL: Die Schadwirkung verändert sich mit der früher berechneten Rate (RPOL). Diese Euler-Cauchy-Integrationen konvergieren für Zeitschritte von DT = 1/52 (1 Woche) oder kleiner.

Simulationsergebnisse

Die Simulationsläufe mit diesem Modell zeigen drei verschiedene Verhaltensweisen:
(1) Normalwachstum bei fehlender oder unterkritischer Belastung, (2) Kümmerwuchs
(Stagnation) bei etwas höherer (unterkritischer) Belastung und (3) plötzlicher Zusammenbruch (u.U. erst nach langer Zeit) bei überkritischer Belastung. In den Simulationen werden die jahreszeitlichen Veränderungen von Wachstum und Verlusten
beim Laub und Feinwurzeln und bei der Assimilatproduktion deutlich. Die Simulationen zeigen auch sehr deutlich die Verringerung der Zahl der Nadelaltersklassen
mit wachsender Belastung.

Unterkritisches Verhalten - Normalwachstum: Das Simulationsmodell gilt für fast die
gesamte Lebenszeit des Baums mit Ausnahme der allerersten Jahre. Die Abb. 4.4g
zeigt Ergebnisse eines Simulationslaufs für Wachstum ohne Schadstoffwirkung von 0 -
200 Jahren, ausgehend von einem anfänglichen Biomassebestand von 10 t/ha. Die Ergebnisse entsprechen in etwa denen der Ertragstafeln für Fichte. In den folgenden
Läufen vergleichen wir das Wachstum eines anfangs 80jährigen Bestandes über eine
Zeit von 20 Jahren bei verschiedenen Schadbelastungen. Abb. 4.4h zeigt Ergebnisse
für das Bestandswachstum bei fehlender Schadwirkung. Es ergibt sich ein stetiger
Holzzuwachs.

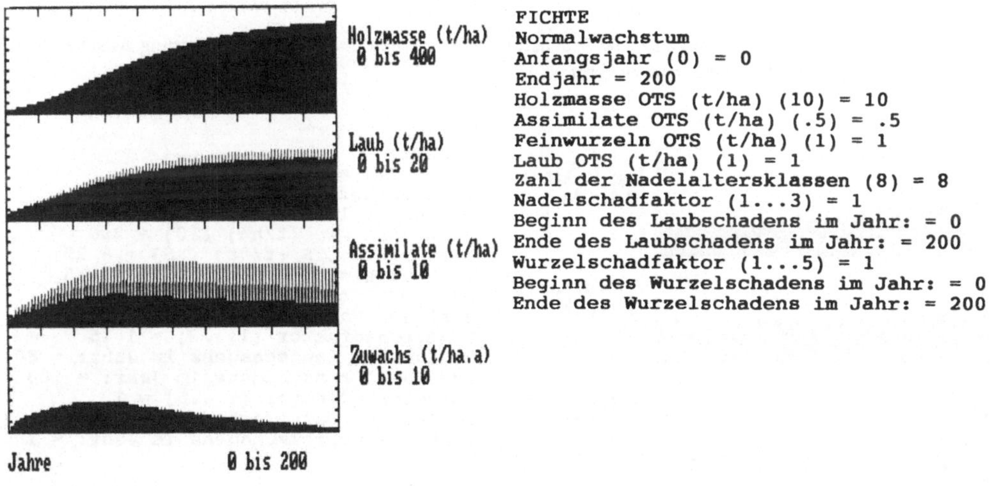

Abb. 4.4g   Simulationsergebnisse für das Normalwachstum einer Fichte über 200 Jahre.

Unterkritisches Verhalten - Kümmerwuchs: Erreicht die Belastung einen gewissen
Wert, so hört das Wachstum ganz auf, und der Baum kümmert, ohne Zuwachs zu
zeigen. Dieser Fall ist in Abb. 4.4i gezeigt. 4 Jahre nach Beginn der Belastung finden

sich nur noch 4 Nadelaltersklassen am Baum. Die Assimilatreserven reichen jedoch aus, um die notwendige Blatt- und Feinwurzelerneuerung sicherzustellen; daher kann hier ein plötzlicher Zusammenbruch nicht stattfinden.

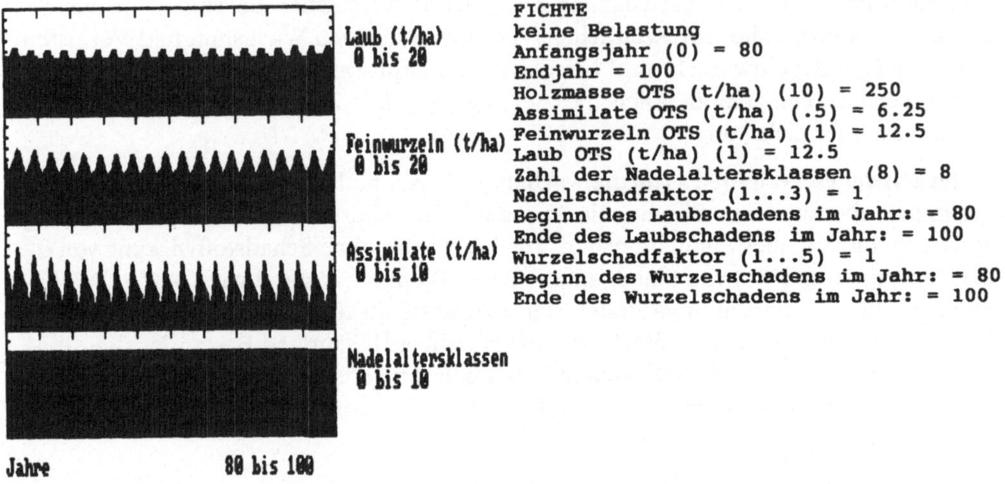

Abb. 4.4h   Simulationsergebnisse für das Wachstum einer Fichte ohne Schadstoffbelastung zwischen 80 und 100 Jahren: Normalwachstum.

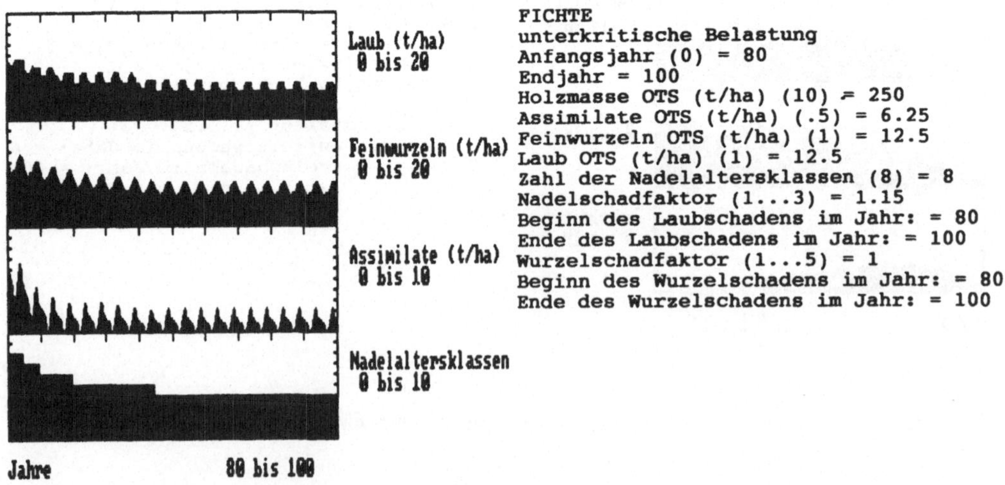

Abb. 4.4i   Simulationsergebnisse für das Wachstum einer Fichte bei unterkritischer Schadstoffbelastung zwischen 80 und 100 Jahren: Kümmerwuchs.

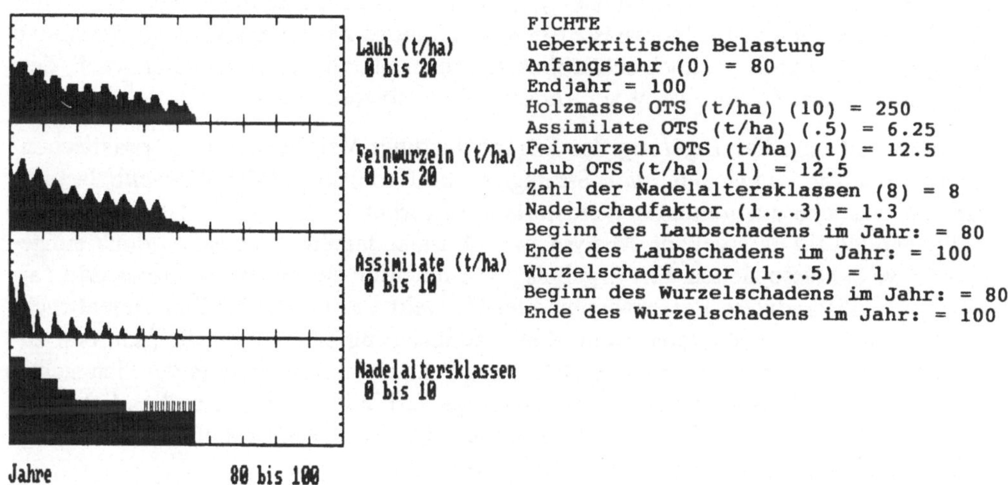

Abb. 4.4j   Simulationsergebnisse für das Wachstum einer Fichte bei überkritischer Schadstoffbelastung zwischen 80 und 100 Jahren: Zusammenbruch.

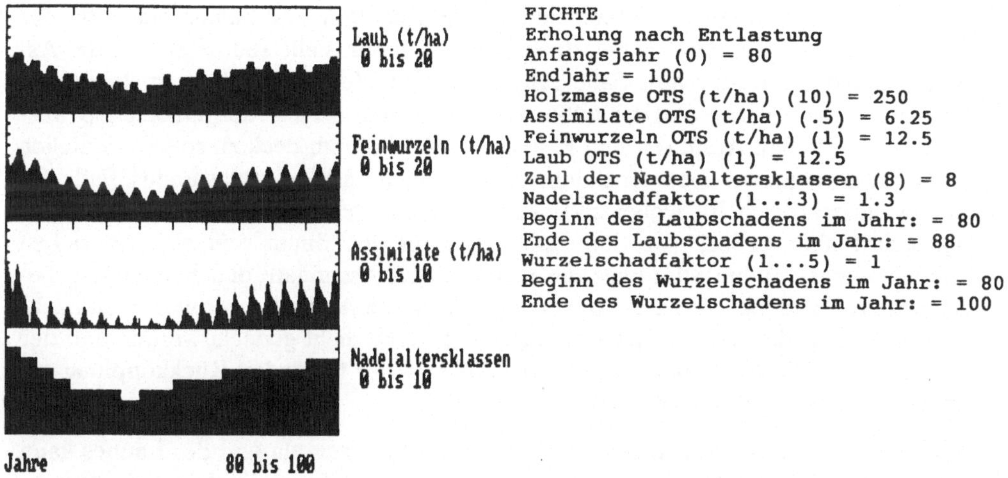

Abb. 4.4k   Simulationsergebnisse für das Wachstum einer Fichte bei zunächst überkritischer Schadstoffbelastung, die einige Jahre vor dem Zusammenbruch auf Null reduziert wird: Erholung.

Überkritisches Verhalten - Baumsterben: Eine geringfügige Erhöhung des Belastungswerts über den des in Abb. 4.4i verwendeten hinaus führt zu plötzlichem

Zusammenbruch des Baums (Abb.4.4j). Obwohl die äußere Erscheinung des Baums (Laub, Feinwurzelmasse, Holzmasse) dem des Baums bei unterkritischer Belastung fast gleicht, so kommt es doch schließlich zu einem plötzlichen Zusammenbruch, der den Baum innerhalb von zwei Wachstumsperioden absterben läßt.

Reaktion auf eine Verringerung der Schadbelastung: Von erheblichem praktischen Interesse ist die Entwicklung von Strategien zur Reduzierung der Umweltbelastungen, um das sich ausbreitende Waldsterben zu verhindern. Obwohl das hier vorgestellte Modell für eine genaue Analyse zu grob ist, so lassen sich aus ihm doch einige qualitative Schlüsse ziehen. Ein Ergebnis der Simulation ist die Beobachtung, daß (a) selbst bei vollständigem Verschwinden aller Umweltbelastungen der Zusammenbruch nicht verhindert werden kann, wenn diese Reduzierung zu spät eintritt (d.h. erst zu einer Zeit durchgeführt wird, wenn die ersten Schadsymptome bereits deutlich sichtbar sind). Der Zusammenbruch kann allerdings verhindert werden, und es läßt sich sogar eine Erholung des Baums erwarten, falls eine frühe und erhebliche Entlastung der Schadbelastung erreicht werden kann (Abb. 4.4k).

Zusammenfassung der Simulationsergebnisse

Eine wesentliche Schlußfolgerung aus diesen Simulationen ist die Beobachtung, daß es kaum einen qualitativen Unterschied in der Reaktion des Baums auf entweder Blattbelastung oder Feinwurzelbelastung gibt. Im ersten Falle reduziert sich die Assimilatproduktion; im zweiten Falle erhöht sich der Assimilatverbrauch. In beiden Fällen wird der relative Assimilatüberschuß verringert. Falls der Überschuß ausreicht, um die vollen Atmungs- und Erneuerungsbedarfe zu decken, so wird lediglich der Zuwachs reduziert, aber der Baum verbleibt noch im Wachstumsmodus. Falls der Schaden unterkritisch ist, wobei zwar kein Zuwachs mehr stattfinden, der Erneuerungsbedarf aber gedeckt werden kann, so kann der Baum weiterhin überleben (Kümmerwuchs). Wenn allerdings die produzierten Assimilate den Erneuerungsbedarf nicht voll abdecken können, so verringert sich die Assimilatproduktion im nächsten Jahr weiter, der notwendige Atmungsbedarf kann nicht gedeckt werden und der Baum bricht schließlich rasch wegen der dann in Kraft tretenden Rückkopplung zusammen (Zusammenbruchsmodus).

Gleichzeitige, jeweils unterkritische Belastung der Feinwurzeln und des Laubes kann zu einer kombinierten überkritischen Belastung führen, die schließlich zum Zusammenbruch führt. Dies wird aus Stabilitätsdiagrammen wie in Abb. 4.4l deutlich, in denen sich Regionen verschiedener Verhaltensweisen (Wachstum, Kümmerwuchs, Zusammenbruch) als Funktionen der chronischen Blatt- oder Wurzelbelastung ergeben. Diese Simulationsergebnisse zeigen auch, daß jüngere Bäume eine wesentlich höhere Toleranz gegenüber Schadwirkungen haben. Dieses Simulationsergebnis stimmt mit den empirischen Beobachtungen überein.

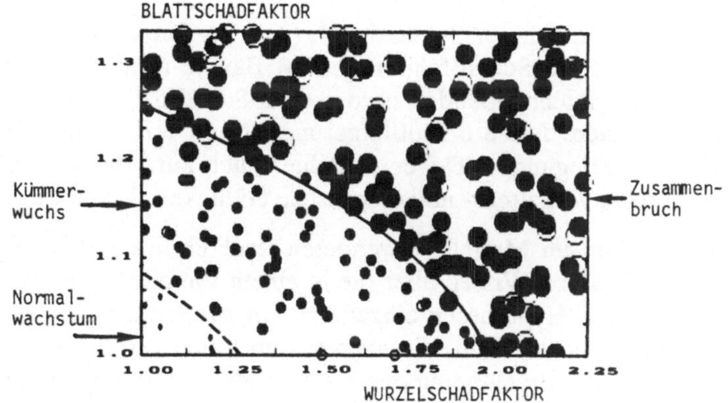

Abb. 4.4l   Stabilitätsdiagramm für Fichte als Funktion von Nadelbelastung (Ordinate) und Wurzelbelastung (Abszisse). Große Kreise: Zusammenbruch, mittlere Kreise: Überleben bei Zuwachseinbußen, Punkte: Wachstum mit Zuwachs.

Die Dynamik des Baumwachstums mit oder ohne Schadstoffbelastung wird in der
animierten Darstellung besonders deutlich (Abb. 4.4m). Sie zeigt die verschiedenen
Zustandsgrößen (Wurzeln, Stammbiomasse, Belaubung in den einzelnen Nadeljahrgängen) nach Umrechnung auf annähernd geometrisch korrekte Verhältnisse. Die
relative Höhe der Blatt- oder Wurzelbelastung wird links im Bild angezeigt.

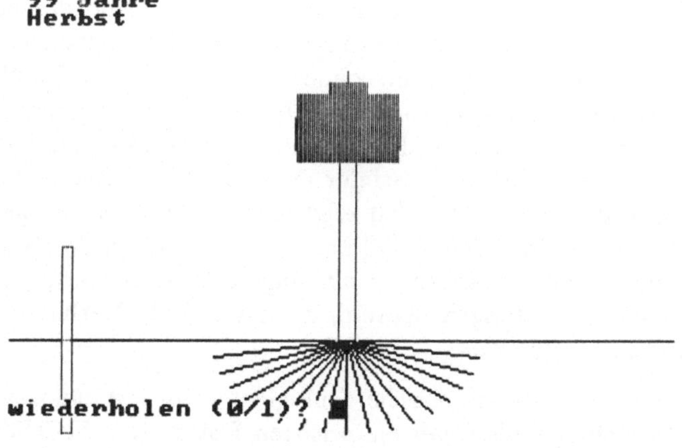

Abb. 4.4m   Animationsbild des Simulationsmodells für Fichte unter Schadstoffbelastung.

Modellgültigkeit

Das wesentliche Ergebnis dieser Simulationen (und der Simulationen mit den anderen o.a. Modellen) ist die Schlußfolgerung, daß Bäume (und daher auch Wälder) tatsächlich bei einer gleichbleibenden chronischen Schadstoffbelastung plötzlich zusammenbrechen können. Diese Schlußfolgerung ist von erheblicher Bedeutung für umweltpolitische Überlegungen. Daher muß hier auch kurz die Modellgültigkeit in bezug auf strukturelle, verhaltens- und empirische Gültigkeit diskutiert werden.

Strukturgültigkeit: Die im Modell verwendeten strukturellen Beziehungen entsprechen voll dem anerkannten Wissen über die in einem Baum stattfindenden Prozesse. Es wurden keine neuen Hypothesen eingeführt. Ungewißheiten über die Wirkungen bestimmter Umweltschadstoffe auf die Prozesse im Baum wurden hier dadurch umgangen, daß (1) die Beeinträchtigung der Photoproduktion und (2) zusätzliche Feinwurzelzersetzung als Ergebnis einer nicht weiter spezifizierten Schadwirkung postuliert wurden. Bei genauer Betrachtung des Modells wird klar, daß der Assimilatverteilungsfaktor CASS eine zentrale Rolle spielt: Falls für den Blatt- und Feinwurzelaustrieb nicht genügend Assimilate vorhanden sind, so kann sich nur eine teilweise Erneuerung ergeben. Entsprechend wird in der nächsten Saison weniger Assimilat produziert, und der Zerfallsprozeß beschleunigt sich. Aus logischen Gründen scheint keine andere Formulierungsmöglichkeit zu bestehen; es wird daher auf Strukturgültigkeit geschlossen.

Verhaltensgültigkeit: Das Modell zeigt die drei Verhaltensweisen: Wachstum, Kümmerwuchs und Zusammenbruch. Dies entspricht den in der Natur beobachteten Verhaltensweisen; auch läßt sich aus logischen Gründen keine andere Möglichkeit denken. Diese drei Verhaltensweisen ergeben sich auch aus anderen Baummodellen sehr unterschiedlicher Komplexität. Das Modell FICHTE reproduziert die jahreszeitlichen Veränderungen des Blatt- und Feinwurzelwachstums und der entsprechenden Verluste sowie der photosynthetischen Produktion, der Assimilatspeicherung und des Zuwachses qualitativ korrekt. Bei Blattschäden erzeugt es in der Simulation die Phänomene wie Produktivitätsverlust, vorzeitiger Nadelabwurf, Verringerung der Feinwurzelmasse. Bei Schadwirkung auf die Feinwurzeln zeigt es einen Anstieg des Feinwurzelumlaufs, höheren Assimilatbedarf der Feinwurzeln, reduzierte Laubmenge und reduzierte Photoproduktion. Schließlich zeigt das Modell noch das gleiche altersabhängige Verhalten gegenüber Schadeinflüssen, wie es auch in der Natur beobachtet wird: Ältere Bäume sind weit anfälliger als jüngere Bäume. Diese Ergebnisse stimmen alle mit den Beobachtungen überein, woraus auf die Verhaltensgültigkeit des Modells geschlossen werden kann.

Empirische Gültigkeit: Die empirische Gültigkeit erfordert numerische Übereinstimmung der Modellergebnisse mit empirischen Daten. Das FICHTE-Modell verwendet empirische Daten zur Quantifizierung der Parameter. Falls es empirisch gültig ist, so sollte dieses Modell die empirischen Wachstumsdaten relativ gut reproduzieren. Dies ist tatsächlich der Fall. So folgt etwa das bei fehlender Schadbelastung simulierte Wachstum den normalen Ertragstafeln, und die berechneten Werte für Blattmasse-, Feinwurzelmasse, Zuwachs usw. stimmen in etwa mit den beobachteten Daten überein. Die Simulationsergebnisse für Schadbelastung sind dagegen schwieriger zu beurteilen, da entsprechende Datensätze fehlen. Einige der Daten erlauben quantitative Vergleichsmöglichkeiten. Z.B. ergibt sich der Zusammenbruch, wenn die Zahl der Nadelaltersklassen sich auf weniger als 4 verringert. Dies entspricht einem Zuwachs von fast Null über mehrere Jahre. Auch sind die zum Zusammenbruch führenden Blattbelastungs- und Wurzelbelastungswerte in Bereichen, wo man sie etwa erwarten würde (Blattbelastungsfaktor für Zusammenbruch: über 1.5 für junge Bäume, über 1.25 für ältere Bäume; Wurzelumlauffaktor für Zusammenbruch: über 2.25 für junge Bäume, über 2 für alte Bäume). Aus diesen Daten läßt sich auf eine empirische Gültigkeit des Modells in einer ersten Näherung schließen. Allerdings gibt es einen Bereich, in dem die Modellquantifizierung wegen fehlender empirischer Daten besonders ungewiß ist: Es wird jetzt angenommen, daß bei Assimilatunterversorgung das verfügbare Assimilat auf Blätter und Feinwurzeln im Verhältnis ihres Erneuerungsbedarfs aufgeteilt werden. Dies ist möglicherweise in der Realität nicht der Fall. Es kann z.B. sein, daß unter Streßbedingungen Bäume eher in die Wurzelerneuerung als in die Blatterneuerung investieren. Der angenommene Assimilatverteilungsmechanismus könnte einen Einfluß auf die genauen Zusammenbruchsbedingungen haben.

Schlußfolgerungen

(1)   Die Systemanalyse der Struktur und der wichtigsten Prozesse eines Baums deutet darauf hin, daß das Waldsterben eine 'natürliche' Reaktion der Bäume auf chronische Umweltbelastung ist.

(2)   Die Simulationen deuten darauf hin, daß der Zusammenbruch eines Baums sich entweder durch eine ungenügende Assimilatproduktion oder durch einen zu hohen Assimilatverbrauch ergeben kann. Unvollständige Blatt- und/oder Feinwurzelerneuerung führt zu einem sich beschleunigenden Zerfall.

(3)   Das Zusammenbruchsverhalten ergibt sich nur, wenn der Assimilatmangel ein kritisches Niveau erreicht. Dies kann auch als Ergebnis eines konstanten chronischen Belastungsstresses erst nach vielen Jahren auftreten.

(4)   Es ist deshalb sinnvoll, von 'unterkritischer' Belastung (kein Zusammenbruch, aber reduziertes Wachstum) und 'überkritischer' Belastung (die schließlich zum Zusammenbruch führt) zu sprechen.

(5)   Im Bereich unterkritischer Schadstoffbelastung kann der Baum noch 'gesund' aussehen, selbst wenn er kein Wachstum mehr aufweist. Im unterkritischen Bereich kann es zwei Verhaltensmöglichkeiten - Wachstum und Stagnation - geben.

(6) Die Simulationen führen zu dem Schluß, daß es keine prinzipiellen Unterschiede zwischen den systemaren Effekten von Blattschäden und von Feinwurzelschäden gibt: Beide reduzieren die Assimilaterzeugung bzw. den Vorrat und wirken schließlich auf die gleichen Lebensprozesse.

(7) Ältere Bäume haben eine sehr viel kleinere Toleranzbreite gegenüber Blatt- und/oder Wurzelschäden.

(8) Bäume folgen einer Verringerung der Schadwirkung mit erheblicher Verzögerung; dies gilt besonders für Nadelbäume mit vielen Altersklassen. Die Zusammenbruchsdynamik beschleunigt sich außerdem von selbst. Daher können durch eine Verringerung der Umweltbelastung auf unterkritisches Niveau nur diejenigen Bäume gerettet werden, die noch nicht in die Zusammenbruchsphase eingetreten sind.

(9) Die Ergebnisse deuten auf die potentielle Bedeutung der Systemanalyse bei der Modellierung ökologischer Systeme: Hieraus können die systemischen Ursachen seltsamen Verhaltens deutlich werden, das sich allein durch empirische Untersuchungen isolierter Details nicht verstehen läßt.

(10) Während das hier vorgestellte Modell nicht für genaue Vorhersagen der Entwicklung bestimmter Wälder verwendet werden kann, so kann doch erwartet werden, daß Simulationsmodelle mit besserer struktureller Abbildung und besseren Daten für regionale Abschätzungen des forstlichen Zuwachs- und des Absterberisikos für vorgegebenen Umweltbelastungen verwendet werden können.

Aufgaben

1. Koppeln Sie die Modellgleichungen für das Modell FICHTE mit DYSAS und reproduzieren Sie mit den in Abb. 4.4h angegebenen Parameterwerten das Wachstum bei fehlender Schadwirkung über eine Zeitspanne von 20 Jahren. Wenn das Systemmodell fehlerfrei läuft, kompilieren Sie es möglichst, um bei den weiteren Läufen Zeit zu sparen.

2. Berechnen Sie die Normalentwicklung eines Baums über 200 Jahre mit den in Abb. 4.4g angegebenen Anfangswerten und vergleichen Sie das Ergebnis.

3. Starten Sie die Simulation wieder mit den Standardwerten im Alter von 80 Jahren für verschiedene konstante Blattbelastungswerte zwischen 1 (keine Belastung) und etwa 1.5. Beschreiben Sie Ihre Beobachtungen. Stellen Sie fest, bei welchem Belastungswert der Baum innerhalb der Zeitspanne von 20 Jahren zusammenbricht. Stellen Sie weiterhin fest, ab welchem Blattbelastungswert der jährliche Zuwachs auf Null sinkt.

4.   Verwenden Sie anfänglich ein Blattbelastungswert von 1.3 und notieren Sie sich den Zeitpunkt des endgültigen Zusammenbruchs. Reduzieren Sie in den folgenden Läufen die Blattbelastung einige Zeit vor dem Zusammenbruchszeitpunkt auf Null. Wieviele Jahre vor dem Zusammenbruch muß der Blattschadensfaktor auf 1 (keine Schäden) reduziert werden, um den Zusammenbruch sicher zu vermeiden?

5.   Verwenden Sie wieder die gleichen Standardanfangswerte und setzen Sie nun den Blattschadensfaktor auf 1. Verändern Sie diesmal ausschließlich den Wurzelschadfaktor (zwischen 1 und 3) und stellen Sie fest, ab welchem Wert bei chronischer Wurzelbelastung ein Zusammenbruch des Baums auftritt. Ermitteln Sie weiterhin den Grenzwert, bei dem der Baum ein Nullwachstum erreicht, aber weiterhin existiert. Welchen Einfluß hat die Wurzelschädigung auf die Zahl der Nadeljahrgänge? Vergleichen Sie dieses Ergebnis mit dem entsprechenden Ergebnis bei alleiniger Blattschädigung.

6.   Nehmen Sie jetzt die Wurzelbelastung einige Jahre vor dem Zusammenbruch völlig zurück (Wurzelschadfaktor = 1). Ermitteln Sie, wieviel Jahre vor dem Zusammenbruch die Belastung völlig aufhören müßte, um ein Überleben des Baums noch zu garantieren.

7.   Schlagen Sie Strategien der Belastungsrücknahme für (a) Blattbelastung und (b) Wurzelbelastung vor, die zu einer Erholung des Baums und nachfolgendem Normalwachstum führen würden.

8.   Untersuchen Sie das Wachstums- und Zusammenbruchsverhalten für unterschiedliche Kombinationen von Blatt- und Wurzelbelastung. Zeichnen Sie ein Diagramm (horizontale Achse: Wurzelbelastung; vertikale Achse: Blattbelastung) auf dem die Bereiche für (a) Wachstum, (b) Kümmerwuchs und (c) Zusammenbruch für den hier untersuchten Fall (Anfangsbedingungen für 80 Jahre alte Fichte) eingezeichnet sind.

9.   Starten Sie die Fichte mit den im Programm angegebenen Parameterwerten für ein Alter von 10 Jahren ohne Blatt- oder Wurzelbelastung und notieren Sie die im Alter von 30 Jahren erreichten Werte der verschiedenen Zustandsgrößen. Starten Sie das Modell wieder neu mit diesen Zustandsgrößen und untersuchen Sie die Reaktion des jungen Baums auf verschiedene Schadstoffkombinationen. Zeichnen Sie wiederum ein Diagramm der drei Verhaltensbereiche in Abhängigkeit von den verschiedenen Schadwirkungskombinationen. Vergleichen Sie das Ergebnis mit dem Ergebnis für den älteren Baum. Erklären Sie, warum jüngere Bäume weniger empfindlich auf Schadwirkungen reagieren. Identifizieren Sie die hierfür verantwortlichen Systemgrößen.

Literaturhinweise

Bossel H., 1985: Umweltdynamik - 30 Programme für kybernetische Umwelterfahrungen auf BASIC-Rechnern. Te-Wi Verlag München, 466 S.

Bossel H., Metzler W., Schäfer H. (Hrg.), 1985: Dynamik des Waldsterbens - Mathematisches Modell und Computersimulation. Springer, Berlin/Heidelberg/New York/Tokio, 265 S.

Bossel H., 1986: Dynamics of Forest Dieback: Systems Analysis and Simulation. Ecological Modelling, 34, p. 259 - 288.

Krieger H., Bossel H., Schäfer H., Trost N., 1987: Complex models of tree response to pollution stress. Proc. European Simulation Multiconference ESM '87, Vienna, July 8-10, 1987.

INTREL

ANWENDUNG DER METHODE DER INTEGRALRELATIONEN AUF UNSTETE WÄRMELEITUNG IN EINEM STAB

Modellzweck: Darstellung der Methode der Integralrelationen zur Lösung einer partiellen Differentialgleichung durch Umwandlung in N gewöhnliche Differentialgleichungen. Anwendung auf die unstete Wärmeleitung in einem Stab.

Abgrenzung: isolierter wärmeleitender Stab.

Zeitraum: eine dimensionslose Zeiteinheit (bzw. 1 Stunde).

Zustandsgrößen: bis zu 9 Parameter einer Approximationsfunktion für die Temperaturverteilung über die Stablänge.

Beschreibung: Die unstete partielle Differentialgleichung für die zeitabhängige Wärmediffusion in einem Stab wird nach Einsetzen einer Approximationsfunktion für die Temperaturverteilung und Multiplikation mit einem Satz linear unabhängiger Wichtungsfunktionen in ein System von N gewöhnlichen Differentialgleichungen 1. Ordnung für die zeitabhängigen Parameter der Approximationsfunktion überführt. Die zeitliche Entwicklung der Approximationsparameter wird durch numerische Integration des Differentialgleichungssystems ermittelt. Hieraus ergibt sich der Temperaturverlauf über den Stab als Funktion der Zeit. Die anfängliche Stabtemperatur und die Temperaturen an beiden Stabenden als Funktion der Zeit werden vom Benutzer vorgegeben.

Abfrageparameter: 7 (Zahl der Approximationsglieder, Anfangstemperatur des Stabes, Endtemperaturen links und rechts, Zeitpunkte, wann diese Endtemperaturen links und rechts erreicht werden, Temperaturleitzahl).

Variable: 5 + (2 * N), davon N Zustandsgrößen.

Tabellenfunktionen: keine.

Animation: Die zeitliche Entwicklung der Temperaturverteilung im Stab wird als dreidimensionales Bild gezeigt.

Bemerkungen: Das Modell zeigt, wie sich durch Wahl geeigneter Approximationsfunktionen auch partielle (zweidimensionale) Differentialgleichungen effizient und auch bei nur wenigen Approximationsgliedern mit guter Genauigkeit lösen lassen.

Aufruf: LOAD "DYSAS", MERGE "INTREL".

4.5 Dynamische Simulation mit partiellen Differentialgleichungen

Problembeschreibung

Wir haben uns bisher ausschließlich mit Systemen befaßt, deren Zustandsgrößen einzig eine Funktion der Zeit, nicht aber auch des Ortes sind. Das System wird dann durch Einsatz gewöhnlicher Differentialgleichungen beschrieben. Es tauchen hier ausschließlich Ableitungen der Zustandsgrößen nach der Zeit auf.

Nicht alle in der Praxis interessierenden Probleme lassen sich auf diese Weise als Modelle darstellen und in ihrer Dynamik simulieren. Es gibt eine weite Klasse von Systemen, bei denen es gerade auf die räumliche Verteilung der Zustandsgrößen ankommt, bei denen also zwischen benachbarten Punkten Gradienten der Zustandsgrößen bestehen, die durch weitere Differentialquotienten, diesmal für die Raumkoordinaten dargestellt werden müssen. Müssen also in eine solche Systemdarstellung Differentialquotienten in bezug auf mehr als eine Koordinate (bisher war dies ausschließlich die Zeit) aufgenommen werden, so spricht man von partiellen Differentialgleichungen.

Systeme, bei denen auf eine räumliche Verteilung der Zustandsgrößen nicht verzichtet werden kann, sind z.B.: die Strömung an einem Tragflügel, die Druck- und Temperaturverteilung beim Wetter, die Diffusion von Schadstoffen in der Atmosphäre oder im Grundwasser, die Verteilung von Spannungen in einer tragenden Schalenkonstruktion oder die Wärmediffusion in einem Baukörper.

Im Prinzip läßt sich ein solches System durch eine Modelldarstellung approximieren, bei der der interessierende Raum mit einem möglichst engmaschigen Netz von Punkten überzogen wird, um dann an jedem dieser Punkte eine Zustandsgröße zu definieren und deren Abhängigkeit von den Zuständen der Nachbarpunkte und von der Zeit über die dort geltende partielle Differentialgleichung zu berechnen.

Es ist leicht einzusehen, daß selbst eine relativ grobe Auflösung die Berechnung einer sehr großen Zahl von Zustandsgrößen erfordert und damit auch die Geschwindigkeit und Speicherkapazität sehr großer Rechner schnell überfordert ist. So etwa sind auch Berechnungen der Wetterentwicklung enorm aufwendig und können prinzipiell nur von Großrechnern geleistet werden.

Die Effizienz der Lösung partieller Differentialgleichungen läßt sich in vielen Fällen dadurch verbessern, daß die Verteilung der Feldgrößen gewissen Bedingungen (Anfangsbedingungen, Randbedingungen, Stetigkeitsbedingungen) folgen muß und daher nicht völlig beliebig ist. Unter Verwendung dieses Vorwissens lassen sich dann Approximationsansätze verwenden, die zu effizienteren Berechnungsverfahren führen. So hat sich in Anwendungen besonders die Methode der finiten Elemente bewährt.

Wir beschreiben hier die damit verwandte Methode der Integralrelationen (auch Methode der gewichteten Residuale- oder Galerkin-Methode). Mit dieser Methode lassen sich viele partielle Differentialgleichungen in zwei Koordinaten zurückführen auf ein System von gewöhnlichen Differentialgleichungen in einer Koordinate (z.B. der Zeit). Das Verfahren wird z.B. bei der Berechnung von Strömungsgrenzschichten oder von Wirbelströmungen verwendet. Wir wenden es hier auf die partielle Differentialgleichung der Diffusion, genauer auf die zeitabhängige Wärmeleitung in einem isolierten Stab an.

Die Aufgabe ist in Abb. 4.5a skizziert. Ein bis auf seine beiden Enden vollständig isolierter Stab mit einer konstanten Anfangstemperatur wird an den beiden Enden im Laufe der Zeit auf unterschiedliche Temperaturen erwärmt bzw. abgekühlt (Abb. 4.5b). Es ist die sich mit der Zeit verändernde Temperaturverteilung im Stab zu berechnen. Für dieses Problem gilt die eindimensionale Wärmediffusionsgleichung.

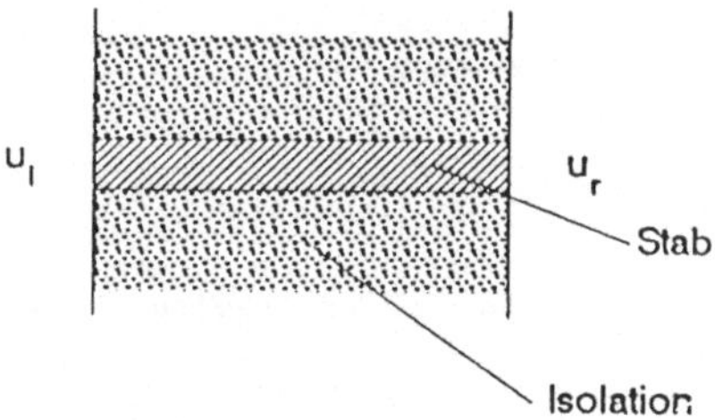

Abb. 4.5a   Systemskizze für den wärmegedämmten Stab mit vorgegebenen Temperaturverläufen an beiden Enden.

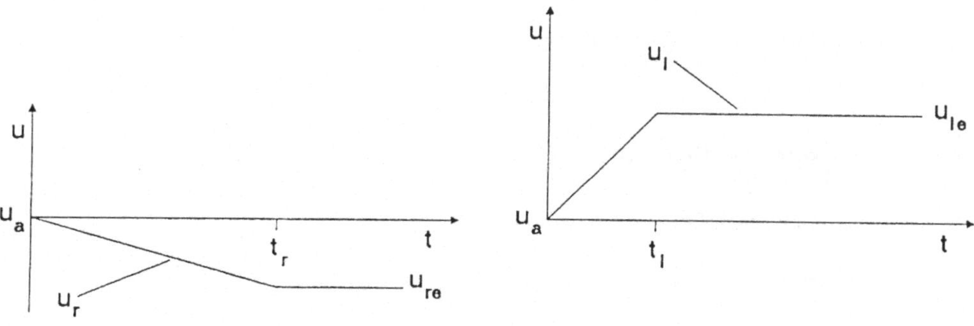

Abb. 4.5b   Bezeichnungen der Parameter der Temperaturverläufe am rechten (Index r) und linken Ende (Index l).

Kasten 4.5: Ableitung der Integralrelationen: Umformung der partiellen Differentialgleichung in ein System gewöhnlicher Differentialgleichungen

Aufgabe: Es ist die zeitabhängige Wärmeverteilung in einem wärmeisolierten Stab zu ermitteln. Der Stab hat anfangs eine konstante Temperatur. Jedes Ende wird danach (linear mit der Zeit) auf eine neue Temperatur gebracht (Abb. 4.5a, 4.5b).

Partielle Differentialgleichung

In dimensionsloser Schreibweise lautet die partielle Differentialgleichung der unsteten Wärmeleitung in einem Stab

$$\frac{\partial u}{\partial \tau} = \frac{\partial^2 u}{\partial X^2} \tag{1}$$

mit der Anfangsbedingung

$$u(X,0) = u_a \tag{2}$$

und den Randbedingungen (links und rechts):

$$u(0,\tau) = u_1(\tau) \tag{3}$$
$$u(1,\tau) = u_r(\tau)$$

Zwischen den dimensionslosen Größen und den realen physikalischen Größen bestehen die folgenden Beziehungen:

$$u = \frac{T - T_0}{T_1 - T_0} = \frac{\Delta T}{\Delta T_{ges}}$$

Die dimensionslose Temperatur u entspricht dem Verhältnis der augenblicklichen Temperaturdifferenz ΔT zur maximalen Temperaturdifferenz, wobei

$$T = \text{augenblickliche (lokale) Temperatur [K]}$$
$$T_0 = \text{minimale Temperatur des Stabes [K]}$$
$$T_1 = \text{maximale Temperatur [K]}$$

In der dimensionslosen Stabkoordinate

$$X = \frac{x}{L}$$

ist x = reale Koordinate [m]
      L = Stablänge [m]

In der dimensionslosen Zeit

$$\tau = \frac{\alpha t}{L^2}$$

bedeuten

     t = reale Zeit [h]
     α = Temperaturleitzahl [m^2/h]

Die Temperaturleitzahl unterscheidet sich sehr stark bei verschiedenen Werkstoffen
(Hütte 1955, S. 495)

$$\text{Temperaturleitzahl } [m^2/h]$$

Kupfer	0.4
Stahl	0.04
Beton	0.002
Kork	0.0005

Um den Einfluß dieser Werkstoffeigenschaft auf die Dynamik der Temperaturverteilung im Stab deutlich zu machen, belassen wir es bei der normalisierten Temperatur
u $(0 \leq u \leq 1)$, verwenden aber die Realzeit t [h] und die Realkoordinate x [m]
bei einer Stablänge von 1 [m]. Damit ergibt sich jetzt die partielle Differentialgleichung

$$\frac{\partial u}{\partial t} \; = \; \alpha \; \frac{\partial^2 u}{\partial x^2} \tag{1'}$$

Wir können die Lösungen dann wie folgt interpretieren:

1. Für $\alpha = 1$ als Lösung der dimensionslosen Wärmegleichung (1) in der dimensionslosen Koordinate X $(0 \leq X \leq 1)$ und der dimensionslosen Zeit τ.
2. Als Lösung der Wärmeleitungsgleichung (1') in Abhängigkeit von der realen Zeit
t [h] für einen Stab der Länge L = 1 [m] und der Temperaturleitzahl α.

Verfahren der Integralrelationen

Im folgenden wird jeweils ein Verfahrensschritt erläutert und dann auf die Wärmeleitungsgleichung (1') angewendet.

1. Schritt: Multiplikation der partiellen Differentialgleichung (1') mit einer
(zunächst unspezifizierten) Wichtungsfunktion $f_k(x)$ und formelle Integration in
der x-Richtung über die Stablänge:

$$\int_0^1 f_k \, \frac{\partial u}{\partial t} \, dx \; = \; \alpha \int_0^1 f_k \, \frac{\partial^2 u}{\partial x^2} \, dx$$

Partielle Integration ergibt einen Satz von **Integralrelationen:**

$$\frac{1}{\alpha} \frac{d}{dt} \int_0^1 f_k u \, dx = \left[f_k \frac{\partial u}{\partial x} \right]_0^1 - \left[f_k' \, u' \right]_0^1 + \int_0^1 f_k'' u \, dx \tag{4}$$

$$I_a \qquad = \qquad I_b \qquad - \qquad I_c \qquad + \qquad I_d$$

2. Schritt: Approximation der Temperaturverteilung u(x,t) durch eine Reihenentwicklung aus linear unabhängigen (möglichst orthogonalen) Basisfunktionen in x
mit t-abhängigen Parametern $a_n(t)$, die mit der numerischen Integration der Integralrelationen bestimmt werden sollen. Die Basisfunktionen sind (möglichst) so zu
wählen, daß sie die Randbedingungen automatisch erfüllen.
Im vorliegenden Fall bieten sich hierfür Sinus-Funktionen an; wir wählen als
Approximation der Temperaturverteilung

$$u(x,t) = a_0(t) + a_*(t) \, x + \sum_{n=1}^{N} a_n(t) \sin n\pi x \tag{5}$$

wobei die ersten beiden Terme sich aus den zeitabhängigen Randbedingungen ergeben:

$$a_o(t) \;=\; u_1(t)$$
$$a_*(t) \;=\; u_r(t) - u_1(t).$$

3. Schritt: Wahl eines (möglichst) orthogonalen Satzes von Wichtungsfunktionen, die auch zu möglichst einfachen Integralen führen sollten.
Wir wählen hier ebenfalls Sinus-Funktionen

$$f_k(x) \;=\; \sin k\pi x \tag{6}$$

mit den Ableitungen

$$f_k'(x) \;=\; \pi \, k \, \cos k\pi x$$
$$f_k''(x) \;=\; -\pi^2 \, k^2 \, \sin k\pi x$$

4. Schritt: Einsetzen der Approximation (5) und der Wichtungsfunktionen (6) in die Integralrelationen (4) und Integration über x.
Für die Teilintegrale ergibt sich dann:

$$I_a \;=\; \frac{d}{dt} \int_0^1 f_k \, u \, dx$$

$$\;=\; \frac{d}{dt} \int_0^1 \sin k\pi x \left[u_1 + (u_r - u_1)x + \sum_{n=1}^{N} a_n \sin \pi x \right] dx$$

$$I_b \;=\; \left[f_k \frac{\partial u}{\partial x} \right]_0^1 \;=\; 0 \quad \text{(wegen } \sin k\pi x\text{)}$$

$$I_c \;=\; \left[f_k' \, u \right]_0^1$$

$$\;=\; u_r \, \pi k \, \cos k\pi - u_1 \, \pi k$$

$$I_d \;=\; \int_0^1 f_k'' \, u \, dx$$

$$\;=\; -\pi^2 k^2 \int_0^1 \sin k\pi x \left[u_1 + (u_r - u_1)x + \sum_{n=1}^{N} a_n \sin \pi x \right] dx$$

Der Integralausdruck in I_a und I_b ist identisch

$$\int_0^1 \ldots dx \;=\; \int_0^1 u_1 \, \sin k\pi x \, dx + \int_0^1 (u_r - u_1)x \, \sin k\pi x \, dx$$

$$+ \int_0^1 \sin k\pi x \sum_{n=1}^{N} a_n \, \sin n\pi x \, dx$$

$$\;=\; I_1 + I_2 + I_3$$

sodaß

$$I_a \;=\; \frac{d}{dt} \left[I_1 + I_2 + I_3 \right]$$
$$I_d \;=\; -\pi^2 k^2 \left[I_1 + I_2 + I_3 \right]$$

wobei

$$I_1 = u_l \int_0^1 \sin k\pi x \, dx = u_l \left[- \frac{\cos k\pi x}{k\pi} \right]_0^1$$

$$= \frac{u_l}{k\pi} (1 - \cos k\pi)$$

$$I_2 = (u_r - u_l) \int_0^1 x \sin k\pi x \, dx$$

$$= (u_r - u_l) \left[- \frac{x}{k\pi} \cos k\pi x \right]_0^1 - \frac{1}{k\pi} \int_0^1 \cos k\pi x \, dx$$

$$= (u_r - u_l) \left[- \frac{x}{k\pi} \cos k\pi x - \frac{1}{k\pi} \frac{1}{k\pi} \sin k\pi x \right]_0^1$$

$$= (u_r - u_l) \left(- \frac{1}{k\pi} \cos k\pi \right) .$$

Damit wird

$$I_1 + I_2 = \frac{u_l}{k\pi} - \frac{u_r}{k\pi} \cos k\pi .$$

Weiter ist

$$I_3 = \int_0^1 \sin k\pi x \sum_{n=1}^{N} a_n \sin n\pi x \, dx$$

$$= \sum_{n=1}^{N} a_n \int_0^1 \sin k\pi x \sin n\pi x \, dx .$$

Da $\quad \int_0^1 \sin k\pi x \sin n\pi x \, dx = \begin{cases} 0 & \text{für } k \neq 0 \\ 1/2 & \text{für } k = n \end{cases}$

wird

$$I_3 = \begin{cases} 0 & \text{für } k \neq 0 \\ \dfrac{1}{2} \displaystyle\sum_{n=1}^{N} a_n = \dfrac{a_k}{2} & \text{für } k = n \end{cases}$$

5. Schritt: Einsetzen der Teilintegrale in die Integralrelationen (4), um das Differentialgleichungssystem für die Approximationsparameter a_k zu erhalten:

$$\frac{1}{\alpha} \frac{d}{dt} [I_1 + I_2 + I_3] = I_b - I_c - \pi^2 k^2 [I_1 + I_2 + I_3]$$

$$\frac{1}{\alpha} \frac{d}{dt} \left[\frac{u_l}{k\pi} - \frac{u_r}{k\pi} \cos k\pi + \frac{a_k}{2} \right]$$

$$= u_l \pi k - u_r \pi k \cos k\pi - \pi^2 k^2 \left[\frac{u_l}{k\pi} - \frac{u_r}{k\pi} \cos \pi x + \frac{a_k}{2} \right]$$

für $k = 1, 2, \ldots, N$.

Für die Veränderungsraten $\dot{a}_k = \dfrac{da_k}{dt}$ der Approximationsparameter a_k ergeben sich damit die gewöhnlichen Differentialgleichungen

$$\dot{a}_k = 2 \left[\frac{\dot{u}_r}{k\pi} \cos k\pi - \frac{\dot{u}_l}{k\pi} + \alpha \left\{ (u_l - u_r \cos k\pi)\, k\pi \right. \right.$$
$$\left. \left. - \pi^2 k^2 \left[\frac{u_l}{k\pi} - \frac{u_r}{k\pi} \cos k\pi + \frac{a_k}{2} \right] \right\} \right] \tag{7}$$

Hier müssen die Randbedingungen u_l und u_r für die Temperaturentwicklung rechts und links und ihre ersten Ableitungen nach der Zeit vorgegeben werden.

6. Schritt: Vorgabe der Randbedingungen als Funktion der Zeit.
Wir wählen einen linearen Anstieg zwischen der Anfangstemperatur des Stabes u_a und der vorzugebenden Endtemperatur links (u_{le}) bzw. rechts (u_{re}).
Die Endtemperatur soll links nach der Zeit t_l, rechts nach t_r erreicht sein (Abb. 4.5b).
Damit ergeben sich die Randbedingungen
links:

$$\dot{u}_l = \frac{u_{le} - u_a}{t_l} \quad , \quad u_l = u_a + \dot{u}_l \cdot t \qquad \text{für } 0 \leq t < t_l$$

$$\dot{u}_l = 0 \qquad\qquad , \quad u_l = u_{le} \qquad\qquad \text{für } t > t_l$$

rechts: $\tag{8}$

$$\dot{u}_r = \frac{u_{re} - u_a}{t_r} \quad , \quad u_r = u_a + \dot{u}_r \cdot t \qquad \text{für } 0 \leq t < t_r$$

$$\dot{u}_r = 0 \qquad\qquad , \quad u_r = u_{re} \qquad\qquad \text{für } t > t_r$$

7. Schritt: Numerische Lösung der gewöhnlichen Differentialgleichungen (7) für die a_k mit der Anfangsbedingung (2)

$$u(x,0) = u_a$$

und den Randbedingungen (8).

8. Schritt: Einsetzen der errechneten Approximationsparameter $a_k(t)$ in die Approximation (5) für die Temperaturverteilung. Damit liegt die Lösung $u(x,t)$ der partiellen Differentialgleichung (1') bzw. (1) vor.

Kasten 4.5   Ableitung der Integralrelationen: Umformung der partiellen Differentialgleichung in ein System gewöhnlicher Differentialgleichungen.

Diese partielle Differentialgleichung enthält die erste Ableitung der Temperatur nach der Zeit sowie die zweite Ableitung der Temperatur nach dem Ort. An jedem Punkt des Stabes ergibt sich somit eine andere orts- und zeitabhängige Temperaturentwicklung. Die Bearbeitung dieses mathematischen Problems mit der Methode der Integralrelationen ist im Kasten 4.5 in Einzelheiten dargestellt. Wir beschreiben hier zunächst den allgemeinen Ansatz, der auch für viele andere partielle Differentialgleichungen gilt.

Die Methode der Integralrelationen

Wir betrachten im folgenden ein Verfahren zur Lösung partieller Differentialgleichungen in zwei Koordinaten für eine Feldvariable (verteilte Variable) $u(x,y)$, die von zwei Koordinaten x und y abhängig ist, wobei eine dieser Größen die Zeit t sein kann. Sowohl die Methode der Integralrelationen wie die Methode der finiten Differenzen lösen eine entsprechende partielle Differentialgleichung numerisch durch Approximation der abhängigen Größe (hier $u(x,y)$). Das erste Verfahren verwendet dabei (wenigstens stückweise) kontinuierliche Approximationsfunktionen, das zweite Verfahren verwendet Diskretisierung an den Maschenpunkten des Rechennetzes und Annäherung der partiellen Differentiale durch Ausdrücke, die die Funktionswerte an benachbarten Maschenpunkten enthalten. Die Lösung besteht dann aus der Bestimmung der Parameter der Approximation. Bei der Methode der Integralrelationen, wie wir sie hier verwenden werden, hat die Approximation die Form

$$u(x,y) \approx u^{*}(x,y) = \sum_{n=1}^{N} a_n(x)\, f_n(y)$$

wobei die $f_n(y)$ vorgegebene Funktionen sind und die unbekannten Parameter $a_n(x)$ bestimmt werden müssen. Bei der Methode der finiten Differenzen

$$u(x,y) \approx u^{*}(x,y) = \sum_{n=1}^{N} u_n(x)\, \delta(y_n)$$

sind die vorgegebenen Funktionen $\delta(y_n)$ die Dirac'sche Deltafunktion und die $u_n(x)$ sind die zu bestimmenden Parameterlösungen. Im allgemeinen erfordert die Methode der finiten Differenzen weit mehr Parameter für eine genaue Lösung als die Methode der Integralrelationen. Letztere Methode hat daher einen Vorteil in bezug auf die Rechenzeit. Allerdings ist die Formulierung der Integralrelationen im allgemeinen komplizierter als die Formulierung der Ausdrücke für die Methode der finiten Differenzen.

Bevor wir unten auf die konkrete Anwendung eingehen, sollen zunächst die Schritte beschrieben werden, die bei der Formulierung der Methode der Integralrelationen durchlaufen werden müssen. Es sei eine (nichtlineare oder lineare) partielle Differentialgleichung zu lösen, die wir symbolisch darstellen als

$$L\ (u) = 0$$

Diese Gleichung soll für die abhängige Feldgröße u (x,y) unter Beachtung der an den
Grenzen des interessierenden Integrationsbereichs geltenden Bedingungen gelöst
werden. Wir entwickeln das Verfahren hier insbesondere für die partiellen Differentialgleichungen der Diffusion und der Grenzschichtströmung oder anderer Strömungen mit parabolischem Charakter (Anfangswertprobleme), bei denen ein anfängliches
Verteilungsprofil u (x,y) und Grenzbedingungen u (x,c) und u (x,d) vorgegeben sind.
Die Integration läuft dann von x = a in der Richtung von zunehmendem x (Abb.
4.5c).

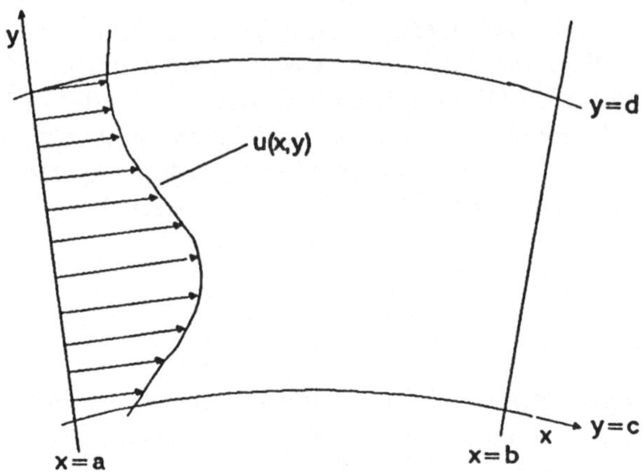

Abb. 4.5c   Zur Anwendung der Methode der Integralrelationen auf ein System (parabolischer) partieller Differentialgleichungen in zwei unabhängigen Koordinaten x und y: Approximation
der Lösungsfunktion in einer Dimension (y) mit Parametern a(x) und numerische Integration in der anderen Dimension (x). Vorgegeben sind das Anfangsprofil bei x = a und die
Grenzbedingungen bei y = c und y = d.

Bei der Methode der Integralrelationen wird die unbekannte Lösung u (x,y) durch
eine Approximationsfunktion u^* (x,y) approximiert. Dieser Ausdruck enthält vorgegebene Funktionen f_n in der einen unabhängigen Variablen (y bei Grenzschichtproblemen), die mit zunächst unbekannten Parametern a_n multipliziert sind, die wiederum
eine Funktion der anderen unabhängigen Variablen (hier: x) sind.

$$u(x,y) \approx u^*(x,y) = \sum_{n=1}^{N} a_n(x) f_n(y)$$

Die $f_n(y)$ werden normalerweise so gewählt, daß sie die Grenzbedingungen $u(x,c)$ und $u(x,d)$ erfüllen. Wird dieser Approximationsausdruck mit zunächst beliebigen Parametern a_n in die partielle Differentialgleichung eingesetzt, so ist diese im allgemeinen zunächst einmal nicht erfüllt, und es ergibt sich ein Fehler (Residual):

$$L(u^*) = R(x,y) \neq 0$$

Die n-Parameter $a_n(x)$ werden nun aus der Bedingung bestimmt, daß n Integrale dieses Fehlers über den Integrationsbereich in der y-Richtung verschwinden müssen. Um einen Satz linear unabhängiger Gleichungen für die $a_n(x)$ zu erhalten, muß R mit Elementen aus einer Menge linear unabhängiger Wichtungsfunktionen $w_k(y)$ vor der Integration multipliziert werden, d.h.

$$\int_c^d w_k(y) \, R(x,y) \, dy = 0; \qquad k = 1, 2, \ldots N$$

Diese Vorgehensweise entspricht daher der Multiplikation der partiellen Differentialgleichung $L(u) = 0$ mit den Wichtungsfunktionen $w_k(y)$, der formalen Integration in bezug auf y und dem Ersetzen von $u(x,y)$ in den Integralen durch $u^*(x,y)$, um die Integration zu ermöglichen und damit die y-Abhängigkeit zu eliminieren.

$$\int_c^d w_k(y) \, L \, \{u^* [a_n(x), f_n(y)] \} \, dy = 0$$

Nach dieser Integration verbleibt ein Satz von N gewöhnlichen Differentialgleichungen in x für die $a_n(x)$. Diese gewöhnlichen Differentialgleichungen lassen sich dann numerisch in der x-Richtung mit üblichen Methoden integrieren (Euler-Cauchy, Runge-Kutta oder Predictor-Corrector-Methoden). Durch Einsetzen der hiermit gewonnenen $a_n(x)$ in den Approximationsausdruck ergibt sich die Lösung der Aufgabe.

Der Erfolg einer bestimmten Anwendung der Methode der Integralrelationen hängt wesentlich von der Wahl der Approximationsfunktion $f_n(y)$ und zum Teil auch von der Auswahl der Wichtungsfunktionen $w_k(y)$ ab. Richtig formulierte Ansätze zeigen Konvergenz zur exakten Lösung, wenn die Zahl der Parameter a_n erhöht wird. Wenige Approximationsglieder (N = 1 oder 2) führen im allgemeinen zu guten (ingenieurmäßigen) Abschätzungen, während sich für N = 3 und höher bereits sehr genaue Lösungen erzielen lassen.

Modellbeschreibung

Bei der Anwendung auf die unstete Wärmeleitung in einem Stab, die im Kasten 4.5 in Einzelheiten aufgeführt ist, halten wir uns an den eben besprochenen allgemeinen Ansatz.

(1) Die partielle Differentialgleichung des Problems (Diffusionsgleichung) wird zunächst mit einer nicht näher spezifizierten Wichtungsfunktion f_k multipliziert und formal über die x-Koordinate (Ortskoordinate) integriert. Bevor die entstehende Gleichung weiterbearbeitet werden kann, müssen geeignete Formulierungen für die Approximation der Lösung u (x,t) und die Wichtungsfunktionen f_k (x) gewählt werden.

(2) Als Approximationsfunktion wird ein Ausdruck gewählt, der die Randbedingungen an den beiden Enden des Stabes bereits automatisch erfüllt und dessen Approximationsglieder darüber hinaus die Darstellung der zu erwartenden Temperaturprofile ermöglichen. In diesem Anwendungsfall eignet sich offensichtlich eine Fourier-Approximation mit Sinuskomponenten, die an den beiden Enden verschwinden.

(3) Die Wichtungsfunktionen f_k (x) müssen Elemente aus einer Menge von linear unabhängigen Funktionen darstellen, die außerdem noch zu möglichst einfachen Integralausdrücken führen sollen. Die für die Approximation gewählte Fourier-Darstellung legt auch hier die Verwendung von Sinusfunktionen nahe.

(4) Werden nun die gewählten Approximations- und Wichtungsfunktionen in die Integralrelationen eingesetzt und über x integriert, so verschwindet damit die x-Abhängigkeit, und es verbleibt ein System von zeitabhängigen gewöhnlichen Differentialgleichungen.

(5) Die Integralausdrücke lassen sich unter Beachtung der anwendbaren Integrationsregeln erheblich vereinfachen. Es verbleibt ein System von k Differentialgleichungen für die a_k, die nun zu jedem Zeitpunkt als Funktion der Temperaturbedingungen am linken und am rechten Ende und deren erster Ableitung nach der Zeit berechnet werden können.

(6) Diese ermittelten Veränderungsraten der Zustandsgrößen a_k lassen sich mit üblichen Verfahren numerisch integrieren. (Wir verwenden hier die Euler-Cauchy-Integration im DYSAS-Verfahren.) Werden die so erhaltenen Parameter a_k (t) in die anfänglich gewählte Approximationsfunktion für die orts- und zeitabhängige Temperaturverteilung u (x,t) eingesetzt, so erhält man damit die orts- und zeitabhängige Lösung des Problems.

Das Programm ist in Abb. 4.5d aufgelistet. Der Benutzer bestimmt zunächst, mit wieviel Approximationsgliedern (bis zu 9) er arbeiten möchte. Danach wählt er die Anfangstemperatur des Stabes. Für die Temperaturverläufe an beiden Enden ist eine lineare Veränderung vom Ausgangszustand (der anfänglichen Stabtemperatur) auf eine frei wählbare Endtemperatur in einem (für jedes Ende getrennt bestimmbaren) Zeitraum vorgesehen (Abb. 4.5b). Weiter wählt der Benutzer die Temperaturleitzahl des Stabwerkstoffes. Das Programm berechnet innerhalb der Zeitschleife zunächst aus diesen Randbedingungen die jeweils gültige Randtemperatur und ihre erste Ableitung nach der Zeit. Mit dieser Information werden die N Veränderungsraten d(k) der N Approximationsparameter a(k) berechnet. Die Approximationsparameter a(k) folgen aus der numerischen Integration. Diese Parameter werden in Abhängigkeit von der Zeit gespeichert. Für die Anzeige im Laufbild wird die Temperatur in der Mitte des Stabes berechnet. Nach Durchlauf der Simulation wird in Zeitabständen von DT = 0.05 das jeweilige Temperaturprofil berechnet und in einer dreidimensionalen Darstellung am Bildschirm gezeigt.

```
8 DIM A(10): DIM D(10)
10 DATA "INTEGRALVERFAHREN","Zeit": ' ***INTREL*** H.Bossel 850502,870111,870301
12 DATA "Loesung partieller Differentialgl. durch Reduzierung auf gewoehnl.
Diff.gl. mit dem Integralverfahren.  Beispiel: unstete Waermeleitung in einem
isolierten Stab.  Geben Sie Anfangstemp. und Temp.verlauf an beiden Enden vor."
19 'Parameter, Anfangswerte, Laufzeitdaten, Ausgabegroessen:
22 PI=3.14159: YO=180
24 FOR N=1 TO 10: A(N)=0: NEXT N
30 START=0: FINAL=1: DT=.002
40 DATA 9,"a(1)","a(2)","a(3)","a(4)","a(5)","a(6)","a(7)","a(8)","a(9)"
46 XPHAS=3: YPHAS=1
48 DATA "Temp. Mitte",0,1,"Temp.rechts",0,1
100 DATA 1,"Zahl der Approx.glieder (max. 9)"
105 NN=QF(1): IF NN>9 THEN NN=9
110 DATA 6,"Anfangstemp. Stab (0 bis 1)","Endtemp. links (0 bis 1)", "nach welcher
Zeit (0 bis 1 h)","Endtemp.rechts (0 bis 1)","nach welcher Zeit (0 bis 1
h)","Tem.leitzahl (m2/h) (1...0.0001)"
115 UA=QG(1): ULE=QG(2): TL=QG(3): URE=QG(4): TR=QG(5): AL=QG(6)
120 U=UA: U50=U
1000 '
1090 GOSUB 1100: GOTO 1300
1100 'Randtemp:
1110 IF T>TL THEN UL=ULE: DUL=0
1120 IF T>TR THEN UR=URE: DUR=0
1130 IF T<=TL THEN DUL=(ULE-UA)/TL: UL=UA+T*DUL
1140 IF T<=TR THEN DUR=(URE-UA)/TR: UR=UA+T*DUR
1150 RETURN
1300 'Integralrelationen
1310 FOR K=1 TO NN
1320 D(K)=2*(DUR*COS(K*PI)/(K*PI)-DUL/(K*PI)+AL*((UL-UR*COS(K*PI))*K*PI-
PI*PI*K*K*(UL/(K*PI)-UR*COS(K*PI)/(K*PI)+A(K)/2)))
1330 NEXT K
4000 Q1=A(1):Q2=A(2):Q3=A(3):Q4=A(4):Q5=A(5):Q6=A(6):Q7=A(7):Q8=A(8):Q9=A(9)
4800 QX=U50:QY=UR
5000 '
5100 FOR K=1 TO NN
```

```
5110 A(K)=A(K)+D(K)*DT
5120 NEXT K
5200 'Temperatur an Stelle x
5210 X=.5
5220 SUM=0
5230 FOR N=1 TO NN
5240 SUM=SUM+A(N)*SIN(N*PI*X)
5250 NEXT N
5260 U=UL+(UR-UL)*X+SUM
5270 U50=U
8000 'Plotte Temp Profile -----------------------------------------------
8001 CLS: SCREEN 2: YOALT=YO: YO=164
8005 PRINT "WAERMELEITUNG IN EINEM STAB": LOCATE 2,1: PRINT "Temp.leitzahl = ";AL:
LOCATE 4,7: PRINT "Temperaturprofile": LOCATE 5,7: PRINT "(0 bis 1)": LOCATE 22,1:
PRINT "links        Stab        rechts"
8007 LOCATE 21,35: PRINT "t=0": LOCATE 9,71: PRINT "t=1": LOCATE 15,53: PRINT "Zeit
(h)"
8008 ST=INT(1/DT+DT/2)
8009 FOR I=1 TO NN+1: Q(ST+1,I)=Q(ST,I): NEXT I
8010 FOR S=1 TO ST+1 STEP (ST/20)
8020 FOR N=1 TO NN
8030 A(N)=Q(S,N+1)
8040 NEXT N
8070 T=(S-1)/ST
8080 GOSUB 1100
8110 FOR X=0 TO 1.02 STEP .04
8130 SUM=0
8140 FOR N=1 TO NN
8150 SUM=SUM+A(N)*SIN(N*PI*X)
8160 NEXT N
8180 GOSUB 1100
,8190 U=UL+(UR-UL)*X+SUM
8200 IF X=0 THEN PSET (X*250+300*T,YO-U*60-100*T): LINE -STEP (0,U*60): LINE -
STEP(250,0): LINE -STEP(-250,0): LINE -STEP(0,-U*60): GOTO 8220
8210 LINE (XALT*250+300*T,YO-UALT*60-100*T)-(X*250+300*T,YO-U*60-100*T)
8220 XALT=X:UALT=U
8225 NEXT X
8227 LINE (XALT*250+300*T,YO-100*T)-(XALT*250+300*T,YO-U*60-100*T)
8300 NEXT S
8302 LINE (X0,Y0)-(X0+300*T,YO-100*T): LINE (X0+250*T,Y0)-(X0+250*T,300*T,YO-100*T)
8310 YO=YOALT: LOCATE 23,60: INPUT "0 - weiter"; A
```

Abb. 4.5d   Simulationsanweisungen für die Anwendung der Methode der Integralrelationen auf den
unsteten Wärmefluß in einem isolierten Stab.

Simulationsergebnisse

Die Ergebnisse eines Simulationsbeispiels sind in Abb. 4.5e und 4.5f gezeigt. In diesem Falle wurde das linke Ende des Stabes relativ rasch, das rechte Ende nur sehr langsam erwärmt. Das Bild zeigt deutlich, wie im Laufe der Zeit die Randtemperaturen erst langsam in die Mitte diffundieren, bis schließlich der ganze Stab die neue Temperatur einnimmt.

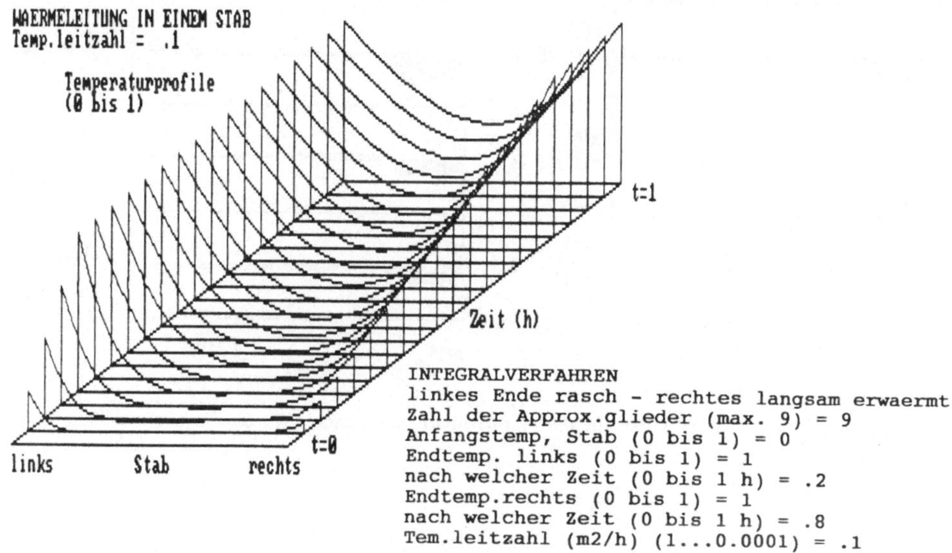

Abb. 4.5e   Simulationsergebnisse für den unsteten Wärmefluß in einem isolierten Stab.

Bei der Verwendung des Programms kann es zu numerischen Instabilitäten kommen, wenn die Randbedingungen zu rasch verändert werden. So sollte die gewählte Veränderungszeit der Randbedingungen (Frage: "Nach welcher Zeit (0 - 1)") nicht kürzer als 0.005 gewählt werden. Mit dem Programm läßt sich gut die Abhängigkeit der Approximationsgüte und deren Konvergenz mit zunehmender Zahl der Approximationsglieder untersuchen. Es zeigt sich, daß bereits eine sehr kleine Zahl von Approximationsgliedern (zwei oder drei) zu sehr guten Ergebnissen führt. Die Systemgrößen für das Modell des unsteten Wärmeflusses sind in Abb. 4.5g erläutert.

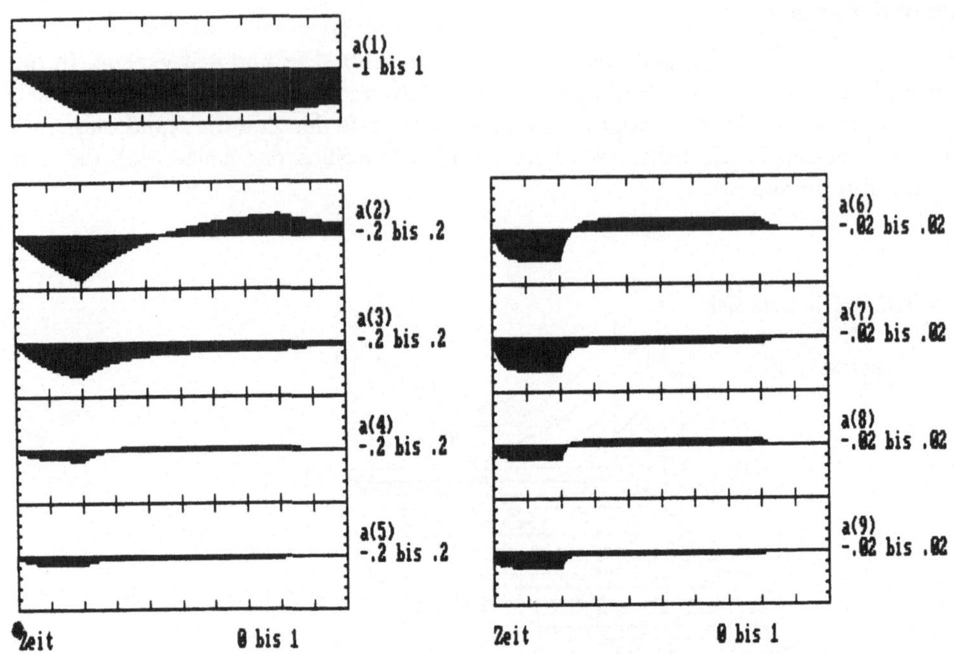

Abb. 4.5f   Simulationsergebnisse für die Approximationsparameter für die in Abb. 4.5e gezeigte Lösung.

INTREL
Anwendung der Methode der Integralrelationen auf unstete Wärmeleitung in einem Stab

AL	- Temperaturleitzahl (m^2/h)
A(K)	- zeitabhängige Parameter der Approximation (-)
D(K)	- Veränderungsraten der Approximationsparameter (1/h)
DUL	- Temperaturanstiegsrate am linken Stabende (1/h)
DUR	- Temperaturanstiegsrate am rechten Stabende (1/h)
TL	- Zeitpunkt des Erreichens der Endtemperatur links (h)
TR	- Zeitpunkt des Erreichens der Endtenmperatur rechts (h)
U	- zeit- und ortsabhängige Temperatur im Stab (-)
U50	- Temperatur in Stabmitte (-)
UA	- Anfangstemperatur des Stabes (-)
UL	- zeitabhängiger Temperaturverlauf am linken Stabende (-)
ULE	- Endtemperatur am linken Stabende (-)
UR	- zeitabhängiger Temperaturverlauf am rechten Stabende (-)
URE	- Endtemperatur am rechten Stabende (-)
X	- Ortskoordinate im Stab (m)
T	- Zeit (h) (zur Definition der dimensionslosen Temperatur s. Text)

Abb. 4.5g   Systemgrößen für das Modell des unsteten Wärmeflusses in einem Stab.

Aufgaben

1. Koppeln Sie die INTREL-Modellanweisungen an das DYSAS-Programm und überprüfen Sie das Simulationsprogramm mit der in Abb. 4.5e gezeigten Lösung.

2. Variieren Sie die Anfangstemperatur des Stabes im Bereich von 0 - 1 und wählen Sie verschieden rasche und starke Veränderungen der Endtemperaturen rechts und links, um unterschiedliche Anwendungsfälle zu erzeugen. Arbeiten Sie bei diesen Untersuchungen durchweg mit der gleichen Zahl von Approximationsgliedern (z.B. 4 oder 6).

3. Betrachten Sie die Zeitbilder für die N Approximationsparameter a_n. Erklären Sie deren Verläufe in Abhängigkeit von den gewählten Randbedingungen. Was können Sie in bezug auf die Beträge der Approximationsparameter in Abhängigkeit von der Ordnung (Zahl n) des Parameters sagen? Können Sie aus diesen Beobachtungen auf Konvergenz der Ergebnisse schließen?

4. Formulieren Sie oder beschaffen Sie sich numerische Lösungen der partiellen Differentialgleichung mit der Methode der finiten Differenzen. Wenden Sie die Methode der Integralrelationen und die der finiten Differenzen auf gleiche Anfangs- und Randbedingungen an und vergleichen Sie die Rechenergebnisse und die Rechenzeit.

5. Wie erklärt sich, daß bei symmetrischen Randbedingungen die Approximationsparameter mit geradem Index verschwinden? Unter welchen Bedingungen verschwinden die Approximationsparameter mit ungeradem Index?

6. Programmieren Sie die Integralrelationen für die Grenzschichtgleichung (Bossel 1970 a, b) und berechnen Sie Ergebnisse für einige Standard-Grenzschichtströmungen. (Dies ist eine Anwendung der Integralrelationen auf nichtlineare partielle Differentialgleichungen. Weitere Anwendungen siehe Bossel 1971 a, b; Mitra/Bossel 1971).

Literaturhinweise

H. Bossel: "Use of Exponentials in the Integral Solution of the Parabolic Equations of Boundary Layer, Wake, Jet, and Vortex Flows". Journal of Computational Physics, Vol. 5, No. 3, 1970, pp. 359-382.

H. Bossel: "Boundary Layer Computation by an N Parameter Integral Method Using Exponentials". AIAA Journal, Vol. 8, No. 10, October 1970. pp. 1840-1845.

H. Bossel: "Vortex Computation by the Method of Weighted Residuals Using Exponentials". AIAA Journal, Vol. 9, No. 10, 1971, pp. 2327-2334.

N.K. Mitra, H. Bossel: "Compressible Boundary Layer Computation by the Method of Weighted Residuals Using Exponentials". AIAA Journal, Vol. 9, No. 12, 1971, pp. 2370-2377.

H. Bossel: "Study of Vortex Flows at High Swirl by an Integral Method using Exponentials". Lecture Notes in Physics, Vol. 8, Springer-Verlag, New York 1971, pp. 365-370.

5. Anhang

5.1 Weiterführende Literatur

R.L. Ackoff: On Purposeful Systems. Aldine-Atherton, Chicago, Ill. 1972.

S.P. Banks: Control Systems Engineering. Prentice-Hall International, Englewood Cliffs, N.J. 1986.

E.A. Bender: An Introduction to Mathematical Modelling. John Wiley, New York 1978.

L. von Bertalanffy: General Systems Theory. George Braziller, New York 1968.

H. Bossel (ed.): Concepts and Tools of Computer-Assisted Policy Analysis. Birkhäuser Verlag, Basel/Stuttgart 1977 (3 Bände).

H. Bossel: Umweltdynamik - 30 Programme für kybernetische Umwelterfahrungen auf jedem BASIC-Rechner. Te-Wi Verlag, München 1985.

D.N. Burghes, A.D. Wood: Mathematical Models in the Social, Management and Life Sciences. Ellis Horwood, Chichester 1980.

F.E. Cellier: Progress in Modelling and Simulation. Academic Press, London 1980.

M. Cross: Modelling and Simulation in Practice. John Wiley, New York 1979.

J.P. Crutchfield, J.D. Farmer, N.H. Packard, R.S. Shaw: Chaos. Spektrum der Wissenschaft, Februar 1987, S. 78-90.

F. Csaki: Modern Control Theories - Nonlinear, Optimal and Adaptive Systems. Akademiai Kiado, Budapest 1972.

F. Csaki: Die Zustandsraum-Methode in der Regelungstechnik. Akademiai Kiado, Budapest 1973.

E.O. Doebelin: System Modelling and Response. John Wiley, New York 1980.

P.M. DeRusso, R.J. Roy, C.M. Close: State Variables for Engineers. John Wiley, New York/London/Sydney 1965.

O.I. Elgerd: Control Systems Theory. McGraw-Hill, New York 1967.

J.W. Forrester: Industrial Dynamics. MIT Press, Cambridge, Mass. 1961.

J.W. Forrester: Principles of Systems. Wright-Allen Press, Cambridge, Mass. 1968.

K. Göldner: Mathematische Grundlagen der Systemanalyse. VEB Fachbuchverlag Leipzig und Verlag Harri Deutsch, Thun und Frankfurt/Main, Band 1: 1981, Band 2: 1983, Band 3 (mit S. Kubik): 1983.

M.R. Goodman: Study Notes in System Dynamics. Wright-Allen Press, Cambridge, Mass. 1974.

G. Gordon: Systems Simulation. Prentice-Hall, Englewood Cliffs, N.J. 1978.

J. Guckenheimer, P. Holmes: Nonlinear Oscillations, Dynamical Systems, and Bifurcations in Vector Fields. Springer Verlag, New York/Berlin/Heidelberg/Tokyo.

C.A.S. Hall, J.W. Day (eds.): Ecosystem Modeling in Theory and Practice: An Introduction with Case Histories. John Wiley, New York/London/Sydney/Toronto 1977.

S. Harbordt: Computersimulation in den Sozialwissenschaften. Rowohlt, Reinbek 1974 (2 Bände).

C.S. Holling (ed.): Adaptive Environmental Assessment and Management. John Wiley, Chichester/New York/Brisbane/Toronto 1978.

S.L.S. Jacoby: Mathematical Modelling with Computers. Prentice Hall, Englewood Cliffs, N.J. 1980.

A.M. Law, W.D. Kelton: Simulation Modelling and Analysis. McGraw-Hill, New York 1982.

D.G. Luenberger: Introduction to Dynamic Systems - Theory, Models, and Applications. John Wiley, New Work/Chichester/Brisbane/Toronto 1979.

B. Martens: Differentialgleichungen und dynamische Systeme in den Sozialwissenschaften - Stabilität, Katastrophen und Komplexität dynamischer Modelle. Profil Verlag, München 1984.

D.H. Meadows u.a.: Die Grenzen des Wachstums. DVA, Stuttgart 1972.

D.H. Meadows u.a.: Dynamics of Growth in a Finite World. Wright-Allen Press, Cambridge, Mass. 1974.

M.D. Mesarovic, D. Macko, Y. Takahara: Theory of Hierarchical, Multilevel Systems. Academic Press, New York 1970.

M.D. Mesarovic, Y. Takahara: General Systems Theory: Mathematical Foundations. Academic Press, New York 1975.

F. Neelamkavil: Computer Simulation and Modelling. John Wiley, Chichester/New York/Brisbane/Toronto/Singapore 1987.

L. Padulo, M.A. Arbib: System Theory - A unified state-space approach to continuous and discrete systems. Hemisphere Publishing Corp., Washington/London 1974.

B.C. Patten: Systems Analysis and Simulation in Ecology. Academic Press, New York 1971.

E. Philippow (Hg.): Taschenbuch Elektrotechnik, Band 2: Grundlagen der Informationstechnik. VEB Verlag Technik, Berlin, 3. Aufl. 1987.

F. Pichler: Mathematische Systemtheorie. Walter de Gruyter, Berlin 1975.

M. Pidd: Computer Simulation in Management Science. John Wiley, London 1984.

H. Rauch: Modelle der Wirklichkeit - Simulation dynamischer Systeme mit dem Mikrocomputer. Verlag Heinz Heise, Hannover 1985.

K. Reinisch: Kybernetische Grundlagen und Beschreibung kontinuierlicher Systeme. VEB Verlag Technik, Berlin 1974.

K. Reinisch: Analyse und Synthese kontinuierlicher Steuerungssysteme. VEB Verlag Technik, Berlin 1979/1982.

O. Richter: Simulation des Verhaltens ökologischer Systeme - Mathematische Methoden und Modelle. VCH Verlagsgesellschaft, Weinheim 1985.

G. Schmidt: Grundlagen der Regelungstechnik. Springer, Berlin 1982.

J.A. Spriet, G.C. Vansteenkiste: Computer-aided Modelling and Simulation. Academic Press, London 1982.

R. Unbehauen: Systemtheorie. Oldenbourg, München, 4. Aufl. 1983.

N. Wiener: Cybernetics - Control and Communication in the Animal and the Machine. MIT Press, Cambridge, Mass. 1948.

T.G. Windeknecht: General dynamical processes. Academic Press, New York 1971.

A.W. Wymore: A mathematical theory of systems engineering - the elements. Wiley, New York 1967.

L. Zadeh, C. Desoer: Linear Systems Theory - The State Space Approach. McGraw-Hill, New York 1963.

B.P. Zeigler: Theory of Modelling and Simulation. John Wiley, New York/London/Sydney/Toronto 1976.

B.P. Zeigler: Methodology in Systems Modelling and Simulation. North Holland, New York 1976.

E. Zwicker: Simulation und Analyse dynamischer Systeme in den Wirtschafts- und Sozialwissenschaften. Walter de Gruyter, Berlin/New York 1981.

5.2   Programme

```
1 '*** D Y S A S *** PROGRAMM ZUR SIMULATION DYNAMISCHER SYSTEME.  Hartmut Bossel,
860621, 870113, 870131
9 DIM Q(310,20): DIM Z(620): DIM L$(20): DIM V$(20): DIM QF(20): DIM W$(20): DIM
QG(20):  DIM QVS(11): DIM QVA(11): GOTO 9500
10 'Parameter, Anfangswerte, Graphikanweisungen:
49   RETURN: 'Abfrage der Festparameter:
100 '
109  RETURN: 'Abfrage der Szenarioparameter:
110 '
999  RETURN: 'Zwischengroessen und Raten:
1000 '
3999 RETURN: 'zu speichernde Groessen:
4000 '
4799 RETURN: 'Laufbildgroessen:
4800 '
4999 RETURN: 'Zustandsgroessen:
5000 '
7999 RETURN: 'Endergebnisse:
8000 '
8499 RETURN: 'Ende des Modells
8500 'Unterprogramm fuer Tabellenfunktion (QC=1), Dokumentation der
Tabellenfunktionen (2)
8502 IF QC=1 THEN GOTO 8506
8504 IF JQ=0 THEN JQ=1
8506 IF JJ=1 THEN GOTO 8510
8508 READ S$,T$,O$,QL: FOR I=1 TO 2*QL: READ Z(I): NEXT I
8510 JJ=0: IF QC=2 THEN GOSUB 8550
8512 IF X<=Z(1) THEN Y=Z(2): RETURN
8514 IF X>Z(2*QL-1) THEN Y=Z(2*QL): RETURN
8516 FOR N=3 TO (2*QL-1) STEP 2
8518 IF X>Z(N) THEN GOTO 8522
8520 Y=Z(N-1)+(Z(N+1)-Z(N-1))*(X-Z(N-2))/(Z(N)-Z(N-2)): RETURN
8522 NEXT N
8524 RETURN
8550 'Dokumentation der Tabellenfunktion
8552 SCREEN 2: CLS: QAX=300: QAY=16: QFX=250: QFY=150: QQI=1
8554 GOSUB 8600: GOSUB 8620: GOSUB 8660
8556 PRINT O$;" als Funktion von ";T$
8558 PRINT: PRINT T$ TAB(15) O$
8560 FOR I=1 TO 2*QL STEP 2
8562 PRINT Z(I) TAB(15) Z(I+1)
8564 NEXT I: Y=0
8566 LOCATE 1,38: PRINT S$: LOCATE 2,38: PRINT O$: LOCATE 22,38: PRINT T$
8568 LOCATE 23,1: INPUT "0-weiter, 1-Kopie ";QE: IF QE<1 THEN RETURN
8570 GOSUB 8700: GOTO 8568
8572 RETURN
8600 'Min u. Max fuer Abszisse u. Ordinate finden
8602 QR=Z(1): JR=Z(1): QU=Z(2): QW=Z(2)
8604 FOR I=1 TO 2*QL STEP 2
```

```
8606 IF Z(I)>QR THEN QR=Z(I)
8608 IF Z(I)<JR THEN JR=Z(I)
8610 IF Z(I+1)>QU THEN QU=Z(I+1)
8612 IF Z(I+1)<QW THEN QW=Z(I+1)
8614 NEXT I
8616 RETURN
8620 'Zeichnen der Nullinien
8622 JH=0: IF (QR-JR)<>0 THEN JH=INT(QFX*(0-JR)/(QR-JR)+.5)
8624 JV=0: IF (QU-QW)<>0 THEN JV=INT(QFY*(0-QW)/(QU-QW)+.5)
8626 IF JH>=0 AND JH<=QFX THEN LINE (JH+QAX,QAY)-(JH+QAX,QAY+QFY)
8628 IF JV>=0 AND JV<=QFY THEN LINE (QAX,QAY+QFY-JV)-(QAX+QFX,QAY+QFY-JV)
8630 RETURN
8640 'Zeichnen des Rahmens
8642 FOR I=QAX TO QAX+QFX-3 STEP QFX-3: FOR J=QAY TO (QAY+QFY) STEP QFY/10: LINE
(I,J)-(I+3,J): NEXT J: NEXT I
8644 FOR J=QAY TO QAY+QFY STEP QFY-3: FOR I=QAX TO QAX+QFX STEP QFX/10: LINE (I,J)-
(I,J+3): NEXT I: NEXT J
8646 LINE (QAX,QAY)-(QAX+QFX,QAY+QFY),,B
8648 RETURN
8660 'Zeichnen der Kurve
8662 FOR I=1 TO 2*QL STEP 2
8664 QH=0: IF (QR-JR)<>0 THEN QH=INT(QFX*(Z(I)-JR)/(QR-JR)+.5): IF QH>QFX THEN
QH=QFX
8665 IF QH<0 THEN QH=0
8666 QV=0: IF (QU-QW)<>0 THEN QV=INT(QFY*(Z(I+1)-QW)/(QU-QW)+.5): IF QV>QFY THEN
QV=QFY
8667 IF QV<0 THEN QV=0
8668 IF I=1 AND QQI=1 THEN PSET(QH+QAX,QAY+QFY-QV): IF QC=4 AND QH>=2 THEN
CIRCLE(QH+QAX,QAY+QFY-QV),3: PSET(QH+QAX,QAY+QFY-QV): GOTO 8674
8670 IF QQI=1 THEN LINE-(QH+QAX,QAY+QFY-QV)
8672 IF QQI>1 THEN CIRCLE (QH+QAX,QAY+QFY-QV),QQI-1
8674 NEXT I
8676 RETURN
8700 'Bild drucken
8702 LOCATE 23,1: PRINT Q$+"       ": LOCATE 23,1: INPUT QS: LOCATE 23,1
8704 RETURN
8710 'y-Masstab abfragen
8712 LOCATE 23,1: PRINT Q$+"       ": LOCATE 23,1: INPUT "Min y = ";QW: LOCATE 23,1:
PRINT Q$+"       ": LOCATE 23,1: INPUT "Max y = ";QU: IF QW>=QU THEN QW=QU
8714 RETURN
8720 'x-Masstab abfragen
8722 LOCATE 23,1: PRINT Q$+"       ": LOCATE 23,1: INPUT "Min x = ";JR: LOCATE 23,1:
PRINT Q$+"       ": LOCATE 23,1: INPUT "Max x = ";QR: IF JR>=QR THEN JR=QR
8724 RETURN
8730 'Variablen-Name schreiben
8732 LOCATE QY1,QX1: PRINT Q$
8734 LOCATE QY1,QX1: PRINT L$(JY)
8736 RETURN
8740 'Variablen-Bereich schreiben
8742 LOCATE QY2,QX2: PRINT Q$
8744 LOCATE QY2,QX2: PRINT QW;"bis";QU
```

```
8746 RETURN
8750 'Abszissen-Name schreiben
8752 LOCATE QY3,QX3: PRINT Q$
8754 LOCATE QY3,QX3: PRINT L$(JX)
8756 RETURN
8760 'Abszissen-Bereich schreiben
8762 LOCATE QY4,QX4: PRINT Q$
8764 LOCATE QY4,QX4: PRINT JR;"bis";QR
8766 RETURN
8800 'Zeitkurven aufbauen
8801 SCREEN 2: CLS: PRINT "Zeitkurven": PRINT "von";START;"bis";FINAL;" ";U$: FOR
I=1 TO 500: NEXT I
8802 FOR JG=1 TO QN: FOR I=1 TO QL: Z(2*I-1)=Q(I,1): Z(2*I)=Q(I,JG+1): NEXT I
8804 JX=1: JY=JG+1
8806 GOSUB 8600
8808 JR=START: QR=FINAL: GOSUB 8830
8810 INPUT "0-weiter, 1-Masstab, 2-Kopie";QS: LOCATE 23,1: PRINT Q$+"      "
8812 IF QS<>1 THEN Q(302,JG+1)=QW: Q(303,JG+1)=QU: GOTO 8816
8814 GOSUB 8710: GOTO 8808
8816 IF QS=2 THEN GOSUB 8700: GOTO 8810
8818 IF QS< 0 THEN JG=JG+QS-1
8820 IF JG<=0 THEN JG=0
8822 NEXT JG: QMA=1
8824 RETURN
8830 CLS: 'Zeit- oder Phasenbild zeichnen
8832 QQI=1: QAX=100: QAY=16: QFX=400: QFY=150
8834 QX1=13: QY1=1: QX2=13: QY2=2
8836 QX3=13: QY3=22: QX4=50: QY4=22
8838 GOSUB 8620
8840 GOSUB 8730: GOSUB 8740
8842 GOSUB 8750: GOSUB 8760
8844 GOSUB 8660: GOSUB 8640
8846 RETURN
8850 'Phasenbild aufbauen
8852 CLS: PRINT "Phasenbild": PRINT "von";START;"bis";FINAL;" ";U$: QC=4
8854 FOR I=1 TO QL: Z(2*I-1)=Q(I,QZ): Z(2*I)=Q(I,JZ): NEXT I
8856 JX=QZ: JY=JZ
8858 GOSUB 8600: GOSUB 8830
8860 INPUT "0-weiter, 1-Masstab, 2-Kopie";QS: LOCATE 23,1: PRINT Q$+"      ": IF
QS<>1 THEN GOTO 8864
8862 GOSUB 8710: GOSUB 8720: GOSUB 8830: GOTO 8860
8864 IF QS=2 THEN GOSUB 8700: GOTO 8860
8866 RETURN
8900 'Aufbau des Balkenbilds
8902 CLS: SCREEN 2: QAX=160: QX1=43: QYY=1: QFY=320: QBA=15: QHY=(QN+1)*(QBA+1)
8904 LINE (QAX+1,0)-(QAX+1,QHY): LINE (QAX-QFY/2,0)-(QAX+QFY/2+2,QHY),,B: JX=1
8905 LOCATE QYY,QX1: PRINT U$
8906 FOR JG=1 TO QN
8908 JY=JG+1
8910 QY1=QYY+JG*2
8912 GOSUB 8730: FOR I=1 TO QL: Z(2*I-1)=Q(I,1): Z(2*I)=Q(I,JG+1): NEXT I
```

```
8914 GOSUB 8600
8916 Q(305,JG+1)=QU: IF QW*QW>QU*QU THEN Q(305,JG+1)=-QW
8918 NEXT JG
8920 LOCATE 23,1: PRINT "0-weiter, 1-halt"
8922 FOR I=1 TO QL
8924 FOR JG=1 TO QN+1
8926 QU=Q(305,JG): QW=-QU: IF JG=1 THEN QU=FINAL: QW=2*(START-FINAL/2)
8928 QV=0: IF (QU-QW)<>0 THEN QV=INT(QFY*(Q(I,JG)-QW)/(QU-QW)+.5): IF QV>QFY THEN
QV=QFY
8930 IF I>1 THEN LINE (QAX+1,1+(QBA+1)*(JG-1))-(QVS(JG)+1,QBA+(QBA+1)*(JG-1)),0,BF
8932 LINE (QAX+1,1+(QBA+1)*(JG-1))-(QV+1,QBA+(QBA+1)*(JG-1)),,BF
8934 FOR N=1 TO 100: NEXT N
8936 QYP=QYY+1+2*(JG-1): LOCATE QYP,QX1: PRINT Q$: LOCATE QYP,QX1: PRINT Q(I,JG)
8938 QVS(JG)=QV
8940 NEXT JG
8942 QQ$=INKEY$: IF QQ$="1" THEN GOSUB 8946: LOCATE 23,1: PRINT "0-weiter, 1-halt "
8944 NEXT I: GOSUB 8946: RETURN
8946 LOCATE 23,1: INPUT "0-weiter, 1-Kopie";QS
8948 IF QS=1 THEN GOSUB 8700: RETURN
8950 IF QS<>1 THEN RETURN
9000 'Unterprogramm fuer Laufbild waehrend der Simulation
9002 IF T>START THEN GOTO 9010: SCREEN 1: CLS
9004 QAX=100: QAY=16: QFX=400: QFY=150
9006 QX1=13: QY1=1: QX2=41: QY2=1: QX3=13: QY3=22
9008 LINE (QAX,QAY)-(QAX+QFX,QAY+QFY),,B
9010 QT=INT (QFX*(T-START)/(FINAL-START))
9012 QA=INT ((QFY*(QX-J1)/(J2-J1))+.5)
9014 QB=INT ((QFY*(QY-J3)/(J4-J3))+.5)
9016 IF QA>QFY THEN QA=QFY
9018 IF QA<0 THEN QA=0
9020 IF QB>QFY THEN QB=QFY
9022 IF QB<0  THEN QB=0
9024 IF T=START THEN PSET (QT+QAX,QAY+QFY-QA)
9026 IF T=START THEN CIRCLE (QT+QAX,QAY+QFY-QB),2: GOTO 9036
9028 JD=QT-QO
9030 PSET (QO+QAX,QAY+QFY-JA)
9032 LINE (QO+QAX,QAY+QFY-JA)-(QO+QAX+JD,QAY+QFY-QA)
9034 CIRCLE (QO+QAX+JD,QAY+QFY-QB),2
9036 LOCATE QY1,QX1: PRINT X$: LOCATE QY2,QX2: PRINT Y$
9038 LOCATE QY1+1,QX1: PRINT Q$+Q$
9040 LOCATE QY1+1,QX1: PRINT QX: LOCATE QY2+1,QX2: PRINT QY
9042 LOCATE QY3,QX3: PRINT Q$
9044 LOCATE QY3,QX3: PRINT USING "####.###  ";T;
9045 PRINT U$
9046 JA=QA: JB=QB: QO=QT
9048 RETURN
9050 'Variablenauswahl fuer Vierfachbild
9052 SCREEN 2: CLS: PRINT: PRINT " 0 - Variablen No.1 bis 4, bzw. Ende"
9054 FOR I=2 TO QN+1
9056 PRINT (I-1);"- ";L$(I)
9058 NEXT I: PRINT
```

```
9060 QQI=4: IF QN<4 THEN QQI=QN
9062 FOR I=1 TO QQI
9064 INPUT "Variable";QVA(I)
9066 IF I=1 AND QVA(I)=0 GOTO 9072
9068 IF QVA(I)=0 GOTO 9074
9069 IF QVA(I)>(QN+1) GOTO 9064
9070 NEXT I: GOTO 9074
9072 FOR I=1 TO QN: QVA(I)=I: NEXT I
9074 QQK=I-1: IF QQK>4 THEN QQK=4
9076 RETURN
9100 'Vier einzelne Bilder
9102 CLS: QAX=16: QFX=300: QAR=0: QFY=40
9104 QX1=42: QDI=5: QX2=QX1: QX3=3: QX4=27: QDY=0
9106 FOR QQI=1 TO QQK
9108 QAY=QAR+(QQI-1)*(QFY+QDY): QY1=2
9110 JX=1
9112 JG=QVA(QQI): JY=JG+1
9114 IF QMA>0 THEN GOTO 9120
9116 FOR I=1 TO QL: Z(2*I-1)=Q(I,1): Z(2*I)=Q(I,JG+1): NEXT I
9118 GOSUB 8600: Q(302,JG+1)=QW: Q(303,JG+1)=QU
9120 JR=START: QR=FINAL
9122 QW=Q(302,JG+1): QU=Q(303,JG+1)
9124 GOSUB 8620: Q(304,JG+1)=JV
9126 GOSUB 8640
9128 QY1=QY1+(QQI-1)*QDI: GOSUB 8730
9130 QY2=QY1+1
9132 GOSUB 8740
9134 NEXT QQI
9136 QY3=QY2+4: QY4=QY3: GOSUB 8750
9138 GOSUB 8760
9140 FOR I=1 TO QL
9142 QH=0: IF (QR-JR)<>0 THEN QH=INT(QFX*(Q(I,1)-JR)/(QR-JR)+.5): IF QH>QFX THEN
QH=QFX
9144 FOR QQI=1 TO QQK: JG=QVA(QQI): JV=Q(304,JG+1): QW=Q(302,JG+1): QU=Q(303,JG+1)
9146 QAY=QAR+(QQI-1)*(QFY+QDY)
9148 QV=0: IF (QU-QW)<>0 THEN QV=INT(QFY*(Q(I,JG+1)-QW)/(QU-QW)+.5): IF QV>QFY THEN
QV=QFY
9149 IF QV<0 THEN QV=0
9150 IF JV>0 THEN LINE (QH+QAX,QAY+QFY-JV)-(QH+QAX,QAY+QFY-QV) ELSE LINE
(QH+QAX,QAY+QFY)-(QH+QAX,QAY+QFY-QV)
9152 NEXT QQI
9154 NEXT I
9156 RETURN
9200 'Vier ueberlagerte Kurven
9202 CLS: QAX=100: QAY=34: QFX=400: QFY=130
9204 QX1=13: QYY=1: QX2=50
9206 QX3=13: QY3=22: QX4=50: QY4=22
9208 GOSUB 8640
9210 JX=1: JR=START: QR=FINAL: GOSUB 8750
9212 GOSUB 8760
9214 FOR QQI=1 TO QQK
```

```
9216 QY1=QYY+(QQI-1): QY2=QY1
9218 JG=QVA(QQI)
9220 JX=1: JY=JG+1
9222 FOR I=1 TO QL: Z(2*I-1)=Q(I,1): Z(2*I)=Q(I,JG+1): NEXT I
9224 IF QMA>0 GOTO 9228
9226 GOSUB 8600: Q(302,JY)=QW: Q(303,JY)=QU
9228 GOSUB 8730: IF QQI=1 THEN LINE (QX1*8-40,QY1*8-5)-(QX1*8-20,QY1*8-5)
9229 IF QQI>1 THEN CIRCLE (QX1*8-40,QY1*8-5),QQI-1: CIRCLE (QX1*8-30,QY1*8-5),QQI-
1: CIRCLE (QX1*8-20,QY1*8-5),QQI-1
9230 QW=Q(302,JY): QU=Q(303,JY)
9232 GOSUB 8740
9234 GOSUB 8660
9236 NEXT QQI
9238 RETURN
9300 END
9500 '***DYSAS*** H.Bossel 860610, 870113, 870131
9502 SCREEN 1: KEY OFF: CLS: PRINT "D Y S A S": PRINT "Simulation dynamischer
Systeme": PRINT : PRINT"(C) Hartmut Bossel 1987": FOR I=1 TO 1000: NEXT I: CLS
9504 GOSUB 10
9506 CLS: SCREEN 2: RESTORE: READ N$,U$: READ Z$: QC=1: QK=0: Q$="
"
9508 READ QN: FOR N=2 TO QN+1: READ L$(N): NEXT N
9510 IF QN>QNMAX THEN QNMAX=QN
9512 READ X$,J1,J2,Y$,J3,J4: READ JN: FOR N=1 TO JN: READ V$(N): NEXT N
9514 READ JK: FOR N=1 TO JK: READ W$(N): NEXT N
9516 XPHAS=XPHAS+1: YPHAS=YPHAS+1
9518 PRINT N$: PRINT Z$
9520 PRINT: INPUT "0-weiter, 1-Ende";QP: CLS: IF QP=1 THEN END
9522 INPUT "0-Lauf, 1-Tabellenfunktionen";JT: GOTO 9524
9524 IF JT=1 THEN FINAL=START: QC=2: QJ=0: GOTO 9526
9526 JC=0: JM=1: JQ=0: IF JT=1 THEN CLS: PRINT "Fragen beantworten!": PRINT: FOR
N=1 TO 1000: NEXT N: GOTO 9528
9528 CLS: PRINT "FESTE PARAMETER UND ANFANGSWERTE"
9530 FOR N=1 TO JN: PRINT V$(N): INPUT QF(N): NEXT N: CLS
9532 CLS: PRINT "SZENARIOPARAMETER"
9534 FOR N=1 TO JK: PRINT W$(N): INPUT QG(N): NEXT N: CLS: IF QK=1 THEN GOTO 9538
9536 PRINT N$: FOR N=1 TO JN: PRINT V$(N);" =";QF(N): NEXT N
9538 FOR N=1 TO JK: PRINT W$(N);" =";QG(N): NEXT N
9540 PRINT: INPUT "0-weiter, 1-aendern, 2-drucken";QP: IF QP=0 THEN GOTO 9550
9542 IF QP=1 AND QK=0 THEN CLS: GOTO 9528
9544 IF QP=1 AND QK=1 THEN CLS: GOTO 9532
9546 IF QP=2 AND QK=0 THEN INPUT "Bezeichnung";R$: LPRINT CHR$(27) "E": LPRINT:
LPRINT N$: LPRINT R$: FOR N=1 TO JN: LPRINT V$(N);" =";QF(N): NEXT N: FOR N=1 TO
JK: LPRINT W$(N);" =";QG(N): NEXT N
9548 IF QP=2 AND QK=1 THEN INPUT "Bezeichnung";R$: LPRINT: LPRINT R$: FOR N=1 TO
JK: LPRINT W$(N);" =";QG(N): NEXT N
9550 CLS: IF QK=1 THEN GOSUB 110: GOTO 9566: 'Abfrage in 100-950
9552 GOSUB 100: GOSUB 110: IF JT=1 THEN FINAL=START: GOTO 9566
9554 IF DT>=(FINAL-START)/30 THEN DT=(FINAL-START)/30: GOTO 9566
9556 IF DT>=(FINAL-START)/60 THEN DT=(FINAL-START)/60: GOTO 9566
9558 IF DT>=(FINAL-START)/100 THEN DT=(FINAL-START)/100: GOTO 9566
```

```
9560 IF DT>=(FINAL-START)/150 THEN DT=(FINAL-START)/150: GOTO 9566
9562 IF DT>=(FINAL-START)/300 THEN DT=(FINAL-START)/300: GOTO 9566
9564 DT=(FINAL-START)/(INT(((FINAL-START)/DT)/300)*300)
9566 N=0
9568 N=N+1: JS=N*DT: IF (FINAL-START)/JS<=300 THEN GOTO 9572
9570 GOTO 9568
9572 QM=JM
9574 FOR T=START TO FINAL+DT/2 STEP DT
9576 RESTORE 110
9578 READ JK: FOR N=1 TO JK: READ W$(N): NEXT N
9580 GOSUB 1000: 'Hilfsgleichungen in 1000-3900
9582 IF JT=1 THEN GOTO 9656
9584 IF T=START OR ABS (T-FINAL)<.000001 THEN GOTO 9588
9586 IF (T-START)<(FINAL-START)*(QM-1)/300 THEN GOTO 9636
9588 Q(QM,1)=T: L$(1)=U$
9590 GOSUB 4000: 'Graphikanweisungen in 4000
9592 ON QNMAX GOTO
9630,9628,9626,9624,9622,9620,9618,9616,9614,9612,9610,9608,9606,9604,9602,9600,959
8,9596,9594
9594 Q(QM,20)=Q19
9596 Q(QM,19)=Q18
9598 Q(QM,18)=Q17
9600 Q(QM,17)=Q16
9602 Q(QM,16)=Q15
9604 Q(QM,15)=Q14
9606 Q(QM,14)=Q13
9608 Q(QM,13)=Q12
9610 Q(QM,12)=Q11
9612 Q(QM,11)=Q10
9614 Q(QM,10)=Q9
9616 Q(QM,9)=Q8
9618 Q(QM,8)=Q7
9620 Q(QM,7)=Q6
9622 Q(QM,6)=Q5
9624 Q(QM,5)=Q4
9626 Q(QM,4)=Q3
9628 Q(QM,3)=Q2
9630 Q(QM,2)=Q1
9632 LET QZ=XPHAS: JZ=YPHAS
9634 QM=QM+1
9636 JC=JC+1: IF JC<>1 THEN GOTO 9652
9638 GOSUB 4800: 'Anweisungen fuer Laufbild in 4800
9640 GOSUB 9000: JC=-JS/DT+1
9642 IF ABS (T-FINAL)<JS/2 THEN LOCATE QY3,QX3: PRINT Q$: LOCATE QY3,QX3: PRINT
FINAL;U$: INPUT "0-weiter, 1-Kopie, 2-Ende ";QQ: IF QQ>2 THEN QQ=2
9643 IF ABS (T-FINAL)<JS/2 THEN ON (QQ+1) GOTO 9646,9648,9650
9644 GOTO 9652
9646 GOTO 9656
9648 LOCATE 23,1: PRINT Q$: LOCATE 23,1: INPUT QQ: LOCATE 23,1: GOTO 9642
9650 QL=QM-1: GOTO 9716
9652 GOSUB 5000: 'Zustandsgleichungen in 5000-6900
```

```
9654 QSTOP$=INKEY$: IF QSTOP$="X" OR QSTOP$="x" THEN GOTO 9504
9656 NEXT T
9658 QL=QM-1: IF JT=1 THEN GOTO 9504
9660 SCREEN 2: CLS: PRINT "Masstaebe mit Zeitbildern bestimmen!"
9662 INPUT "0-weiter, 1-Zeitbilder";QS
9664 IF QS<>1 THEN GOTO 9668
9666 GOSUB 8800: 'Zeitbilder
9668 CLS: INPUT "0-weiter, 1-Phasenbild, -1-zurueck";QS
9670 IF QS=0 THEN GOTO 9676
9672 IF QS<0 THEN GOTO 9660
9674 GOSUB 8850: 'Phasenbild
9676 CLS: INPUT "0-weiter, 1-Mehrfachbilder, -1-zurueck";QS
9678 IF QS=0 THEN GOTO 9698
9680 IF QS<0 THEN GOTO 9668
9682 GOSUB 9050: 'Variablenwahl
9684 PRINT: INPUT "0-vier Einzelbilder, 1-vier Kurven uebereinander";QSS
9686 IF QSS=0 THEN GOSUB 9100: '4 Einzelbilder
9688 IF QSS>=1 THEN GOSUB 9200: '4 Kurven uebereinander
9690 LOCATE 23,1: INPUT "0-weiter, 1-Kopie, 2-Neuwahl";QS
9692 IF QS=0 THEN GOTO 9698
9694 IF QS>=2 THEN GOTO 9682
9696 IF QS=1 THEN GOSUB 8700: GOTO 9690
9698 CLS: INPUT "0-weiter, 1-Balkenbild, -1-zurueck";QS
9700 IF QS=0 THEN GOTO 9706
9702 IF QS<0 THEN GOTO 9676
9704 GOSUB 8900: 'Balkenbild
9706 CLS: INPUT "0-weiter, 1-Endergebnisse, -1-zurueck";QS
9708 IF QS=0 THEN GOTO 9716
9710 IF QS>=1 THEN GOTO 9714
9712 IF QS<0 THEN GOTO 9698
9714 CLS: GOSUB 8000: SCREEN 2: 'Endergebnisse in 8000-8490
9716 CLS: INPUT "0-beenden, 1-weiterrechnen, -1-zurueck";QP: IF QP=0 THEN GOTO 9504
9718 IF QP<0 THEN GOTO 9706
9720 QC=1: JC=0: JM=1: JQ=0: X=FINAL: FINAL=FINAL+(FINAL-START): START=X: CLS:
QK=1: GOTO 9532
9999 END
```

```
10 '*** S Y S A N T *** H.Bossel 861120,870528
100 CLS: KEY OFF: SCREEN 2
110 PRINT "S Y S T E M A N T W O R T ": LOCATE 1,55: PRINT "(C) Hartmut Bossel
1986": PRINT
120 PRINT "zeigt Systemantwort auf Eingangssignale    ": PRINT
130 F$="                       ": Q$=F$+F$: ST=5
140 DIM U(310),Y(310),X(310),R(310),F(310),Z(610),V(610),XT(25),FT(25),FF(50)
150 A0=1: NINT=2: GOSUB 3024
160 LOCATE 6,1
165 INPUT "0-diskretes System,  1-kontinuierl. System";DI
167 DTI=3: IF DI<>0 THEN DTI=1
170 INPUT "1-ein Integrator,    2-zwei Integratoren";NI: NINT=1: IF NI>1 THEN
NINT=2
172 IF NINT=1 THEN GOSUB 4200
180 INPUT "0-ohne Rueckkopplg.  1-mit Rueckkopplg.";A0: IF A0>1 THEN A0=1
190 IF A0=0 THEN LINE (340,120)-(620,160),0,BF: LINE (380,107)-(380,120),0: LINE
(600,104)-(600,120),0
200 IF A0=0 THEN FF=0: GOTO 240
210 INPUT "0-lineare Rueckkopp. 1-nichtlineare Rueckkopp.";AF: IF AF>1 THEN AF=1
220 IF AF=1 THEN GOSUB 2100: GOTO 240
230 PRINT: INPUT "Rueckkopplungsfaktor";FF
240 ON NINT GOTO 250,260
250 LOCATE 21,1: INPUT "Anfangswert des Integrators ";XI: GOTO 280
260 LOCATE 21,1: INPUT "Anfangswert des *letzten* Integrators ";XI
270 LOCATE 22,1: INPUT "Anfangswert des ersten Integrators ";X2I
280 GOSUB 2400
290 GOSUB 3000: GOSUB 3230
300 LOCATE 22,1: END
2099 '
2100 L1$="NICHTLINEARE RUECKKOPPLUNGS-FUNKTION"
2102 L2$="Datenpaare eingeben fuer Zustand x und Rueckkopplung r"
2104 S$="Rueckkopplungs-Funktion": T$="x": O$="r"
2106 GOSUB 4000
2108 NF=NT
2110 FOR I=1 TO 2*NF: FF(I)=Z(I): NEXT I
2112 RETURN
2399 '
2400 CLS: PRINT "EINGANGS-SIGNAL": PRINT
2402 PRINT "Eingangssignal fuer 100 Zeiteinheiten angeben": PRINT
2404 P=100: TP=0
2406 PRINT "Art des Eingangssignals:"
2408 PRINT "0 - kein Eingangssignal"
2410 PRINT "1 - Impulsfunktion"
2412 PRINT "2 - Sprungfunktion"
2414 PRINT "3 - Sinusfunktion"
2416 INPUT "4 - Tabellenfunktion"; A1: PRINT: IF A1>4 THEN A1=0
2417 'interne Zeit TI is 3* externe Zeit T
2418 IF A1<1 THEN FOR TI=0 TO 300: T=TI/3: Z(2*TI+1)=T: Z(2*TI+2)=0: V(2*TI+2)=0:
NEXT TI: GOTO 2438
2420 PRINT "Wiederholung des Eingangssignals:"
2422 PRINT "0 - keine Wiederholung"
```

```
2424 INPUT "1 - periodische Wiederholung"; A2: PRINT: IF A2<>1 THEN A2=0
2426 LOCATE 20,1: IF A2=1 THEN INPUT "Wiederholungsperiode (Zeiteinheiten) ="; P
2428 INPUT "Zeitpunkt des Signalbeginns ="; TP
2430 IF A1=3 THEN INPUT "Periode der Sinusfunktion =";PS
2432 IF A1=3 AND A2=0 THEN INPUT "Zeitpunkt des Signalendes =";P: P=P-TP: IF P=-TP
THEN P=100
2434 QAX=300: QAY=48: QFX=300: QFY=60 : QQI=4: QL=301
2436 ON A1 GOSUB 2600,2700,2800,2900
2438 GOSUB 3000: IF NINT =1 THEN GOSUB 4200
2439 GOSUB 4300: GOSUB 3230
2440 LOCATE 22,1: INPUT "0-Signal neu,1-System neu,2-Kopie,3-Ende";QS: IF QS<0 OR
QS>3 THEN QS=3
2442 IF QS=0 THEN CLS: GOTO 240
2444 IF QS=1 THEN RUN
2446 IF QS=2 THEN GOSUB 8700: GOTO 2440
2448 IF QS=3 THEN END
2599 '
2600 CLS: PRINT "IMPULS-FUNKTION": PRINT
2602 TE=TP+P: IF TE>100 THEN TE=100
2604 PRINT "Impulse zwischen den Zeitpunkten";TP;"und";TE;"angeben"
2606 FOR TI=0 TO 300 STEP DTI: T=TI/3: Z(2*TI+1)=T: Z(2*TI+2)=0: NEXT TI
2608 INPUT "Zeitpunkt =";T$: IF T$="" THEN 2628
2610 T=VAL(T$): TI=T*3
2612 INPUT "Impuls    =";U$: IF U$="" THEN 2628
2614 U=VAL(U$)*3/DTI 'Zeitintegral des Einheitsimpulses = 1
2616 Z(2*TI+2)=U
2618 IF A2=0 THEN GOTO 2626
2620 FOR IP=1 TO (100/P): IZ=(2*T+IP*2*P)*3+2
2622 IF IZ>602 THEN GOTO 2626
2624 Z(IZ)=U: NEXT IP
2626 GOTO 2608
2628 FOR TI=0 TO 300: V(2*TI+2)=Z(2*TI+2): NEXT TI
2630 GOSUB 8600: GOSUB 8620: GOSUB 8640: GOSUB 8660
2632 LOCATE 20,1: INPUT "0-weiter, 1-aendern "; AX
2634 IF AX=1 THEN 2426
2636 RETURN
2699 '
2700 CLS: PRINT "SPRUNG-FUNKTION": PRINT
2702 TE=TP+P: IF TE>100 THEN TE=100
2704 PRINT "Spruenge zwischen den Zeitpunkten";TP;"und";TE;"angeben"
2706 FOR TI=0 TO 300: T=TI/3: Z(2*TI+1)=T: Z(2*TI+2)=0: NEXT TI
2708 INPUT "Zeitpunkt =";T$: IF T$="" THEN 2724
2710 T=VAL(T$)
2712 INPUT "Sprung    =";U$: IF U$="" THEN 2724
2714 U=VAL(U$)
2716 FOR TF=3*T TO 3*(TP+P) STEP DTI: IZ=(2*TF)+2
2718 IF IZ>602 THEN GOTO 2722
2720 Z(IZ)=Z(IZ)+U: NEXT TF
2722 GOTO 2708
2724 IF A2=0 THEN GOTO 2732
2726 FOR IP=1 TO (100/P): FOR TI=3*TP TO 3*(TP+P)
```

```
2728 IZ=(TI+(3*IP*P))*2+2: IF IZ>602 THEN GOTO 2732
2730 Z(IZ)=Z(TI*2+2): NEXT TI: NEXT IP
2732 FOR TI=0 TO 300: V(2*TI+2)=Z(2*TI+2): NEXT TI
2734 GOSUB 8600: GOSUB 8620: GOSUB 8640: GOSUB 8660
2736 LOCATE 20,1: INPUT "0-weiter, 1-aendern ";AX
2738 IF AX=1 THEN 2426
2740 RETURN
2799 '
2800 CLS: PRINT "SINUS-FUNKTION": PRINT
2802 PRINT "Periode der Sinusfunktion =";PS;". Anfang bei t =";TP
2804 INPUT "Amplitude";AMP
2806 FOR TI=0 TO 300: T=TI/3: Z(2*TI+1)=T: Z(2*TI+2)=0: NEXT TI
2808 FOR TI=TP*3 TO 300 STEP DTI: T=TI/3: Z(2*TI+2)=AMP*SIN(6.28*(T-TP)/PS): NEXT
TI
2810 IF A2=0 THEN FOR TI=3*(TP+P) TO 300: Z(2*TI+2)=0: NEXT TI: GOTO 2832
2816 FOR IP=1 TO (100/P): FOR TI=3*TP TO 3*(TP+P)
2818 IZ=(TI+3*IP*P)*2+2: IF IZ>602 THEN GOTO 2832
2820 Z(IZ)=Z(TI*2+2): NEXT TI: NEXT IP
2832 FOR TI=0 TO 300: V(2*TI+2)=Z(2*TI+2): NEXT TI
2834 GOSUB 8600: GOSUB 8620: GOSUB 8640: GOSUB 8660
2836 LOCATE 20,1: INPUT "0-weiter, 1-aendern ";AX
2838 IF AX=1 THEN 2426
2840 RETURN
2899 '
2900 L1$="TABELLEN-FUNKTION"
2902 L2$="Datenpaare fuer Zeitpunkt und Eingangsignal angeben"
2904 TE=TP+P: IF TE>100 THEN TE=100
2906 CLS: PRINT: PRINT "Eingangssignal zwischen den
Zeitpunkten";TP;"und";TE;"angeben!"
2908 PRINT: PRINT "Angaben vor dem Zeitpunkt";TP;"werden auf Null gesetzt": FOR N=1
TO 3000: NEXT N
2910 S$="Eingangssignal": T$="t": O$="u"
2912 GOSUB 4000
2914 FOR TI=0 TO 300: T=TI/3: Z(2*TI+1)=T: Z(2*TI+2)=0: NEXT TI
2916 QL=NT: FOR I=1 TO QL: Z(2*I-1)=XT(I): Z(2*I)=FT(I): NEXT I
2918 QC=1
2920 FOR TI=0 TO 300 STEP DTI: T=TI/3: X=T: JJ=1: GOSUB 8500: V(2*TI+2)=Y: NEXT TI
2922 FOR TI=0 TO 3*TP-1: V(2*TI+2)=0: NEXT TI
2924 QAX=300: QAY=48: QFX=300: QFY=60 : QQI=4: QL=301
2926 LINE (290,15)-(640,180),0,BF
2928 QL=301: FOR TI=0 TO 300: T=TI/3: Z(2*TI+1)=T: Z(2*TI+2)=V(2*TI+2): NEXT TI
2930 IF A2=0 THEN GOTO 2938
2932 FOR IP=1 TO (100/P): FOR TI=3*TP TO 3*(TP+P): T=TI/3
2934 IZ=3*(T+IP*P)*2+2: IF IZ>602 THEN GOTO 2938
2936 Z(IZ)=Z(TI*2+2): NEXT TI: NEXT IP
2938 FOR TI=0 TO 300: V(2*TI+2)=Z(2*TI+2): NEXT TI
2940 GOSUB 8600: GOSUB 8620: GOSUB 8640: GOSUB 8660
2942 LOCATE 20,1: INPUT "0-weiter, 1-aendern ";AX
2944 IF AX=1 THEN 2426
2946 RETURN
2948 END
```

```
3000 '
3002 CLS: KEY OFF: SCREEN 2
3004 LINE (19,  8)-(623, 38),1,B
3006 LINE (19, 48)-(322, 78),1,B
3008 LINE (19, 88)-(322,118),1,B
3010 LINE (19,128)-(322,158),1,B
3012 LOCATE 1, 9: PRINT "Eingangsignal u ="
3014 LOCATE 6, 9: PRINT "Zustandsrate  y ="
3016 LOCATE 11,9: PRINT "Systemzustand x ="
3018 IF A0<>0 THEN LOCATE 16,9: PRINT "Rueckkopplung r ="
3020 LOCATE 1, 36: PRINT "Zeit t ="
3022 LINE (318,8)-(322,38),1,B: LINE (318,48)-(318,78): LINE (318,88)-(318,118):
LINE (318,128)-(318,158)
3024 LINE (410,88)-(475,118),1,B
3025 LINE (505,88)-(570,118),1,B
3026 LINE (455,128)-(525,158),1,B
3028 LINE (380,103)-(600,143),1,B
3030 LINE (375,100)-(385,106),1,BF
3032 LINE (340,103)-(620,103)
3034 LINE (411,103)-(474,103),0: LINE (506,103)-(569,103),0: LINE (456,143)-
(524,143),0
3036 LOCATE 12,45: PRINT "u": LOCATE 12,50: PRINT "y": LOCATE 12,74: PRINT "x":
LOCATE 17,50: PRINT "r": LOCATE 14,50: PRINT "+"
3037 IF NINT=2 THEN LOCATE 12,62: PRINT "x'"
3038 XTIP=373: YTIP=103: GOSUB 3530
3040 XTIP=409: YTIP=103: GOSUB 3530
3041 XTIP=504: YTIP=103: GOSUB 3530
3042 XTIP=625: YTIP=103: GOSUB 3530
3044 XTIP=382: YTIP=143: GOSUB 3540
3046 XTIP=527: YTIP=143: GOSUB 3540
3048 RETURN
3229 '
3230 LOCATE 8,45: PRINT "SYSTEM-ANTWORT ": IF NINT=2 THEN LOCATE 8,65: PRINT "x'(0)
=": LOCATE 8,73: PRINT USING "###.##";X2I
3232 LOCATE 9,44: PRINT NINT;"Integrator(en)": LOCATE 9,65: PRINT "x(0)  =": LOCATE
9,73: PRINT USING "###.##";XI
3234 '  Zeitfunktionen
3236 XX=XI: X2=X2I: DT=DTI/3
3238 UMAX=0: RMAX=0: YMAX=0: XMAX=0
3240 QC=1: QL=NF: FOR I=1 TO 2*NF: Z(I)=FF(I): NEXT I
3242 FOR TI=0 TO 300 STEP DTI: T=TI/3
3244 U(TI)=V(2*TI+2)
3246 IF ABS(U(TI))>UMAX THEN UMAX=ABS(U(TI))
3248 IF AF=0 THEN 3252
3250 X=XX: JJ=1: GOSUB 8500: FF=Y: R(TI)=FF: GOTO 3254
3252 R(TI)=FF*XX
3254 IF ABS(R(TI))>RMAX THEN RMAX=ABS(R(TI))
3256 Y(TI)=U(TI)+R(TI)
3258 IF ABS(Y(TI))>YMAX THEN YMAX=ABS(Y(TI))
3260 ON NINT GOTO 3264,3262
3262 X(TI)=XX: X2=X2+DT*Y(TI): X(TI+1)=XX+DT*X2: XX=X(TI+1): GOTO 3266
```

```
3264 X(TI)=XX: X(TI+1)=XX+DT*Y(TI): XX=X(TI+1)
3266 IF ABS(X(TI))>XMAX THEN XMAX=ABS(X(TI))
3268 NEXT TI
3270 IF UMAX=0 THEN UMAX=1
3272 IF RMAX=0 THEN RMAX=1
3274 IF YMAX=0 THEN YMAX=1
3276 IF XMAX=0 THEN XMAX=1
3278 FOR TI=0 TO 300 STEP ST*3: T=TI/3
3279 QSTOP$=INKEY$: IF QSTOP$="X" OR QSTOP$="x" GOTO 3281
3280 GOTO 3284
3281 LOCATE 22,1: INPUT "0-weiter, 1-Kopie, 2-Ende";QS: IF QS<1 THEN LOCATE 22,1:
PRINT F$+F$: GOTO 3284
3282 IF QS>1 GOTO 2440
3283 GOSUB 8700: GOTO 3281
3284 X0=320-TI: X=X0: Y0= 23: TE=300
3286 FOR TT=0 TO TE STEP DTI: F(TT)=U(TT)/UMAX: NEXT TT: FLAG=1: GOSUB 3326: FLAG=0
3288 IF T>0 THEN LINE (X+TT,YT)-(X+TT+ST*3-1,YB),0,BF
3289 IF DTI=1 THEN LINE (318,8)-(322,38),1,B
3290 LOCATE 1,26: PRINT USING "###.##"; U(TI)
3292 Y0= 63: TE=TI
3294 FOR TT=0 TO TE STEP DTI: F(TT)=Y(TT)/YMAX: NEXT TT: GOSUB 3326
3295 IF DTI=1 THEN LINE (318,48)-(322,78),1,B
3296 LOCATE 6,26: PRINT USING "###.##"; Y(TI)
3298 Y0=103: TE=TI
3300 FOR TT=0 TO TE STEP DTI: F(TT)=X(TT)/XMAX: NEXT TT: GOSUB 3326
3301 IF DTI=1 THEN LINE (318,88)-(322,118),1,B
3302 LOCATE 11,26: PRINT USING "###.##"; X(TI)
3304 LINE (506,89)-(569,117),0,BF
3306 LINE (506,Y0)-(569,Y0-F(TE)*YH),1,BF
3308 Y0=143: TE=TI
3310 IF A0<> 0 THEN FOR TT=0 TO TE STEP DTI: F(TT)=R(TT)/RMAX: NEXT TT: GOSUB 3326
3311 IF A0>0 AND DTI=1 THEN LINE (318,128)-(322,158),1,B
3312 IF A0<>0 THEN LOCATE 16,26: PRINT USING "###.##"; R(TI)
3314 LOCATE 1,44: PRINT USING "###"; T
3316 IF AF=0 THEN XFM=XMAX
3318 IF A0=0 THEN 3324
3320 YTIP=160: XTIP=XR0+(X(TI)/XFM)*(XRF/2): IF XTIP>XR0+XRF/2 THEN XTIP=XR0+XRF/2
3321 IF XTIP<XR0-XRF/2 THEN XTIP=XR0-XRF/2
3322 LINE (320,159)-(620,165),0,BF: GOSUB 3550
3324 NEXT TI: RETURN
3326 '  Unterprogramm fuer Zeitkurven
3328 YH=14
3330 YT=Y0-YH: YB=Y0+YH
3332 FOR TT=0 TO TE STEP DTI
3334 LINE (X+TT,YT)-(X+TT,YB),0
3336 LINE (X+TT,Y0)-(X+TT,Y0-F(TT)*YH)
3337 IF FLAG=1 AND TT=TI+3 THEN LINE (318,8)-(322,38),1,B
3338 NEXT TT
3340 RETURN
3529 '
```

```
3530 TIP$="m+10,-4 m+0,+8 m-10,-4": PSET (XTIP,YTIP): DRAW "a2": DRAW TIP$: PAINT
(XTIP-5,YTIP+1): PAINT (XTIP-5,YTIP-1): RETURN
3540 TIP$="m+10,-4 m+0,+8 m-10,-4": PSET (XTIP,YTIP): DRAW "a0": DRAW TIP$: PAINT
(XTIP+5,YTIP+1): PAINT (XTIP+5,YTIP-1): RETURN
3550 TIP$="m+10,-4 m+0,+8 m-10,-4": PSET (XTIP,YTIP): DRAW "a3": DRAW TIP$: PAINT
(XTIP-2,YTIP+3): PAINT (XTIP+2,YTIP+3): RETURN
3560 TIP$="m+10,-4 m+0,+8 m-10,-4": PSET (XTIP,YTIP): DRAW "a1": DRAW TIP$: PAINT
(XTIP-2,YTIP-3): PAINT (XTIP-2,YTIP-3): RETURN
3999 '
4000 CLS: PRINT L1$: PRINT
4002 F$="                          "
4004 PRINT L2$: PRINT
4006 NT=0
4008 LOCATE 5+NT,1
4010 INPUT "Eingangswert ="; XT$
4012 IF XT$="" THEN 4038
4014 XT=VAL(XT$)
4016 INPUT "Ausgangswert ="; FT$
4018 IF FT$="" THEN 4038
4020 FT=VAL(FT$)
4022 NT=NT+1
4024 IF NT=1 THEN XT(1)=XT: FT(1)=FT: GOTO 4010
4026 FOR I=1 TO NT-1
4028 IF XT<XT(I) THEN FOR II=NT-1 TO I STEP -1: XT(II+1)=XT(II): FT(II+1)=FT(II):
NEXT II: XT(I)=XT: FT(I)=FT: GOTO 4036
4030 IF XT=XT(I) THEN NT=NT-1: FT(I)=FT: GOTO 4036
4032 NEXT I
4034 XT(NT)=XT: FT(NT)=FT
4036 GOTO 4010
4038 QL=NT
4040 FOR I=1 TO NT: Z(2*I-1)=XT(I): Z(2*I)=FT(I): NEXT I
4042 QC=2: JJ=1: GOSUB 8500: LOCATE 22,1: PRINT F$+F$
4046 IF QE=1 THEN GOTO 4008
4048 RETURN
4200 '1.Integrator loeschen
4210 LINE (399,88)-(504,118),0,BF: LINE (399,103)-(504,103): XTIP=503: YTIP=103:
GOSUB 3530
4220 RETURN
4299 '
4300 '  Rueckkopplungsfunktion einzeichnen
4302 IF A0<>0 THEN 4306
4304 LINE (340,120)-(620,160),0,BF: LINE (380,107)-(380,120),0: LINE (600,104)-
(600,120),0: LINE (19,128)-(322,158),0,B: LINE (318,128)-(318,158),0: RETURN
4306 XR0=490: YR0=143: XRF=70: YRF=30
4308 LINE (XR0,YR0-YRF/2)-(XR0,YR0+YRF/2)
4310 LINE (XR0-XRF/2,YR0)-(XR0+XRF/2,YR0)
4312 ON AF+1 GOTO 4314,4320
4314 IF FF<0 THEN LINE (XR0-XRF/2,YR0-YRF/2)-(XR0+XRF/2,YR0+YRF/2)
4316 IF FF>0 THEN LINE (XR0-XRF/2,YR0+YRF/2)-(XR0+XRF/2,YR0-YRF/2)
4318 LOCATE 17,69: PRINT USING "##.##"; FF: RETURN
4320 QL=NF: FOR I=1 TO 2*NF: Z(I)=FF(I): NEXT I
```

```
4322 GOSUB 8600
4324 XFM=ABS(QR): IF ABS(JR)>ABS(QR) THEN XFM=ABS(JR)
4326 YFM=ABS(QU): IF ABS(QW)>ABS(QU) THEN YFM=ABS(QW)
4328 XSTP=XFM/(XRF/2): QC=1
4330 FOR XF=-XFM TO XFM STEP XSTP
4332 X=XF: JJ=1: GOSUB 8500: YF=Y
4334 XP=(XF/XFM)*(XRF/2): YP=(YF/YFM)*(YRF/2)
4336 XPF=XRO+XP: YPF=YRO-YP
4338 PSET (XPF,YPF)
4340 NEXT XF
4342 RETURN
8499 '
8500 ' Unterprogramm fuer Tabellenfunktion (QC=1), Dokumentation der
Tabellenfunktionen (2)
8502 IF QC=1 THEN GOTO 8506
8504 IF JQ=0 THEN JQ=1
8506 IF JJ=1 THEN GOTO 8510
8508 READ S$,T$,O$,QL: FOR I=1 TO 2*QL: READ Z(I): NEXT I
8510 JJ=0:IF QC=2 THEN GOSUB 8550
8512 IF X<=Z(1) THEN Y=Z(2): RETURN
8514 IF X>Z(2*QL-1) THEN Y=Z(2*QL): RETURN
8516 FOR N=3 TO (2*QL-1) STEP 2
8518 IF X>Z(N) THEN GOTO 8522
8520 Y=Z(N-1)+(Z(N+1)-Z(N-1))*(X-Z(N-2))/(Z(N)-Z(N-2)): RETURN
8522 NEXT N
8524 RETURN
8550 ' Dokumentation der Tabellenfunktion
8552 SCREEN 2: CLS: QAX=300: QAY=16: QFX=300: QFY=100: QQI=1
8554 GOSUB 8600: GOSUB 8620: GOSUB 8660: GOSUB 8640
8556 PRINT O$;" als Funktion von ";T$
8558 PRINT:PRINT T$ TAB(15) O$
8560 FOR I=1 TO 2*QL STEP 2
8562 PRINT Z(I) TAB(15) Z(I+1)
8564 NEXT I: Y=0
8566 LOCATE 1,38:PRINT S$:LOCATE 2,38:PRINT O$:LOCATE 16,38:PRINT T$
8568 LOCATE 22,1: INPUT "0-weiter, 1-aendern, 2-Kopie ";QE: IF QE<>2 THEN RETURN
8570 GOSUB 8700: GOTO 8568
8572 RETURN
8600 ' Min u. Max fuer Abszisse u. Ordinate finden
8602 QR=Z(1): JR=Z(1): QU=Z(2): QW=Z(2)
8604 FOR I=1 TO 2*QL STEP 2
8606 IF Z(I)>QR THEN QR=Z(I)
8608 IF Z(I)<JR THEN JR=Z(I)
8610 IF Z(I+1)>QU THEN QU=Z(I+1)
8612 IF Z(I+1)<QW THEN QW=Z(I+1)
8614 NEXT I
8616 RETURN
8620 ' Zeichnen der Nullinien
8622 JH=0: IF (QR-JR)<>0 THEN JH=INT(QFX*(0-JR)/(QR-JR)+.5)
8624 JV=0: IF (QU-QW)<>0 THEN JV=INT(QFY*(0-QW)/(QU-QW)+.5)
8626 IF JH>=0 AND JH<=QFX THEN LINE (JH+QAX,QAY)-(JH+QAX,QAY+QFY)
```

```
8628 IF JV>=0 AND JV<=QFY THEN LINE (QAX,QAY+QFY-JV)-(QAX+QFX,QAY+QFY-JV)
8630 RETURN
8640 '   Zeichnen des Rahmens
8642 FOR I=QAX TO QAX+QFX-3 STEP QFX-3: FOR J=QAY TO (QAY+QFY) STEP QFY/10: LINE
(I,J)-(I+3,J): NEXT J: NEXT I
8644 FOR J=QAY TO QAY+QFY STEP QFY-3: FOR I=QAX TO QAX+QFX STEP QFX/10: LINE (I,J)-
(I,J+3): NEXT I: NEXT J
8646 LINE (QAX,QAY)-(QAX+QFX,QAY+QFY),,B
8648 RETURN
8660 '   Zeichnen der Kurve
8662 FOR I=1 TO 2*QL STEP 2
8664 QH=0: IF (QR-JR)<>0 THEN QH=INT(QFX*(Z(I)-JR)/(QR-JR)+.5): IF QH>QFX THEN
QH=QFX
8665 IF QH<0 THEN QH=0
8666 QV=0: IF (QU-QW)<>0 THEN QV=INT(QFY*(Z(I+1)-QW)/(QU-QW)+.5): IF QV>QFY THEN
QV=QFY
8667 IF QV<0 THEN QV=0
8668 IF I=1 AND QQI=1 THEN PSET(QH+QAX,QAY+QFY-QV): IF QC=4 AND QH>=2 THEN
CIRCLE(QH+QAX,QAY+QFY-QV),3: PSET(QH+QAX,QAY+QFY-QV): GOTO 8674
8670 IF QQI=1 THEN LINE-(QH+QAX,QAY+QFY-QV)
8671 IF QQI=4 THEN LINE (QH+QAX, QAY+QFY-JV)-(QH+QAX,QAY+QFY-QV)
8672 IF QQI>1 AND QQI<4 THEN CIRCLE (QH+QAX,QAY+QFY-QV),QQI-1
8674 NEXT I
8676 RETURN
8700 '   Bild drucken
8702 LOCATE 22,1:PRINT Q$+"       ":LOCATE 22,1:INPUT QS:LOCATE 22,1
8704 RETURN
9999 '
```

```
100 SCREEN 2: KEY OFF: CLS:   '**GLODYS***   H.Bossel 861030, 870107
102 PRINT "   GLOBALES SYSTEMVERHALTEN (LINEAR, NICHTLINEAR)     (C) Hartmut Bossel
1986"
104 S$="          ": F$="##.##"
110 XB=3: YB=2
120 XA=8*XB: YA=8*YB-2
130 START=0: FINAL=10: DT=.02: XNULL=480: YNULL=120: XFAC=150: YFAC=50: TSCALE=20
140 LOCATE 10,1: INPUT "  0 - kurze, 1 - lange Bahnen"; TR: IF TR<>1 THEN TR=0
150 LOCATE 10,1: PRINT S$+S$+S$+S$+S$
160 IF TR=0 THEN FINAL=.2
200 GOTO 2000
300 LOCATE 10,1: PRINT "  System waehlen:": PRINT: PRINT "  0 - Ende": PRINT "  1 -
Lineares System": PRINT "  2 - nichtlineares Pendel": PRINT "  3 - van der Pol
Schwinger": PRINT "  4 - Raeuber-Beute-System": PRINT "  5 - Relaxationskreis":
PRINT
302 INPUT SY
310 IF SY<1 OR SY>5 THEN END
312 LINE (0,YA+54)-(300,200),0,BF
314 LOCATE 10,1: PRINT "  Parameter waehlen!"
320 ON SY GOTO 400,500,600,700,800
400 LOCATE 3,42: PRINT "lineares System"
401 XL=-1: XH=1: YL=-1: YH=1
408 GOSUB 3010: GOSUB 3030
410 GOSUB 3330: GOSUB 3350: GOSUB 3370: GOSUB 3310: GOSUB 3390
432 LOCATE 5,42: PRINT "dX/dT = (";A;")* X + (";B;")* Y"
434 LOCATE 6,42: PRINT "dY/dT = (";C;")* X + (";D;")* Y"
440 RES=(A+D)/2
442 ART=((A+D)*(A+D)/4)-(A*D-B*C)
444 IF ART>0 THEN RT=SQR(ART): S1R=RES+RT: S2R=RES-RT: S1I=0: S2I=0: GOTO 480
446 IF ART=0 THEN S1R=RES: S2R=RES: S1I=0: S2I=0: GOTO 480
448 IF ART<0 THEN RT=SQR(-ART): S1R=RES: S2R=RES: S1I=RT: S2I=-RT
450 IF S1I<0 THEN S1I=-RT: S2I=RT
452 GOTO 480
480 LOCATE 8,42: PRINT "s1= ";
481 PRINT USING F$; S1R;
482 IF ART>0 OR RT=0 THEN 490
483 PRINT " +";
484 PRINT USING F$; S1I;
486 PRINT "i";
490 PRINT ", s2= ";
491 PRINT USING F$; S2R;
492 IF ART >0 OR RT=0 THEN 499
493 PRINT " ";
494 PRINT USING F$; S2I;
496 PRINT "i"
499 GOTO 1000
500 LOCATE 3,42: PRINT "nichtlineares Pendel"
510 XL=-4: XH=4: YL=-3: YH=3
520 GOSUB 3010: GOSUB 3060: GOSUB 3070: GOSUB 3090
525 LOCATE 5,42: PRINT "(-0.1)"
530 GOSUB 3310: LOCATE 5,42: PRINT S$: GOSUB 3390
```

```
562 LOCATE 5,42: PRINT "dX/dT = Y"
564 LOCATE 6,42: PRINT "dY/dT = (";D;")* Y - sin X
599 GOTO 1000
600 LOCATE 3,42: PRINT "van der Pol Schwinger"
610 XL=-2.5: XH=2.5: YL=-3: YH=3
620 GOSUB 3010: GOSUB 3060
625 LOCATE 5,42: PRINT "(-1)"
630 GOSUB 3370: LOCATE 5,42: PRINT S$: GOSUB 3390
652 LOCATE 5,42: PRINT "dX/dT = Y"
654 LOCATE 6,42: PRINT "dY/dT = (1-X*X)* Y + (";C;")* X"
699 GOTO 1000
700 LOCATE 3,42: PRINT "Raeuber-Beute-System"
710 XL=-1.25: XH=1.25: YL=-1: YH=1
720 GOSUB 3070: GOSUB 3080
725 LOCATE 5,42: PRINT "(0.1)"
730 GOSUB 3330: LOCATE 5,42: PRINT "(-0.1)": GOSUB 3310: GOSUB 3390
740 LOCATE 5,42: PRINT "dX/dT = (";A;")* (1-X)*X - 0.2*X*Y"
750 LOCATE 6,42: PRINT "dY/dt = (";D;")* Y + 0.4*X*Y"
799 GOTO 1000
800 LOCATE 3,42: PRINT "Relaxations-Schwinger"
810 XL=-2.5: XH=2.5: YL=-1.5: YH=1.5
820 GOSUB 3010: GOSUB 3060: GOSUB 3090
825 LOCATE 5,42: PRINT "(-1)"
830 GOSUB 3310: LOCATE 5,42: PRINT "( 1)": GOSUB 3370: GOSUB 3390
840 LOCATE 5,42: PRINT "dX/dT = Y"
850 LOCATE 6,42: PRINT "dY/dT = (";C;")* X + (";D;")* Y - X*X*X"
899 GOTO 1000
1000 LINE (0,YA+54)-(300,200),0,BF
1090 XSC=XFAC/((XH-XL)/2): YSC=YFAC/((YH-YL)/2)
1100 LINE (XNULL-XFAC,YNULL-YFAC)-(XNULL+XFAC,YNULL+YFAC),1,B
1110 LOCATE 9,37: PRINT STR$(YH): LOCATE 22,37: PRINT STR$(YL): LOCATE 23,41: PRINT
STR$(XL): XX=LEN(STR$(XH)): LOCATE 23,80-XX: PRINT STR$(XH)
1120 LOCATE 15,40: PRINT "Y": LOCATE 23,60: PRINT "X"
1130 LOCATE 15,2: PRINT "Y": LOCATE 15,30: PRINT "T"
1140 LOCATE 23,3: PRINT "0-weiter, 1-anhalten"
1150 FOR X0=XH TO XL STEP -(XH-XL)/10
1160 FOR Y0=YH TO YL STEP -(YH-YL)/10
1170 X=X0: Y=Y0
1180 LINE (XA-8,YNULL-YFAC)-(XA+FINAL*TSCALE,YNULL+YFAC),0,BF
1190 XX=X0*XSC+XNULL: YY=YNULL-Y0*YSC: CIRCLE (XX,YY),2: PSET (XX,YY)
1200 FOR T=START TO FINAL STEP DT
1210 LINE (XA+21,YA+16)-(XA+99,YA+35),0,BF
1220 LINE (XA+165,YA+16)-(XA+243,YA+35),0,BF
1230 LINE (XA+21,YA+25)-(XA+99,YA+25-Y*10/((YH-YL)/2)),1,BF
1240 LINE (XA+165,YA+25)-(XA+243,YA+25-X*10/((XH-XL)/2)),1,BF
1250 PSET (XX,YY)
1260 TT=TSCALE*T+20
1270 ON SY GOTO 1275,1280,1285,1290,1295
1275 RX=A*X+B*Y: RY=C*X+D*Y: GOTO 1300
1280 RX=Y: RY=D*Y-SIN(X): GOTO 1300
1285 RX=Y: RY=(1-X*X)*Y+C*X: GOTO 1300
```

```
1290 RX=A*(1-X)*X-.2*X*Y: RY=D*Y+.4*X*Y: GOTO 1300
1295 RX=Y: RY=C*X+D*Y-X*X*X: GOTO 1300
1300 X=X+RX*DT
1310 Y=Y+RY*DT
1315 IF X>XH OR X<XL OR Y>YH OR Y<YL THEN 1400
1320 XX=X*XSC+XNULL: YY=YNULL-Y*YSC
1330 IF X>XH THEN XX=XNULL+XFAC
1340 IF X<XL THEN XX=XNULL-XFAC
1350 IF Y>YH THEN YY=YNULL-YFAC
1360 IF Y<YL THEN YY=YNULL+YFAC
1370 LINE -(XX,YY)
1380 LINE (TT,YNULL)-(TT,YY): PSET (XX,YY)
1390 NEXT T
1400 QQ$=INKEY$: IF QQ$="1" THEN GOSUB 1450: LOCATE 23,3: PRINT "0-weiter, 1-
anhalten    "+S$+S$
1402 IF EX<>1 THEN GOTO 1410
1404 LOCATE 23,3: INPUT "0-noch mal, 1-Kopie, 2-weiter ";QX
1406 IF QX=0 THEN GOSUB 1500: GOTO 1170
1407 IF QX=1 THEN GOSUB 1508: GOTO 1430
1408 IF QX<>0 OR QX<>1 THEN GOTO 1430
1410 NEXT Y0
1420 NEXT X0
1425 EX=1
1430 GOSUB 1450: GOTO 1170
1440 END
1450 LOCATE 23,3: INPUT "0-weiter, 1-Kopie, 2-neu, 3-Ende"; QS: IF QS<0 OR QS>3
THEN QS=0
1460 IF QS=2 THEN EX=0: GOTO 100
1470 IF QS=3 THEN END
1480 IF EX<>1 AND QS=1 THEN GOSUB 1508: RETURN
1485 IF EX=1 AND QS<=1 THEN GOSUB 1500: GOTO 1170
1490 IF EX<>1 AND QS<>1 THEN RETURN
1500 LOCATE 23,3: PRINT S$+S$+S$+S$+S$: LOCATE 23,3: INPUT "X0=";X0: LOCATE 23,3:
PRINT S$+S$+S$+S$: LOCATE 23,3: INPUT "Y0=";Y0
1502 IF X0<XL THEN X0=XL
1503 IF X0>XH THEN X0=XH
1504 IF Y0<YL THEN Y0=YL
1505 IF Y0>YH THEN Y0=YH
1506 RETURN
1508 LINE (XA+20,YA+15)-(XA+100,YA+36),1,BF
1510 LINE (XA+164,YA+15)-(XA+244,YA+36),1,BF
1512 LOCATE YB+3,XB+4 : PRINT " Y  "
1514 LOCATE YB+3,XB+22: PRINT " X  "
1520 LOCATE 23,1: PRINT S$+S$+S$+S$+S$: LOCATE 23,3: INPUT QS: LOCATE 23,3: RETURN
1999 END
2000 LINE (XA+204,YA+1 )-(XA+244,YA+10),1,BF
2010 LINE (XA+20,YA+15)-(XA+100,YA+36),1,BF
2020 LINE (XA+164,YA+15)-(XA+244,YA+36),1,BF
2030 LINE (XA+20 ,YA+41)-(XA+60 ,YA+50),1,BF
2040 LINE (XA+204,YA+3 )-(XA+264,YA+18),1,B
2050 LINE (XA     ,YA+21)-(XA+264,YA+30),1,B
```

```
2060 LINE (XA+184,YA+8 )-(XA+204,YA+18),1,B
2070 LINE (XA+60 ,YA+33)-(XA+80 ,YA+43),1,B
2082 LINE (XA     ,YA+33)-(XA+60 ,YA+48),1,B
2084 LINE (XA+60 ,YA+3 )-(XA+204,YA+48),1,B
2088 LINE (XA+204,YA+11)-(XA+204,YA+14),0
2090 LINE (XA+60 ,YA+37)-(XA+60 ,YA+40),0
2100 XTIP=XA+2  : YTIP=YA+48: GOSUB 2250
2110 XTIP=XA+203: YTIP=YA+8 : GOSUB 2240
2120 XTIP=XA+19 : YTIP=YA+21: GOSUB 2240
2130 XTIP=XA+137: YTIP=YA+3 : GOSUB 2240
2140 XTIP=XA+101: YTIP=YA+30: GOSUB 2250
2150 XTIP=XA+163: YTIP=YA+21: GOSUB 2240
2160 XTIP=XA+61 : YTIP=YA+43: GOSUB 2250
2170 XTIP=XA+262: YTIP=YA+3 : GOSUB 2240
2180 XTIP=XA+127: YTIP=YA+48: GOSUB 2250
2182 XTIP=XA+246: YTIP=YA+30: GOSUB 2250
2190 LOCATE YB+1,XB+27: PRINT " NL "
2200 LOCATE YB+3,XB+4: PRINT " Y  "
2210 LOCATE YB+3,XB+22: PRINT " X  "
2220 LOCATE YB+6,XB+4 : PRINT " NL "
2230 GOTO 300
2240 TIP$="m+10,-4 m+0,+8 m-10,-4": PSET (XTIP,YTIP): DRAW "a2": DRAW TIP$: PAINT
(XTIP-5,YTIP+1): PAINT (XTIP-5,YTIP-1): RETURN
2250 TIP$="m+10,-4 m+0,+8 m-10,-4": PSET (XTIP,YTIP): DRAW "a0": DRAW TIP$: PAINT
(XTIP+5,YTIP+1): PAINT (XTIP+5,YTIP-1): RETURN
3000 'Schleife entfernen
3010 LINE (XA,YA-1)-(XA+266,YA+14),0,BF: 'obere nl Schleife
3020 LINE (XA+245,YA+14)-(XA+264,YA+19),0,BF: RETURN
3030 LINE (XA,YA+37)-(XA+266,YA+52),0,BF: 'untere nl Schleife
3040 LINE (XA     ,YA+33)-(XA+19 ,YA+36),0,BF: RETURN
3050 LINE (XA     ,YA+15)-(XA+19 ,YA+30),0,BF: RETURN: 'y-Eigenkopplung
3060 LINE (XA+245,YA+21)-(XA+264,YA+36),0,BF: RETURN: 'x-Eigenkopplung
3070 LINE (XA+101,YA+26)-(XA+163,YA+36),0,BF: RETURN: 'x->y Verbindung
3080 LINE (XA+101,YA+15)-(XA+163,YA+25),0,BF: RETURN: 'y->x Verbindung
3090 LINE (XA+61 ,YA+37)-(XA+80 ,YA+47),0,BF: RETURN: 'y->nl Verbindung
3100 LINE (XA+184,YA+4 )-(XA+203,YA+14),0,BF: RETURN: 'x->nl Verbindung
3300 'Parameter
3310 YP=YB+1: XP=XB+1: LOCATE YP,XP:  INPUT D
3312 IF D=0 THEN GOSUB 3050
3320 LOCATE YP,XP:  PRINT S$: IF D<>0 THEN LOCATE YP,XP: PRINT USING F$;D
3322 RETURN
3330 YP=YB+6: XP=XB+27: LOCATE YP,XP: INPUT A
3332 IF A=0 THEN GOSUB 3060
3340 LOCATE YP,XP: PRINT S$: IF A<>0 THEN LOCATE YP,XP: PRINT USING F$;A
3342 RETURN
3350 YP=YB+2: XP=XB+14: LOCATE YP,XP: INPUT B
3352 IF B=0 THEN GOSUB 3080
3360 LOCATE YP,XP: PRINT S$: IF B<>0 THEN LOCATE YP,XP: PRINT USING F$;B
3362 RETURN
3370 YP=YB+5: XP=XB+14: LOCATE YP,XP: INPUT C
3372 IF C=0 THEN GOSUB 3070
```

```
3380 LOCATE YP,XP: PRINT S$: IF C<>0 THEN LOCATE YP,XP: PRINT USING F$;C
3382 RETURN
3390 LOCATE 1,50: PRINT S$+S$+S$+S$: RETURN
```

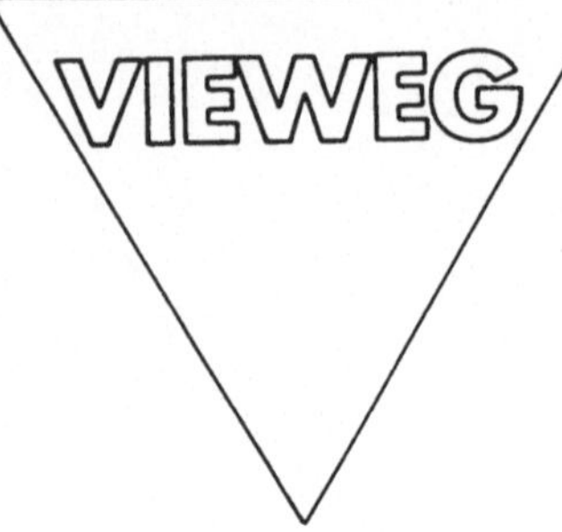

Markus Weber

Turbo Pascal Tools

Mathematische Verfahren und Programmroutinen zur Auswertung experimenteller
Daten. 1987. Ca. 250 S. 16,2 x 22,9 cm. Kart.
Inhalt: Fließkommaarithmetik – Punkt – Komma – Kreise – Ellipsen – Glättung von
Polygonzügen – Zeilensatzdefinition – Videorefresh – und Picturegestaltung –
Scrollen – Darstellung von zwei- und dreidimensionalen Funktionen – FFT Fit-
programm und Parametrisierung (Graphiken.)
Für Naturwissenschaftler, die mit Turbo Pascal komplexe Anwendungen verwirk-
lichen und zugleich auf die Graphikausgabe nicht verzichten wollen, wird mit dem
Buch ein umfangreiches Programmpaket mit Turbo-Pascal-Utilities zur Verfügung
gestellt. Die Programme sind sehr anschaulich beschrieben, so daß sie leicht nachvollziehbar sind.
5 1/4"-Diskette für IBM PC und Kompatible.

Jürgen Handke

Sprachverarbeitung mit LISP und Prolog auf dem PC

1987. Ca. 260 S. mit zahlr. Abb. 16,2 x 22,9 cm. (Programmieren von Mikrocomputern
27) Kart.
Bisher war das Gebiet der maschinellen Sprachverarbeitung Experten vorbehalten:
Auf der einen Seite sind dies die Sprachwissenschaftler, die jedoch im Umgang mit
PC kaum vertraut sind, und andererseits Programmierexperten, denen die Komple-
xität der natürlichen Sprache nicht genügend bekannt ist. So war der Kreis der-
jenigen, die sich mit diesem Problembereich beschäftigen, klein. Dem soll mit dem
Buch zur Sprachverarbeitung entgegengewirkt werden.
Das Buch wendet sich an all' jene, die im Umgang mit USP und Prolog vertraut
werden wollen. Es werden die Probleme der natürlichen Sprache und die Umset-
zung in eine Programmiersprache – LISP und Prolog – ausführlich behandelt. Dem
Leser wird die Benutzung mit den Programmiersprachen der Künstlichen Intelligenz
leicht nachvollziehbar erläutert.